获得资助：
上海财经大学"中央高校建设世界一流大学学科和特色发展引导专项资金"
上海财经大学"中央高校基本科研业务费"
上海财经大学双一流引导专项资金

经济金融化与共享发展

陈 波 著

FINANCIALIZATION AND
THE SHARED DEVELOPMENT

复旦大学出版社

目录 CONTENTS

第一章　导论 ... 001
　第一节　研究的背景与意义 ... 001
　第二节　本书的框架结构和主要内容 ... 005
　第三节　本书的主要创新点及不足之处 ... 010

第二章　经济金融化的研究综述 ... 016
　第一节　海外学者关于经济金融化的研究综述 ... 016
　第二节　国内学者关于经济金融化的研究 ... 039

第三章　经济金融化：含义、发生机制与测度 ... 047
　第一节　经济金融化的含义与发生机制 ... 047
　第二节　经济金融化的测度 ... 074
　第三节　美中两国经济金融化程度的实证分析 ... 078

第四章　经济金融化导致收入分配差距扩大的理论分析 ... 087
　第一节　金融化与收入分配差距扩大：基于卡尔多模型的分析 ... 087
　第二节　经济金融化影响收入分配差距扩大的三大机制 ... 095

第五章　经济金融化与美国收入分配差距扩大的实证分析 ... 113
　第一节　美国经济金融化的主要特征 ... 113
　第二节　美国收入分配差距的现状 ... 122
　第三节　经济金融化与美国收入分配差距的实证分析 ... 127
　第四节　金融化与幻灭的"美国梦" ... 137

第六章　经济金融化与中国收入分配差距的实证分析　152
　　第一节　中国经济金融化的主要特征　152
　　第二节　中国收入分配差距的状况　178
　　第三节　经济金融化与中国收入分配差距的实证分析　190
　　第四节　经济金融化进程中收入分配不平等损害中国经济增长　199

第七章　金融化、收入分配差距扩大与经济增长　207
　　第一节　经济金融化影响经济增长不稳定的三大机制　207
　　第二节　经济金融化、收入分配差距与经济增长：基于SFC模型的模拟分析　215

第八章　经济金融化良性发展的理论分析　229
　　第一节　金融化适度规模发展　229
　　第二节　金融结构优化　238
　　第三节　金融知识与金融获取机会均等化　241
　　第四节　收入再分配　244
　　第五节　构建企业利益相关者共同治理结构　246

第九章　共享发展让金融化更美好　250
　　第一节　政府主导型社会主义市场经济与共享发展　250
　　第二节　金融监管让金融化更健康　258

参考文献　268
后记　315

第一章
导　　论

第一节　研究的背景与意义

　　2011年的伦敦骚乱、以色列"帐篷运动",尤其是席卷美、英、加、荷、日等国的"占领华尔街""占领伦敦""占领东京"等一系列社会运动,凸显了民众对资本主义政治经济体制深层矛盾的不满,也引发了学界的关注,不少有识之士将其归因于资本主义基本矛盾的基础上,当今主要资本主义国家的经济金融化造成的社会不公平问题非常突出,且有愈演愈烈之势。

　　根据美国加州大学伯克利分校、法国巴黎经济学院和英国牛津大学经济学家的联合研究,2012年美国1%最富有人群的收入占全民年收入的19%以上,在收入"金字塔"中位居前10%的美国人占有全社会总收入的48.2%,这意味着最富有的1%人口占有了美国年度总收入的近五分之一,最富有的10%人口得到了美国年度总收入的近一半,收入差距创下1928年以来的最高纪录。而2009—2012年,最富有的1%的美国民众的收入增长了31.4%,剩余99%的美国人收入则仅仅增长了0.4%,这表明在2009—2010年的复苏期,美国1%最富有人将新增财富中的93%收入囊中[1],社会不公平问题之突出可见一斑,巨富家庭凭借拥有的金融资源,通过资本市场获得巨额收益,难辞其咎。问题的关键就在于,金融资本凭借其支配力量攫取巨额利润,因此造成了社会不公平日益突出。曾多次预测金融泡沫风险的美国经济学家林登·拉鲁什则直言,美国经济事实上被一个强大的金融利益集团控制,他们从20世纪60年代就在美国掌握了各种权力,美国从此开始走向颓废,从一个奋发向上、不断发明创造的生产制造业国家,变为一个食利国家,人人都指望不需要努力就可以发财,靠剪"外国羊

---

[1]　10%富人占有社会总收入48.2%美贫富差距创新高[N].人民网(北京),2013-9-13.

毛"——剥削别国为生[1]。

美国共和党总统候选人唐纳德·特朗普在2016年11月8日举行的美国大选中当选总统,成为美国第45任总统,大选结果引发了美国社会的撕裂,更引起了全球关注。更值得我们思考的是,由于美国经济金融化所形成的非利益共享式经济增长方式所造成的政治精英与美国广大民众之间的分裂与对立问题。在客观经济现实上,美国虽然几十年来有相当高速的成长,但大部分利益被有钱人获得,穷人和富人之间的差别越来越大,中下层的生活状态比起几十年前没有什么发展,许多美国人在经济上确实比他们在四分之一个世纪前更为窘迫。全职男性雇员的收入中位数低于42年前的水平,而对于那些教育程度不高的人来说,找到一份能拿到足额工资的全职工作也越来越难了。……那些位处收入分配底部群体的实际(扣除通胀因素后)工资,依然停留在约60年前的水平,正因如此,"民心思变"[2]。诺贝尔奖经济学奖获得者斯蒂格利茨认为,美国政治精英们应该从此次大选结果中接收到两个信息,"首先,在过去40年中塑造了多项经济政策,简单化的新自由市场原教旨主义理论,是存在严重误导性的,而国内生产总值(GDP)的增长,正是以不平等状况的恶化为代价。滴流经济学理论无论在过去还是将来都不会发生作用。市场不存在于真空中。撒切尔-里根'革命'重写规则和重组了市场,只造福了社会顶端阶层,极大地增加了不平等,但它促进增长的使命彻彻底底以失败告终。……第二个信息:我们需要重写经济的规则,以确保普通公民能够受益。任何无视这一教训的美国和他国政治家,将为此付出代价。"[3]对此,斯蒂格利茨开出的重要药方之一就是调整美国的收入分配政策,改善收入分配状况[4]。

我们注意到,美国20世纪70年代以来收入分配差距不断扩大,其背景之一就是美国经济金融化的转型,这就启迪我们探索二者之间的关联性。可以说,正是美国经济金融化,才导致20世纪70年代以来的收入分配差距不断扩大,进而导致社会不公平问题越来越突出。

金融原初的功能是通过资源跨时空的配置而助力经济增长,所以学者们在深入探讨了金融发展与经济增长内在机理的基础上(熊彼特,1911/1990;Arrow和Debreu,1954;戈德史密斯,1969/1994),强调金融发展的重要性,主张通过金融自由化和金融创新来解决"金融深化"和"金融抑制"问题(麦金农,1973/1988;

---

[1] 透析"占领华尔街":99%为什么反对1%[N].中国青年报,2011-10-11.
[2] 黄有光.特朗普的启示——中国收入分配比美国更恶劣应多征收中国富豪的税[Z].中国改革论坛,2016-11-15.
[3] [美]斯蒂格利茨.特朗普现象有什么经济学道理?[Z].中国经济学教育科研网,2016-11-16.
[4] Stiglitz J. What America's Economy Needs from Trump[N]. Project Syndicate, 2016-11-14.

肖,1973/1989),通过金融的不断发展来推动经济增长。但20世纪80年代以来的金融自由化和层出不穷的金融创新,已经让金融异化为资本获取巨额利润并支配政治和社会的工具。美国经济加速金融化,金融不再服务实体经济,金融创新和金融发展未能实现资源的优化配置,却导致了财富从大众向少数精英的转移。经济学家斯蒂格利茨、克鲁格曼都指出,金融寡头控制了整个体制、整个社会,本来金融体制应该为经济发展服务,但事实上它丧失了服务的功能,而成为权力的中心[1]。金融体系迅速融合,变身为由一些规模巨大、从事金融混业经营的公司组成的高度集中的寡头垄断局面。这些巨型金融集团的定价权力显著增长,而付出代价的则是借贷者和投资者。投机巨头们利用融资公司、基金和媒体,在资本市场上投入高额资金,肆无忌惮地玩着他们的"金钱游戏",尽管投机活动的工具及操作技术有了巨大的变化,但其运行机制和对投机者本人及整个经济社会的影响,百年来丝毫未变[2]。金融精英的愚蠢和贪婪使美国经济变得不堪一击[3]。

海外左翼学者敏锐地意识到了经济金融化这一资本主义新特征,并据此展开了宏观经济、微观经济、社会学等多维度的研究,形成了一些颇具借鉴意义的结论。经济金融化(Financialization)是西方激进学者对当代资本主义经济社会发展特征的一个新归纳,它不是把当代资本主义放在长期的历史背景中进行研究,而是倾向于把目前金融积累和金融创新的规模和范围作为资本主义变革的主要动力进行研究[4],这为研究当代资本主义提供了一个新的视角。海外"结构的凯恩斯主义学派""垄断资本学派"(或称"每月评论派")、美国社会积累结构学派、美国竞争学派、法国调节学派、英国社会核算学派,以及大卫·哈维、拉帕维斯塔斯、克里斯·哈曼等左翼学者,均对经济金融化问题展开了相关研究。

经济金融化理论聚焦于经济社会中金融部门(FIREs,包括金融、保险与不动产部门)[5]迅猛发展,支配力凸显,金融业获取了大部分剩余,整个经济表现出非常明显的再分配型经济的特征,而这种再分配型经济造成社会不公平问题

---

[1] 权衡,赫尔.资本主义的黄金时代终结于1970年代[N].文汇报,2014-6-18.
[2] 马丁,霍尔纳格.资本战争[M].王音浩,译.天津:天津教育出版社,2008:2.
[3] 比文斯.劫贫济富——美国经济数据背后的真相[M].喻海翔,罗康林,译.北京:北京大学出版社,2014:3.
[4] 蒙哥马利.全球金融体系、金融化和当代资本主义[J].车艳秋,房广顺,译.国外理论动态,2012(2):6—16.
[5] 按照美联储等官方统计报告,一般将金融、保险、地产部门(Finance, Insurance, and Real Estate)合称为FIREs,作为与实体部门相对应的广义金融部门。

日益突出并对经济社会的发展造成不利影响[1]。

但海外学者在金融化的定义、特征、测度评价方法等一系列理论问题上各持一说,尚未形成科学的一般分析框架;尚缺乏关于金融化对资本主义生产方式的深层影响、金融化影响资本主义的社会公平及金融化背景下资本主义的命运等的全面、系统、深入研究。

中国的一些经济数据和现象让中国经济金融化问题初露端倪。2013年6月出现"钱荒",此后每年都出现"钱荒"现象,中国式"钱荒"的实质是资金在金融业内部空转意图快速谋取巨额利润[2];2015年和2016年,中国金融业增加值占年度GDP的比重连续两年达到8.3%,超越了美国这个世界头号金融强国的7%;尤其是银行业与制造业的"利润鸿沟"现象,更值得我们警觉。根据中国企业联合会、中国企业家协会发布的2017中国企业500强数据,中国工商银行、中国建设银行、中国农业银行、中国银行、中国交通银行、国家开发银行6家银行总利润超过1万亿元,在500强总利润中占比超过36.6%;而500强中的245家制造业企业,共实现净利润5 493.10亿元,在500强净利润总额中占比19.53%,245家制造业企业的利润总和仅相当于6家大银行利润的一半左右。全球咨询机构麦肯锡的一份研究报告甚至认为,中国金融行业的经济利润占到中国经济整体经济利润的超过80%,这一比例在全球可能是最高的[3]。国际清算银行(BIS)2018年的一份研究报告发现,2011—2015年全球影子信贷占GDP的比重从60%上升至69%,全球影子信贷规模年均增速仅为5.6%,而同期中国的直接影子信贷规模年均增速则高达25.7%,其中信托贷款、委托贷款和P2P贷款年均增速分别为33.6%、25.7%和320.4%。结构化影子信贷中介迅速增长,资金来源的表外理财和资金运用的同业投资同步快速增长,由此加大了资金的空转并积累了大量风险[4]。学术界也对中国式"金融炼金术"发出了担忧,金融炼金术的基本方法就是疯狂地扩张资产负债表,通过低息借款,增加杠杆,去追逐价格持续上涨的金融资产,以谋求更高的"投资"回报,而中国式"金融炼金术"

---

[1] 这里所使用的"再分配型经济"一词与波兰尼所提出的再分配经济的含义有所不同,主要指金融部门凭借其支配力获取了大部分剩余。而波兰尼提出的在分配经济指各种经济要素汇聚到一个中心然后再由中心来分配。参阅[英]波兰尼.巨变:当代政治与经济的起源[M].黄树民.译,北京:社会科学文献出版社,2013:115—127,及该书资料来源注释第445—448页。或参阅边燕杰.市场转型与社会分层:美国社会学者分析中国[M].北京:生活·读书·新知三联书店,2002:前言16.

[2] 刘春玉,陈波.经济金融化与"中国式钱荒"[J].理论导刊,2014(8):91—94。

[3] 麦肯锡全球研究院.中国的选择:抓住5万亿美元的生产力机遇[Z].麦肯锡全球研究院官网,2016年6月.

[4] Ehlers T., Kong S., and Zhu F. Mapping Shadow Banking in China: Structure and Dynamics[R]. BIS Working Papers No. 701, 2018.

主要不是依靠债权证券化和金融衍生品交易,而是通过影子银行业务来扩张资产负债表,土地成为全社会资产负债表扩张的主要推手,与美国等发达工业化国家相比,中国一些利益集团的金融炼金术是在牺牲实体经济的前提下走向疯狂的。对此,凯恩斯早有结论:"设一国之资本发展变成游戏赌博之副产品,这件事情大概不会做得好。"[1]

对此,中央已经给予高度重视,习近平总书记在中共中央政治局第四十次集体学习时强调:金融活经济活、金融稳经济稳[2]。我们应吸取美国经济金融化的教训,有序推动金融发展,引导金融更好地服务实体经济,更好地促进现代经济体系的建设,防范金融化破坏我们原本美好生活的基础。

目前,国内学者关于经济金融化问题的研究已有一些研究成果,但主要是借鉴国外学者的观点或方法针对某一问题进行具体分析,尚未形成独立的研究体系、研究范式和研究方法。

因此,运用马克思主义政治经济的基本原理和方法,对经济金融化的含义、特征、测度等基本理论展开研究,并运用相关研究成果展开实证分析,深入探讨经济金融化对英美等发达资本主义国家的收入分配、经济增长、经济稳定性和金融脆弱性等造成的影响和冲击,同时为中国经济建设提供借鉴,正是本文研究的理论价值和实践意义所在。

第二节 本书的框架结构和主要内容

本书除了第一章导论之外,还包括八章,全文的框架结构和主要内容如下:

第二章是关于经济金融化研究的文献回顾。从文献回顾的情况来看,美国垄断学派、社会积累结构学派、结构的凯恩斯主义学派、竞争学派、法国调节学派、英国社会核算学派等六大学派,以及其他一些左翼学者,如大卫·哈维(David Harvey)、科斯塔斯·拉帕维塔斯(Costas Lapavitsas)、克里斯·哈曼(Chris Harman)、热拉尔·杜梅尼尔(Gérard Duménil)和多米尼克·莱维(Dominique Lévy)、阿列克斯·卡利尼科斯(Alex Callinicos)等,都对经济金融化展开了相关的研究,并有着广泛的争鸣。海外学者分别就金融化的定义、金融化的形成原因、金融资本与实业资本及金融业与实体经济之间的关系、金融化的可能经济、社会后果等展开了理论研究与实证分析。海外学者对经济金融化问题的研究成果相当丰富,但不同的学派和学者所使用的金融化的概念均不相同,

---

[1] 凯恩斯.就业利息和货币通论[M].徐毓枬,译.北京:商务印书馆,1997:136.
[2] 习近平.做好金融工作 维护金融安全[Z].新华社,2017-04-25.

测度评价金融化的指标也差异颇大,对金融化形成原因的解释各有不同,关于金融化对收入分配差距的影响、对经济增长波动的冲击等,都存在着不同的观点。

在中国知网(CNKI)数据库以关键词"金融化"进行检索,1992—2016年7月期间,符合本书研究要求的文献合计187篇,从文献梳理来看,国内学者关于金融化的研究主要集中在七个方面:①翻译和介绍了一些海外学者,主要是海外左翼学者关于资本主义金融化的论文;②对国外学者金融化相关研究的文献回顾;③对金融化性质、特征、原因的研究;④关于当前资本主义是否处于金融化阶段的评判;⑤金融化的评价指标体系问题;⑥对金融化造成的经济效应和社会效应的研究;⑦金融化与中国经济相关问题,如对中国产业结构的影响、对中国收入分配的影响等的研究。

国内外学者关于经济金融化的相关研究成果,为本书的研究奠定了较好的基础。但对金融化相关问题还需要展开全方位、系统的深入研究,包括对金融化的含义、特征、测度等基本原理的研究,也包括对英美等发达国家金融化的进程、影响等的全面研究,以及中国经济金融化相关问题的系统研究。

第三章运用马克思主义政治经济学的"资本循环分析法"和"阶级分析法",从资本循环入手,对金融化的含义、实质、形成机制,以及金融化带来的生产关系新变化展开了理论上的分析。本书认为,主要资本主义国家经济金融化是资本循环过程中,面对"积累悖论"时,垄断金融资本的必然选择。金融化是资本积累的时间修复与空间修复的统一,其实质是资本积累的金融化。资本积累的金融化具有两面性。一方面,资本积累的"金融修复"在一定的条件下有利于推动资本主义生产的发展。另一方面,积累的金融化并不能从根本上解决资本积累悖论,也就不能从根本上实现对资本循环的修复,因为,资本"积累悖论"产生的根源是资本主义生产关系。相反,金融资本扩张将不可避免地带来生产资本积累的停滞,进而影响到实体经济的停滞。经济金融化增加了普通民众的金融风险。

本章提出,经济金融化有四大发生机制,分别是:资本逐利是经济金融化转型的根本动力、市场竞争是经济金融化的外在压力、新自由主义制度变迁是经济金融化的重要推力、信息技术进步是经济金融化的技术动力。

本章认为,金融资本的利润主要来源于三个"再分配":①收入在金融资本与实体资本之间的再分配;②收入在劳动者与金融资本之间的再分配;③收入在发达国家与发展中国家之间的再分配。经济金融化通过收入"再分配",深刻改变着生产关系的方方面面。首先,金融资本支配职能资本;其次,形成了"资更强、劳更弱"的劳资利益关系新格局;再次,"金融掠夺"造成收入分配差距不断扩大;最后,发达国家对发展中国家和地区的掠夺。

经济金融化将越来越多的人卷入金融经济活动之中,金融垄断资本社会化程度越来越高,获取的利润越来越多,金融资本越来越变得"大到不能倒"。金融垄断资本独占了收益,而将风险转嫁给全社会,所以,金融化也造成了金融危机、经济危机和社会危机不断积累,由于金融化,民众更深地卷入到资本体系,更普遍、更经常地受害。

在理论分析的基础上,本书尝试将经济金融化界定为:在国际和国内范围内,在宏观、中观和微观经济层面,金融资本、金融机构以及金融业精英的支配力量越来越强大,获取的收益越来越高,金融深刻冲击和决定国家经济、政治及社会生活的各个方面与层面。对金融化的准确定义,有助于我们将金融化与金融发展、金融深化等概念区分开来,从而在正确和准确的意义上使用这一概念。

海外学者给出了不同的研判经济金融化的指标体系和测度方法,这些分别基于各自的研究视角和对经济金融化的不同定义。分析和衡量金融化不能简单地仅从宏观或者微观某一角度、某些因素出发,必须构建一个综合衡量指标体系。本文运用层次分析法,分别选取宏观、中观和微观层面的经济指标,构建了一个金融化测度综合衡量指标体系,并运用这一方法,采集数据,分别测算了1970—2013年美国的经济金融化指数,以及2002—2014年中国的经济金融化指数,指数显示,在2002—2013年,美国经济金融化指数从1.072增加到1.261,增长幅度比较小,而同期中国经济金融化综合指数从0.533迅速增长到1.318,增长了一倍多。从绝对量来看,中国当前的经济金融化指数显然超过了美国,但这并不意味着中国经济金融化程度已经高于美国。与美国相比,中国在金融发展水平、金融创新能力等方面还存在很大的差距,因此,中国的经济金融化显露出初级阶段"经济金融化"的特征。

第四章对经济金融化导致收入分配差距扩大进行了理论分析。文章首先运用卡尔多模型,通过数理分析揭示了金融化导致收入分配差距扩大的必然性。由于不同家庭初始财富占有状况的差异,导致不同类型家庭获取金融资源的机会不同,以及在金融资产价格上涨过程中,不同类型家庭调整资产组合的能力存在差异,富裕家庭更有能力提高其金融资产需求,因而,在金融化过程中,"极少数人握有绝大部分财富,而且这一趋势日益明显,越来越少的人握有越来越多的财富。""大部分财富以投资收益的形式流向了已经非常富有的人群。富有阶层拥有的股票远多于中产阶级投资者,因此资本所带来的回报让他们获得了极高的收益。"这就是"金融领域的流体力学:巨大的收入流创造出更多的财富。"金融化不会自动实现共享发展,恰恰相反,经济金融化形成了金融资本偏倚型的收入分配模式,必然造成不共享的结果。这种非利益共享式的经济增长方式,一定会造成收入和财富分配不平等状况持续加剧,而社会不平等反过来会影响到经济增长。按照诺贝尔经济学奖获得者罗伯特·希勒教授的论述,金融化可以让生活更美好，也就是说，金融化也有可能实现共享发展，但是，必须满足三个前提条件：充分的市场信息；使用金融服务的权力人人平等；充分有效的金融市场规制。要满足这三个前提条件，必须发挥政府的重要作用。

本章进一步分析了经济金融化影响收入分配差距扩大的三大机制：

（1）金融扩张拉开收入分配差距。经济金融化发展带来的信贷扩张和债务规模不断上升改变了金融活动，有更多机会获取金融资源的主体，就有机会在未来获得更多的收入，这加剧了收入分配不平等；金融资本从实体经济中转移利润从而导致收入分配差距进一步加大；经济金融化高度发展带来的衍生品过度创新，金融机构通过金融衍生品赚取巨额利润，普通民众大量收入投入金融市场，也加剧了收入的不稳定性，从而导致收入分配差距进一步加大；金融资本操纵金融市场，对普通民众形成了"剪羊毛"式的掠夺，从而导致收入分配差距进一步加大。

（2）企业行为"股东价值导向"扩大收入分配差距。"股东价值最大化"导致在公司战略和收入分配方面倾向于更多地向股东（资方）分红，造成收入分配差距扩大；金融化推进过程中，企业高管"自助式薪酬体系"造成了收入分配差距的迅速扩大；公司倾向削弱工会的力量，劳动者议价能力因而降低，也导致了劳动收入份额的下降；在企业外部治理结构方面，"自由竞争"的市场机制推动非金融企业"脱实向虚"，从事金融投机活动获得丰厚利润，普通劳动者及实体经济部门从经济增长带来的福利中分享有限，收入分配差距不断拉大。

（3）新自由主义社会经济政策恶化收入分配差距。新自由主义主导下的经济全球化以及它积极推进的金融自由化，加大了世界经济发展的不平衡性，全世界的收入和财富的不平等急剧扩大；政府对金融部门"去监管化"为金融资本实力和规模的迅猛扩张提供了制度契机，市场机制遵从按"钱包"分配，金融资本获利水平大幅上升，导致了收入分配差距的扩大；新自由主义的理论及实践在四个方面导致劳资利益关系朝不利于劳动者的方向变化；与新自由主义相伴随而来的消费主义的滥觞，会因"金融剥夺"（Financial Expropriation）而产生严重的社会不公平问题。

第五章对经济金融化造成美国收入分配差距扩大展开了实证分析。海内外左翼学者均认为经济金融化会导致收入分配差距的扩大，但原因各异。本书在已有研究的基础上，运用第三章计算得出的美国经济金融化指数，分别进行 HP 滤波分析、门限回归和多元线性回归分析，验证和定量分析了经济金融化对美国收入分配差距的影响。HP 滤波分析结果表明，1970 年以来美国不断扩大的贫富差距与日益攀升的金融化率有着密切联系；门限回归结果显示，当财产性收入占总收入的比重低于或等于 19.64% 时，经济金融化水平每提高 1%，基尼系数就提高 0.387 7%,而当财产性收入占总收入的比重高于 19.64% 时,经济金融化水平每提高 1%,基尼系数就提高 0.566 1%;多元线性回归分析进一步定量刻画了金融化及其他控制变量对美国收入分配差距的影响。

第六章实证分析了经济金融化对中国收入分配差距的影响。本章首先运用灰色关联度模型来对这一问题进行研究和分析。计量结果显示,中国经济金融化程度与财产性收入占比之间的灰色关联度较大,达到 0.814 6,而前者与其余各类收入占比之间的灰色关联度较小,均不超过 0.7。这表明,经济金融化程度提高后显著促进了财产性收入的增长。本章进一步构建回归模型,考察经济金融化、工资和转移性收入占居民收入的比重对收入分配差距的影响。回归分析表明,中国经济金融化的扩张加大了财产性收入占比,使那些以财产性收入为主要收入来源的群体的收入迅速增加,拉大了与以工资和转移性支出为主要收入来源的工薪阶层的收入差距,因此出现了基尼系数一度攀升的状况。

第七章探讨经济金融化造成收入分配差距扩大,进而对经济增长稳定性带来的影响和冲击。本章提出,金融化导致经济增长不稳定性加大的三大机制分别是:金融化、"金融脆弱性"与金融主导型增长机制(Finance-led Growth Regime)的不稳定性;金融化与债务驱动型经济增长(Debt-led Growth Regime)的不可持续性;"金融化悖论""脱实向虚"与经济增长不稳定性。本章在 Godley 等人所开创的存量-流量一致模型的基础上,进一步纳入经济金融化、财富与收入分配差距变动、经济增长等因素,分析三者的内在逻辑关系,并利用美国的数据予以实证检验。研究表明:其一,经济金融化和收入分配差距相互作用,形成恶性循环;其二,收入和财富分配差距拉大限制居民消费需求提高从而阻碍经济增长;其三,理论上经济金融化程度提高对长期经济增长的影响方向不确定,美国经济运行的实际状况表明,经济金融化的负效应占据主导地位。

第八章探讨了金融化如何才能使生活更美好的机理。本章分别从金融规模适度发展、金融结构优化、金融知识与金融获取机会均等化、收入再分配和构建企业利益相关者共同治理结构这五个角度展开了分析。理论分析和数值模拟分析均表明:①存在最优金融规模使得实体经济规模达到最大,过高的金融规模将抑制实体经济增长,甚至导致经济系统的不稳定性;②直接融资占比增加使得金融结构趋于优化,企业杠杆率下降,长期资本积累率得以上升;③金融知识与金融获取机会均等化使整体家庭的资本市场参与意愿上升,经济金融化扩张速度加快,但对实体经济的影响是正面的,因为低收入者收入大幅扩张;④适宜的收入再分配政策起到了阻碍经济金融化快速上升和经济增速快速下滑的作用,有助于共享金融化的红利;⑤通过构建企业利益相关者共同治理结构,让物质资本所有者与非物质资本所有者的共同治理,更有利于培育企业创新主义理念,更有利于激发创新动力,更有利于夯实企业创新发展的基础,并且有利于改善收入分配。

第九章是主要结论及建议。本章提出,中共十八届五中全会提出了"创新、协调、绿色、开放、共享"五大发展理念,其中的共享发展就是要让全体人民共同分享发展带来的好处。共享发展是关系人民福祉的科学发展理念。市场在推动经济金融化发展和实现共享发展中的作用具有两重性,在自由市场经济条件下,经济金融化并不会自动实现共享发展,相反,金融化一定会带来不共享的结果。要推动中国经济金融化有利于实现共享发展,必须积极发挥政府的重要作用。共享发展中的政府职能首先体现在:以机会平等促进共享、以过程公平保证共享、以结果平等实现共享,这就要求金融监管制度的创新。其次,政府要引导金融更好地服务实体经济,推动"就业扩张型"经济增长,让经济金融化真正为老百姓带来福利。

本章还提出,金融监管会让金融化更健康。目前,我国已经形成了"一委一行两会"的新监管格局,这一监管新架构是因应我国金融化发展的新现象、新问题与原监管制度沿革之间不适应而做出的变革,有其逻辑意义。但也存在着一些未尽之意,本书立足"双峰"监管模式理念,设想对"一委一行两会"的金融监管组织架构展开进一步的整合,对相关的机构职能重新划分,并由此而进一步健全我国金融监管制度。

本书的研究框架和思路计划体现在图1.1中。

第三节 本书的主要创新点及不足之处

本书可能在以下方面具有一定的创新性。

第一,在研究的过程中,作者认真阅读了大量的中英文研究文献,在此基础上,对经济金融化的内涵与外延展开了较为系统、全面和深入的分析,对经济金融化的含义、金融化的实质、金融化的发生机制、金融化带来的生产关系新变化等展开了理论分析,同时,本书还对金融化的评价指标体系进行了探讨,运用层次分析法,构建了经济金融化综合评价测度指标体系。这些工作量非常巨大,但对于学术研究来讲是非常最重要的。上述研究工作,也可以给其他研究者提供思路和文献上的帮助。

第二,关于经济金融化的定义可谓众说纷纭,有些定义甚至差异很大。学者们在各自的定义基础上展开对经济金融化的研究,导致了金融化研究一定程度上的混乱。本书在深入评判各种经济金融化定义的基础上,尝试将经济金融化界定为:在国际和国内范围内,在宏观、中观和微观经济层面,金融资本、金融机

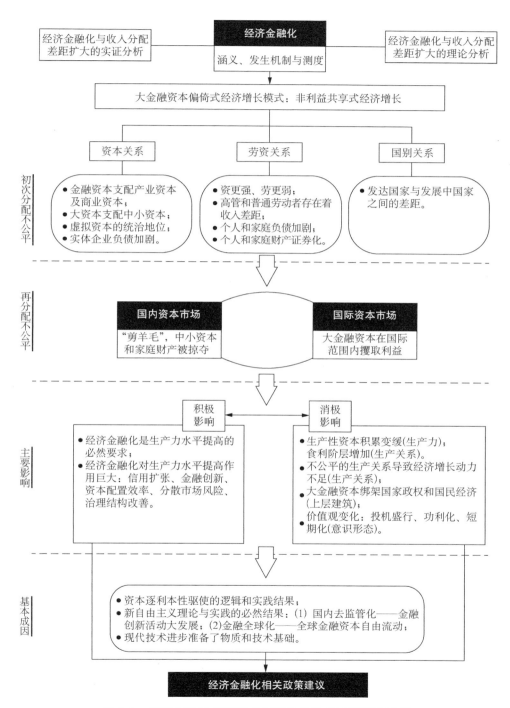

图 1.1　经济金融化、经济增长与社会公平：研究框架与思路

构以及金融业精英的支配力量越来越强大，获取的收益越来越高，金融深刻冲击和决定国家经济、政治及社会生活的各个方面与层面。这一定义强调了经济金融化涵盖了三个维度的统一：首先，从经济范畴来看，经济金融化的给国民经济带来了从宏观、中观到微观层面的变化；其次，从经济社会的发展来看，经济金融化不仅仅对经济增长产生深刻影响，同时也对政治体系与社会建设形成了冲击；最后，从空间范围来看，经济金融化的影响已经日益超越国界而在全球范围内产生巨大影响。我们试图通过这一定义刻画出经济金融化的主要特征，并与流行的金融发展、金融深化等概念区别开来。当然，这一定义可能也会引起较多的争议，但抛砖引玉，能够引起理论的争鸣有助于对问题研究的深化。

第三，关于经济金融化的程度，学者们所采用的评价指标和数据也差异巨大。本书运用层次分析法，分别选取宏观、中观和微观层面的经济指标，构建了一个金融化测度综合衡量指标体系，并运用这一方法，采集数据，分别测算了1970—2013年美国的经济金融化指数，以及2002—2014年中国的经济金融化指数。金融化指数是评价和测度金融化水平的重要指标，不同学者在进行金融化相关问题研究时，根据自己的研究需要，各取所需，评判经济金融化水平的标准严重的不一致，导致研究中的混乱和冲突存在，也使得金融化的相关研究结论受到质疑。本书所建立起来的评价指标体系，兼容了"活动中心论"和"积累中心论"的评价方法，形成了一个统一的指数，作为分析的依据，以此来衡量和评判金融化的水平和程度，这有利于解决金融化评判标准不同的问题，从而使理论分析和实证研究具有更好的基础和支撑。

第四，本书从理论上深入解释了金融化导致收入分配差距扩大的必然性和传导机制，又通过实证分析加以了论证。本书指出，经济金融化不会自动实现共享发展，恰恰相反，经济金融化形成了金融资本偏倚型的收入分配模式，必然造成不共享的结果。这种非利益共享式的经济增长方式，一定会造成收入和财富分配不平等状况持续加剧，而社会不平等反过来会影响到经济增长。本书还具体分析了经济金融化导致收入分配差距扩大的三大机制：金融扩张拉开收入分配差距，企业行为"股东价值导向"扩大收入分配差距，以及新自由主义社会经济政策恶化收入分配差距。这些对我们的经济发展是具有重要的指导意义的。本书还针对中美两国经济金融化导致收入分配差距展开了实证分析，从而有力地支撑了后文的相关结论。

第五，本书拓展了存量-流量一致性模型（SFC）来进行数值模拟分析。海外学者，尤其是结构的凯恩斯学派的学者比较多地应用SFC模型来对金融化的经济效应展开分析。本书的贡献包括两个方面：第一，现有研究鲜有将经济金融化、收入分配差距和经济增长纳入统一的框架进行分析，且对规模性收入分配差距(即个体收入分配差距)的分析略显不足。本书在 Lavoie 和 Godley 等学者所开创的存量-流量一致模型的基础上纳入经济金融化、财富与收入分配差距变动、经济增长等因素,分析三者的内在逻辑关系。这里的收入分配包括功能性收入分配和规模性收入分配,后者是本书分析的重点。第二,在基本模型的基础上通过数值模拟方法进一步探讨三者的长期动态关系,并运用美国 1973—2015 年的数据对理论模型进行验证。

第六,本书不仅从理论与现实出发,分析了经济金融化对收入分配和经济增长的负面效应,而且构建理论模型探讨了经济金融化良性发展的途径。本书主要研究了五种能够引导经济金融化向有益于收入分配改善和经济增长方向发展的途径:金融规模适度发展、金融结构优化、金融知识与金融获取机会均等化、收入再分配和企业利益相关者共同治理结构构建。本书的这一研究结论为使金融化更美好和更健康的行动提供了可行的方向。

第七,本书的研究结论具有重要的指导意义。本书指出,经济金融化形成了金融资本偏倚型的收入分配模式,一定会造成收入和财富分配的不平等状况持续加剧,这与共享发展的理念是相背道而驰的。共享发展才能让金融化更美好。在单纯的市场力量作用下,金融化不会自动实现共享发展,要推动中国经济金融化有利于实现共享发展,必须积极发挥政府的重要作用。共享发展中的政府职能首先体现在:以机会平等促进共享、以过程公平保证共享、以结果平等实现共享,这就要求金融监管制度的创新。其次,政府要引导金融更好地服务实体经济,使得经济金融化真正为劳动者带来福利。

第八,本书探索了推动金融化健康发展,帮助我们实现美好生活的机制。

(1)本书首先依据马克思关于"资本的束缚与游离"的基本原理,以金融资本和职能资本(包括产业资本和商业资本)的互动来解释经济波动。数理分析结果显示,我国金融化过度发展对实体经济的增长和稳定已经造成一定程度的负面影响,金融服务实体经济的功能并未合理发挥。为了使经济-金融体系恢复到健康有序发展状态,一方面要鼓励技术创新以增强实体经济实力,使实体经济盈利能力保持在一定水平之上,以吸引更多资本回流到实体经济领域;另一方面对金融体系进行监管,规范资本市场,防止非理性的过度投机出现。

(2)金融本身就是一个异质性的主体,不同类型的金融服务对实体经济产生的影响不尽相同。从优化金融结构着手,增强金融服务的质量,是值得深入思考的。在不同的经济发展阶段,最优金融结构并不是一成不变的,具有动态演化的特征。本书运用存量-流量一致模型(SFC 模型),研判了直接融资与间接融资的比例改变对经济金融化和资本积累的影响,研究发现,直接融资占比增加使得金融结构趋于优化。本书提出,通过培育长期投资者、大力发展普惠金融等方式,提高直接融资比重以优化金融结构。

(3) 本书通过数理分析发现,金融知识及获取金融资源的机会平等对于共享金融化的红利非常重要。因此,通过普及金融知识教育,让更多人有机会获取金融资源,并通过金融提高收入非常必要。

(4) 本书的数值模拟结果显示,适宜的收入分配调节政策有助于推动共享金融化的红利,并有利于长期资本积累率的上升。但数值模拟结果同样表明,收入再分配政策力度过大,可能会阻碍高收入者的生产积极性,改变生产条件,最终阻碍经济增长。我们认为,在实际经济工作中,可以采取多管齐下的方法缩小收入或财富分配差距,包括:其一,合理提高个税起征点,使中低收入群体少交或免交个税,而高收入群体多交个税;其二,提高证券投资所得税收,征收资本利得税。

(5) 构建企业利益相关者共同治理结构,让物质资本所有者与非物质资本所有者共同治理,可以有助于避免落入金融化的窠臼,更有利于培育企业创新主义理念,更有利于激发创新动力,更有利于夯实企业创新发展的基础。

本书的研究不足之处也是很明显的。

第一,本书在研究过程中给出的关于经济金融化的定义有可能存在争议,关于经济金融化水平的测度指标体系,也有可能存在偏差或缺漏之处。

第二,本书对经济金融化、收入分配差距的研究,仅仅采集了美国和中国的数据来展开研究。美国是经济金融化的发源地和中心,对中国问题展开研究是我们的使命,这样的选择有合理之处。但如果能够采集更多国家的数据,比如英国、法国、德国、日本等的数据,来展开相关研究的话,相信不仅可以更加丰富我们的研究内容,还会使我们的研究结论更加具有一般性。

第三,本书对经济金融化可能造成的社会不公平、全球不公平等的研究还不够深入。我们剖析了金融化对全球不平等格局的影响,以及金融化造成"美国梦"幻灭的社会效应导致美国"财阀政治"问题等,但本书聚焦于金融化的收入分配效应和经济增长效应的分析,而对金融化的社会效应、政治效应等系统研究不够。

此外,本书在研究的过程中,曾经尝试探讨一国的经济金融化保持什么样的水平才能更有利于实现社会公平和经济增长的可持续性。一个国家经济金融化的进程会对该国经济增长和社会发展起到积极的作用,但经济金融化的程度应与本国不同历史阶段的国情(生产力发展水平、经济结构等)相匹配,金融部门与非金融部门应协同发展。如果不匹配,出现金融与非金融部门的非协同发展,可能存在两种情况:其一是金融化程度不足,出现金融抑制,需要通过推动金融发展和金融深化来更好地服务于经济发展;其二,金融化程度超前,出现过度金融化,产生金融脆弱性、经济增长不稳定性、社会不公平性等突出问题,需要对金融化进行规制,根据国情确定合理的金融化发展度或合理的金融化区间,以促使金融部门更好地服务实体经济和国家整体经济发展。

在研究过程中,我们花费了大量的时间和精力,力图通过数理分析来确定金融化指数的合理区间,并探究这一区间的动态调整规律。但由于影响金融化的因素非常的多,情形也十分复杂,最终我们未能取得满意的研究成果,实属遗憾。所以,相关的研究内容并未出现在本书中。这也是我们将来继续展开研究的重要问题。

本书是国家社科基金课题《经济金融化、利益共享式经济增长与社会公平研究》(批准号:12CJL014)的最终成果。完成本书,并不意味着笔者对这一议题研究的结束,恰恰相反,在大量阅读文献的过程中,我深感还有很多值得研究的议题,比如,中国经济金融化对于产能过剩、供给侧结构性改革等形成了什么样的冲击和影响?中国经济金融化在内的全球经济金融化的不断推进会对中国的大国崛起产生何种影响?我们应如何应对?等等。同时,本书的不足之处,以及研究过程中的缺漏或遗憾之处,都会督促我继续展开对相关问题的思考和探索,也希望能够得到更多专家和同行的批评指正,这有利于我们继续深化对相关议题的研究。

第二章
经济金融化的研究综述

经济金融化的概念已经是一个新兴的研究领域中的热门话题,也是一个多学科的定位和吸引来自异端经济学(Heterodox Economics)、社会学、地理学和管理学研究中共同关注的焦点。2011年1月12日,欧盟委员会出资1 000万欧元,设立了为期5年的"金融化、经济、社会和可持续发展研究项目(Financialisation, Economy, Society and Sustainable Development Project, FESSUD)",该项目由英国利兹大学牵头,组织英法德意等14个国家的15所大学的专家共同参与,课题组首席专家为英国利兹大学的Malcolm Sawyer教授,这一项目取得了一系列针对金融化相关问题的研究成果。经济金融化的思想渊源可以回溯到"金融资本"理论。乔瓦尼·阿瑞吉(Giovanni Arrighi,1994)在分析世界霸权的变迁中首次使用了"经济金融化"一词[1]。保罗·斯威齐(Paul Sweezy,1997)将资本积累过程的金融化,以及垄断力量的增长和经济停滞视为世纪之交的三大主要趋势之一[2]。金融化研究的文献迅速增加,存在不同的研究方向,同时仍有许多关于"金融化"未解的学术议题和难题,这意味着"金融化"将仍然是一个重要的研究领域。

第一节 海外学者关于经济金融化的研究综述

从文献回顾的情况来看,美国垄断学派(每月评论派,代表人物有斯威齐、福斯特等)、社会积累结构学派(SSA学派,代表人物有大卫·科茨等)、结构的凯

---

[1] Arrighi G. The Long Twentieth Century: Money, Power, and the Origins of Our Times[M]. London: Verso, 1994.
[2] Sweezy P. M. More (or Less) on Globalization[J]. Monthly Review, 1997,49(4):1-4.

恩斯主义学派(代表人物有 Thomas Palley，Greta R. Krippner、Stockhammer Engelbert、Eckhard Hein 等)、竞争学派(代表人物有 Robert Brenner，Crotty James 等)、法国调节学派(代表人物有 Michel Aglietta，Alain Lipietz 和 Robert Boyer 等)、英国社会核算学派(代表人物有 Julie Froud 等)等六大学派，以及其他一些左翼学者，如大卫·哈维、科斯塔斯·拉帕维塔斯、克里斯·哈曼、热拉尔·杜梅尼尔、多米尼克·莱维、阿列克斯·卡利尼科斯等，都对经济金融化展开了相关的研究，并有着广泛的争鸣[1]。一些文献重点阐明金融化的定义，并评估它是否是资本主义弊病的主要成因或仅仅是一个更深层次原因的表现形式；一些文献探究金融化是否意味着一个新的"资本主义发展阶段"，如一个新社会积累结构；一些文献分析了金融化是否只是当代世界出现的"新自由主义""数字化"和"全球化"等一系列重要现象中的一个；有一些文献并不侧重于对金融化问题展开理论研究，而是侧重于实证分析，试图测度金融化的性质和程度，以及对制度变迁和经济增长等的影响；还有一些文献试图从理论和实证上分析金融化产生的一些重要影响，如金融危机、金融化对生产性投资，生产率的增长，工资和收入分配的影响；最后，还有一些文献更为关注政策导向，试图就政策和结构变化给出对策建议[2]。

一、海外学者关于经济金融化的理论研究

在金融化的理论研究方面，海外学者分别就金融化的定义、金融化的形成原因、金融资本与实业资本及金融业与实体经济之间的关系、金融化的可能后果等展开了分析。

1. 海外学者关于经济金融化定义的研究

Kevin Phillips 在他的著作 *Boiling Point* 中首次使用了"金融化"这个术语[3]，1994 年，Kevin Phillips 在他的另一本书 *Arrogant Capital* 中再度使用这一概念，并以"美国的金融化"作为其中一章的标题，Kevin Phillips 定义金融

---

[1] 在本书写作过程中，我们阅读了大量的文献，有一些英文文献已经被译为中文，为了更加严谨和准确，我们尽可能地阅读了英文原文。同时，我们也发现海外作者姓名翻译成中文存在着不一致等问题，所以，在文章中引文或列举研究成果的时候，我们尽量使用作者的英文名字，对于中文翻译一致的，在引用这些文献的时候，我们则使用的是中文姓名。

[2] Epstein G. Financialization: There's Something Happening Here, Political Economy Research Institute (PERI)[C]. University of Massachusetts Amherst, Working Paper Series, Number 394, August 2015.

[3] Phillips K. Boiling Point[M]. New York: Random House, 1993.

化为实体经济与金融之间的长期发散性分裂[1]。目前,海外学者关于经济金融化的定义可谓众说纷纭,不同的学者运用相同的"金融化"概念,却指向了大相径庭的经济现象,包括非金融企业金融化、家庭经济行为金融化以及金融机构行为的变化[2]。主要观点可以归结为五种:

第一种定义从宏观角度出发,将金融化界定为一种社会积累结构的变化,这一定义影响颇为广泛,不少学者从资本主义经济发展的长波理论的角度分析了金融化,认为资本主义的"金融化"是资本主义体系的内生演进过程中的一种周期性的现象,是两个物质资本扩张阶段之间不可避免的一个阶段;在这个阶段,利润主要是通过金融渠道而非贸易和商品生产渠道产生的,而这种积累体制的变化对整个资本主义经济体系产生了重要的影响(Arrighi,1994;Krippner,2005;Harvey,2005;Glyn,2006;Perez,2007;Kotz,2007,2008;Stockhammer,2004,2010,2012)。积累结构论将金融化定义为"一种积累类型,利润的不断增加源自金融渠道而非贸易或商品的生产"。[3] 大多数作者认同这一点,认为资本主义金融化是从福特主义积累体质转向新自由主义积累体质。保罗·斯威齐将金融看成是与"销售努力"同等的一种吸收剩余的方式,强调有大量的国家"剩余"被转移到金融、保险和房地产部门,从而导致这些部门资产规模呈现迅速增长的趋势。约翰·B.福斯特(John B. Foster)与斯威齐的观点一致,他依据资本积累的变化,将金融化看成是"经济活动的重心从产业部门(甚而从诸多正在扩大中的服务业部门)转向金融部门"[4]。

第二种定义从中观角度出发,认为经济金融化可以被认定为以证券市场为基础的金融体系对以银行为基础的金融体系的压倒性优势,现代金融体系取代传统金融体系。传统金融体系以银行金融为主,现代金融体系则更加多元化,金融创新和金融衍生品的规模不断攀升,由于新金融工具的不断发展带来的金融交易的过度增加,银行金融的优势地位受到冲击,但不管怎样,金融业在国民经济中的地位越来越重要,金融部门日益膨胀并居于支配地位(Phillips,1996;Epstein,2005;Epstein 和 Jayadev,2005;Orhangazi,2007,2008a、2008b;Dore,2002,2008)。所以,金融化意味着:①提升了金融部门相对于实体部门的重要

---

[1] Phillips K. Arrogant Capital[M]. New York: Little, Brown and Co., 1994.
[2] Karwowski M., Shabani M., and Stockhammer E. Financialisation: Dimensions and Determinants[C]. A Cross-country Study, Post Keynesian Economics Study Group Working Paper 1619, December 2016.
[3] Krippner, G. The Financialization of the American Economy[J]. Socio-Economic Review, 2005, 3(2):173-208.
[4] 福斯特.资本主义的金融化[J].王年咏,陈嘉丽,译.国外理论动态,2007(7):9—32.

性;②将收入从实体部门转移到金融部门;③加剧收入分配不平等并导致一般工人工资停滞。

第三种定义从微观角度出发,认为经济金融化是一种"股东价值导向"理念,以及在此基础上的"股东价值"的支配地位和企业治理结构的变化(Ertürk et al.,2004,2005,2007a,2007b,2008;Froud et al.,2000,2002,2004,2006;Lazonick 和 O'Sullivan,2000;Williams,2000;Crotty,1990、1993、2002、2003、2005、2007、2009、2016;Duménil 和 Lévy,2005;Brenner,2006;Lazonick,2008;Millberg,2008;Malinowitz,2009),这一定义也颇有吸引力。"股东价值最大化"是一个流行的术语,不少文献认为,金融化与"股东价值导向"相互影响和促进,推动企业行为导向的变化:①利润中心导向。这样的变化与面向企业高管的奖金文化及股票期权激励制度的兴起有关。在标普500指数成分股公司,首席执行官在位时间一般只有五六年,他们的薪酬往往与公司股价、股本回报率(ROE)密切挂钩。这构成了强烈的激励,促使他们在短期内把利润维持在高位。这些激励措施也改变了管理层应对经济衰退的方式。不是保留员工、降价抢占市场,而是裁员、保持价格不变;宁可回购公司股票,不肯作出新的投资。②公司倾向性削弱工会的力量,劳动者议价能力因而降低,也导致了劳动收入份额的降低。③影响政策的制定和实施。

第四种定义源自马克思主义者鲁道夫·希法亭。这一定义认为,金融化意味着食利阶层政治和经济权力的增加,金融部门成为吸收经济剩余的主要渠道(Foster,2006,2007,2008,2009,2010a;Foster 和 McChesney,2009)。大卫·哈维(Harvey,2005)强调,新自由主义是一项"重建资本积累的条件和恢复经济精英的权力"的规划,哈维指出,新自由主义的确恢复了精英阶层的权力和财富[1]。法国学者热拉尔·杜梅尼尔和多米尼克·莱维从资本主义社会变迁的角度将金融化理解为"金融资本"(由资本所有者的上层和金融机构组成)权力的重新恢复和扩张,即金融资本这样一个食利者特定阶层的收入、财富和权力的恢复及其政治、经济势力的不断增强[2]。

以英国曼彻斯特大学 Froud 和 Ertürk 等人(Froud et al.,2000,2002,2007;Ertürk et al.,2004,2005,2007)为代表的英国社会核算学派认为,息票工具创新和食利阶层大众化导致当代金融化体制下收入分配的分化,一方面,金融机构不断推出新的金融产品,吸纳家庭储蓄,以获取金融咨询服务费、交易手续费等佣

---

[1] Harvey D. A Brief History of Neoliberalism[M]. Oxford: Oxford University Press, 2005:19.
[2] 迪蒙,莱维.新自由主义与第二个金融霸权时期[J].丁为民,王熙,译.国外理论动态,2005(10):30—36.

金收入,以及获取财富投资收益;另一方面,由于雇员持股计划、养老金体制的基金化改革、股票市场赌博文化等因素的影响,家庭经济活动越来越金融化,成为被金融化的大众,家庭收入变成各类息票金融资产。金融机构借助其实际掌控的巨额金融资产,以及在公司经济活动中的支配地位,获取高额收益。被金融化的大众则受到资本市场支配,金融动荡和危机使他们率先成为资本市场财富洗牌的牺牲品[1]。

第五种定义将金融化视为金融资本对生产关系的全面渗透(Fine,2010)。金融化意味着金融控制力不断上升,全面渗透到一切经济活动中,带来了生产关系的新变化,由此而导致资本主义危机的可能性也越来越大。

五种不同的金融化定义角度不同、层次各异,但不同的定义都强调了金融资本给资本主义经济带来了冲击和变化,不同层面和角度的经济活动都受到金融资本的支配,遵从金融资本的逻辑与主义。

通过对上述西方学者关于"金融化"定义的阐述和回顾,我们可以看到目前海外学者并没能就"金融化"问题达成共识,各定义层次不一、分歧巨大。结构的凯恩斯主义学派学者Epstein综合了关于经济金融化的诸多定义,认为"金融化是指在国内和国际两个层面上,金融市场、金融机构以及金融业精英们对经济运行和经济管理制度的重要性不断提升的过程。"[2]托马斯·帕利(Palley,2008)认同这一定义,并强调金融化同时在宏观和微观两个层面上改变着经济体系的运行方式。马里诺维奇(Malinowitz,2009)认为,Epstein的定义具有一般性这一优点,涵盖了不同学者在这一问题上的不同观点,不过其缺点也正在于此,它并未清楚表明如何理解或测度金融化影响因素的不同"作用",以及金融化过程中到底有哪些行动者?但是,这并不影响Epstein关于经济金融化的定义被广泛引用。

2.关于"金融化"历史时期的争议

关于"金融化"始于何时。大多数观点都认为,金融化肇始于20世纪70年代末80年代初,但也有学者认为,应该从更长的时间维度来考察金融化,如Sawyer(2013a)认为应该至少从5 000年的历史长河中来探寻金融化诞生的逻辑。阿瑞基(1994)曾提出,在资本主义的历史进程中,当面临实体经济衰退,或全球主导权(或"霸主")更替之时,金融化往往成为主导力量。例如,20世纪初,

---

[1] Ertürk I., Froud J., and Johal S., et al. Financialization at Work: Key Texts and Commentary [M]. London: Routledge, 2008: 26-27.
[2] Epstein G. Introduction: Financialization and the World Economy [M]//In G. Epstein (ed) Financialization and the World Economy, London: Edward Elgar, 2005: 3.

英国经济停滞不前,大不列颠失去了相对于德国和美国的权力,这一时期,同时也是金融投机膨胀和动荡加剧的时期,Orhangazi(2008a)和 Pollin(1996)也持有相同的观点。

关于金融化历史的分歧,直接关乎金融化动因的争论,亦即,当前的金融化是因为 20 世纪 80 年代以来的金融自由化(或金融去监管化),还是非金融部门(或实体经济)利润率降低及衰退的必然表现?简而言之,金融化是由于金融领域监管的变化,还是主要由于非金融经济部门出现的深层次的结构性问题,包括对外贸易和相关的全球力量对比的变化。社会核算学派的观点就认为,金融家们是被迫寻找其他赚钱的方法,他们主要转向金融领域的危险投机活动。

学术争议的政策含义是,如果金融化只是一个纯粹的经济问题,问题的成因是金融自由化(或去监管化),那么对策建议就是重构金融监管制度(Wolfson 和 Epstein,2013;Crotty 和 Epstein,2009a,b);征收金融交易税以减少短期交易,禁止破坏性股票回购(Lazonick,2015a);分拆大银行(Wallison,2012);改变公司治理模式,照顾利益相关者的偏好,以及其他一系列的制度改革以驯服金融化,通过金融监管和金融体制改革,金融化问题就能轻松的得以修复;如果这些问题主要源于收入和财富的巨大不平等,以及这种不平等所带来的政治权力甚至于全球权力分配,那么"修复"就不那么容易了,必须对税收、工资和所有权以及金钱政治等进行更深入的改革;如果问题来源于资本主义动力学的深层次原理所导致的金融化,那么我们就需要更加基础性和根本性的制度变革,解决问题可能需要实现当代资本主义结构和全球政治经济的巨大变化。

3. 海外学者关于经济金融化形成原因的研究

不同学派的学者均对经济金融化系统的、长期的成因展开了研究,并形成了很多不同的观点。

垄断学派认为,自 19 世纪末以来,资本主义社会已经进入到垄断资本主义阶段,其经济结构已发生了质的变化,完全不同于自由竞争资本主义,"垄断资本主义与竞争资本主义之间的显著差异就是经济剩余在它的攫取者之间的分配。正像从封建主义到竞争资本主义的转换不仅使经济剩余迅速增长,也使它从封建地主手中转移到资本家手中一样,从竞争资本主义向垄断资本主义的转变导致了经济剩余绝对数量的极大增长,并完成了对经济剩余的控制从小资本家向大公司巨头的转变"。[1] "无论从哪个角度看,几乎所有的企业都集中到越来越少的人手中。从前竞争激烈的部门,像零售业,现在已处于大规模垄断连锁领

---

[1] 巴兰.增长的政治经济学[M].蔡中兴,杨宇光,译.北京:商务印书馆,2000:146.

域。大量的经济财富正在聚集到坐拥庞大帝国的少数超级富豪手中。数字革命产生的新企业很快被吸收到垄断阶层当中,简而言之,垄断力量正在前所未有地加强。"[1]

在此基础上,垄断学派深入探讨美国经济金融化的原因。与自由竞争相比,在垄断资本主义制度下,正是大公司不断拓宽利润空间和扩大过剩生产能力的动机,导致了经济停滞的倾向。垄断资本主义下的资本积累造成占人口绝大多数的工人无法分享经济剩余,他们获得的几乎只有工资收入,仅能购买生活必需品。而资本所有者获得了大量经济剩余,他们把少量的收入用于满足奢侈的私人消费,而把收入的大部分投资在资本品上提高生产能力以增加财富。但问题是,在更新设备和新建工厂上的投资一旦遭受需求约束,将导致生产过度、价格下降和利润快速减少。为了阻止价格下降威胁到利润空间,垄断资本控制生产水平,增加闲置的生产能力和管制投资,这意味着实际生产和潜在生产无力完全吸收经济剩余。

在垄断学派看来,当实体经济面临困境时,垄断资本转而在虚拟经济领域寻求出路,即垄断资本在投资停滞的情况下将金融视为经济剩余的一种"转移"形式。斯威齐(Sweezy,1994)在论及垄断资本的利润流向上就指出了这一点:"回头来看,答案似乎是明显的:他们应该投资于金融,而非实际的生产性投资。我认为,这正是20世纪70年代的危机使经济再度陷于停滞后,他们开始以日益增长的规模所从事的活动。而在供给方面,变化的形势也成熟了。金融活动(其中大多数属于传统类型)曾经为20世纪50年代和60年代的战后繁荣所刺激,却因停滞的再现蒙受了失望。为此金融家正在寻找新的生意。从实际经济中游离出来的资本被金融部门吸收了。"[2]

在新自由主义时代,垄断资本主义逐渐演化成了一个全球化的垄断金融资本体系,这是发达资本主义经济体的经济制度的核心,也是经济不稳定的关键因素。斯威齐指出,金融市场的发展,使公司董事会成员在很大程度上受金融资本控制。真正的权力被金融市场所操控,而不是掌控在公司董事会手中。股票期权激励制度的引入,CEO和股东的利益日益一致,在"股东价值最大化"目标的驱使下,CEO们转而采取削减雇佣劳动数量,以及将利润分红而不是留存利润再投资的决策,这样的企业经营行为削弱了企业生产性投资,破坏了经济长期增长的基础。约翰·B.福斯特延续了斯威齐的分析,认为过去30年来,新自由主义、全球化和金融化是资本主义出现新变化的三个主要特征,

---

[1] 福斯特,麦克切斯尼.21世纪资本主义的垄断与竞争(上)[J].金建,译.国外理论动态,2011(9):5.
[2] Sweezy P. M. The Triumph of Financial Capital[J]. Monthly Review, 1994, 46(2):1-11.

金融化是这三者的主导力量。资本主义的金融化是指经济活动的重心从产业部门转向金融部门,在此过程中,由于利润率下降的原因,实体经济部门已无法吸纳追寻最大化利润的过剩资本,经济陷入严重的停滞状态,而金融的膨胀,阻止了情况变得更糟,但从长期来看,经济增长对金融化的依赖程度进一步加深。

社会积累结构学派(SSA)从社会积累结构的变化入手分析经济金融化,认为是新自由主义的重构拉开了主要资本主义国家经济金融化的序幕,而不是金融部门日益增长的影响力导致了新自由主义的重建。大卫·科茨教授认为[1],二战后的二十多年,在资本主义工业化时代,资本主义国家实行的是高度管制的体制,在这一体制下,强大的工会和慷慨的政府福利计划使过度生产不会引起积累问题。然而,在高度管制的体制下,当快速的扩张耗尽储备的劳动力大军,就会导致实际工资上升和生产率缓慢增长,进而利润遭受挤压。随着政府福利支出的增加,这使工人感受不到失业的威胁;加之,20世纪70年代初螺旋上升的通货膨胀,这些因素导致管制体制的解体而由新自由主义取代。在新自由主义体制下,上述情况发生了根本性变化,高利润和工资增长停滞创造了一对矛盾——生产规模不断增长与有效需求不足。发轫于20世纪七八十年代的新自由主义目标是增加资本集团的收入。新自由主义使得劳工阶级处于更加艰难的境地:更加严酷的工作条件、购买力的停滞(或倒退)、社会保障的侵蚀等;政府热衷于严格控制通货膨胀,而不关心充分就业;金融部门去监管化,政府大刀阔斧地解除了对金融的管制;自由贸易和资本的国际自由流动被各国政府奉为金科玉律,这导致了跨国公司在全球范围内的扩张。最后的两个方面组成了我们常说的"新自由主义的全球化"[2]。

但左翼学者杜梅尼尔和莱维并不认同这一点,他们从资本主义社会变迁的角度出发,将当代主要资本主义国家的金融化视为对第二次世界大战后建立起

---

[1] Kotz D. M. The Financial and Economic Crisis of 2008: A Systemic Crisis of Neoliberal Capitalism [J]. Review of Radical Political Economics, 2009, 41(3): 305-317./ Kotz D. M. Contradictions of Economic Growth in the Neoliberal Era: Accumulation and Crisis in the Contemporary U. S. Economy [J]. Review of Radical Political Economics, 2008, 42(2): 174-188./ Kotz D. M. The Current Economics Crisis in the United States: A Crisis of Over-investment [J]. Review of Radical Political Economics, 2013, 45(3): 284-294./ 科茨, 孙来斌, 李轶. 金融化与新自由主义[J]. 国外理论动态, 2011(11): 5-14./ Kotz D. M. Neoliberalism and Financialization[C]. Paper Written for a Conference in Honor of Jane D'Arista at the Political Economy Research Institute, University of Massachusetts Amherst, May 2-3, 2008.

[2] 周思成. 关于新自由主义的危机——热拉尔·杜梅尼尔访谈[J]. 国外理论动态, 2010(7): 11—19.

来的以劳资妥协、产业资本与金融资本妥协为核心的生产关系的全面否定和调整。通过这种调整，资本家阶级获得了相对于工人阶级更大的权力，在资本家阶级内部，金融资本家阶级获得了相对于产业资本家阶级更大的权力，但绝大部分民众则承担了金融危机的成本。所以，在他们看来，金融化意味着"金融资本"（由资本所有者的上层和金融机构组成）权力的重新恢复和扩张，即金融资本是食利者特定阶层的收入、财富和权力的恢复，及其政治、经济势力的不断增强。金融化反映了食利者阶层享有越来越大的政治和经济力量。金融化的发展导致了新自由主义的重构，并使之成为一种有利于金融资本的手段，在金融霸权时期，资本家阶级在其金融机构权力的支持下，享有完全或几乎完全的寡头统治[1]。

法国调节学派从调节机制的变化这一角度解构了经济金融化的成因（Lipietz，1992；Aglietta，1999、2000；Boyer，2000；Aglietta 和 Breton，2001），他们提出，在20世纪90年代，金融市场，尤其是股票市场的膨胀，推动了新调节机制的形成，主要发达资本主义国家形成了金融资产积累体制，这就是资本主义的金融化。在金融资产积累体制中，"股东价值最大化"在企业诸多目标中占据支配性的地位，导致企业经济行为发生重大变化：企业的经营行为发生变化，更加关注股利，而不是在"动物精神"的驱使下，不断地投资和扩大生产规模；企业的治理结构也发生了重大变化，尤其是大量养老基金、共同基金等机构投资者逐渐成为世界各地大公司的主要股东，这些机构投资者更加关注公司的股价表现和每股收益率，这些指标成为评判公司经营效果的主要标准，业绩不佳的公司面临被收购或者重组的风险；企业在处理劳资关系方面发生变化，更加强调降低工资成本，采用个别谈判方式决定工资标准；非金融企业经营活动的金融化，在公司战略和收入分配方面倾向于更多地向股东分红，在投资决策领域倾向于更多地注重公司资产的流动性和更多地涉足金融业务。

竞争学派的布伦纳（Brenner，2002a、2002b）则把金融化定义为一种新积累模式——利润主要是产生于金融渠道而非贸易和商品生产活动，这一观点与阿瑞基（Arrighi，1994）和克里普纳（Krippner，2005）的观点是相同的。布伦纳在实证分析的基础上提出，由于破坏性竞争，生产能力的过度扩张进一步加剧了竞争，从而降低了利润率，企业依赖于低利率借贷以维持生存和扩张，政府为确保低利率借贷的持续进行，放松了对金融业的管制，而金融去监管化反过来加剧了金融业的竞争，这使金融机构以及实体企业的盈利都变得更加困

---

[1] Duménil G., Lévy D. Costs and Benefits of Neoliberalism [M]//In Epstein, Gerald (ed.), Financialization and the World Economy. Cheltenham and Northampton: Edward Elgar, 2005.

难,于是投机和冒险行为盛行,助推了房地产和信用泡沫的形成与累积。尽管克里斯·哈曼(Chris Harman)和卡利尼科斯(Callinicos)并不接受布伦纳的理论分析,但是他们与布伦纳的基本观点一致,认为金融扩张是基于过度积累机制之上的。

Arrighi(1994)把金融化与世界经济的霸权周期相联系,将金融化解释为权力转型阶段资本之间和国家之间竞争加剧的结果。霸权资本主义构成一个个相连的演化周期,随着霸权者的生产力衰落,霸权的力量也衰退,曾经的霸权国家热那亚、荷兰、英国,在他们失去生产和贸易的霸权时,都借助于金融化,试图恢复其实力和霸权地位[1]。

绝大部分新左派学者,如巴兰、斯威齐、马格多夫等均认为,是经济停滞导致了金融化。除非某些特殊历史因素起作用,经济停滞是资本主义的常态。20世纪50—60年代,资本主义经济繁荣是暂时的,是战后重建、冷战时的军备竞赛、亚洲战争、美国统治地位的确立等诸多历史因素作用的结果,一旦这些因素的作用力消退,或者这些因素耗尽,资本主义就会重归停滞状态,此时,资本主义国家必定要寻求走出停滞的办法,大规模的军费开支、债务和金融投机就成为应对停滞的经济手段。也就是说,金融化是资本应对实体经济停滞的手段。

但结构的凯恩斯主义学派观点相左,该学派认为,并非是生产停滞导致了金融化,恰恰相反,是金融化导致生产停滞。在该学派看来,主要资本主义国家先后步入新自由主义阶段,社会经济政策新自由主义取向的改革推动了金融部门的不断扩张,导致了企业杠杆率提高、金融部门利润份额增加、劳动收入被转移、公司留存利润再投资率降低等后果,这些因素的综合作用,导致短期的均衡增长率下降,亦即金融化导致了经济增长放缓。不过,英国左翼学者拉帕维塔斯(Lapavitsas,2009)认为,将经济增长停滞与金融化联系起来,并试图寻找二者之间的直接因果关系,是一种误导。

英国社会核算学派的学者们关于经济金融化发生机制的观点也颇有见地,他们认为,资本从实体经济流向金融部门是一个自然现象,是经济社会发展到一定阶段的必然产物,也是资本追求更高利润回报的理性选择,社会核算学派的弗劳德等人(Froud et al,2001)提出了"息票池资本主义"的概念对此进行解释(参见图2.1)。

---

[1] Arrighi G. The Long Twentieth Century: Money, Power, and the Origins of Our Times[M]. London: Verso Press, 1994.

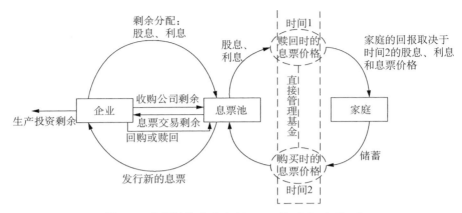

图 2.1 息票池资本主义（Coupon Pool Capitalism）

（资料来源：Froud et al. FInancialisation and Coupon Pool [J]. Capital and Class, 2001, 8(3): 271-288）

在图 2.1 的右边是家庭和息票池。在雇佣劳动关系中，家庭直接与公司存在关系，家庭用劳动时间与工期交换工资，但是在息票池资本主义中，家庭直接向息票池注入基金，家庭与息票池的关系可以被视为类似于生命周期的关系，尤其是始于或在家庭形成之后，包括其后 20—30 年的积累和清偿，当然，处理的速度可能会有所不同，如果息票在一个时期买进，在另一个时期卖出，时间间隔可能会是几天甚至于几年。在时间 1 买进的息票的价值取决于家庭储蓄的流量规模，以及息票的购买价格，而家庭投资的回报取决于每年的利息和股息支付，以及在时间 2 的息票的价格，家庭可以直接将其储蓄投资于息票池，或者也可以使用筹集储蓄的职业管理基金。息票池并不是发行普通股和二级市场，或者二级市场与一级市场的混合，因为息票池意味着所有的息票投资机会，包括债券、风险投资和证券化的票据等。

图 2.1 的左边，代表着企业与息票池的各种关联方式。在最简单的生产主义体系类型中，企业发行票据以获取资金，并运用于生产性的投资活动之中，因而，企业剩余中的一部分将作为利息和股息通过息票池而分配，通过新股发行或 IPO（首次公开发行），这一功能不断持续，尽管新股份通常只有在股票价格很高的时候才会上涨，因为 IPO 通常是向公众出售一个已经存在的公司的方式。如果公司将其剩余中的一部分分配给股东，公司也可以使用这些剩余，或者更普遍的是发行新息票，通过收购股权的方式来并购其他的公司。公司的剩余也可能被用于股票回购或赎回已经发行的息票，而不是发行新息票。公司也能够主动或被动地投资于其他公司或政府的息票。在息票池资本主义中，家庭并不拥有公司，家庭也不用关心其对公司的所有权。

4. 海外学者关于经济金融化测度指标的研究

不少学者都认为,对经济金融化议题的研究应包括对更复杂的金融化测量方法的研究(如 Epstein 和 Jayadev,2005;Krippner,2005)。但对应于不同的经济金融化定义,学者们根据各自研究的需要,给出了不同的经济金融化的测度评价指标。拉帕维塔斯(Lapavistas,2009,2011,2013a,2013b)指出金融化的三大基本趋势:①大公司一直在很大程度上通过留存利润来扩大投资,同时它们也通过公开市场获得外部融资,这意味着大公司更少地依靠银行获得融资;②银行已经调整了他们对个人而不是公司的贷款,它们的收入更多地从公开市场中介服务中获得手续费和佣金,而非直接的贷款利息;③劳动者被迫进入金融体系,政府退出养老金、住房、教育、卫生等公共产品的供给,迫使人们借助于金融产品和杠杆,进入市场获取这些产品和服务。

Onaran 等人(2011)认为,金融化概念涵盖了广泛的经济现象,包括:金融自由化;金融创新和金融衍生产品膨胀;家庭负债规模扩大;创建与分布式银行业的发展;机构投资者大量出现并成为金融市场的主要参与者;资产市场的繁荣和崩溃;非金融企业公司"股东价值导向"的行为变化;金融业收入及源自金融投资的收入显著增长。自然,金融化的评判指标也是多层次的。

Foster(2010)将金融化定义为资本主义经济重心从生产向金融的长期转变。他还给出了显示这种变化的一些基本指标,包括:①金融利润占总利润比重的不断上升;②不断上升的债务/GDP 比;③FIREs(金融、保险、房地产部门)占国民收入份额不断增长;④舶来的和不透明的金融工具的不断扩散;⑤金融泡沫的不断膨胀[1]。

Levine(1997)在衡量经济金融化程度时,除了传统的金融深度指标——FIR(金融相关比率)外,还采用了以下几个金融中介发展指标:①Bank 指标,该指标是衡量中央银行与商业银行在信贷资源配置中的相对地位的指标,它是商行信贷与全部信贷的比率;②Private 指标,该指标是分配给私人企业的信贷与国家总信贷资产总额的比率;③Privy 指标,该指标是分配给私人企业的信贷与 GDP 之比。这些指标在衡量转轨经济国家的经济金融化程度上是非常重要的。此外,Levine 和 Zervos(1998)还对股票市场的发展进行了细分,提出了资本化率、流动性等指标。

需要指出的一点是,在对经济金融化进行剖析时,绝大多数研究都使用了简单的描述统计的方法和列联表分析,却并没有构建一个完整的测度指标体系来

---

[1] Foster J. B. The Financialization of Accumulation[J]. Monthly Review: An Independent Socialist Magazine,2010,62(5):1-17.

对问题展开分析,这也正是本书研究的价值所在。毋庸置疑,经济金融化是一个逐步深化、发展的过程,而且影响深远持久,涉及经济和金融领域的很多因素。分析和衡量金融化也不能简单地仅从宏观或者微观某一角度、某些因素出发,必须构建一个综合衡量指标体系。

5. 海外学者关于经济金融化对经济社会影响的研究

第一,关于金融化对收入分配的影响。海外左翼学者们对于经济金融化对收入分配差距的影响结论较为一致,即金融化会导致收入分配差距的扩大,Hein(2015)的实证结论表明,金融化使许多国家的收入差距不断扩大[1],Detzer(2016)的研究发现,在金融化时代,大多数发达国家和许多发展中国家收入不平等状况都加剧了。Phillips(2002)认为,美国经济的金融化不仅造成了财富和收入的极端两极分化,而且正在腐蚀着美国民主的社会基础[2]。Dünhaupt(2016)认为,在新自由主义和金融化的时代,工资水平停滞不前,收入分配不利于劳动而偏倚资本。Ferreiro(2016)认为,金融化导致了有利于高收入群体和资本所有者的收入再分配。Olivier(2012)针对法国的研究表明,法国收入分配差距的扩大,金融化的影响高达50%,金融化大幅度提高了高收入阶层尤其是企业高管的收入。Cockshott 和 Zachary 认为当今资本主义社会金融制度最初的进步目的已逐步萎缩,金融系统发挥了封建社会封建贵族和神职人员的作用,社会的积蓄越来越多地分配给银行家、空军战机和士兵,而使社会贫困化[3]。

事实上,鲁道夫·希法亭早就给出了这样一个结论:"当利息率上升时,银行资本从生产利润中拿走了一个更大的份额,这是以牺牲企业家的收益为代价的;银行还获得了更多的投机利润,而这是以牺牲投机者的差额利润为代价的。利息率越高,金融资本在繁荣过时的分享中所占有的份额就越大。在繁荣持续期间,货币资本会增加其在生产资本所创造的利润中占有的份额。"[4]但是,不同的学者分析的视角并不相同。

一部分学者从食利者收入占比的角度研究了金融化的收入分配效应。爱泼斯坦认为,金融化使得收入分配更加有利于金融机构和金融资产持有者,而不利

---

[1] Hein E. Finance-dominated Capitalism and Redistribution of Income: A Kaleckian Perspective[J]. Cambridge Journal of Economics, 2015, 39(3): 907-934.

[2] Phillips K. Wealth and Democracy: A Political History of the American Rich[M]. New York: Broadway, 2002.

[3] Cockshott P., Zachary D. Credit Crunch: Origins and Orientation[J]. Science & Society, 2010, 74(3): 343-361.

[4] 希法亭.金融资本[M].李琼,译.北京:华夏出版社,2010:300.

于工人[1]。Epstein 和 Power(2003)通过对 29 个 OECD 国家 1960—2000 年食利者收入份额变化的研究,探讨了金融化的功能性收入分配效应。爱泼斯坦和贾亚迪夫(Epstein 和 Jayadev,2005)的研究发现,1980 年以来 OECD 国家食利阶层收入占整个国民收入比重持续升高[2]。Hein(2008,2015)、Dünhaupt(2013,2016,2017)、Hein 等人(2017a,2017b)都认为,在金融化进程中,金融自由化大大增强了金融资本的实力,股东价值导向的理念带来企业经营行为的变化,食利者收入份额比重不断上升,劳动收入份额增长却陷于停滞。

Duménil 和 Lévy(2005)、Hein(2008、2015)、Milberg 和 Winkler(2009)、Hein 和 Nina(2014)、Lapavitsas(2013)、De Souza 和 Epstein(2014)等人则认为,伴随着金融化,"经济活动的重心从产业部门(甚而从诸多正在扩大中的服务业部门)转向金融部门"[3]。Tomaskovic-Devey 和 Lin(2011)的实证研究认为,自 20 世纪 70 年代以来,大概有 5.8 万亿—6.6 万亿美元的收入,从其他经济部门,包括劳动者和纳税人手中转移到了金融部门,金融部门规模不断膨胀,金融业的支配地位日益凸显,产业部门创造的大量剩余被转移到金融部门,美国金融企业与非金融企业利润之比,从 20 世纪五六十年代的 15%,上升到 2001 年的约 50%[4],金融部门的资本获得丰厚的利润,金融从业人员的收入水平远高于非金融部门,非金融部门中财产性收入远多于劳动收入,对此,Crotty(2016)提出了金融"造雨人"(Rainmaker)的概念,意指由于金融业的膨胀,以及金融业结构的变化,尤其是投资银行、机构投资者、影子银行等迅猛发展,基金经理尤其是金融高管们的收入急速飙升。2007 年金融危机时,高盛集团赚了 114 亿美元,5 位高管分享了其中的 3.22 亿美元,其中公司 CEO 布兰克·费恩拿到了 7 030 万美元,他还拥有高盛 337 万股股份,市值高达 5.7 亿美元。2006 年 6 月保尔森离开高盛集团出任美国财政部长,他收到了高盛支付的奖金 1 870 万美元,和 2006 年 6 个月的工资 1 920 万美元,他拥有 323 万股高盛的股票,当时市值约 5 亿美元[5]。相对立的情况是,非金融业的利润率下降,非金融企业经济活动金融化,非金融企业转移到海外生产,或者用先进技术替代本国劳动力,导致对本国劳动力,尤其是蓝领工人需求的减少,直接造成非金融业劳动者收入

---

[1] 爱泼斯坦.金融化与世界经济[J].温爱莲,译.国外理论动态,2007(7):14—21.
[2] Epstein G., Jayadev A. The Rise of Rentier Incomes in OECD Countries. In Epstein G, ed. Financialization and the World Economy[M]. Cheltenham: Edward Elgar,2005.
[3] 福斯特.资本主义的金融化[J].王年咏,陈嘉丽,译.国外理论动态,2007(7):9—32.
[4] Crotty J., Epstein G. Regulating the U. S. Financial System to Avoid Another Meltdown[J]. Economic and Political Weekly,2009,44(13): 87-93.
[5] 科汉.高盛如何统治世界[M].李建军,汪川,廖淑萍,译.北京:机械工业出版社,2012,序言:3.

水平的下降。

Peter 和 Greenfield(2006)从劳动报酬占比的角度进行了分析,认为金融化使国民收入分配中资本收入占比不断扩大,劳动收入的份额则不断减少,加剧了收入和财富的不平等,这导致发达国家特别是"盎格鲁-撒克逊"经济体的基尼系数不断攀升。Mishel 和 Gee(2012)的研究也发现,在金融化时代,工资增长率逐渐脱离了劳动生产率的增长,工资增长停滞,引发了收入分配差距扩大等问题。Dünhaupt(2013)针对13个国家1986—2007年数据的研究发现,金融化与劳动收入份额之间存在着明显的负相关关系。

Crotty(2009)、Dallery(2009)、Stockhammer(2008)、Galston and Kamarck(2015)、Lazonick(2015a,2015b)等则从"股东价值导向"的角度分析了金融化对收入分配的影响。他们认为,经济金融化推动了企业治理中的"股东价值导向",企业治理结构建构在"股东价值最大化"的理念之上,公司追求"股东利益最大化"的目标,管理层的大部分收入借助于资本市场来实现,公司管理者与所有者的利益趋向一致。为满足股东利益最大化的目标,公司更多地向股东(资方)分红,公司倾向削弱工会的力量,劳动者议价能力因而降低,短期内股价的高低成为衡量管理者业绩的重要尺度,也成为攸关管理者切身利益的重点,企业高管更关注资本市场上的短期盈利,而非企业的长期增长,他们更倾向于将资金等资源配置到金融市场或者投机性的活动之中,以求迅速地提高公司的财务业绩,而不是扩张生产规模,增加雇佣,如此,公司治理中的股东价值导向导致了劳动报酬份额的不断下降[1]。Lin 和 Tomaskovic-Devey(2013)的研究还发现,1970—2008年,美国金融业工资的增长与实体企业劳动报酬下降相关,高管的薪酬份额增加的同时员工工资份额下降。Duménil 和 Lévy(2004)认为,经济金融化的收入分配效应带有很大欺骗性和迷惑性,由于劳动者也直接或间接地投资持有共同基金、养老基金等,似乎工人和资本家一样,也都获取了资本收益,但这丝毫不能掩盖不同家庭收入和财富占有的极端不平等性,此外,由于经理层激励机制中股权、股票期权的比重越来越大,金融机构和非金融企业的经理层结成利益联盟,追求股东利益最大化,收入分配向金融资本家和高层经理转移,由此形成了社会收入分配的"双层资本主义"(Two-Tier Capitalism)塔尖结构。Guschanski 和 Onaran(2016)提出,金融化影响公司战略,从而对削弱劳动者的讨价还价能力,以及强化不公平产生决定性的影响。

Lapavitsas(2009,2011,2013a,2013b)、Lapavitsas 和 Dos Santos

---

[1] 陈波.经济金融化与劳资利益关系的变化[J].社会科学,2012(6):52—56.

(2008)[1]则提出了"金融剥夺"的概念,认为,金融资本利益集团推动了社会政策的巨大变革,个人(或家庭)越来越被卷入到金融体系中,个人(或家庭)被迫进入资本市场借助于金融工具来获取住房、就业、公共卫生和基本医疗、教育、养老,甚至基本社会保障等基本公共服务,个人(或家庭)负债不断增加,债务负担日益沉重,各类金融机构却通过新的金融产品或服务获取巨额利润,而这些金融利润是来自劳动者和其他人的个人收入转移。

第二,关于金融化对经济增长稳定性的影响。探讨金融化对宏观经济影响的文献很多,大量文献分别研究了金融化对主要宏观经济问题,如经济增长、投资、生产率增长、就业的稳定性和收入分配等的影响(Palley,2013a,2013b;Hein 和 Van Treeck 2010,Skott 和 Ryoo,2009)。

法国调节学派的学者 Boyer(2000)、Aglietta 和 Breton(2001)、Aglietta(2000)和 Orhangazi(2007,2008a,2008b)等探讨了经济金融化背景下的宏观经济与货币流动,以及金融化与经济增长方式的关系;Montgomerie(2007)分析了金融化与需求问题;Onaran 等人(2011)就金融化对美国的收入分配及总需求的影响展开了规范分析和实证研究;Milberg 和 Winkler(2010)分析了金融化对美国离岸贸易的动态影响;Orhangazi(2007,2008a,2008b)认为,金融化通过两个机制对实体企业的投资产生影响:其一是金融业投资的增加和金融获利机会的增多挤出了对实体经济的投资;其二,企业财务成本的上升,导致企业内源性融资变得更加困难,造成企业经理人更加短视,增加了不确定性,进而对企业投资造成负面影响。Hein 和 Van Treeck(2010)认为金融化影响宏观经济的三个主要渠道和机制,Hein(2012)通过卡莱茨基模型,探讨了金融化对收入分配的影响。收入在利润、工资及食利者之间的分配状况对总需求产生重要影响,而总需求进而影响投资和产出。

一些后凯恩斯学派的研究成果更加关注金融化对长期经济增长的影响。这些研究强调金融脆弱性、债务膨胀、金融资本利润占比提高、劳动力收入转移、公司留存利润降低等因素对经济增长的不利影响(Palley,2005;Hein 和 Van Treeck 2007;Lavoie 2008;Skott 和 Ryoo,2008;Lavoie 和 Godley,2000,2012;Dutt,2012)。

金融创新对于金融化至关重要,在这些关键的金融创新中,有证券化和结构

---

[1] Lapavitsas C. Financialised Capitalism: Crisis and Financial Expropriation [J]. Historical Materialism,2009(17):114-148. / Lapavitsas C,Dos Santos P. Globalization and Contemporary Banking: On the Impact of New Technology[J]. Contributions to Political Economy,2008,27(1):31-56. / Costas L. Profiting Without Producing: How Finance Exploits Us All[M]. London: Verso,2013.

性金融产品,如资产支持型证券(ABS);债务抵押凭证(Collateralized Debt Obligations,CDO);信用衍生产品如信用违约掉期(CDS)的迅速增长。金融化与金融创新相互促进,然后被嵌入到这些结构化产品中,批发融资的创新,比如回购协议(REPO's)和逆回购协议(Reverse Repo's)等,综合利用担保质押等,使整个金融系统迅速膨胀。这刺激了金融活动的大规模增长,并最终酿成了金融危机(Yeva 和 Wray,2010;Vercelli,2013)。

关于金融化的微观经济影响的研究。Rajan 和 Zingales(2001)分析了企业融资行为的变化和融资能力的变化;Susan 和 Alan(2008)探讨了金融化对美国企业"股东价值"治理结构的影响;Van Treeck(2007,2008a,2008b,2009)先后在流量-存量模型的基础上进行分析,提出金融化增强了股东价值取向,而且这一结论也与事实相符;Krippner(2005)认为金融化扩大了企业的盈利能力;Rossman 和 Greenfield(2006)认为金融化带来了企业管理激励的重新定位和根本变化。

金融化导致的短期主义倾向(Short-Termism)引起了越来越多人的关注(Lazonick,2009,2013,2014),经济行为短期化,导致对设备、创新、基础设施、人力资本长期投资的下降,但却会导致对一些经济活动的过度投资,这些过度投资能够产生短期利润,但却可能产生长期风险或损失(Graham, et. al., 2005; Dallas,2012),企业发展战略的金融化变化,导致了人力资源和资本的错误配置(Kedrosky 和 Stangler,2011)。

短期化行为可能是来自内部的激励机制,金融化导致非金融公司高层管理人员薪酬借助于金融工具和金融市场来实现,尤其是股票期权和其他与股票相关的非金融公司高管薪酬机制,对于企业经济活动金融化影响巨大,在美国,平均而言,CEO 们薪酬的 72% 是来自股权、股票期权或其他与股票相关的收入,(Galston 和 Kamarck,2015;Lazonick,2015a,2015b)。Stockhammer(2004)认为,金融化对经理的投资动机产生影响,金融化导致企业治理结构的变化和经理人行为的短期主义倾向,从而导致企业削减实体经济的投资。Graham, et. al(2005)针对企业的调查发现,企业经理层更加倾向于牺牲企业的研发等长期利益,以追求短期内的财务指标,如股票价格、每股利润等,以迎合投资者的需要。

短期化行为也可能是来自外部的私人机构投资者(Parenteau,2005),私人股权投资机构(Appelbaum 和 Batt,2014)、对冲基金(Dallas,2012)、养老基金和其他基金(Parenteau,2005)这些机构投资者更为关注短期的财富收益,而非长期的增长能力。

学者们对于经济金融化对经济增长波动的影响观点并不一致。以 Aglietta

(2000)和Boyer(2000)为代表的法国调节学派认为金融化能够刺激经济增长，Boyer(2000)甚至认为金融化是对战后"福特制"最可行和稳定的一个替代。Sweezy(1997)、Krippner(2005)、Harman(2007)等也认为，金融化减少了非金融公司对生产活动的依赖，即降低对劳动力的依赖，而且金融扩张和信贷供给能够保持一定时期的繁荣。Palley(2007)也指出，金融化推动了金融与商业结为利益共同体，有利于推行一些更加行之有效的经济政策，不仅如此，金融业的繁荣，还有效地降低了家庭、企业和金融机构的信贷门槛，为企业和个人提供更多的债务融资的便利，金融创新扩大了可抵押资产的范围，也有利于激发商业的活力。不过，Sweezy(1997)、Krippner(2005)、Harman(2007)、Palley(2008,2013,2014)等还是发出了对信贷增长过快、信贷规模过大的担忧。Onaran等(Onaran et al,2011)基于拓展的后凯恩斯主义宏观模型，分析了美国经济金融化对总需求的影响，认为金融化带来的功能性收入分配效应和财富效应对总需求具有整体中性效应，因为，虽然有利于资本的收入再分配，但抑制了劳动收入，进而抑制了其消费支出，但食利者收入和财富的增加对消费具有正效应，更高的食利者收入也会降低投资，这些正负效应几乎相互抵消，所以，资本偏倚的收入分配对经济增长只是具有轻微的负作用。

大多数学者认为经济金融化会导致经济增长波动加剧。Godley和Lavoie(2007)、Hein和Van Treeck(2008)、Dutt(2012)等人从"金融脆弱性"角度的分析指出，互相冲突的资金和股票流动会产生更多负债，而因为负债的增多，经受信贷市场中可能发生的冲击时经济的脆弱性将增大。这一观点与海曼·明斯基提出了"金融不稳定性假说"是一致的，明斯基认为金融资本的无限制扩张和信用透支，"导致金融资产的价格上升速度超过了投资产出的供给价格。……金融市场的这些活动产生了金融泡沫，并且似乎在稳步地扩大。"[1] Giampaolo和Elisa(2014)认为，金融系统复杂性上升，随之金融脆弱性也不断增长，金融化所造成的金融脆弱性和系统性风险削弱了可持续发展的基础，包括金融部门与非金融部门的可持续发展。

Stockhammer(2004)则认为金融化导致积累下降，从而对经济增长产生影响。Foster(2007,2010)认为，金融化只不过是资本应对实体经济增长停滞的措施，所以，金融化的危机就是实体经济停滞的外化。Kotz(2008)也持类似观点——当新自由主义造成工资停滞时，金融部门的扩张刺激了家庭借贷的快速增长，家庭负债消费行为带来了短暂虚假繁荣，间接地推动了资本主义体系内的

---

[1] 明斯基.稳定不稳定的经济：一种金融不稳定视角[M].石宝峰，张慧卉，译.北京：清华大学出版社，2010：221.

资本积累,进而使经济发展成为可能,然而,金融部门的繁荣兴旺,会由于其投机性,必然逐渐走向衰败。所以,金融化下的积累过程由债务驱动(Bhaduri,2011),因资产价格的升高而增加的负债造成了消费高涨的假象,随之而来的是国内以及国外债务的迅速增加,一旦信贷流转因制度变化而发生改变,这种债务驱动式的增长很容易造成停滞甚至金融崩溃。

Duménil 和 Lévy(2005)认为,金融化导致虚拟经济日益脱离实体经济,削弱了增长和就业,诱发了资本主义经济动荡,所以,2008 年的次贷危机就是"金融霸权危机"的表现,这次危机的根源之一就是金融化,借助于金融化和金融全球化,资本家不择手段地追求更高的利润,导致了这次危机,而美国低资本积累和负债消费的政策,导致美国国内外债务的增长,债务支撑的经济增长不具有可持续性,也是危机的重要原因[1]。Orhangazi(2007,2008a,2008b)认为,金融化增加了潜在的不稳定性,以及非金融企业的金融脆弱性的程度,对美国非金融部门的资本积累造成冲击,所以,金融化通过两大机制对实体经济投资形成负面的影响。有研究发现,一个更大的金融部门将经济增长率提高到一个程度,但当金融部门相对于经济规模增长过大时,经济增长开始下降(Adam et al.,2012;Tomaskovic-Devey et al.,2015)。Epstein(2015)认为,一个可能的解释是人才资源的错误配置,由于报酬高,金融业部门规模不断扩张,大量接受过较好的教育的、优秀的人才离开实体经济部门,转而进入金融部门,这将不利于经济增长和生产力水平的提高。

Skott(2013)认为,金融化导致了收入分配差距的扩大,从而对经济增长的波动产生影响。金融化下的收入分配是对工人阶级不利的,持续地依靠房地产泡沫产生的债务来维持消费和增长,却没有足够的实物投资做支持,金融化、收入不平等的扩大导致了家庭负债显著增加,大量家庭负债的增加是不可持续的,这都将加大经济体的风险性和脆弱性,这就是 2007—2009 年金融危机发生的机制(Stigliz,2012;Rajan,2010;Basu,2011;Krugman,2012;Setterfield,2014;Adam,2013)。Palley(2016)认为,金融化导致的收入分配问题,造成有效需求不足,最终影响到经济长期增长;Onaran 和 Tori(2017a,2017b)、Tori 和 Onaran(2017)认为,经济金融化导致不平等日益加剧,两者交织在一起,导致了一个越来越脆弱的生产方式,经济波动幅度加剧,消费需求和投资需求萎缩。

第三,关于金融化的社会影响的研究。鲁道夫·希法亭认为:"金融资本的

---

[1] 周思成.关于新自由主义的危机——热拉尔·杜梅尼尔访谈[J].国外理论动态,2010(7):11—19.

发展从根本上改变了社会的经济及其政治结构。"[1]"资本具有直接通过其经济力量或者间接通过使其他阶级的利益服从于自身利益的方式,来获取支配国家的力量。"[2]"政治权力在经济竞争中起到决定性的作用,金融资本从国家权力中获取了直接利润。如今,外交最重要的功能就是成为金融资本的代表。纯政治武器的功能被商业政策所强化了。"[3]"完成形态的金融资本是经济权力和政治权力集中在资本寡头手里的最高阶段,它也是资本寡头独裁统治的高潮。同时它使得一国资本寡头对其他国家的独裁统治,以及与其他国家的资本家的利益越来越不相容;资本的国际统治与人民群众的利益也会日益相互对立,金融资本的剥削会导致对它的反抗和斗争。"[4]

Dore(2000,2002,2008)强调了金融化的制度和社会效应,认为金融化导致收入和财富不公平分配,金融化条件下人们不得不花费更多的时间及精力在各种财务抉择上,更多的优秀人才进入金融业,金融化时代的去媒化特征最大限度地减少了人们之间的联系,并由此而带来了社会结构的新变化,过度金融化将越来越多的普通民众卷入投机性的金融交易。"投机获利的言论在广泛传播,普通大众也日渐地被吸引到证券交易活动中,因而给了那些职业投机者一个以牺牲大众利益为代价来扩大自己的交易和收益的机会。"[5]越来越多的人愈来愈重视他们的金融资产,家庭收入中的财产性收入占比逐渐大于劳动收入占比,普通老百姓越来越多地进入投机性的金融经济活动中,并且习以为常,但普通民众卷入投机性金融市场的结果是社会贫富差距的进一步拉大[6]。Toporowski(2000,2010)持类似的观点,他认为,在金融化时代中产阶级受到了冲击,但他又乐观地认为,始自2008年的金融危机虽然威胁到中产阶级的安全,但同时也为建设一个更和解的社会创造了机会。Stiglitz和Mother(2010)则批评金融化带来的价值观是金钱至上、道德破产,查尔斯·杜马斯称金融资本家们是"黑帮银行家",为了追求自身利益,他们做了许多他们本不该做的事情,某些行为甚至等同于犯罪[7]。的确,金融资本为了赚取利润,连"寡妇孤儿"也不放过[8]。

更多的文献关注了金融化导致金融垄断资本的势力进一步增强,从而对政

---

[1] 希法亭.金融资本[M].李琼,译.北京:华夏出版社,2010:374.
[2] 同上.
[3] 同上书:367.
[4] 同上书:411.
[5] 同上书:298.
[6] 多尔.股票资本主义 福利资本主义:英美模式 vs 日德模式[M].李岩,李晓桦,译.北京:社会科学文献出版社,2008.
[7] 杜马斯.断裂线:全球化时代的大国冲突[M].蔡蓓娟,译.北京:中信出版社,2011:226.
[8] 科汉.高盛如何统治世界[M].李建军,汪川,廖淑萍,译.北京:机械工业出版社,2012:394—408.

治体系的渗透与控制更强了。吉姆·马尔斯认为,美国已经被那些根深蒂固的"金融大鳄"所控制,"正是那些纵横全球的资本大鳄,准确地说就是来自华尔街、伦敦和瑞士的富豪精英们,操纵了近半个世纪的西方历史,……时至今日,这些资本大鳄已经操控了我们美国并正在改变着美国社会"。[1]"休克疗法"之父、哥伦比亚大学教授杰弗里·萨克斯在美国赫芬顿邮报撰文抨击美国的财阀统治,富人中的富人为政治体系埋单——投入数亿美元竞选和游说活动资金——收回数万亿美元利益回报。这些利益——金融救助、低息贷款、税收减免、利润丰厚的联邦合同,以及对环境破坏的视而不见——流入了公司领域而非整个社会。富人主要通过让社会其他群体付出代价,而获得巨额收入和财富[2]。斯蒂格利茨批评美国社会实质上是"1%的'民有、民治、民享'"[3]。克鲁格曼认为,金融化导致收入和财富越来越集中到少数特权精英手中,巨富阶层正在日益成为国家主导,这极少数富豪插手政治,左右权势,令美国的政治体制严重扭曲,美国社会已经寡头政治特征明显,美国社会已经身处险境[4]。哈佛大学经济学和公共政策教授,前 IMF 首席经济学家肯尼斯·罗格夫也批评说:"富可敌国的集团乃至个人收买政治权力,施加影响,反过来帮助他们积累更多的财富。"[5]戴维·斯托克曼批评美国,特别是作为央行的美联储已经被权贵资本主义势力彻底占领了,国家货币和税务政策促使金融工程对公司的资产负债表进行疯狂的掠夺,这些金融工程交易推动的股市上涨,本身没有增加任何国家财富,同时,这些交易也根本没有提高经济效益、增加就业机会或改善公司的管理水平[6]。

第四,关于金融化与全球不平等的研究。美国通过华尔街和金融机构的各类衍生金融产品把触角伸到了世界各个角落,控制了世界大宗商品的定价权,掌握了商品交易的游戏规则,所以,很多学者发出了对经济金融化会造成发达国家与发展中国家之间福利再分配,以及对发展中国家面临着的不公平的担忧。迈克尔·赫德森(2007)认为,资本主义形成了私有化、金融化和全球化的三位一体[7];20 世纪 70 年代国际资本积累了大量的过剩资本,过剩资本导致了金

---

[1] 马尔斯.美国怎么了?[M].姚艳萍,译.杭州:浙江人民出版社,2013:3.
[2] Sachs J. Understanding and Overcoming America's Plutocracy, Huffingtonpost, November 6, 2014. https://www.huffingtonpost.com/jeffrey-sachs/understanding-and-overcom_b_6113618.html.
[3] Stiglitz J. E. Of The 1%, By The 1%, For The 1%[N]. Vanity Fair, 2011-05-31.
[4] Krugman P. Oligarchy, American Style[N]. New York Times, Nov. 3, 2011.
[5] 罗格夫.当代资本主义的五大病症[N].财经,2011-12-7.
[6] 斯托克曼.资本主义大变形[M].张建敏,译.北京:中信出版社,2014:409,413.
[7] 李春兰.私有化与资本主义的金融化[J].国外理论动态,2007(9):15—18.

融化,这些过剩资本触角伸向全世界,推动了东欧剧变和苏联解体,并收购了大量转型国家和第三世界国家的垄断产业企业,进入自然资源、基础设施行业以及地产,这就是全球化和私有化,资本充分利用这些产业的垄断地位获得巨额租金收入,这些租金主要流入金融、保险和房地产等组成的FIREs部门,使全球经济被纳入金融化的轨道,这些部门的垄断资本获得更多的巨额利润,利润的主要来源是租金,而非工业部门的剩余价值,但是这些国家的经济却被垄断资本所绑架,甚至沦为租金资本主义甚至是封建主义经济统治之下。金融资本大国利用自己的经济、军事和政治优势将他国尤其是发展国家的经济金融化,廉价收购这些国家的垄断地段的地产,垄断的资源公司和公共设施,如交通、供水、供电等,通过金融化的方式,再辅之以其他手段,将其他国家尤其是发展中国家的大量利润转移到国内,是20世纪90年代的世界范围的"规模最大的一次财产转移"[1]。

美国学者道格拉斯·多德直指,新自由主义的经济全球化"可能会使小部分人受益,但对于其他大部分人而言则是负面或完全危险的。""资本的'积累',从来不是按照古典自由主义那套理想框架——自由贸易、市场开放、公平交易、互惠互利——来行进,正如同当代的'全球化'也并不按照'新自由主义'者所描绘的那样,由据称为整个世界打开自由和公平竞争之门的'自由市场'给全球带来永久的繁荣。"[2]马克思主义学者大卫·哈维在《新帝国主义》一书中指出,资本主义世界1973年之后所形成的强大的金融化浪潮,完全展现出前所未有的投机性与掠夺性特征,通过各种金融操作以及金融衍生工具,比如导致1997年亚洲金融风暴的对冲基金,对全球大众进行深度掠夺与资产剥夺,对冲基金以及其他重要的金融资本机构作为掠夺性积累利刃的全部新机制开启,对公共资产的公司化和私有化,横扫整个世界的私有化浪潮,显示了新一波的"圈地运动"[3]。爱泼斯坦认为,在国际经济活动中,金融化引发经济欺诈增加,催生并放大了金融市场泡沫,引发了新兴市场的数次金融危机,导致外国金融资本日益控制发展中国家的核心产业或企业,国内外精英共谋,大发其财,但是这些国家经济却陷入停滞[4]。

在2008年关于经济金融化的中法学者研讨会上,法国学者德洛奈(2008)认为,在资本主义生产方式条件下,金融操纵成为世界范围内一种新的财富剥

---

[1] 赫德森.全球分裂:美国统治世界的经济战略[M].杨成果,林小芳,等译.中央编译局出版社,2010:405.
[2] 多德.不平等与全球经济危机[M].逸昊,译.北京:中国经济出版社,2011:81,82.
[3] 哈维.新帝国主义[M].初立忠,沈晓雷,译.北京:社会科学文献出版社,2009:120.
[4] 爱泼斯坦.金融化与世界经济[J].温爱莲,译.国外理论动态,2007(7):14—21.

夺手段，国际金融垄断资本在世界范围内建立了金融霸权统治，成为加强和扩大国内和国际剥削的工具，在金融全球化的被动开放中，发展中国家利益严重受损。

二、海外学者关于经济金融化的实证分析

在对金融化的实证分析方面，国外有许多经济学家曾就金融化在不同领域、不同国家的具体表现进行过大量的经验研究。大量的研究集中于对美国和欧洲部分国家的研究，如 Orhangazi(2008)探讨了美国及其他发达经济国家经济金融化的进程。Palley(2008)研究了1973—2005年美国的主要经济数据，并总结出了美国经济金融化的几大特征。

Epstein 和 Jayadev(2005)考察了OECD国家的金融机构与金融资产的收益占国民收入的比例。他们的研究结果表明，20世纪八九十年代的绝大多数OECD国家内部资本收入占国民收入的份额大大高于70年代。

Dünhaupt(2013)以1986—2007年OECD国家的数据为基础，研究了OECD国家的劳动收入份额，研究结论表明，国内非金融企业对股息和红利的支付增加与劳动收入占国民收入的份额下降相关，而其他可能的影响因素都可以由全球经济环境变化来解释。

Duménil 和 Lévy(2005)通过考察法国企业的案例发现，在20世纪70—90年代法国的实际利润率上涨了一倍多，而同期法国金融机构的利润率迅速提高并超过了非金融机构。他们同时也发现，自20世纪80年代以来，美国人和法国人所持有的金融资产占其全部可支配收入的比率大幅提高。他们的研究还发现，金融危机使得众多参与者损失惨重，而金融业却仍然能够从中牟利。

Krippner(2005)在前人研究的基础之上，利用美国的宏观及部门数据，研究了20世纪70年代以来美国经济金融化的情况。

结构的凯恩斯主义学派的学者 Hein(2012)定义了金融化对宏观经济造成影响的三个渠道：收入分配、投资和消费。他主要借助了欧元区国家和瑞典、英国等非欧元区欧洲国家，以及美国、日本和中国的数据来研究金融统治下的功能性收入分配的变化。此外，他还利用 SFC 模型（战略中心型组织模型），对金融垄断资本主义条件下资本积累和宏观经济特征的变化、长期要素生产率的变化做出了分析，并对居民的消费与负债情况做出了分析和解释。

渡边雅男和高晨曦(2017)分析了日本经济的金融化问题，认为劳动分配率的下降以及资本积累率的停滞是日本经济金融化的前提，日本的自由化战略显著推动了经济的金融化，工人阶级的历史性失败和资产阶级内部的霸权交替是

经济金融化这一"经济地震"背后的"板块运动"。

也有一些文献研究了一些发展中国家和地区的经济金融化问题。Malinowitz(2009)研究了拉丁美洲的经济金融化问题。拉丁美洲地区金融化与中心国家的金融化有共同的特征,但也有一些区别,包括规模上的区别和性质上的区别。首先,拉丁美洲的美国的"大爆炸"时刻——1982年债务危机爆发,导致了20世纪80年代的资本净流出和结构调整政策,以及90年代走上新自由主义之路。其次,公共债务(外部和不断累积的内部)在该地区的转型过程中作用极其重要。最后,体制差异非常重要,特别是股票市场的作用相对甚小(尽管在一些国家增长)而大经济集团(康采恩)的作用更大。

Correa等人(2011)研究了墨西哥的经济金融化。墨西哥金融化可以回溯到20世纪70年代,历经三个发展阶段,已经达至顶峰。虽然对墨西哥金融化的未来无法预测,但是基于墨西哥30多年的发展经验,金融化没有什么大的未来。从墨西哥的情况推断,Correa等还指出金融化积累制度的四个严重的局限性:对其监管非常困难;它会带来更大的金融危机;它不为私营企业长期盈利能力提供帮助;尤其是对周边国家形成了阻碍发展的环境。

Painceira(2009)和Kozanoglu等人(2011)研究了土耳其的经济金融化问题。他们指出,经济金融化是一种战略,旨在防止雇员低工资及由新自由主义产生的投资弱化趋势等带来的负面影响。金融化提高了人们的债务能力,使世界经济有一个比较好的表现,但经济金融化也给世界经济带来了系统性的金融危机,严重破坏了世界经济和减少了人民的财富。

Dasgupta(2013)运用马克思主义分析框架研究了印度的金融化进程,他的研究重点关注了劳动力市场弹性化与金融化之间的关系,认为金融化需要弹性力市场,而且只有通过弹性力市场,才能榨取金融扩张所需的剩余价值。而新自由主义政府通过放松金融管制和用弹性劳动机制管制劳动力来为金融化扫除障碍。然而这种积累方式并不长久,最终可能造成资本主义的全球总危机。

第二节 国内学者关于经济金融化的研究

笔者在中国知网(CNKI)数据库以关键词"金融化"进行检索,检索结果显示,1992—2018年2月底,文献标题中包括"金融化"这一词语的中文文献共计661篇[1],在阅读文献的基础上,我们发现其中有大量的文献论述的是关于艺

---

[1] 由于各种原因,可能存在着疏漏。

术品、粮食、土地、电影、石油、古玩、大宗商品等的金融化问题,与本书的研究对象并不相符合,而符合本书研究要求的文献合计392篇。

国内有一些学者比较早地论及了金融化问题,如翟连升(1992)指出,我国的企业金融资产所占的份额越来越大,从而呈现出生产企业中的资产越来越多地变成银行金融资产的趋势;张晋元(1993)认为企业经营金融化是市场经济中最基本、最基础的现象,随着我国市场经济的不断发展,企业行为金融化也开始不断显现。王广谦(1996)提出,经济金融化是现代经济发展中的一个趋势。"经济金融化"是"经济货币化"的延伸和发展,他还详细探讨了经济金融化的规律。白钦先(1999)详细论述了经济金融化可能带来的十大挑战。

从文献梳理来看,国内学者关于金融化的研究主要集中在7个方面:

(1) 翻译和介绍了一些海外学者,主要是海外左翼学者关于资本主义金融化的论文,包括戈拉德·A.爱泼斯坦(Gorard A. Epstein,2007)、格莱塔·R.克里普纳(Greta R. Krippner,2008a,2008b)、托马斯·I.帕利(Thomas I. Palley,2010)、约翰·B.福斯特(John B. Foster,2007,2008,2013)、迈克尔·赫德森(Michael Hudson,2007,2008,2009,2010a,2010b)、C.A.莫雷拉,A.阿尔梅达(2010)、大卫·科茨(David Kotz,2007,2011)、科斯塔斯·拉帕维塔斯(2008)、沃勒斯坦(2008)、米歇尔·阿格利埃塔(2009)、伊藤诚(2010)、蒙哥马利(2012)、克里斯·哈曼(2008)。其中,有15篇文章为国内学者翻译海外研究经济金融化的文献(约翰·B.福斯特,2007;戈拉德·A.爱泼斯坦,2007;格莱塔·R.克里普纳,2008a,2008b;迈克尔·赫德森,2010a,2010b;莫雷拉和阿尔梅达,2010;托马斯·I.帕利,2010;大卫·科茨,2011;丹尼·罗德里克,2014;拜斯德伯·达斯古普塔,2014)。

其中,11篇文章发表于《国外理论动态》杂志,其他文章散见于《马克思主义与现实》《当代经济研究》《政治经济学评论》《甘肃行政学院学报》《清华大学政治经济学学报》等杂志。这些翻译的文献为我们了解海外学者关于经济金融化的相关研究成果提供了很好的帮助。

(2) 对国外学者金融化相关研究的文献回顾。如严海波(2008)综述了中法学者关于资本主义经济的金融化与金融危机问题座谈会的诸多观点;崔学东(2009a,2009b)、徐丹丹、王芮(2011)对国外学者关于金融化理论和实证分析进行了总结,贾学军(2010)针对福斯特关于资本主义金融化与金融危机的探讨进行了综述。蔡明荣和任世驰(2014)综述了企业金融化的研究。

(3) 对金融化性质、特征、原因的研究。胡振良(1999)分析了跨国集团在经济金融化中的作用;白钦先等(白钦先和薛誉华,2001a,2001b,2001c)对金融自由化的表现特征进行了归纳;肖光恩(2001)探讨了当代国际经济金融化的特征与成因;叶初升(2003)探讨了经济全球化、经济金融化与发展经济学理论的发展;漆志平(2009)和韩凤荣(2010)分别以美国经验资料为研究对象,分析了经济金融化的趋向;王广谦(1996,2000)分析了经济发展过程中金融化的必然趋势;袁辉(2011,2014)分析了金融化的成因和金融化条件下的金融资本积累及其后果;胡莹(2013)分析了新自由主义背景下资本主义经济的金融化及其影响;赵磊和肖斌(2013)从马克思主义经济学的角度剖析金融化的成因;孟捷(2012)、何自力和马锦生(2013)等均认为,资本主义经济金融化是资本积累内在矛盾的发展形式,是资本主义生产关系下资本内部价值独立于使用价值的必然结果,是资本主义内在矛盾逻辑演绎的必然结果;宋宪萍和梁俊尚(2014)则从资本循环入手分析了金融化的成因;张晨和马慎萧(2014)分析了新自由主义与金融化的关系。马慎萧(2016)剖析了资本主义金融化转型机制的四种研究视角,马锦生(2014)分析了美国资本积累金融化实现机制及发展趋势。栾文莲(2014、2015、2016)深入分析了资本主义金融化的发生机制,并指出金融化加剧了资本主义社会的矛盾与危机。不少学者运用马克思主义政治经济学的原理对经济金融化问题展开了研究(谢长安和俞使超,2017;栾文莲,2017;陈享光,2017;康翟,2017;陈波,2018)。杨玲和胡连生(2017)探讨了资本主义金融化导致社会矛盾的加深与激化。

(4)关于当前资本主义是否处于金融化阶段的认识。不少学者,如何秉孟(2010)、李慎明(2010)、刘诗白(2010a,2010b,2010c)、(高峰,2010、2011)、张敏(2010)、王天玺(2010)、赵峰(2010)、朱炳元和陆扬(2011)、朱炳元(2012)、银锋(2013、2014)、刘元琪(2014)等均主张当代资本主义处于金融化模式或阶段,尽管他们关于当前资本主义发展模式或阶段的定义不同,如赵峰(2010)通过对美国数据的计量检验,发现自20世纪80年代以来当代资本主义经济在宏观经济结构、金融部门和非金融部门内部结构、收入分配和消费模式结构等方面均发生了显著的结构性改变,而这种改变的特征表明这的确是一种金融化的资本主义;也有学者则认为,当代资本主义尽管发生了一系列变化,但总的来说没有改变国家垄断资本主义这一定位(庞仁芝,2010)。此外,在否认当前发生金融化转型的观点中,还有超国家垄断资本主义(罗文东,2009)、全球垄断资本主义(曹文振,2010)、国际垄断资本主义(张雷声,2009)等不同说法。蔡万焕(2011)则提出,2008年金融危机后,在资本主义制度范围内进行了一系列调整,金融化模式下经济金融化、金融自由化和金融全球化进程已近终结。欧阳彬(2015)对资本主义金融化进行了总体性视域的批判。

(5)金融化的评价指标体系问题。国内学者对经济金融化测度的研究并不多,蔡则祥等(蔡则祥、王家华、杨凤春,2004)将经济金融化的发展分为经济货币化、经济信用化、经济证券化和经济虚拟化四个阶段,认为衡量经济金融化程度的指标体系应由经济货币化指标、经济信用化指标、经济证券化指标和经济虚拟化指标构成,并相应提出包括37个具体指标在内的经济金融化指标体系,衡量不同时期的经济金融化程度需要利用不同阶段的经济金融化指标。该文虽然提出了中国经济金融化的实证分析,但都是一些孤立的指标分析,缺乏统一性,而且该指标体系与其说是经济金融化的测度,更确切地说是关于"金融发展""金融深化"和"金融抑制"等的测度。宋仁霞(2008)尝试构造指标体系法、累计图示法、回归方程法等评价方法,其中关于指标体系法包括四大指标体系,分别为规模化、结构化、渗透性和效率性;这四大指标还包括了24个二级指标。尽管该文给出了一些具体的度量方法,但是指标过多,指向不明确,许多指标数据难以收集,操作性太差,而且其文章中并没有进一步的实证分析。张慕濒、诸葛恒中(2013)以全球化为背景,从宏观、中观和微观三个层次实证检验中国经济金融化的存在性,这一研究有一定的启示意义。裴祥宇(2017)探讨了美国经济金融化的测度,周绍东和谢浩然(2018)则针对中国经济金融化的程度进行了定量测度。

(6)对金融化影响的研究。首先,国内学者关于金融化的经济效应的研究。一些学者研究了金融化的经济效应,白钦先(1999)较早地详述了金融化可能带来的十大挑战,他认为经济金融化是一种不可逆转的客观必然发展进程,它在给人类带来无限发展机遇的同时,也产生十大挑战。一些学者分析认为,过度金融化导致了2008年美国的金融危机(刘诗白,2010;李超 2010;韩凤荣,2010;张敏,2010)。刘诗白(2010)提出,金融垄断资本主推的经济过度金融化与虚拟化,特别是"有毒的"衍生金融产品的引进,使美国金融结构畸化和金融体系风险增大,并导致了这场空前严重的金融危机的暴发。这场金融危机尽管是金融体系内在矛盾激化的直接产物,但其最深根子仍然是实体经济中不断扩张的生产能力与内生需求不足的矛盾;漆志平(2009)运用政治经济学理论方法,借鉴西方左翼学者的研究成果,尝试对美国经济金融化现象进行理解。

其次,国内学者关于金融化的社会效应的研究。一些文献探讨了金融化的社会影响,如过度金融化产生的道德风险问题和金融化对社会伦理文化的负面影响(任重道和朱贻庭,2009,2010),过度金融化不仅形成了脱离实体经济发展水平的巨量金融资产泡沫,而且造成了储蓄动员机制、风险管理机制和分配调节机制等市场经济运行机制的蜕化。更为严重的是,过度金融化破坏了正常的经济生态,使私人资本的逐利本性凌驾于其他社会价值之上,人们的经济行为被恐惧和贪婪所统治;郝云(2010)分析了过度金融化的风险与伦理防范问题,认为金融业高度自由化与不加节制的资本化在给社会带来资金、资本与财富的同时,也放大了其负面效应,使金融的脆弱性、资本的贪婪性的一面凸显出来。金融逻辑增加了金融风险和道德风险的几率。金融逻辑的演义要有度的规定,应受信用边界的制约,而信用决定于信用能力以及履行承诺的意愿,如果超出能力或者违背意愿,信用就会泡沫化,势必会发生背信弃义的行为,金融逻辑的链条就会断裂,最终导致金融危机的暴发。要对过度金融化的风险进行控制,从伦理上就要通过加强信用、责任与义务等道德力量,在其逾越信用、义务等规定前起防范作用;邹力行(2011)讨论了金融化与社会建设的互动关系和规律,金融社会化和社会金融化两个过程与中长期发展的关系,阐明金融支持社会建设、社会建设帮助金融防范风险的规律。

(7)金融化与中国经济相关问题的研究。蔡如海和刘向明(2008)从储蓄分流、金融结构优化和缓解流动性过剩三个视角对我国的货币化与金融化问题进行分析,提出我国的货币化与金融化具有一定的独特性。赵峰和田佳禾(2015)运用中国金融资产结构的数据,以及中国住户部门的收入负债等数据研判了中国经济金融化的态势。刘锡良(2017)认为,在中国过度金融化的表现已经很明显,并且产生了一些负面影响。

有学者研究了经济金融化及其对我国经济结构调整的影响,比如王芳(2004)认为,经济金融化改变了现代经济运行过程中名义部门与实际部门的数量对比关系,不仅导致经济发展带有明显的阶段性特征,而且直接影响了经济运行的稳健性与持续性;其次,金融总量和金融结构的发展通过对企业、行业乃至产业的直接或间接影响,在优胜劣汰、适者生存的市场规律作用下,表现出积极调整与优化实体经济结构的显著效应;再次,日益突出的经济民营化特征以及民营经济的金融化要求,无疑从金融体系建设等硬件环境和资源配置功能等软件因素方面对金融发展提出了有力挑战;最后,在经济体制改革不断深入和逐步攻坚的过程中,与经济增长和结构优化等成就相伴而生了大量并很可能继续泛滥的经济风险,而现代金融体系强大的风险管理功能显然为更进一步的经济结构调整以及中国经济的持续健康发展带来了希望。唐玉斌(2007)提出经济金融化对我国经济结构调整与变化的影响主要体现在支持效应与约束效应这两个方面。就支持效应而言,货币市场的发展以及金融中介机构的多样化有利于改善微观经济主体的资本结构与公司治理机制,有利于促进产业结构的高级化。就约束效应而言,金融因素的制约作用表现在:资金使用效率的低下、金融资产质量低劣,资金的配置效率也不高。另外,由于金融结构的变动相对滞后于经济结构的调整与升级,因而不仅难以适应经济发展的深层次需要,而且也没有发挥金融推动经济进程的主动性。王芳(2004)分析了中国民营经济金融化问题,认为在经济民营化背景下的民营经济金融化将加速改变金融经济与实体经济的对比格局,从而可能威胁基本经济结构的稳健性和可持续性,所以必须慎重对待民间资本全面渗透金融领域的现象。赵玉敏(2008)分析了经济金融化对中国制造业的影响,认为世界经济的金融化左右我国制造业对外部市场的依赖程度,增加了全球经济中的系统性风险,改变着中国制造业发展的环境,资源配置情况。张慕濒和诸葛恒中(2013)分析了全球化背景下中国经济金融化问题;谢家智、江源、王文涛(2014a,2014b,2014c)从不同的角度探讨了中国经济金融化与制造业产业发展问题;张慕濒和孙亚琼(2014)探讨了经济金融化与金融资源配置效率问题;周念林(2014)实证分析了过度金融化导致资产价格泡沫拉升型通货膨胀的机制;林楠(2014,2015)分析了中国经济适度金融化问题;齐兰和陈晓雨(2015)实证分析了中国经济金融化对产业结构优化影响的机制。

关于经济金融化与实体经济的关系研究的文献较多。张成思和张步昙(2015)从经济金融化视角分析了中国金融与实体经济的关系,并通过进一步的实证研究发现,经济金融化显著降低了企业的实业投资率,并弱化了货币政策提振实体经济的效果;同时,金融资产的风险收益错配也抑制实业投资,且这种抑制效应随着金融化程度的提升而增强(张成思和张步昙,2016)。杜勇等人(2017)以2008—2014年中国A股上市公司为研究样本,通过实证分析发现,实体企业金融化对企业未来主业的发展具有"蓄水池"和"挤出"两种不同的效应,二者的相对大小决定了金融化对实体企业未来主业发展影响的净效应,总体上,金融化损害了实体企业的未来主业业绩,表明金融化的"挤出"效应大于"蓄水池"效应。陈享光和郭祎(2017)认为,金融化对于实体经济的最终影响取决于金融化发展的具体条件和程度,从现实看,金融化存在过度发展的倾向,过度金融化会对金融和经济的稳定发展带来严重危害,应避免脱离经济发展的过度金融化。张志明(2018)分析了金融化导致我国现阶段金融与实体经济不协调的问题,并提出了相应对策建议。

王年咏和张甜迪(2013)运用门限回归模型分析了金融化水平对功能性收入分配的影响,鲁春义(2013、2014)分别分析了金融化与中国行业收入分配差距以及中国金融化及其影响功能收入分配的影响。张甜迪(2015)采用财产性收入占人均GDP的比重衡量经济金融化程度,实证分析了金融化对中国金融、非金融行业收入差距的影响,研究发现,随着金融化程度的加深,金融行业对人力资本的要求要高于非金融行业,金融行业与非金融行业收入差距增大,张甜迪(2017)进一步的实证分析发现,在金融化水平较高的地区,金融化扩大金融、非金融行业收入差距的作用更强。黄泽清(2017)认为金融化对收入分配影响存在三种机制,即工人内部分裂机制、食利者金融投机机制以及工人消费信贷机制,并据此分析了金融化扩大我国收入差距的三种方式。

值得一提的是,在2008年关于经济金融化的中法学者研讨会上学者们关于金融化的收入分配效应提出了很多有价值的观点[1],在国内分配方面,朱安东认为,资本主义长波后期的金融化,必然带来资本主义获取利润方式的变化,实体经济的利润不足以支撑日益庞大的金融资产的分红要求,金融利益集团越来越依赖大量后续资金进入金融市场推高金融泡沫获利;但是,在零和博弈下,这种获利模式不可能一直持续下去,拐点出现之际就是泡沫破裂之时,金融危机接踵而至。那个时候,整个经济将陷入严重的危机甚至萧条,各种社会经济矛盾进一步激化;在国际范围内的分配方面,学者们认为,在资本主义生产方式条件下,金融操纵成为世界范围内一种新的财富剥夺手段,国际金融垄断资本在世界范围内建立了金融霸权统治,成为加强和扩大国内和国际剥削的工具(李其庆,2008;德洛奈,2008),发达国家制造金融泡沫洗掠新兴市场的实体经济成果(朱安东,2008),李其庆(2008)指出国际金融资本的三种剥削手段:第一,发达国家直接或者利用国际组织鼓励和引诱发展中国家,特别是拉美国家进行所谓新自由主义经济改革,即私有化改革,但实际上改革的利益落入少数金融买办资产阶级和外国投资者手中,国有资产大量流失;第二,利用对第三世界发放大量债务进行剥削;第三,要求发展中国家开放资本项目账户,大量国际游资冲击发展中国家的金融系统,制造金融危机。

上述文献综述表明,国内学者关于金融化问题的研究处在由文献述评向理论探索及应用分析发展的过渡阶段。国内学者关于经济金融化的相关研究成果为本书的研究奠定了较好的基础。但已有的应用研究相对零散,尚未形成独立的研究体系、研究范式和研究方法,总体上看,国内学者关于金融化问题的研究呈现出以下几个特点:

第一,借鉴有余但分析有待系统化。除了上文中指出的一部分介绍海外学者关于金融化研究的成果之外,国内大多数经济金融化的文献在对金融化的成因、影响等的探讨中,均是借鉴了海外学者的研究成果来对相关问题展开分析。尽管这是理论研究推进和深化的一个很重要的路径,但我们需要在引进理论的基础上,尽快消化吸收并再创新。尤其是针对中国问题的分析,简单地套用美国等发达资本主义国家的经验和理论总结,存在一个理论适用性的问题。比如,中国的资本市场与美国的资本市场制度方面存在着较大的差异,简单套用海外学者的研究范式是不合适的。

第二,应用有余但理论分析有待深化。大多数文献主要是借鉴国外学者的观点或方法针对某一问题进行具体分析,如对中国产业发展的影响,对中国金融政策的影响,对中国收入分配差距的影响等。这些应用分析也是非常重要的,但

---

[1] 此次研讨会的相关观点转引自:严海波.资本主义经济的金融化与金融危机——中国与法国学者关于当前金融问题座谈会综述[J].国外理论动态,2008(8):1—5.

在中国经济金融化的状况、程度、成因等理论探讨上没有很好的基础,对这些应用分析就显得理论准备不足,比如在某文献中作者运用门限回归模型分析了金融化对中国居民收入分配差距的影响,其结论是在中国城镇居民内部金融化对收入分配差距还存在着一定的影响,在农村居民内部却影响甚微,但作者很显然没有注意到中国是否存在金融化的问题[1]。当然,从文献检索的情况来看,国内一些学者已经开始展开了理论上的深入探讨,比如孟捷(2012)、何自力和马锦生(2013)、孟捷等(2014)、丁晓钦等(2014)、鲁春义、丁晓钦(2016)等学者对金融化问题展开了颇具理论深度的分析,也非常有指导意义。

第三,应用有余但严谨有待深化。国内部分文献在"金融化"的概念使用上与一些海外文献一样存在着含混不清的问题,有的文献中的金融化含义与海外左翼学者的定义是一致或近似的,在一些文献中"金融化""过度金融化"等概念交替出现,部分文献中的"金融化"概念其实是"金融深化""金融发展"等概念;在评判测度指标上微观企业层面的数据、中观产业层面的数据和宏观国家层面的数据交织使用,存在着概念内涵与外延的评判依据并不对应问题。这就意味着在"金融化"的内涵界定、评价测度指标等方面尚需要更明确和更严谨的研究。本书在研究过程中,使用的是海外左翼学者们关于资本主义经济发展中出现的金融化特征这个含义,而非金融深化、金融发展等含义,尽管海外左翼学者关于金融化的定义也存在差异,但在这一点上却是一致的。

因此,对金融化相关问题还需要展开全方位、系统的深入研究,包括对金融化的含义、特征、测度等基本原理的研究,也包括对英美等发达国家金融化的进程、影响等的全面研究,以及中国经济金融化相关问题的系统研究。这也恰恰是本书的理论价值之所在。

---

[1] 本书第三章中对中国和美国的经济金融化程度做了一个测算,结果显示,虽然在2002—2013年,中国经济金融化的指数从1.072增加到1.261,而同期中国经济金融化综合指数从0.533迅速增长到1.318,超过美国的水平,但是,我们有充分的理由相信在中国农村地区金融化程度会比全国水平低。在这样一种情况下,分析金融化对中国居民收入分配差距的影响存在前提的错误。

第三章
经济金融化:含义、发生机制与测度

经济金融化的思想渊源可以回溯到"金融资本"理论。保尔·拉法格最早使用了"金融资本"这一概念[1]。鲁道夫·希法亭在《金融资本》一书对金融资本理论进行了系统阐述,认为"金融资本的出现意味着资本的统一化。产业资本、商业资本和银行资本这些之前被分开的范畴,现在统一由金融资本来进行共同指挥,产业和银行的控制者结成紧密的私人联合。这种联合是建立在大规模的垄断兼并所导致的单个资本家之间的自由竞争被消除的基础上的,自然也包括资本家阶级和国家权力之间的关系的变化。"[2]列宁高度评价了希法亭关于"金融资本要的不是自由,而是统治"的观点,并以"金融资本"概念为依据提出了帝国主义理论,"帝国主义,或者说金融资本的统治,是资本主义的最高阶段,这时候,这种分离达到了极大的程度。金融资本对其他一切形式的资本的优势,意味着食利者和金融寡头占统治地位,意味着少数拥有金融'实力'的国家处于和其余一切国家不同的特殊地位。"[3]关于经济金融化的定义可谓众说纷纭,不同学者根据研究的需要,分别从不同的角度和层面给出了经济金融化的定义,我们需要正本清源,准确界定和量化评判经济金融化。

第一节 经济金融化的含义与发生机制

马克思在《资本论》第二卷和第三卷中,分别使用了"资本循环分析法"和"阶级分析法"两种不同的分析方法,两种不同的分析方法是研究 20 世纪 70 年代以

---

[1] 拉法格.保尔·拉法格的十八封信(一)[J].方光明,译.教学与研究,1984(6):71—75.
[2] 希法亭.金融资本[M].李琼,译.北京:华夏出版社,2010:335.
[3] 列宁.帝国主义是资本主义的最高阶段[M].北京:人民出版社,2001:74,51.

来美国等主要资本主义国家经济金融化的关键(马慎萧,2016)。本书将运用这两种方法在资本循环,以及金融资本与生产资本的矛盾关系中探索金融化转型的原因,并剖析金融资本对生产过程周期性的全面控制过程中所形成的生产关系新内容[1]。

一、资本循环、"积累悖论"与经济金融化

在马克思主义政治经济学的视角中,经济金融化是与价值运动、资本运动相联系的经济现象,脱离价值运动、资本运动就难以正确把握金融化的实质和意义[2]。资本循环路径是经济金融化分析"最好的入手点,因为它考虑了剩余价值创造和实现过程中可能给资本积累带来的潜在障碍。"[3]所以,分析资本积累和经济金融化转型最基本的概念性工具就是资本循环(Duncan,1986)。资本主义国家经济金融化是资本循环过程中"积累悖论"的一种激进表现形式,可以看作资本积累的时间修复与空间修复的统一,其实质是资本积累的金融化。

1. 资本循环与资本分化及资本积累分化

根据马克思主义政治经济学的基本原理,资本运动是由相互交错互为补充的多个资本循环组成的。在这种循环运动中,"资本表现为这样一个价值,它经过一系列互相联系的、互为条件的转化,经过一系列的形态变化,而这些形态变化也就形成总过程的一系列阶段。在这些阶段中,两个属于流通领域,一个属于生产领域"[4]。产业资本循环是流通过程和生产过程的统一,而且是三种形式的统一,作为三种循环形式的统一的产业资本循环,可以表示为:

$$G-W\cdots P\cdots W'-G'\cdot G-W\cdots P\cdots W'-G'\cdot G-W\cdots P\cdots$$

其中,$G-W\cdots P\cdots W'-G'$为货币资本循环,$P\cdots W'-G'\cdot G-W\cdots P$为生产资本循环,$W'-G'\cdot G-W\cdots P\cdots W'$为商品资本循环,这三个循环是过程的连续性借以表现的不同形式,"只有当资本同时不断地以不同的形式存在,被分割在不同阶段之间,并且这些部分中的每一部分,而不是全部资本,不断地完成它自己的周转时,才是可能的,才是现实的"[5]。

---

[1] 部分内容作为阶段性成果已公开发表,参见:陈波.资本循环、"积累悖论"与经济金融化[J].社会科学,2018(3):41—47。

[2] 马慎萧.资本主义"金融化转型"是如何发生的?——解释金融化转型机制的四种研究视角[J].教学与研究,2016(3):71—79。

[3] 科茨.利润率、资本循环与经济危机[J].童珊,译.海派经济学,2012(4):12—23。

[4] 马克思恩格斯文集(第6卷)[M].北京:人民出版社,2009:60。

[5] 马克思恩格斯全集(第49卷)[M].北京:人民出版社,2003:299。

资本循环运动蕴含了资本自我发展和不断分化的历史必然。生产资本与金融资本的矛盾在资本主义之初就存在，随着分工的发展，在资本循环运动过程中，资本逐步开始分化，商品资本从产业资本循环过程中分离出来，成为独立的商业资本，生息资本从职能资本运动中游离出来，成为独立的资本形式，职能资本流向虚拟领域，成为虚拟资本。垄断资本主义阶段金融市场的形成与扩张，为资本分化，尤其是金融资本的独立扩张准备了条件。

在资本积累过程中会出现平均利润率下降的趋势，用马克思的话说就是："在资本主义生产方式的发展中，一般的平均的剩余价值率必然表现为不断下降的一般利润率。因为所使用的活劳动的量，同它所推动的物化劳动的量相比，同生产中消费掉的生产资料的量相比，不断减少，所以，这种活劳动中物化为剩余价值的无酬部分同所使用的总资本的价值量相比，也必然不断减少。而剩余价值量和所使用的总资本价值的比率就是利润率，因而利润率也必然下降。"[1]

平均利润率的下降是一般规律，资本积累扩大的趋势也是必然，"利润率的下降和积累的加速，就二者都表现生产力的发展来说，只是同一个过程的不同表现"[2]。随着利润率的下降，货币转化为资本的门槛——或者说生产资料积聚在资本家手中所需的水平——不断提高，一般说来，货币转化为资本的最低数量界限，是由雇佣劳动的数量所决定的，经济社会中暂时闲置的货币数量增加。利润率下降的同时，资本积累却在加速，一方面，随着生产力水平的提高和劳动生产率的进步，剩余价值的规模不断增加，资本积累可以在更大规模上进行；另一方面，为了追求更多的剩余价值，资本积累得更迅速，但资本积聚和资本集中达到新的水平，又使利润率发生新的下降。这就意味着，平均利润率的下降趋势必然会产生资本过剩，"所谓的资本过剩，始终只是指不能通过资本的数量来抵消利润率下降的那种资本的过剩"[3]。

由于利润率下降而产生的过剩资本，从职能资本——产业资本、商业资本、农业资本的运动中游离出来，处于暂时闲置的状态，随着资本主义信用制度的发展，在信用的作用下，这些过剩资本取得了生息资本的存在形式，"在生息资本上，资本关系取得了它的最表面和最富有拜物教性质的形式。"[4]"随着生息资本和信用制度的发展，一切资本好像都会增加一倍，有时甚至增加两倍，因为有

---

[1] 马克思恩格斯全集(第25卷)[M].北京：人民出版社，1974：237.
[2] 同上书：269.
[3] 马克思恩格斯全集(第48卷)[M].北京：人民出版社，2003：302.
[4] 马克思.资本论(第3卷)[M].北京：人民出版社，2004：440.

各种方式使同一资本,甚至同一债权在各种不同的人手里以各种不同的形式出现。"[1]对于货币资本家来说,生息资本的增值就是钱生钱的游戏,这一过程独立于使用价值的生产,生息资本并不必须指向生产活动,这就更加具有了拜物教的性质,似乎不通过任何生产活动,资本就能生产利润。

为了满足追求更多价值增值的目的,就必然使资本主义信用扩大化,因为,"信用为单个资本家或被当作资本家的人,提供在一定界限内绝对支配他人的资本,他人的财产,从而他人的劳动的权利。对社会资本而不是对自己的资本的支配权,使他取得了对社会劳动的支配权"[2],在垄断资本主义阶段,由于生产集中造成的垄断,导致了资本主义信用的进一步扩大,从而产生了一种新的资本形态——金融资本。在企业利润率趋于下降的过程中,为了能够找寻到获取超额剩余价值的空间和机会,资本必须保持更快的周转速度,从而实现总利润的持续增长,这就要求资本保持很高的流动性,金融资本无疑就是最佳的选择了。正如马克思所说,实际经营资本家和资本所有者都在向单纯的货币所有者即一个单纯的货币资本家转变[3]。

20世纪70年代以来,金融资本进一步发生变化,由"工业垄断资本与银行垄断资本的融合",转变为由借贷资本和虚拟资本组成,金融资本不再满足于为职能资本提供金融服务,而是反过来支配职能资本,其性质更具有高利贷资本的性质。这种新的金融资本脱离了与制造业的关系,而是与房地产等产业形成了一种共生关系,从而形成了所谓的 FIREs 部门[4]。

资本虚拟化最能够满足资本获取更多利润的要求,这是因为虚拟资本的特殊运动规律,"因为财产在这里是以股票的形式存在的,所以它的运动和转移就纯粹变成了交易所赌博的结果"[5],只有这样,资本家才能够通过赌博性投机活动,在最短的时间内攫取到尽可能多的利润。

在新的运动形式下,垄断金融资本把各种财产转化为收益凭证,从而使资本主义财产运动不再由资本主义生产过程决定,财产运动过程越来越脱离生产运动,而是变成了一个在没有使用价值运动条件下的单纯所有权证书流通的独立的运动过程[6],"这种索取权或权利证书本身的积累,既不同于它由以产生的

---

[1] 马克思.资本论(第3卷)[M].北京:人民出版社,2004:533.
[2] 同上书:497—498.
[3] 同上书:567.
[4] 赫德森.从马克思到高盛:虚拟资本的幻想和产业的金融化(上)[J].曹浩瀚,译.国外理论动态,2010(9):1—9+71.
[5] 马克思.资本论(第3卷)[M].北京:人民出版社,2004:497—498.
[6] 希法亭.金融资本[M].福民,等译.北京:商务印书馆,1997:149.

现实积累,也不同于以贷放的货币为中介而实现的未来积累(新的生产过程)"。[1]

于是,资本的分化使得资本积累也出现了分化,形成了福斯特所谓的"双层积累体制":产业资本积累与金融资本积累。产业资本积累指的是生产和服务领域真实资本的形成,而金融资本积累则是指借贷资本和虚拟资本等的积累,现代信用体制的兴起使得实体资本积累越来越从属于虚拟资本的积累[2]。

在"双层积累体制"下,资本通过实体经济创造剩余的重要性在下降,资本通过非实体经济再分配剩余的重要性不断上升。大量资本在虚拟经济领域展开逐利活动,其本质是一种掠夺性的再分配,并且是垄断金融资本偏倚型的经济形式,是垄断金融资本凭借其支配地位,攫取实体经济中已创造的物质财富,这构成了过剩资本积累的新方式。所以,经济金融化的本质是资本积累的金融化(陈享光、袁辉,2011;孟捷,2012;何自力、马锦生,2013;马锦生,2014;陈享光,2016)。

2."积累悖论"与经济金融化

资本循环的目的在于价值增值,"所有这三个循环都有一个共同点:价值增值是决定目的,是动机"[3]。"资本增殖的秘密就在于,资本用自己的不变部分即生产资料吮吸尽可能多的剩余劳动。资本是死劳动,它像吸血鬼一样,只有吮吸劳动才有生命,吮吸的活劳动越多,它的生命就越旺盛。"[4]这就意味着,资本通过积累来实现无限增殖的本性,必然会导致出现马克·布劳格所谓的"积累悖论"——工资率必须保持下降以保持利润上升,但更多利润的争夺破坏了它自己的目的[5],亦即,利润的增长主要通过提高劳动剥削率,抑制劳动报酬的增长,这最终将制约资本自身的积累与扩张。

从马克思对资本主义发展规律的深刻剖析来看,资本不断进行积累和扩大生产规模,以求实现更大的剩余价值,会遭到剩余价值实现条件的制约。资本家常常试图通过资本积累,扩大生产规模,来占有更多的财富。但是,"直接剥削的条件和实现这种剥削的条件,不是一回事。二者不仅在时间和空间上是分开的,而且在概念上也是分开的。前者只受社会生产力的限制,后者受不同生产部门的比例和社会消费力的限制。但是社会消费力……是取决于对抗性的分配关系

---

[1] 马克思.资本论(第3卷)[M].北京:人民出版社,2004:575—576.
[2] 福斯特.垄断资本的新发展:垄断金融资本[J].云南师范大学马克思主义理论研究中心,译.国外理论动态,2007(3):7—12.
[3] 马克思恩格斯全集(第6卷)[M].北京:人民出版社,2009:116.
[4] 马克思恩格斯文集(第5卷)[M].北京:人民出版社,2009:269.
[5] 布劳格.经济理论的回顾(第5版)[M].姚开建,译.北京:中国人民大学出版社,2009:197.

为基础的消费力。"[1]剩余价值生产和剩余价值实现之间的矛盾,是资本积累过程的内在的基本矛盾。在资本主义生产关系下,资本积累导致了双重动向:一方面随着资本积累提高,利润率会进一步下降;另一方面由于利润率的下降,为实现更多的利润,就必须使资本扩张的速度快于利润率下降的速度。这意味着,从本质上来说,"积累悖论"是生产力发展的必然[2]。

经济金融化是解决资本主义生产关系与价值增值矛盾的必然选择(赵磊、肖斌,2013),也是现实的路径。在现实的经济运行系统中,金融化表现为金融资本逐渐从服务于、服从于职能资本需要的辅助系统,演变成具有自主性的独立系统,金融资本不再简单满足于为职能资本提供金融服务而获取利息回报,还凭借其掌控的金融资本资源而支配职能资本,从职能资本处攫取大量利润,金融资本还直接通过金融市场的投机活动而获得巨额利润。所以,金融资本对于实体经济的参与兴趣在不断减少;对职能资本而言,产业资本、商业资本、农业资本作为独立的职能资本,除了执行其本身的职能,在资本循环的过程中获取利润,同时也积极进入金融领域以获取更高利润,不仅如此,它们还通过资本市场,采取发行股票或债券、银行借贷等方式筹集资金,并将筹集的资金运作于各种金融资产,从金融资产价格膨胀或投机活动中获取利润;金融资本还将家庭纳入金融资本循环的游戏之中,鼓励家庭以金融工具来满足各种消费需要,鼓励家庭通过负债和买卖金融产品使个人的未来收入资本化,金融资本在这些金融活动中获取大量的利润。

所以,在垄断金融资本条件下,金融化是"积累悖论"的激进表现形式,正如马克思给出的著名表述:"生产过程只是为了赚钱而不可缺少的中间环节,只是为了赚钱而必须干的倒霉事。因此,一切资本主义生产方式的国家,都周期地患一种狂想病,企图不用生产过程作媒介而赚到钱。"[3]资本家变得更想通过 $G-G'$ 的方式无限地扩张其财富和价值,而不是通过 $G-W\cdots P\cdots W'-G'$ 的方式,想在生产剩余价值的过程中,完全省略商品生产。如此一来,就开启了一个马克思所预言的"金融资本统治的世界","金融资本的胜利"(Sweezy,1994)充分表明,经济金融化是面临"积累悖论"时,垄断金融资本的必然选择,当然,这也是经济体系日益非理性化的显著标志。

3. 经济金融化与资本循环修复

针对资本积累内部矛盾的危机倾向,马克思主义学者大卫·哈维在《新帝国

---

[1] 马克思恩格斯全集(第46卷上)[M].北京:人民出版社,1979:272—273.
[2] 马克思恩格斯文集(第7卷)[M].北京:人民出版社,2009:269.
[3] 马克思.资本论(第2卷)[M].北京:人民出版社,2004:68.

主义》一书中提出了影响广泛的"时间-空间修复理论",所谓"时间-空间修复理",亦即"通过时间延迟和地理扩张解决资本主义危机的特殊方法"[1]。该理论认为,特定地域系统的过度积累意味着该地域出现了劳动过剩(表现为不断上升的失业率)和资本过剩(表现为闲置的生产能力或缺少生产性和营利性投资的货币资本的盈余)。过剩可能通过以下方式得到吸收:一是通过投资长期资本项目或社会支出(如教育和科研)来进行时间转移,以推迟资本价值在未来重新进入流通领域的时间;二是通过开发新的市场,以新的生产能力和新的资源等来进行空间转移;三是在某种程度上将上述两点结合。在哈维看来,"时间-空间修复"在克服过度积累时能够起到独特作用,所以,"时间-空间修复"即使"没有为资本主义经济危机提供一种潜在解决方法的话,至少也推迟了危机的产生"[2]。

20世纪80年代以后资本积累的金融化,是资本积累内在矛盾的一种发展形式,可以看作资本积累的"金融修复"[3]。1929—2008年,美国经济利润率增长基本停滞,这迫使大量资本向金融领域转移[4]。资本主义金融化是资本时空修复方式的融合,从时间修复角度来看,期货等金融衍生品交易市场,为资本获得未来预期剩余价值或收益提供了平台;从空间修复角度来看,各类金融工具、金融市场除了能使资本获得未来的生产利润,同时还能够提高资本在空间上的流动性(童珊,2015)。资本积累的金融化具有的两面性。

一方面,资本积累的"金融修复"在一定的条件下能够发挥"财富创造效应",从而有利于推动资本主义生产的发展。金融交易能够促进资源的有效配置,从而促进新一轮的物质扩张(Pollin,1996)。金融资本如果利用得当的话,是有利于生产力的发展的,因为,通过让金融资本更好地服务实体资本,能在一定程度上提高职能资本的效率,并对职能资本的风险进行一定程度的社会化。所以,"金融资本不是经典意义上的食利资本。不能把金融资本与经济发展简单对立起来,资本的增殖过程需要金融资本的介入,它有利于提高劳动生产率。金融资本并非置身于生产变革过程之外……金融资本特别是风险资本的发展为促进新技术和资本主义经济的发展提供了强大的动力"[5]。基于此,积累的金融化能够在时间和空间上对资本循环进行修复,一定程度上推动了资本主义的发展,也有利于资本

---

[1] 哈维.新帝国主义[M].初立忠,沈晓雷,译.北京:社会科学文献出版社,2009:94.
[2] 同上书:33.
[3] 马锦生.资本主义金融化与金融资本主义研究——基于美国经济实证的分析[D].南开大学,2013:181.
[4] 艾克诺马卡斯,等.马克思主义危机理论视野中的美国经济利润率(1929—2008)[J].王向东,译.国外理论动态,2010:24—35.
[5] 李其庆.马克思经济学视阈中的金融全球化[J].当代经济研究,2008:62—67.

积累的扩大。

另一方面,金融化可能产生"财富掠夺效应"。积累的金融化并不能从根本上解决资本积累悖论,也就不能从根本上实现对资本循环的修复,因为,资本"积累悖论"产生的根源是资本主义生产关系。资本积累和循环的目的在于获取更多的剩余价值,而剩余价值的实现则取决于资本主义社会的消费力,但资本主义的"社会消费力既不是取决于绝对的生产力,也不是取决于绝对的消费力,而是取决于以对抗性的分配关系为基础的消费力"。[1] 由于资本主义分配关系建立在对抗性的基础上,生产力提高所带来的大部分成果都会被资本家所占有,从而导致剩余价值实现问题越发严重。剩余价值实现的困难随着生产力的发展将会加剧,从而导致资本过剩和人口过剩[2]。不解决对抗性的分配关系,"积累悖论"就不能从根本上得到解决。

不仅如此,历经多年的金融自由化,目前的美国金融体系已经演变成一个高度投机的体系,现代金融资本越来越游离于实体资本循环之外,而主要是以虚拟资本的形式,在金融、保险和房地产领域获得大量的利润。但金融利润最终还是来源于对现实生产过程中创造的价值和剩余价值的占有。不过,金融资本的利润并不仅仅是来源于产业利润,而是"将任何收入流都看作其进行经济掠夺的对象——产业利润,税收,以及超过基本需求的可供支配的个人收入等"。[3] 根据 Epstein 等人的估算,1990—2005 年,由于美国金融规模的过度扩张,美国家庭、纳税人和企业被"掠夺"了约 22.7 万亿美元,包括 1990—2005 年金融部门获得的租金大约为 3.6 万亿—4.2 万亿美元;1990—2005 年人力资源和金融资源错误配置的成本约为 2.6 万亿—3.9 万亿美元;加上美联储估计的金融危机造成的远大于金融业贡献的损失 6.3 万亿—8.2 万亿美元,总计损失应在 12.9 万亿—22.7 万亿美元,这意味着每一个美国人(包括男人、女人和孩子)承担了 40 000—70 000 美元的损失,或每一个美国家庭损失 105 000—184 000 美元[4]。

资本积累的金融化源于资本主义垄断阶段实体经济的停滞趋势,积累的金融化不仅不能从根本上解决"积累悖论",相反,金融资本扩张将不可避免地带来生产资本积累的停滞,进而影响到实体经济的停滞。20 世纪 80 年代以来,美国

---

[1] 马克思.资本论(第 3 卷)[M]. 北京:人民出版社,2004:273.
[2] 同上书:272.
[3] 赫德森.从马克思到高盛:虚拟资本的幻想和产业的金融化(上)[J].曹浩瀚,译.国外理论动态,2010:1—9,71.
[4] Gerald Epstein, Juan Antonio Montecino. Overcharged: The High Cost of High Finance[C]. paper licensed under a Creative Commons Attribution-Non Commercial 4.0 International License, July, 2016.

经济加速金融化的过程产生的间接结果是,通过各种"财富效应"推动了 GDP 的增长,由于资产价格的膨胀,一定数量的虚拟资产增长转化为消费需求,带来了虚假的繁荣,一定程度上刺激了生产性经济活动。但不可否认的是,随着债务规模的累积,再加上金融利润的超常增长,整个经济日益依赖更高的资产价格与更大的负债规模,否则,经济的链条随时会断裂开来。但随着信贷债务规模的增加,经济增长的质量却在降低。债务驱动型的经济增长模式面临的天花板也越来越近,这整个过程意味着,一旦一个大的金融泡沫破裂,整个经济体系就面临着巨大的风险,2008 年次贷危机的暴发无疑就是明证。马克思辩证地指出了金融资本的这种双重效应,由于银行信用制度的发展,"小的金额是不能单独作为货币资本发挥作用的,但它们结合成为巨额,就形成一个货币力量"[1],但是,银行的信用制度"不仅周期地消灭一部分产业资本家,而且用一种非常危险的方法来干涉现实生产"[2]。列宁进一步分析了新阶段银行作用的质变。他说:"随着银行业的发展及其集中于少数机构,银行就由普通的中介人发展成为势力极大的垄断者,它们支配着所有资本家和小业主的几乎全部的货币资本,以及本国和许多国家的大部分生产资料和原料产地,为数众多的普通中介人成为极少数的垄断者的这种转变,是资本主义发展成为资本帝国主义的基本过程之一。"[3]资本主义信用的扩张与金融体系的发展,既推动了资本主义生产力的进步和世界市场的形成,也导致了社会财富占有状况出现两极分化,这就加剧了其自身矛盾与危机的爆发,从而"造成转到一种新生产方式的过渡形式"[4]。所以,对于主要资本主义国家发生的积累金融化,我们必须抱有清醒的态度。

二、经济金融化的定义

关于经济金融化的定义可谓众说纷纭,不同学者根据研究的需要,分别从不同的角度和层面给出了经济金融化的定义[5]。通过对海内外学者关于"经济金融化"定义的回顾,我们可以看到目前学术界尚未能就"经济金融化"的定义达成共识,各定义的相同之处在于强调金融部门对于经济和社会生活的支配地位,但定义之间也存在巨大的差异,或者说不同的文献分别从不同的角度给出了一个对经济金融化特征的描述。

---

[1] 马克思恩格斯全集(第 25 卷)[M].北京:人民出版社,1974:453—454.
[2] 同上书:687.
[3] 列宁.列宁专题文集·论资本主义[M]. 北京:人民出版社,2009:120.
[4] 马克思.资本论(第 3 卷)[M]. 北京:人民出版社,2004:500.
[5] 参见本书第二章的文献回顾部分。

本书尝试将经济金融化界定为：在国际和国内范围内，在宏观、中观和微观经济层面，金融资本、金融机构以及金融业精英的支配力量越来越强大，获取的收益越来越高，金融深刻冲击和决定国家经济、政治及社会生活各方面与层面[1]。这一定义强调了经济金融化涵盖了三个维度的统一。

首先，从经济范畴来看，经济金融化给国民经济带来了从宏观、中观到微观层面的变化。逐利的本性驱使金融资本加速扩张，也加速了经济金融化的进程，整个社会金融化、虚拟化发展的速度和规模超乎想象，金融资本不再满足于单纯地服务实体经济，反而支配实体经济。收入和利润也不断由实体部门转向金融部门。证券、股票、保险、金融衍生产品等金融资本的快速发展，加剧了资本的投机性和食利性。金融脆弱性和经济增长不稳定性加剧。金融资本力图通过金融活动而非实体经济去追逐和获得更多的利润。政府负债规模持续快速扩大；企业以"股东价值导向"理念来构建其治理结构，企业行为短期化特征明显，企业利润构成中来自资本市场的收益占比大幅上升；个人（或家庭）被迫进入资本市场借助于金融工具来获取基本公共服务，个人（或家庭）债务负担沉重。

其次，从经济社会的发展来看，经济金融化不仅仅对经济增长产生深刻影响，同时也对政治体系与社会建设形成了冲击。金融资本在经济上居于支配地位之后必然向政治上层建筑渗透，金融资本利益集团成为民主政府背后的金主，垄断社会资源的金融大资本操纵政党、政府与政治体系，现代西方所号称的民主政治社会演变成为事实上的"资本集权统治"。国家发展战略与具体的制度安排受制于金融资本的利益与要求。新自由主义成为主导性的意识形态，因为，"新自由主义表达了一个阶级对于金钱和权力的欲望，这个阶级包括资本所有者及其权力机构。"[2]金融资本与政治权力的结盟造成社会不公平问题突出，在过度金融化的条件下，国内收入差距不断拉大，社会断裂化的趋势愈益明显。

最后，从空间范围来看，经济金融化的影响已经日益超越国界而在全球范围内产生巨大影响。资本无限扩张的内在冲动必然形成金融资本的全球化。追逐尽可能多的利润是金融资本的本性，当国内市场无法满足这一要求时，金融资本就必然不断开拓新的世界市场，寻找新的投资场所和获利机会。"资本一方面要……夺得整个地球作为它的市场，另一方面，它又力求……把商品从一个地方转移到另一个地方所花费的时间缩减到最低限度。资本越发展，……也就越是

---

[1] 当然，这一定义是一个尝试，我们试图刻画出经济金融化的主要特征。这一定义仍显抽象，并可能也会引起较多的争议，但抛砖引玉，能够引起理论的争鸣有助于研究的深化。

[2] 科茨.金融化与新自由主义[N].经济日报,2010-12-23(10).

力求在空间上更加扩大市场,力求用时间去更多地消灭空间。"[1]而为了谋求突破国内市场的界限,金融资本必然会推动全球资本流动自由化、全球资本市场去监管化等制度创新,以及金融衍生产品技术、现代信息技术等技术创新。随着金融全球化的发展,全球金融资本高频流动,金融衍生产品市场高速增长,大量投机资本的逐利行为导致了全球市场的大起大落,全球经济的不稳定和股市的波动加剧了发展中国家金融的脆弱性和经济增长的不稳定性,金融资本全球化拉大了发达国家与广大发展中国家的贫富差距。

基于本书界定的经济金融化,我们可以明确,经济金融化与金融发展有着相关联的方面,但二者也存在着巨大的区别。借用 Krippner(2005)的观点,研究经济金融化可以有"活动中心论"和"积累中心论"两种视角[2],"以活动为中心"主要以就业和产出为标准;"以积累为中心"则关注利润来源和利润形式的变化。从"活动中心论"角度来看,金融化的含义与金融发展的含义是相通的,但从"积累中心论"角度来看,金融化与金融发展含义上有着根本的差异。

就如同一枚硬币存在着两面,从硬币的一面来看,"以活动为中心"考察,随着经济的发展,金融业的增长速度更快,占国民经济、就业等的份额越来越大,金融业就业人员高速增长,金融业的大发展成为经济金融化的表象特征之一。从这个角度来看,金融化的含义与金融发展的含义相通。"金融深化"(Financial Deepening)、"金融抑制"(Financial Repression)、金融约束、金融自由化等是金融发展理论中的主要内容,1973 年,美国经济学家罗纳德·I.麦金农和爱德华·S.肖分别提出了"金融抑制"理论和"金融深化"理论,所谓金融抑制,是指发展中国家政府对金融体系和金融活动的过多干预,抑制了金融体系的发展,而金融体系发展滞后,又阻碍了经济的发展,从而造成金融抑制与经济落后的恶性循环;所谓"金融深化"理论,强调通过金融自由化的方式实现金融深化、促进经济增长。所以,金融自由化是金融发展理论的核心[3]。

从硬币的另外一面来看,"以积累为中心"考察,经济金融化与金融发展是有着根本的区别的。经济金融化则更为关注在资本主义国家金融化转型进程中出现的生产关系的新内容,以及生产关系的新变化对资本主义经济社会产生的影响。

一个国家经济金融化的进程会对该国经济增长和社会发展产生实质性的影响,但经济金融化的程度应与本国不同历史阶段的国情(生产力发展水平、经济

---

[1] 马克思恩格斯全集(第 46 卷)(下)[M].北京:人民出版社,1980:33.
[2] Krippner G. The Financialization of the American Economy[J]. Socio-Economic Review,2005,3(2):173—208.
[3] 仇娟东,何风隽,艾永梅.金融抑制、金融约束、金融自由化与金融深化的互动关系探讨[J].现代财经,2011(6):55—63,70.

结构等)相匹配,金融部门与非金融部门应对称发展。如果不匹配,出现金融与非金融部门的非对称发展,可能存在两种情况:其一,金融化程度不足,出现金融抑制,需要通过推动金融发展和金融深化来更好地服务于经济发展;其二,金融化程度超前,出现过度金融化,产生金融脆弱性、经济增长不稳定性、社会不公平性等突出问题,需要对金融化进行规制,根据国情确定合理的金融化发展程度或合理的金融化区间,以促使金融部门更好地服务实体经济和国家整体经济发展。

本书认为,经济金融化的效应具有两面性:一方面,资本积累和资本循环的"金融修复"在一定的条件下能够发挥"财富创造效应",从而有利于推动资本主义生产的发展;另一方面,金融化可能产生"财富掠夺效应"。哪一种效应占主导地位、发挥主要作用,取决于经济金融化程度与该经济体经济发展的程度是否相匹配(图3.1)。

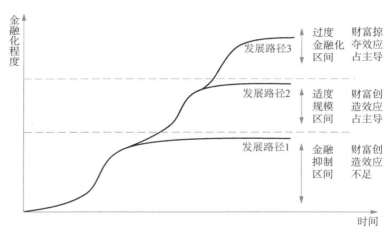

图 3.1　经济金融化不同程度及不同的财富效应

如果一个国家经济金融化的程度与本国不同历史阶段的国情(生产力发展水平、经济结构等)相匹配,金融部门与非金融部门协同发展,经济金融化的"财富创造效应"占主导地位,金融服务于实体经济发展,实现了就业增长型经济增长,就业增加,劳动报酬提高,收入支撑型消费驱动力具有可持续的基础,国民经济形成一个良性的经济生态系统,国民经济高质量健康发展,经济金融化程度提高对该国经济增长和社会发展起到积极的作用。

如果一个国家经济金融化的程度与本国不同历史阶段的国情不匹配,出现金融与非金融部门的非对称发展,这可能存在两种情况:其一,经济金融化程度不足,亦即"金融抑制",金融的财富创造效应不足,需要通过推动金融产业政策的创新,主要是金融监管制度的改革,推动金融发展和金融深化,更好地服务于经济发展;其二,经济金融化程度超前,出现过度金融化,金融化的"财富掠夺效应"占主导地位,导致金融脆弱性、经济增长不稳定性、社会不公平性等突出问题。这意味着需要对金融化进行规制,根据国情确定合理的金融化发展度或合理的金融化区间,以促使金融更好地服务实体经济和国家整体经济发展,更好地发挥其财富创造效应。

综合以上分析,经济金融化是一个必然的趋势,不可避免。我们需要注意的是,如何更好地发挥金融化的积极效应,规避其负面效应。基于此,我们应该充分发挥市场的决定性作用,同时积极发挥政府的重要作用,推动金融的发展,以金融化促进现代化经济体系建设,实现金融化与实体经济、金融化与科技创新的协同发展。

三、经济金融化的四大发生机制

1. 资本逐利是经济金融化转型的根本动力

马克思关于资本本性的论述,深刻揭示出了经济金融化转型的必然性。在马克思看来,资本唯有能增殖自身价值才能够成其为资本,"原预付价值不仅在流通中保存下来,而且在流通中改变了自己的价值量,加上了一个剩余价值,或者说增殖了。正是这种运动使价值转化为资本"[1]。所以,"资本只有一种生活本能,这就是增殖自身,获取剩余价值,用自己的不变部分即生产资料吮吸尽可能多的剩余劳动"[2]。马克思在《资本论》中引用英国经济学家托·约·登宁的话说:"资本害怕没有利润或利润太少,就像自然界害怕真空一样。一旦有适当的利润,资本就胆大起来。如果有10%的利润,它就保证到处被使用;有20%的利润,它就活跃起来;有50%的利润,它就铤而走险;为了100%的利润,它就敢践踏一切人间法律;有300%的利润,它就敢犯任何罪行,甚至冒绞首的危险。如果动乱和纷争能带来利润,它就会鼓励动乱和纷争。走私和贩卖奴隶就是证明。"[3]这句话不仅深刻说明资本的贪婪,还揭示出资本有其盲目性,为了利益可以去做任何事。资本的逐利性,决定了哪里利润高,就到哪里去,经济金融化的转型就是其表现。

资本必须处于持续的运动过程中才能不断实现增值。"正是这种运动使价

---

[1] 马克思恩格斯全集(第23卷)[M].北京:人民出版社,1972:260.
[2] 同上.
[3] 马克思.资本论(第1卷)[M].北京:人民出版社,1975:829.

值转化为资本"[1],而且,这个运动,即"生出剩余价值的运动是它自身的运动,它的增殖也就是自行增殖"[2]。马克思同时指出:"资本增殖的秘密就在于,资本用自己的不变部分即生产资料吮吸尽可能多的剩余劳动。资本是死劳动,它像吸血鬼一样,只有吮吸劳动才有生命,吮吸的活劳动越多,它的生命就越旺盛。"[3]换而言之,资本之所以能够无限制的增殖自身,其秘密就在于,资本凭借其占有的财产,对劳动力处于支配地位,资本购买到劳动力这个生产要素,并投入到生产和扩大再生产之中,这就内在地决定了资本积累存在着一个上限。

资本的运动和无限增殖需要不断扩大的市场,以实现价值增殖。于是,劳动者的消费能力就构成了资本价值增值的制约,"资本作为生产出来的产品总会遇到现有消费量或消费能力的限制"[4]。资本无限增殖的本性必然要求资本为劳动和价值的创造提供明确的界限,但这本身就是和资本的本性相矛盾的。所以,"资本一方面确立了它所特有的界限,另一方面驱使生产超出了任何界限,所以资本是一个活生生的矛盾"[5]。而"生产和价值增殖之间的矛盾——资本按其概念来说就是这两者的统一——还必须从更加内在的方面去理解,而不应单纯看作一个过程的或者不如说各个过程的总体的各个要素互不相关的、表面上相互独立的现象。更进一步考察问题,首先就会看到一个限制,这不是一般生产的限制,而是以资本为基础的生产的限制。……资本的一般趋势造成的结果就是,资本忘记和不顾下列各点:(1)必要劳动是活劳动能力的交换价值的界限;(2)剩余价值是剩余劳动和生产力发展的界限;(3)货币是生产的界限;(4)使用价值的生产受交换价值的限制。……很明显,资本的发展程度越高,它就越是成为生产的界限,从而也越是成为消费的界限,至于使资本成为生产和交往的棘手的界限的其他矛盾就不用谈了"[6]。罗莎·卢森堡正是依此而提出了著名的资本积累"崩溃"论[7]。

为了从资本积累矛盾的束缚中解脱出来,从而获取更多的剩余价值,资本一定会四处游走,不断地进入金融领域寻求新的利润增长点,脱实向虚的金融化也就成为必然现象和自然过程(Froud et al.,2001,2002;Ertürk et al.,2004,2005,2007;Lapavitsas,2009),就如同马克思所指出的,资本积累会周期性地产生冲

---

[1] 马克思.资本论(第1卷)[M].北京:人民出版社,1975:172.
[2] 同上书:176.
[3] 马克思恩格斯文集(第5卷)[M].北京:人民出版社,2009:269.
[4] 马克思恩格斯全集(第46卷)(上册)[M].北京:人民出版社,1979:387.
[5] 马克思恩格斯全集(第30卷)[M].北京:人民出版社,1995:405.
[6] 同上书:395—397.
[7] 卢森堡.资本积累论[M].彭尘舜,吴纪,译.北京:生活·读书·新知三联书店,1959.

动,脱离实际商品的生产,直接来实现资本增殖,所以,经济金融化的转型是资本获取利润这一内在动力驱使之下的必然现象。

2. 市场竞争是经济金融化的外在压力

市场经济本质上就是竞争经济,它所奉行的是"丛林法则"。资本要赢利,必然离不开竞争,"竞争不过是资本的内在本性,是作为许多资本彼此间的相互作用而表现出来并得到实现的资本的本质规定,不过是作为外在必然性表现出来的内在趋势。"[1]社会分工"使独立的商品生产者互相对立,他们不承认任何别的权威,只承认竞争的权威,只承认他们互相利益的压力加在他们身上的强制,正如在动物界中一切反对一切的战争多少是一切物种的生存条件一样。"[2]马克思深刻地揭示了隐藏在竞争现象背后的资本主义生产过程的实质。经济金融化是资本应对经激烈的市场竞争并极力获取最大化利润的必然的选择。

资本家进行生产的目的就是为了获取更多的利润,要达到这样的目的,就必须形成有利的生产条件,为了抢夺有利生产条件的"制高点",必然会形成竞争,"竞争,这个资产阶级的重要推动力,不能创立资产阶级经济的规律,而是这些规律的执行者。……使经济规律的必然性得到实现的表现形式"[3]。在市场中,生产者之间的竞争决定着每一个生产者的命运。"竞争首先在一个部门内实现的,是使商品的各种不同的个别价值形成一个相同的市场价值和市场价格。"[4]"价值由劳动时间决定的规律,既会使采用新方法的资本家感觉到,它必须低于商品的社会价值来出售自己的商品,又会作为竞争的强制规律,迫使他的竞争对手也采用新的生产方式。"[5]

商品生产者之间的竞争是一个动态过程,其中不断提高劳动生产力至关重要,马克思指出:"必须变革劳动过程的技术条件和社会条件,从而变革生产方式本身,以提高劳动生产力,通过提高劳动生产力来降低劳动力的价值,从而缩短再生产劳动力价值所必要的工作日部分。"[6]"每个资本家都抱有提高劳动生产力来使商品便宜的动机。""提高劳动生产力来使商品便宜,并通过商品便宜来使工人本身便宜,是资本的内在的冲动和经常的趋势。"[7]

部门之间的竞争则形成利润率平均化。"如果商品是按照它的价值出售的,

---

[1] 马克思恩格斯全集(第46卷)上[M].北京:人民出版社,1979:397—398.
[2] 马克思.资本论(第1卷)[M].北京:人民出版社,1975:394—395.
[3] 马克思恩格斯全集(第46卷)[M].北京:人民出版社,1980:47.
[4] 马克思.资本论(第3卷)[M].北京:人民出版社1975:201.
[5] 马克思.资本论(第1卷)[M].北京:人民出版社,1975:354—355.
[6] 同上书:350.
[7] 同上书:353—355.

那末,利润就会被实现,这个利润等于商品价值超过商品成本价格的余额,也就是等于商品价值中包含的全部剩余价值。然而,资本家即使低于商品的价值出售商品,也可以得到利润。只要商品的出售价格高于商品的成本价格,即使它低于商品的价值,也总会实现商品中包含的剩余价值的一部分,从而总会获得利润。"[1]最先采用新技术的资本家,其生产的商品的个别生产价格会低于社会生产价格,在按等于或高于生产价格出售商品时,会获得超额利润。但是,超额剩余价值是短暂的,随着劳动生产率的普遍提高,超额剩余价值也就随之消失。要想继续获得超额剩余价值,就必须不断采用更新的生产方式。"虽然竞争经常以其生产费用的规律迫使资本家坐卧不宁,把他制造出来对付竞争者的一切武器倒转过来针对着他自己,但资本家总是想方设法在竞争中取胜,孜孜不倦地采用价钱较贵但能进行廉价生产的新机器,实行新分工,以代替旧机器和旧分工,并且不等到竞争使这些新措施过时,就这样做了。"[2]

竞争的压力也迫使其他资本家这样做,结果又会引起生产条件的普遍改进和资本有机构成的提高,导致平均利润率的下降。平均利润率的下降又刺激了资本积累的欲望,促使竞争加剧。在激烈的竞争中,生产条件和社会资本日益集中在少数资本家手中,由此导致垄断的出现。垄断的发展,既加速了资本积累,同时又加速了两极分化。资本积累的结果,一极是财富的积累,一极是贫困的积累,这就是资本积累的一般规律。

20世纪70年代初,垄断资本主义出现了滞胀的新问题,新自由主义本质上是利用金融化来虚假地克服垄断资本的积累问题[3]。金融在资本积累过程中一直扮演着至关重要、不可或缺的角色。作为本质,"金融化趋势是资本积累的必然结果。一方面,随着资本积累的发展和资本有机构成的提高,实体经济的利润率下降,过剩资本不得不从产业部门转向流动性更高的金融部门;另一方面,只有在金融资本这一形态上,资本才完全摆脱了物质形态的束缚,获得了最大限度的自主权和灵活性,才能最充分表现出其最大限度追求价值增殖的本性"[4]。

3. 新自由主义制度变迁是经济金融化的重要推力

尽管学者们关于经济金融化与新自由主义的因果关系尚无定论,但有文献提出,是金融部门日益增长的影响力导致了新自由主义的重建,并使之成为一种

---

[1] 马克思.资本论(第3卷)[M].北京:人民出版社,1975:45.
[2] 马克思恩格斯选集(第1卷)[M].北京:人民出版社,1972:376.
[3] 福斯特,罗伯特·麦克切斯尼.垄断金融资本、积累悖论与新自由主义本质[J].武锡申,译.国外理论动态,2010(1):1—9.
[4] 张宇,蔡万焕.金融垄断资本及其在新阶段的特点[J].中国人民大学学报,2009(4):2—8.

有利于金融资本的手段[1],有文献则认为是新自由主义制度变迁导致了经济金融化,Palley 用"新自由主义金融化"来强调在金融化兴起过程中新自由主义的重要性[2],斯蒂格利茨认为,解除管制是经济金融化日益严重的根本原因,最重要的解除管制就是 1999 年克林顿总统时期废止了 1933 年将投资银行与商业银行区分开来的《格拉斯-斯蒂格尔法案》的部分内容[3]。Kotz 认为,新自由主义的制度重构推动了金融化的进程[4]。

从第二次世界大战结束直到 20 世纪 70 年代早期,资本主义经济保持着稳定增长的势头,产出、投资和劳动生产率维持着高增长,就业充分,通货膨胀率维持在低水平,主要资本主义国家经历了发展的第二个"黄金时代"。这一时期的社会调节模式是福特主义,其核心要点在于,资本、劳动与国家之间通过"社会协议(Social Bargain)"(Hein et al., 2014),实现了产业资本与劳动之间利益分享,从而实现了这一时期的和谐发展。

福特主义调节模式的主要特征是和谐的集体谈判、福利国家、凯恩斯主义的宏观政策和美国的全球霸权(胡海峰,2005)。国家将充分就业作为政府管理的基本目标,采取积极措施对社会总需求进行管理,并为雇佣团体和工会之间的集体谈判创造指导条件;工人和工会组织追求就业和社会保障以及实际工资的提高,放弃了推翻资本主义的目标;资本家追求对于企业的控制并进行管理工作,接受了政府对于经济的干预以及劳动者工资的提高,而美国霸权则为资本积累创造了稳定的环境。以"社会协议"为基础的福特主义调节模式,解除了大多数国家就业和增长的主要约束,为经济增长提供了良好的制度条件(郭祎,2016)。

由于"社会协议"内部矛盾的不断积累以及外部环境的改变,尤其是食利者阶层对在发展的"黄金时代"利润分享状况的不满,导致"黄金时代"在 20 世纪 70 年代终结,新自由主义调节模式替代福特主义调节模式,新的社会积累结构形成[5]。相

---

[1] Duménil G., Lévy D. Costs and Benefits of Neoliberalism[M]//In Epstein Gerald (ed.), Financialization and the World Economy. Cheltenham and Northampton: Edward Elgar, 2005.

[2] Palley, Thomas I. Financialization: The Economics of Finance Capital Domination. New York: Palgrave MacMillan, 2013:8.

[3] 斯蒂格利茨.不平等的代价[M].张子源,译.北京:机械工业出版社,2016:222.

[4] David M. Kotz. Neoliberalism and Financialization[C]. Paper Written for a Conference in honor of Jane D'Arista at the Political Economy Research Institute, University of Massachusetts Amherst, March 29, 2008.

[5] 关于福特主义调节模式的替代模式,有不同的观点,比如后福特主义调节模式、新福特主义调节模式等,参见:胡海峰.福特主义、后福特主义与资本主义积累方式[J].马克思主义研究,2005(2):79—84.

对于前期的福特主义,在后福特主义时代,新自由主义调节模式意味着国家机器采取自由化的放松管制措施,竭力弱化各种工人组织,建立更加弹性的劳动市场,让市场机能发挥调节劳资关系的功能;大幅度削减福利预算,降低国家机器的财政赤字,强化对劳动力的激励作用;通过减少工资、税收开支等手段,来增强企业的经济竞争力[1]。

值得注意的是,恰恰是在新自由主义调节模式形成的这一时期,美国开始了资本主义经济金融化的转型。法国调节学派的阿格利塔认为,发达国家,尤其是美国,经济金融化转型形成了一种新的积累体制,即金融资产增长的积累体制,它以增加供给、扩大投资的理论为基础。其特点是:在生产和技术方面,强调对劳动的集约投资和信息投资,重视资本和生产率的提高;在企业治理方面推行雇员股东制和机构投资;在企业效益评估标准方面,强调股市盈利水平;在劳资关系方面,强调在价格的制约下,尽量降低工资成本,采用个别谈判方式决定工资标准;在市场竞争方面,强调产品价格由国际价格加汇率决定[2]。新自由主义制度变迁在两个方面充分满足了经济金融化的要求。

首先,资本积累的金融化使得掠夺性再分配成为金融利润来源的主要形式,这要求以资本权力的无限积累为基础,汉娜·阿伦特在其《帝国主义》一书中指出:"资本的无限积累必须建立在权力的无限积累之上……资本的无限积累进程需要政治结构拥有权力的无限积累过程,以通过持续增长的权力来保护持续增长的财产。"[3]所以,"对于所发生的这一切而言,它不仅需要金融化和自由贸易,还需要采取截然不同的途径来部署国家权力——通常在剥夺性积累中扮演主要角色。新自由主义理论的兴起和与之相关的私有化政治表征着这一转变的大部分内容。"[4]

其次,在新自由主义时代,资本积累的主要途径是掠夺性再分配,而掠夺性再分配的实现途径,包括将公共资产、公共权利私有化,资本积累的金融化,国家对财产和收入的再分配等,这导致财产和收入从普通大众手里转移至大资产阶级手中,从全球落后国家转移至少数发达国家[5]。新自由主义的经济模式,其理论和政策上的"四个化"主张——去政府化、私有化、经济完全自由化、福利个

---

[1] Williams,K.,Cutler,T.,Williams,J.and Haslam,C.The End of Mass Production? [J]. Economy and Society,1987,16(3):405—439.
[2] 阿格里塔.当代资本主义的变化[J].陈双苑,编译.马克思主义与现实(双月刊),2002(1):51—58.
[3] 哈维.新帝国主义[M].初立忠,沈晓雷,译.北京:社会科学文献出版社,2009:29.
[4] 同上书:127.
[5] 孟捷.新自由主义积累体制的矛盾与2008年经济——金融危机[J].学术月刊2012(9):145—152.

人化[1],是最能代表垄断金融资本的这种利益和要求的。

所以,新自由主义本质上不是传统经济自由主义的复活,而是垄断金融资本的一个特殊阶段,是资本应对停滞——金融化困境的政治形式[2],其仍然具有垄断性、金融资本主导性、停滞、危机等根本特征[3]。

新自由主义的重要经济政策如全球化、小政府、弹性劳动力市场和摒弃充分就业等都是有利于金融资本的[4]。从本质上来看,正如同哈维所强调的,新自由主义是一项"重建资本积累的条件和恢复经济精英的权力"的规划[5],它"表达了一个阶级对于金钱和权力的欲望,这个阶级包括资本所有者及其权力机构。我们将之统称为'金融',而他们则以此为平台获取阶级利益和阶级权力……"[6]。

4. 信息技术进步是经济金融化的技术动力

英国演化经济学家卡萝塔·佩蕾丝结合工业技术发展的历史进程指出,每一次技术革命都形成了主导技术相适应、相匹配的技术-经济范式[7],而且,技术-经济范式一旦形成,就具有一定的稳定性。每一次新的技术-经济范式的出现都是特定的社会制度和经济因素发挥作用的产物,反过来,一种技术-经济范式一旦形成,它将在相当长的时期影响宏观经济和微观经济的结构和运行。新的技术-经济范式会改变社会资源配置的激励结构,并对既有的制度和管理方式提出新的要求,从而推进微观企业管理模式、中观产业组织方式和宏观制度环境的变革[8]。因此,技术-经济范式的更迭不仅是制造技术的变革,更是与这些技术相适应的企业管理方式和社会制度基础的变革。

20世纪70年代以来,人类社会经历了第四次科技产业革命——信息技术革命,信息技术范式是信息技术革命的产物,作为一种新的技术-经济范式,信息技术范式表现出如下特征:①信息成为最重要的经济要素;②信息技术具有强烈的渗透性和网络化特征;③信息技术对经济和社会具有"重塑"(Restructuring)

---

[1] 程恩富.新自由主义的起源、发展及其影响[J].求是,2005(3):38—41.
[2] 福斯特.资本的金融化与危机[J].吴娓,译.马克思主义与现实,2008(4):84—94.
[3] 福斯特,麦克切斯尼.垄断金融资本、积累悖论与新自由主义本质[J].武锡申,译.国外理论动态,2010(1):1—9.
[4] 帕利.金融化:含义和影响[J].房广顺,车艳秋,徐明玉,译.国外理论动态,2010(8):8—20.
[5] Harvey D. A Brief History of Neoliberalism[M]. Oxford: Oxford University Press,2005:1—2, 19.
[6] Dume'nil, G., Le'vy, D. Capital Resurgent: Roots of the Neoliberal Revolution. Cambridge and London: Harvard University Press, 2004: 1-2.
[7] 佩蕾丝.技术革命与金融资本——泡沫与黄金时代的动力学[M].田方萌,等译.北京:中国人民大学出版社,2007.
[8] 黄群慧,贺俊.第三次工业革命与中国经济发展战略调整——技术经济范式转变的视角[J].中国工业经济,2013(1):5—18.

功能；④信息技术对相关技术具有强大的整合性[1]。

从时间节点来看，美国信息技术范式的形成过程同时也是美国经济金融化的转型过程，这并不是简单的巧合，恰恰相反，是信息技术的迅猛发展为美国经济金融化的转型准备了强有力的技术基础和物质条件。

首先，信息技术以其高度的创新性、渗透性、倍增性和联动性，有力地推动了美国产业结构的调整。信息技术的发展催生了一批新兴产业，带动了微电子、计算机、软件、通信等关联产业的发展，加速了生物工程与生命科学、新材料与能源、航空航天等高新技术产业的成长，并促进光学电子、汽车电子、航空电子等产业的兴起。新兴行业研发费用高、风险大，在其发展初期需要巨大的资金投入，从20世纪末的计算机和信息技术行业，到21世纪初的新能源、生物科技等行业，都通过直接融资和间接融资市场获得了大量的发展资金。而随着这些产业的发展，为其提供结算、融资、投资、证券、债券、保险、信托等的各类金融服务也随之发展，基于这些产业发展的金融衍生品也随之增加。

其次，美国先进的电子信息技术为金融发展和金融化转型提供了技术支持。技术进步促进金融市场的发展，新的金融衍生品不断被开发出来，金融市场的交易规模和交易速度大幅提升，给资本提供了一个长时间停留在生产领域之外而且可以分割剩余价值的场所，使得资本能够在不进行生产的同时获得利润，实现其本来难以达到的目标利润（童珊，2015）。在电子化交易、量化技术应用的推动下，美国金融创新能力领先世界，成为全球金融衍生产品的创新领导者，美国金融衍生品市场在全球金融衍生产品市场中占有绝对主导地位，在规模和交易品种上几乎垄断了整个国际金融衍生产品市场，对美国经济金融化的转型起到了不可或缺的积极推动作用[2]。

再次，信息技术的发展推动了新自由主义管理体制的出现。信息技术的出现导致了与此相对应的新的技术-经济范式，"在一定程度上，解除管制是每一个新技术—经济范式出现时期的特征"[3]。信息技术的创新，美国经济的服务化倾向或去工业化趋势不断强化，使得政策关注的重点不断调整变化，新兴产业的不断出现，产业的边界不断调整，都提出了去管制的要求，所以，信息技术的发展

---

[1] Castells M. The Risk of the Network Society[M]. Lynchburg: Blackwell Publishers Inc., USA, 1996.

[2] 巴曙松.美国金融核心竞争力的形成与影响[J].国家治理,2015(15):10—24.

[3] 弗里曼,卢桑.光阴似箭:从工业革命到信息革命[M].沈宏亮,等译.北京:中国人民大学出版社, 2007:343.

所带来的调控具有趋向分散化的趋向[1],因应这一要求,新自由主义调节制度便应运而生。新自由主义制度安排取消和缩减了对金融资本逐利活动的各种限制,为资本的全球化和金融化提供了制度基础和政策保障。

最后,信息技术进步使得金融资本在全球范围内展开"电子游牧"成为可能,所谓"电子游牧",就是"全球极少数人通过信息技术将全球的所有的重要投资和贸易,事实上是所有的主要利润渠道进行全方位的控制。世界出现"电子游牧",资本如同成吉思汗的蒙古骑兵,以光速控制和掠夺全球,所到之处,一片狼藉。所以现在资本越来越疯狂投机,危机周期越来越短、越来越深重"[2]。也就是说,信息技术进步使得金融资本在全球范围内攫取利润成为现实。

四、经济金融化与生产关系四大变化

在资本主义社会里,"资本是资产阶级社会的支配一切的经济权力"[3],资本的力量决定着其他一切社会关系,资本积累越是扩大,资本规模就越大,它所拥有的权力就不仅仅是经济权力,而且是渗透到现代社会一切领域的权力,资本成为一种"普照的光"和"特殊的以太",支配着社会中一切关系。资本主义金融化作为资本积累模式的转变,体现为资本积累的金融化,资本积累过程同时也是资本主义扩大再生产的过程[4],所以,经济金融化通过收入"再分配",深刻改变着生产关系的方方面面。自20世纪70年代末以来,资本主义经济金融化转型的过程中,金融资本与职能资本、大资本与中小资本、劳动与资本之间、发达国家与发展中国家和地区之间的关系发生了系统性的改变,其本质是金融资本的独立性、重要性和支配力日益增强,在时间和空间上对剩余价值的生产实现全面的、持续的、有效的支配和控制。所以,美国的问题是"在过去几十年中,那些很有钱的人操纵了体制,导致大家都失去了公平的机遇"[5]。

现代金融资本越来越游离于实体资本循环之外,而主要是以虚拟资本的形式,在金融、保险和房地产领域获得大量的利润。但金融利润最终还是来源于对现实生产过程中产业资本创造的价值和剩余价值的占有。不过,金融资本的利

---

[1] 弗里曼,卢桑.光阴似箭:从工业革命到信息革命[M].沈宏亮,等译.北京:中国人民大学出版社,2007:343—344.
[2] 尹斌.金融资本主义的危机与中国发展战略[J].国外理论动态,2011(12):46—49.
[3] 马克思恩格斯全集(第46卷)(上册)[M].北京:人民出版社,1979:45.
[4] Clarke S. Class Struggle, Over-accumulation and the Regulation Approach[J]. Capital & Class, 1988, 36(1):59-92.
[5] 哈丁.美国劳动收入份额为何下降[N].金融财报,2011-12-16.

润并不仅仅是来源于产业利润,而是"将任何收入流都看作其进行经济掠夺的对象——产业利润,税收,以及超过基本需求的可供支配的个人收入等。"[1]

从资本积累的变化来看,经济金融化意味着金融资本成为资本增值的主要主体,资本获取的利润主要来自金融活动,但金融资本本身却并不创造价值和剩余价值。金融资本的利润主要来源于三个"再分配":(1)收入在金融资本与实体资本之间的再分配,即金融资本家对实体经济领域资本所获取的利润进行再分配,金融资本的利益诉求的满足,得益于实体企业内部"股东价值最大化"的理念及企业治理结构的转变所导致的企业经济活动金融化(Crotty,2009;Dallery,2009;Stockhammer,2008);(2)收入在劳动者与金融资本之间的再分配,社会经济政策变化,政府退出住房、教育、医疗、养老等公共产品的供给,工人实际工资增长的停滞,使得个人和家庭通过负债,及持有金融资产等方式来获取这些产品或服务,在这一过程中,金融资本实现对工人收入的"金融掠夺"(Lapavitsas,Dos Santos,2008;Lapavitsas,2009,2013);(3)收入在发达国家与发展中国家之间的再分配。在现有的产品生产体系条件下,不断生产出来的更多产品量和剩余价值量要想顺利得到交换和实现,就必然也需要足够的市场来释放自身,当一国的国内市场处于饱和状态后,国际上市场的开拓就成了不可避免的事情。所以,资本的积累和扩张必定将推动资本主义生产方式走向对外扩张,全球经济自由化是资本积累金融化的必然要求,也能更好地满足金融资本获取更多利润的要求,全球不平等问题会越来越突出,造成这种不平等的一个重要原因,就在于发达国家对其他国家经济的一定操纵与控制。就像皮凯蒂所说:"一般而言,全球的收入分配比产出分配更不平等,原因是人均收入最高的国家更可能拥有其他国家的部分资本,因而能够得到来源于人均收入更低国家的资本收入。换言之,发达国家的富裕包含两个层面,不仅国内产值更高,国外投资也更多,因此发达国家的人均国民收入大于人均产出。落后国家则正好相反。"[2]

从金融利润的"三个再分配"来源,我们不难发现金融化带来的生产关系新内容:

第一,金融资本支配职能资本。"当代资本主义经济最深刻的变化发生在金融领域",这里所说的变化就是金融资本实力越来越强大,以至于"金融资本在时间和空间上,对资本使用价值的生产实现了全面的、不间断的、有效的控制,从而实现了资本的增殖,即资本利润的最大化。从这个意义上说,金融垄断资本是资

---

[1] 赫德森.从马克思到高盛:虚拟资本的幻想和产业的金融化(上)[J].曹浩瀚,译.国外理论动态,2010(9):1—9,71.
[2] 皮凯蒂,等.21世纪资本论[M].巴曙松,等译.北京:中信出版社,2014:68.

本对人类社会生产的最高统治,它把生产的社会化又向前推进了一步。"[1]

金融化意味着金融部门越来越与非金融部门的分离,"金融部门逐渐地从对非金融部门贷款活动为基础转向市场为基础的金融投机活动"[2]。资本主义金融化的实质是资本积累的金融化。对于资本家来说,他们看重的只是价值增值,至于如何实现价值增值,他们自然选择最有利的。实现价值增值的手段是多样的,而使用价值的生产仅仅是其中一种,而且是速度最慢、最为辛苦和麻烦的一种。所以,资本内在就有一种冲动,就是使资本运动的完整过程蜕化成为纯粹的 $G-G'$,即不通过使用价值的生产与流通来实现价值增值,而金融化正好能够满足资本的这一要求。

金融化后的金融资本的权力不是分散了,变得弱小了,恰恰相反,金融资本的权力变得更加集中,更加强大了,以金融垄断资本为核心形成了一个又一个超级垄断集团,"这个统治集团是一个网络,其中心是经营银行、保险公司、投资银行和对冲基金的人以及能源、军事外交集团"[3]。美国的国家垄断资本主义则通过军事技术和能源垄断,以及美联储、财政部等机构继续给金融资本以坚决支持,金融垄断资本对职能资本的支配力和控制力都大大增加。

但是,金融资本与职能资本之间也存在合作共谋的关系。金融化并不意味着金融部门能够完全彻底地脱离非金融部门而独立的发展,这是因为,金融利润归根结底还是取决于非金融活动的状况。所以,迪米萃斯得出结论:"货币资本和职能资本是一体的,它们之间的分歧不是根本性的。新自由主义和金融化是它们二者(指货币资本和职能资本)共谋的产物。"[4]需要重视的是,金融资本积累也在实质上破坏着资本积累的来源,即新价值的创造,所以,金融资本与职能资本之间的矛盾也是资本难以解决的内在矛盾[5]。

第二,资更强劳更弱的劳资利益关系新格局[6]。金融化导致国民收入分配有利于金融机构和金融资本家、高层经理,导致工人的工资和福利被削减,并使劳资利益关系呈现出资更强、劳更弱的格局。

从国民收入中劳动收入的份额来看,过去20年来,这种所谓的"劳动收入份

---

[1] 李其庆.马克思经济学视阈中的金融全球化[J].当代经济研究,2008(2):62—67.
[2] 科茨.金融化与新自由主义[J].孙来斌,李轶,译.国外理论动态.2011(11):5—14.
[3] Foster J. B., Holleman H. The Financial Power Elite[J].Monthly Review, 2010,62(1):1-19.
[4] [希]索提罗波罗斯.卡莱茨基与凯恩斯理论体系的困境——兼论国际金融危机[J].国外理论动态,2011(8):7—14.
[5] Teixeira R. A., Rotta T. N. Valueless Knowledge-Commodities and Financialization: Productive and Financial Dimensions of Capital Autonomization[J]. Review of Radical Political Economics, 2012(3):448-467.
[6] 这部分内容参见:陈波.经济金融化与劳资利益关系的变化[J].社会科学,2012(6):52—56.

额"在英美等西方主要资本主义经济体中都在缓慢下降。利润率和资本回报率是劳动收入份额的对立面。第二次世界大战以后,西方资本主义国家劳动收入份额普遍经历了一个上升过程。1952年,美国的劳动收入份额只有61%,20世纪70年代末上升到68%,80年代中期劳动份额开始走低,但维持在65%左右。到2011年3季度,劳动报酬在美国国民收入中的份额创下历史新低。在企业部门,劳动报酬在增加值的份额由2000年之前平均63.9%的水平降至57.1%[1]。"我们只得到了58%"于是成了占领华尔街运动的口号之一。

工薪阶层得到的工资收入(相对于投资者得到的利润和利息收入)的比例已经下降到了第二次世界大战后开始记录以来的最低水平,根据英国《金融时报》的计算,如果工资收入维持在63%的战后平均比例,那么2011年工薪阶层的收入会高出7 400亿美元,相当于每位工作者大约5 000美元。所以,经合组织表示,"在过去30年收入增长中,大部分落入了美国最富有人群的囊中",此外,该机构还指出,这些收入增加的部分大多流向了企业高管和金融从业人员的腰包[2]。因此,金融化伴随着实体部门投资积累下降、失业率上升以及工薪阶层收入增长的长期停滞,一般工人工资增长停滞的同时,使收入不平等加剧[3]。

从劳动者的工作条件来看,英美等主要国家劳动者的工作条件并未得到与经济增长相匹配的改善。就美国的最低工资标准来看,美国的最低工资标准制度始于1938年国会通过的《公平劳动标准法》。70多年过去了,美国联邦最低工资标准总共经历了9次立法调整,平均每8年一次。目前美国的最低工资标准是2009年制定的每小时7.25美元。美国历史上经历了几次比较严重的通货膨胀,导致美元购买力缩水。因此,扣除价格因素后,美国的实际最低工资在70多年里的变化并不大。1939年的30美分的最低工资相当于2010年的4.7美元,最低工资的购买力在71年里只增长了57%[4]。

从劳动者的地位来看,劳动者在经济体系上的地位被进一步边缘化了。历史上,经济衰退时,由于企业会保留员工而牺牲利润,因此劳动收入份额通常会增长,而在经济复苏时又会回落。但2008年经济衰退中的变化趋势恰恰相反:劳动收入份额出现下降,而且在复苏开始后继续下降。这样的变化与金融化相关。在金融市场的强大压力下,英美国家的企业更像一个金融实体而不是生产

---

[1] J. P. Morgan Chase Bank. U.S.: The Incredible Shrinking Labor Share[R]. Economic Research Global Data Watch, 2011-12-02.
[2] 沃尔夫.英国比美国更平等?[N].金融时报,2012-1-14.
[3] Mishel L., Bernstein J., and Allegreto S. The State of Working America 2006/2007, Ithaca[M]. New York: Cornell University Press, 2007.
[4] 近距离看美国最低工资标准制度[N/OL].CNC中国新华新闻电视网,2011-2-18.

实体,它关注股价更甚于关注生产,它仅仅把雇员看作为股东谋取最大化利润的手段,很少重视发展雇员的能力,并且把劳动力的不稳定性看作劳动力市场运行良好的表现。而在企业层面,面向企业高管的奖金文化及股票期权的兴起加强了这一趋势。在标准普尔 500 指数成分股公司,首席执行官的在位时间一般只有五六年,他们的薪酬往往与公司股价、股本回报率(ROE)密切挂钩。这种激励方式,促使他们在短期内把利润维持在高位。这些激励措施也改变了管理层应对经济衰退的方式。不是保留员工、降价抢占市场,而是裁员、保持价格不变;宁可回购公司股票,也不肯进行新的投资[1]。

第三,金融掠夺造成收入分配差距不断扩大[2]。制度创新和技术进步使得金融化加速推进,海外学者拉帕维查斯、多斯桑托斯等人在研究经济金融化问题时提出了要警惕经济金融化造成的"金融掠夺"问题。随着经济金融化的进程不断推进,金融企业的业务结构和利润结构转向以个人业务为主。金融资本利益集团推动社会政策的巨大变革,个人(或家庭)越来越被卷入金融体系中,尤其在负债(住房借款)和资产(养老金和保险等)方面。个人(或家庭)被迫进入资本市场借助于金融工具来获取住房、就业、公共卫生和基本医疗、教育、养老、甚至基本社会保障等基本公共服务,个人(或家庭)负债不断增加,债务负担日益沉重,各类金融机构却通过新的金融产品或服务获取巨额利润,而这些金融利润是来自劳动者和其他人的个人收入,消费驱动演变为事实上的"金融掠夺"。

金融部门却在消费主义的滥觞中攫取大量利益。信用卡、分期付款等金融产品不仅使消费主义变得可能更成为潮流,美英等西方社会的人民都在以这样或那样的方式负债生活——不管是抵押贷款债务、汽车贷款,还是信用卡等。所以,消费主义只能通过日益膨胀的债务规模来维持。金融部门不仅获得了金融交易活动的大量费用收入,金融机构还将各种债务合约开发为丰富的金融衍生产品销售给投资者,并利用金融衍生品市场价格的波动甚至操纵价格而投机,从中赚取巨额利润。曾多次预测金融泡沫风险的美国经济学家林登·拉鲁什说,美国经济事实上被一个强大的金融利益集团控制,他们从 20 世纪 60 年代就在美国掌握了各种权力,美国从此开始走向颓废,从一个奋发向上、不断发明创造的生产制造业国家,变为一个食利国家。"相当多的金融企业事实上只关注金融,别的什么都不管。它们永远追逐投机获利,而且只要能够掌握力量的各种变化,这一逐利行为就不会停止。所谓的全球金融城市和指令型城市,已经变成醒

---

[1] 哈丁.美国劳动收入份额为何下降?[N].金融时报,2011-12-16.
[2] 这部分内容参见:陈波.居民消费需求拉动中国经济增长的有效性分析[J].社会科学研究,2014(7):53—64.

目的财富和特权孤岛,拥有许多高耸的摩天大楼和成百上千万平方英尺的办公室去容纳这些企业。创造出大量的虚拟财富。"[1]基于此,大卫·哈维称金融化为统治精英阶级力量的重建。

金融化的"财富掠夺性效应"深深根植于资本主义的本质,因为资本主义的实质就是掠夺经济,资本主义一直都是权力不平衡的,毫无疑问,这种不平衡是赢家剥夺了利益,失败者一败涂地。权力越集中,掠夺行为的机会就会越多;权力之间的关系越不明显,从别人那里渔利的机会就会越多[2]。根据美国经济政策研究所(The Economic Policy Institute,EPI)的研究报告,1979—2007年,最富1%人口占据了美国总收入的一半以上(53.9%),在此期间,美国99%人口的平均收入增长了18.9%,但最富1%人口的平均收入增长了10倍[3]。自20世纪70年代以来,每个州的收入不平等都在增加。在24个州中,最富1%人口获得了2009—2013年收入增长的至少一半,其中15个州中,最富1%人口囊括了所有的收入增长。在另外10个州中,最富1%人口的收入增长了两位数,而99%的人口收入下降了。对美国总体而言,最富1%人口占有了2009—2013年总收入增长的85.1%。2013,全国1%最富家庭获得的收入是其余99%家庭收入的25.3倍[4]。金融化导致了有利于高收入群体和资本所有者的收入再分配[5]。

第四,发达国家对发展中国家和地区的掠夺。高峰(2011)把当代资本主义称为金融化全球化的垄断资本主义阶段。美国力推金融化全球化,试图建立新资本积累模式,法国左翼学者沙奈指出:"金融全球化是近年来私人资本(产业资本和银行资本)加强自身地位的运动与政府原有的越来越行不通的政策之间矛盾冲突的结果,这一切发生在'黄金时代'结束的大背景之下。虽然金融全球化早在60年代末就已经开始,但是脱离……马克思主义者所描述的世界资本主义生产方式的经典矛盾(这一矛盾从1950年到1974年衰退以前

---

[1] 哈维.新自由主义简史[M].王钦,译.上海:上海译文出版社,2010:181.
[2] 摩根.蝗虫与蜜蜂:未来资本主义的掠夺者与创造者[M].钱峰,译.北京:中国人民大学出版社,2014:55.
[3] Sommeiller E., Price M. The Increasingly Unequal States of America Income Inequality by State, 1917 to 2011[Z/OL]. Economic Policy Institute.[2014-02-19]. http://www.epi.org/files/2014/Income-Inequality-by-State-Final.pdf.
[4] Sommeiller E., Price M., and Wazeter E. Income Inequality in the U.S. by State, Metropolitan Area, and County[Z/OL]. Economic Policy Institute.[2016-06-16]. http://www.epi.org/files/pdf/107100.pdf.
[5] Ferreiro J. Macroeconomic and Financial Sector Policies to Better Serve the Economy and Society, Financialisation, Economy, Society And Sustainable Development[R]. Working Paper Series, No. 165,2016.

长期受到抑制)在特定历史条件下的重新出现,就不能理解金融全球化这一现象。逐渐积累起来的大量资本,作为借贷资本力图以金融的方式增值,也只能从投资于生产的资本日益增长的增值困难(统计数字清楚地说明了这种情况)中得到解释。"[1]

所以,金融资本力图建立全球金融垄断霸权,在世界各地攫取利润,但资本的全球性积累是通过损害其他国家的利益来实现的。但身处"外围"的广大发展中国家和地区,囿于自身经济实力有限,根本无力抵御来自"中心"国家的金融资本的攻击,20世纪70年代以来,随着经济全球化的不断发展,"生产和交换的主要因素——金钱、技术、人力、商品——越来越容易越过国界,因此,民族国家越来越少有力量去制约生产因素的流动,向经济施加它的权威"[2]。

以美国为代表的金融资本积累结构的全球化特征:第一,将处于价值链低端的一般加工制造业转移到海外生产。这样,一方面可以继续利用新兴发展中国家和地区廉价的劳动力、土地、原材料、环境、能源、水资源等要素价格优势,从东道国市场继续获取利润;另一方面,也对国内劳动力市场形成冲击,强化了资本对工人阶级的支配力,有利于压低工人实际工资。而从发展中国家和地区进口大量廉价初级产品和工业制成品,不仅使得压低实际工资变得可行,也能在国内保持较低的通货膨胀率。第二,在将低端制造业转移到新兴发展中国家和地区的同时,通过金融资本的积累和经营活动,资产价格不断上涨,其所带来的财富效应,以及金融化过程中的债务杠杆,能够在一定程度上刺激消费需求,并拉动投资和支撑大规模商品进口,维持美国和世界经济一定程度的增长,从中获取高额金融利润与工业利润。第三,由于国内制造业萎缩和大量进口商品,造成了资产负债表的严重失衡,为了应巨额国际收支逆差和财政赤字,美国凭借美元的国际霸权地位,通过大量印刷美元纸币来支付,再依靠大量出售国库券向国外借入美元来平衡收支。长期的美元贬值趋势则使美国可以在实际上赖掉一部分债务[3]。

美国强大的金融业大大提升了美国的经济实力与综合国力,成为巩固美国"超级大国"地位的重要基础之一。强大的金融业更为美国取得了对全球经济的控制和影响,使得美国经济在大部分时间内保持着长期稳定的增长,并获取超额的收益[4]。美国借助这种新型积累模式,实际上占有和利用了全球廉价的劳

---

[1] 沙奈,等.金融全球化[M].齐建华,胡振良,译.北京:中央编译出版社,2001:6—7.
[2] 哈特,奈格里.帝国[M].杨建国,范一亭,译.南京:江苏人民出版社,2005:2.
[3] 高峰.金融化全球化的垄断资本主义与全球性金融—经济危机[J].国外理论动态,2011(12):39—45.
[4] 巴曙松.美国金融核心竞争力的形成与影响[J].国家治理,2015(15):10—24.

动力资源、原材料资源乃至资本资源,从中攫取高额利润[1]。

国际货币基金组织、世界银行、世界贸易组织等国际经济组织承担起了向全球推销新自由主义的重任,它们挥舞着"胡萝卜"与"大棒",迫使各民族国家和地区向金融垄断资本开放资源、劳动力和市场。它们往往以进入某个成熟消费市场的优先权、分享世界市场利益、参与国际分工获取全球化的红利为"胡萝卜",诱使其他国家和地区奉行新自由主义的经济制度;偶尔也会高举政治胁迫、经济制裁、取消援助等"大棒",迫使具有不同生产方式和市场结构的民族国家建构起符合金融垄断资本积累要求的经济结构和政治环境[2]。

总而言之,经济金融化的本质,是越来越多的人被卷入金融经济活动之中,金融垄断资本社会化程度越来越高,获取的利润越来越多,金融资本越来越变得"大到不能倒",但金融垄断资本独占了收益,而将风险转嫁给全社会,所以,金融化也造成了金融危机、经济危机和社会危机不断积累,由于金融化,民众更深地卷入资本体系,更普遍、更经常地受害[3]。

第二节 经济金融化的测度

一、研究经济金融化亟待构建测度指标体系

不少学者都认为,对经济金融化议题的研究应包括对更复杂的金融化测量方法的研究(Epstein 和 Jayadev,2005;Krippner,2005)[4]。海外学者给出了不同的研判经济金融化的指标体系和测度方法,这些分别基于各自的研究视角和对经济金融化的不同定义。不仅如此,在对经济金融化进行剖析时,绝大多数研究都只是使用了简单的描述统计方法和列联表分析,却并没有构建一个统一完整的测度指标体系来对问题展开分析,这也正是本书研究的价值所在。

学者们在研究金融发展问题时构筑测度指标体系的思路和方法的确可以借鉴。例如,戈德史密斯(1994)提出了金融相关比率(FIR)这一衡量金融发展的指标,并将其定义为全部金融资产价值与全部实物资产价值(即国民财富)价值

---

[1] 韩国左翼学者丁圣镇对罗伯特·布伦纳的访谈,布伦纳认为生产能力过剩才是世界金融危机的根本原因[J].国外理论动态,2009(5):6—7.
[2] 斯蒂格利茨.全球化及其不满[M].李杨,章添香,译.北京:机械工业出版社,2010.
[3] 刘元琪.金融资本的新发展与当代资本主义经济的金融化[J].当代世界与社会主义(双月刊),2014(1):172—177.
[4] 本节的相关内容作为阶段性成果已经公开发表,参见:肖雨.经济金融化的概念与测度:基于美国数据的 AHP 分析[J].杭州市委党校学报,2014(5):58—64.

之比。麦金农(1988)和爱德华·肖(1989)在提出"金融抑制"与"金融深化"论时,利用广义货币M2与国内生产总值GDP之比作为衡量金融发展程度的最主要指标之一。Levine(1997)在衡量经济金融化程度时,除了利用传统的金融化指标——金融相关比率(FIR)外,还采用测度金融中介服务质量的指标,如Bank指标(商业银行信贷与全部信贷比)、Private指标(私有企业获得信贷与国家信贷总额比)、Privy指标(私有企业获得信贷与GDP比)等,此外,Levine和Zervos(1998)还在对细分股票市场发展的基础上进一步提出了资本化率、流动性指标等。这种研究方法为本书的研究开启了思路,测度金融发展的指标也为我们构建经济金融化测度指标体系提供了启示。但是,如上文所述,经济金融化与金融发展、"金融深化"及"金融抑制"理论差异巨大。"金融发展""金融深化"和"金融抑制"理论关注和强调金融发展,而经济金融化则聚焦于金融部门(FIREs)迅猛发展带来的社会不公平及其对经济增长社会发展的各种冲击与影响。所以,在构建经济金融化测度指标时,必须充分注意这一点而有所区别。海内外学者关于经济金融化测度的研究,其启示意义在于:

首先,经济金融化毋庸置疑是一个逐步深化、发展的过程,而且影响深远持久,涉及经济和金融领域的很多因素。分析和衡量金融化也不能简单地仅从宏观或者微观某一角度、某些因素出发,必须构建一个综合衡量指标体系。

其次,尽管指标体系各有千秋,但运用层次分析法(The Analytic Hierarchy Process,AHP)构建合适的指标体系来测度经济金融化是合适的和可行的。层次分析法是一种能够将定性分析和定量分析紧密结合的决策方法,它通过将目标问题分解为不同的层次和因素,从而实现复杂问题简单化、抽象问题具体化的解决思路。自提出之日起,层次分析法就因为简洁实用在许多学科,如医疗、农业、军事、工业、管理等得到了广泛推广和应用。因而,本书将运用层次分析法构建经济金融化综合衡量指标体系,并运用美国的数据来进行实证分析。

二、基于层次分析法的金融化测度指标体系

基于层次分析法构建指标体系的具体步骤为:第一步,明确经济金融化不同方面所包含的具体因素,搞清楚这些因素如何体现经济金融化,确定出每个因素的子因素,从而形成经济金融化的总体衡量框架,建立递阶层次模型;第二步,通过咨询相关专家学者,对各因素进行权重比较并建立判断矩阵,采用定性和定量相结合的方法,针对每个子因素选择合适的统计指标,赋予相应的权重;第三步,

确保判断矩阵能够通过一致性检验[1]，进而计算出各因素的权重，构建出经济金融化指标的综合衡量体系。

1. 指标的选取

本书基于层次分析法的基本原理，充分考虑经济金融化的内涵和表现，首先，将经济金融化分为宏观、中观和微观三个准则层；其次，宏观层面通过货币化、证券化和虚拟化三个因素来反映，中观层面通过金融与非金融部门的对比来反映，微观层面通过公司和家庭两方面来反映；最后，将这些因素进一步细化，遵循相关性和可操作性的原则，综合已有文献中的具体指标，从中选取十个指标，由此确定最终的综合衡量指标体系，如表3.1所示。

表3.1 经济金融化综合衡量指标体系

目标层 A	准则层 B	子准则层 C	指标层 D
经济金融化综合衡量指标 A	宏观 B_1	货币化 C_1	规模指标 D_1
			结构指标 D_2
		证券化 C_2	规模指标 D_3
		虚拟化 C_3	规模指标 D_4
	中观 B_2	金融与非金融部门对比 C_4	产值比 D_5
			就业人数比 D_6
			债务比 D_7
			利润比 D_8
	微观 B_3	公司 C_5	利润/工资 D_9
		家庭 C_6	债务规模 D_{10}

2. 各因素权重确定及判断矩阵

首先，我们通过向经济学和金融学专家学者（包括四位美国学者）、金融业从业人员以及国家金融部门管理人员等发放173份调查问卷，请求各位被调查者通过两两比较，基于1—9的标度方法判断各指标重要性，从而建立一个判断矩阵。其次，我们综合分析比较所收集到的所有矩阵信息，利用专门的统计分析软件Yaahp得到确定的因素权重矩阵。最后，我们利用建立的因素权重矩阵进行测算，得到各项指标合成后的权重值，从而构建出经济金融化程度的综合衡量指标体系（表3.2），而且，检测结果表明，该矩阵通过了一致性检验。

---

[1] 如不能通过一致性检验，则重新发放调查问卷，征求专家的意见，多次重新调查咨询，直至能通过。

表 3.2　各指标的分层次权重值

各层次	宏观层面 B_1	中观层面 B_2	微观层面 B_3	综合权重值
	0.25	**0.5**	**0.25**	**1**
货币化因素 C_1	0.25			0.062 5
规模指标 D_1		0.5		0.031 25
结构指标 D_2		0.5		0.031 25
证券化因素 C_2	0.5			0.125
规模指标 D_3		1		0.125
虚拟化因素 C_3	0.25			0.062 5
规模指标 D_4		1		0.062 5
金融与非金融部门对比 C_4		1		0.5
产值比 D_5		0.333 3		0.166 7
就业人数比 D_6		0.166 7		0.083 4
债务比 D_7		0.166 7		0.083 4
利润比 D_8		0.333 3		0.166 7
公司 C_5			0.5	0.125
利息/工资 D_9			1	0.125
家庭 C_6			0.5	0.125
债务规模 D_{10}			1	0.125

由表 3.2 中各项指标权重我们可以对该指标体系的准确性进行简单分析：首先，金融与非金融部门利润比、产值比指标的权重都达到 0.166 7，说明二者体现了经济金融化发展的突出特征；其次，虚拟化因素中的规模和指标、家庭和公司部门中的微观指标，这些因素也反映了经济金融化的发展对经济生活各方面产生的重大影响；最后，货币化因素跟经济金融化的直接相关性并不强烈，因此指标权重最小。

依据以上分析，我们可以得到经济金融化程度的计算公式：

$$A = D_1 * 0.031\ 25 + D_2 * 0.031\ 25 + D_3 * 0.125 + D_4 * 0.062\ 5 + \\ D_5 * 0.166\ 7 + D_6 * 0.083\ 4 + D_7 * 0.083\ 4 + D_8 * 0.166\ 7 + \\ D_9 * 0.125 + D_{10} * 0.125 \tag{3.1}$$

可见，尽管层次分析法（AHP）采用专家学者群体判断的方法来建立系数矩阵存在一定的主观性，但调查和统计分析结果从很大程度上客观反映了政商学界对经济金融化发展的普遍认知，也符合现有相关文献提出的研究成果，因此该指标体系能够较好地用来衡量分析经济金融化程度的发展变动。

第三节　美中两国经济金融化程度的实证分析

美国作为当今世界最发达的资本主义经济体,其经济金融化程度开始较早。Epstein 在《金融化与世界经济》(2005)一书中提出:20 世纪 80 年代起,绝大多数经合组织(OECD)成员国的金融化迅猛发展,并开始对实体经济产生较大影响。20 世纪 80 年代初到 90 年代初,美国金融业开启了自由化之路,金融化的步伐也明显加快。综合以上因素,我们选取了 1970—2013 年的美国经济数据作为样本,以考察美国金融化程度的变化态势。

一、美国的经济金融化指数

在本书构建的经济金融化综合衡量指标体系中,我们采用的指标全部是定量指标,因此可以从美国政府对外公布的历年总统经济咨文中获取原始数据。除多数指标为比值外,还有少部分指标为具体数值,这样难以避免地产生了不同量纲和数量级差别带来的困扰。因此,我们将采用平均化的方法对各项指标原始数据进行处理,即求出各项指标历年数据的平均值,然后用每一年的原始数据除以平均值。随后依据上文建立的综合衡量指标矩阵,将处理后的每年各项指标值乘以对应的综合权重系数,然后加总求和得到该年的经济金融化程度衡量指标。所以,该经济金融化衡量指标值是一个指数,反映的是每一年的经济金融化程度相对于 24 年来平均水平的无量纲比值。

下面将就本书选取的宏观、中观和微观三大层次的十种因素具体分析,深入探讨美国经济金融化的发展过程,并最终计算出经济金融化程度衡量值。

1. 宏观层面

在以往关于经济金融化的学术研究中,经济货币化、经济证券化和经济虚拟化被认为是经济金融化的三个重要发展阶段,也是经济金融化发展程度的重要依据。金融化从初始兴起到不断深化的过程中,金融结构也在不断变迁。在早期的金融化低水平阶段,货币化是主要特点,而在金融化发展到一定程度之后,更多的非货币性金融工具,如股票、债券、证券等大量金融衍生品得到广泛应用,使得货币化作用大为削弱。与此同时,经济发展的虚拟化程度也在不断加剧,成为经济金融化高度发达阶段的重要特点。

经济货币化是指一国经济的投入、生产、分配和交换等所有过程中的全部商品和劳务通过货币来进行的比重以及这个比重变化的趋势。这个定义我们一般可以这样理解:首先,经济货币化是基于商品交易中以货币为媒介的交易量不断增多,而传统的物物交换逐渐消退,即具体表现为交易方式的货币化;其次,在生产的投入和收入分配过程中,货币形式的比重不断增高,相对应的实物形式比重逐渐下降;最后,在收入分配完成后,居民的财产储蓄中货币比重不断提高。如果严格按照定义,我们将货币化指标表示为:

$$R_m = M_t/G \tag{3.2}$$

其中,R_m 表示货币化率,M_t 指整个商品交换和投入分配过程中通过货币进行的商品和劳务总量,G 表示国民经济中的全部商品和劳务。但是考虑到实际经济过程中,M_t 和 G 这两项数据很难进行确切地统计,我们使用广义货币存量 M_2 和名义国民收入(GDP 或 GNP)作为替代。这样得到易于计算的货币化指标:

$$R_m = M_2/GDP \quad 或 \quad R_m = M_2/GNP \tag{3.3}$$

本书中选取 $R_m = M_2/GDP$ 作为经济货币化的规模指标,同时以 M_2/M_1 作为经济货币化的结构指标。

经济证券化是指随着金融市场上越来越多的银行存款和其他资产转化为有价证券,国民经济中资产证券化的比重越来越大。随着股票、债券等有价证券的出现和证券市场的兴盛,证券化成为任何国家经济和金融发展的必经阶段。一个国家金融化开始得越早,金融市场越繁荣,相应地经济证券化的比率越高。

本书延续了之前不少学者衡量经济证券化比率所选用的证券化率指标,即用证券市场总市值除以该国国内生产总值。实际计算中为了方便指标选取和统计,我们考虑证券市场总市值时通常使用股票总市值加上债券总市值的总和,即证券化率指标为:

$$R_s = (股票总市值 + 债券总市值)/GDP \tag{3.4}$$

但是,经济证券化指标也存在一些问题:首先,该指标只考虑了股票市场和债券市场,这些作为全部金融资产的一部分,不能全面地反映经济金融化发展水平;其次,证券化率只是从某种程度上反映了一国的经济和金融发展,还会受到不少因素的影响,不能简单判断一国经济证券化率越高,经济越发达。现实中也确实有不少实际案例,例如,德国作为一个高度发达的资本主义国家,证券市场却比较落后,主要是靠银行融资;而与之形成鲜明对比的是,不少东南亚国家(如印度尼西亚、马来西亚)和拉美国家(如巴西、智利)虽然是发展中国家,经济发展水平相对落后,但是证券市场发展迅速,证券化比率也相对较高。这些也是我们在利用经济证券化指标分析经济金融化发展水平时需要考虑和注意的问题,即经济证券化只能作为参考,不能也不应该被过重看待。

在经济虚拟化指标层次上,我们选取衍生金融市场总价值和 GDP 的比值作为规模指标[1]。20世纪90年代以后,美国的经济金融化进入新阶段,凭借金融杠杆和金融创新,越来越多的金融资产被创造出来。经济虚拟化标志着美国经济开始由制造业进一步转向金融、房地产和职业服务业,不再是单纯的后工业化社会,甚至成为去工业化基础上的经济虚拟化社会。仅以2008年金融危机前夕为例,美国全年GDP约为14万亿美元,然而包括担保债务凭证CDO、信贷违约掉期CDS、金融衍生合约等在内各种未到期虚拟资产总额达到400万亿—500万亿美元,相当于GDP的30多倍,很大程度上反映了美国整体经济较高的虚拟化度。

2. 中观层面

在中观层面,我们以部门为界限,通过对比分析金融部门和实体部门的几个关键性指标来剖析经济金融化对经济发展的深远影响。美国经济的发展和金融部门的繁荣息息相关,但是金融部门作为虚拟经济不能脱离实体经济而超速发展,金融部门的发展必须与非金融部门发展相对称。因为,正如凯文·菲利普斯所言[2],金融业不是繁荣的缔造者,它本身是经济繁荣的创造物,它不是我们财富的源泉,它是我们财富的结果。这意味着金融部门和非金融部门必须协调和对称发展,尽管本书未能给出理想的"对称度"区间,但是当前美国经济确实出现了严重的金融与非金融部门的非对称发展问题,具体表现为以下四个方面:

首先,金融与非金融部门的不对称发展导致产值差距。20世纪80年代末以来,美国经济的核心由传统的制造业等非金融部门逐步转向金融、保险、不动产(FIREs)等部门。从经济统计数据我们也能清晰看出,金融部门相对于非金融部门的产值比例逐年升高,2009年金融危机前后一度达到32.3%的历史最高点,即使以2011年数据为参考也在30%以上。

其次,金融与非金融部门的不对称发展导致债务规模差距。在美国经济金融化过程中,债务规模扩大是一个显著特点。债务市场总额由1990年的13.7万亿美元一度攀升到2011年的54万亿美元。但是金融部门的债务增长显著高于非金融部门,1990年两者债务比为24.1%,2011年已经高达39.0%,2008年前后甚至达到49.6%。这充分说明美国经济金融化带来的金融部门非理性发展不仅吸引了大量投资,也产生了巨额负债,在经济形势恶化时(如2008年金融危机),必然成为美国经济的"定时炸弹"。

---

[1] 关于经济虚拟化的学术讨论颇为激烈。一般认为,经济虚拟化是在证券化高度发达的基础上产生的,通常是指大量衍生金融工具相关的金融活动。特别是20世纪80年代以来,伴随着经济证券化的发展深化,大量金融衍生品和衍生工具的出现,虚拟经济的发展逐渐取代实体经济,不但创造出了大量的虚拟财富,也产生了不可低估的经济泡沫,积聚了空前的金融风险。经济虚拟化已经成为当代经济金融化的重要特征。此外不少学者认为,房地产业和网络经济等也属于广义的虚拟经济。

[2] 菲利普斯.金融大崩盘[M].冯斌,周彪,译.北京:中信出版社,2009.

再次,金融与非金融部门的不对称发展对就业人数的影响。金融部门的快速发展伴随着规模、产值和债务的不断膨胀,必然也离不开就业人数的增长。我们用金融和非金融部门劳动力人数比来衡量这一变动,得到的数据也充分证实了这一变化。尽管统计数据显示几十年间美国金融部门就业人数占所有私人部门就业的比例只上升了一个百分点,但是考虑到金融部门具有高度资本密集、轻劳动力的行业特性,这一变化不容轻视。

最后,金融与非金融部门的不对称发展导致利润差距。金融部门的非理性发展不仅体现在产值上,更体现在利润水平上。根据平均利润率规律,我们有理由相信金融部门的大量利润更多地来自非金融部门的利润转移,这种变相的"剥削"也在某种程度上造成恶性循环,导致实体部门地位进一步下滑。1990年金融与非金融部门利润比仅为40%,2002年前后达到了78%。因此,不少专家学者一致认可这一指标体现了经济金融化的突出特征。

3. 微观层面

在微观层面上,经济金融化对公司和家庭的经济行为也产生了较大的影响。金融市场的发展和金融工具的广泛应用不仅改变了公司的融资方式、利润分配,也改变了居民家庭的消费方式和资产结构。

根据 Mishel 等人(Mishel L., Bernstein J., and Allegreto S., 2007)的研究,20世纪80年代以前,美国生产工人和非管理工人的工资增长与生产率水平提高基本保持一致;进入经济金融化时代,两者逐渐脱节;1979年,收入最高的5%的家庭与收入最低的20%的家庭的收入之比为11.4,到2004年,这一比率上升到20.7。当然收入分配不平等的原因有很多,许多经济学家也相应提出不少解释理论。本书认为这种经济的整体性结构变化离不开经济金融化的推动。下面我们将通过对国民收入的分解分析详细解释这一推动,如图3.2所示。

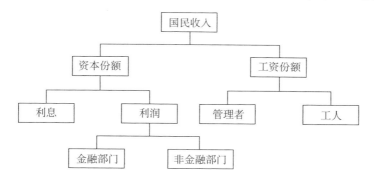

图3.2 国民收入的分解

首先,我们把国民收入分解成资本份额和工资份额两大类,而在中观层面我们已经探讨了利润在金融部门和非金融部门日益显著的差异化分配。此外,公司利润相对于工资份额的比例从1990年的13%上升到2011年的22%,充分反映了收入从劳动力向资本的转移,这也从很大程度上解释了金融化推动下的收入分配差距扩大化,甚至出现了"不少企业将大量属于资本份额的盈利放在银行里不做任何事情的情况"[1]。

其次,作为普通劳动者,收入分配差距使得每个居民家庭都不得不依赖借贷消费方式满足基本生活需求。Foster(2007)明确指出20世纪90年代以来美国出现工资收入下降而整体消费却攀升这种矛盾现象的原因:美国家庭越来越靠举债消费,已形成巨大的家庭债务泡沫;美国越来越成为一个高剥削、低生产性投资的国家,因此只能靠金融泡沫刺激经济增长,而这孕育着发生巨大金融危机的可能性。福斯特进一步分析提出:美国普通居民家庭工资水平不断下降而整体消费不断攀升的客观现实,必然导致家庭债务占整个非金融部门债务的比例逐年升高。统计数据显示,1990年美国家庭债务占非金融部门总债务比例仅为32%,2007年却高达43%。考虑到家庭总债务的绝大部分由中低收入群体承担,经济金融化对实体经济和普通劳动者生活的冲击可见一斑[2]。

上文我们分析了基于层次分析法构建的经济金融化衡量指标体系中的各项指标,得出了各项指标与经济金融化程度都存在正相关性,再对每项数据指标作平均化处理后分别乘上对应的权重系数,就能得到表3.3中的1970—2013年美国经济金融化的程度。

表3.3 1970—2013年美国经济金融化指数

年份	金融化率	年份	金融化率	年份	金融化率	年份	金融化率
1970	0.787	1981	0.83	1992	1.005	2003	1.240
1971	0.796	1982	0.848	1993	1.070	2004	1.231
1972	0.802	1983	0.872	1994	0.994	2005	1.233
1973	0.804	1984	0.871	1995	0.985	2006	1.242
1974	0.816	1985	0.896	1996	1.003	2007	1.238

---

[1] Mishel L., Bernstein J., and Allegreto S. The State of Working America 2006/2007, Ithaca[M]. New York: Cornell University Press, 2007.

[2] Foster J. B. The Financialization of Capitalism[J]. Monthly Review, 2007(4):1-14.

(续表)

年份	金融化率	年份	金融化率	年份	金融化率	年份	金融化率
1975	0.800	1986	0.94	1997	1.030	2008	1.176
1976	0.794	1987	0.944	1998	1.052	2009	1.247
1977	0.815	1988	0.947	1999	1.086	2010	1.237
1978	0.829	1989	0.958	2000	1.132	2011	1.253
1979	0.834	1990	0.98	2001	1.207	2012	1.263
1980	0.839	1991	0.95	2002	1.072	2013	1.261

显然,自20世纪70年开始,美国经济金融化的指数便呈现出逐步上升的趋势,在20世纪70年代和80年代平稳上升的过程中,提高的趋势越来越明显,尤其是20世纪90年代金融自由化的步伐加快导致金融化的指数大幅上升,1992年达到1.005,尽管在1994年和1995年有短暂的回落,但1996年之后再度回升到1.003,2003年开始,上升到1.240,2008年次贷危机之后有所下降,但仍达到1.176的高位,2009年之后,再度呈现上升的态势,2013年高达1.261。金融化指数的变化充分反映了24年间美国经济金融化的发展情况。

二、中国的经济金融化指数

本书同样利用层次分析法(AHP)构建中国经济金融化指标体系,在此基础上测算2002—2014年中国经济金融化综合指数。综合经济金融化的内涵和数据的可获得性,准则层包括有宏观和中观两个子准则层,前者包括货币化、证券化和虚拟化等元素,后者为金融和非金融部门的对比;指标层最终选取了6个指标。中国经济金融化综合指标体系如表3.4所示;指标层各指标的具体计算方法如表3.5所示。

表3.4 中国经济金融化综合衡量指标体系

目标层	准则层	子准则层	指标层
中国经济金融化综合指标	宏观	货币化	规模指标 D_1
			结构指标 D_2
		证券化	规模指标 D_3
		虚拟化	规模指标 D_4
	中观	金融和非金融部门的对比	产值比 D_5
			就业人数比 D_6

表 3.5　各指标计算方法

指标层	计算公式
规模指标 D_1	$D_1 = M_2/GDP$
结构指标 D_2	M_2/M_1
规模指标 D_3	$D_3 =$ (股票总市值＋债券总市值)/ GDP
规模指标 D_4	$D_4 =$ 衍生金融市场总价值/GDP
产值比 D_5	$D_5 =$ 金融业增加值/非金融业增加值
就业人数比 D_6	$D_6 =$ 城镇金融就业人员数/城镇非金融就业人员数

注：M_1 为货币供应量，M_2 为货币和准货币供应量，非金融业增加值＝三次产业增加值总和－金融业增加值，城镇非金融就业人员数＝城镇单位就业人员－金融业城镇单位就业人员数－房地产业城镇单位就业人员数。

在综合指标体系的基础上，通过构造出各层次中的所有判断矩阵，层次单排序及一致性检验和层次总排序及一致性检验等三个步骤，得到各指标的综合权重，如表 3.6 所示：

表 3.6　经济金融化各指标综合权重

指标	D_1	D_2	D_3	D_4	D_5	D_6
综合权重	0.062 5	0.062 5	0.250 0	0.125 0	0.333 3	0.166 8

将《中国统计年鉴》和中国债券信息网统计月报中的相关数据代入表 3.8 中各指标的计算公式，得到 2002—2014 年各指标的具体数值，并根据表 3.9 中的指标权重计算得到中国经济金融化综合指标的数值，结果见表 3.7 和图 3.3。

从宏观层面来看，货币化规模指标和结构指标都存在上升趋势，表明商品生产部门货币形式的资本比重提高，商品交换越来越多地以纸币作为媒介，居民货币形式的收入和财富也在相对增加。受到股价波动的影响，因此以证券形式存在的资产比重（即证券化）指标呈现出先增长后降低的变动趋势。经济虚拟化指标上升趋势明显，且上涨幅度较大，意味着包括金融衍生工具在内的中国金融创新产品在规模上扩张迅速。

从中观层面来看，不论是金融业增加值与非金融业增加值的比例，还是城镇金融就业人员数与城镇非金融就业人员数的比例，都在不断提高，表明金融部门的扩张速度要大于非金融部门的扩张速度，这种非对称发展带动了更多的就业人员流向金融部门。

当然，中国的经济金融化程度提高也可以从公司的利润与工资之比、家庭的债务规模等微观层面反映出来。限于数据缺失，中国经济金融化指标体系的构建并未将微观层面作为准则层考虑进来。尽管如此，是否考虑微观层面的经济金融化指标并不会改变我们对中国经济金融化程度不断上升(见表 3.7 最后一列和图 3.3)这一事实的认同。

表 3.7　2002—2014 年中国经济金融化各指标和综合指数的变化

年份	指标 D_1	指标 D_2	指标 D_3	指标 D_4	指标 D_5	指标 D_6	综合指标
2002	1.520 0	2.610 1	0.545 6	0.922 1	0.047 7	0.043 5	0.532 9
2003	1.609 8	2.629 9	0.577 0	1.554 9	0.045 9	0.045 1	0.626 3
2004	1.570 1	2.647 8	0.542 9	1.452 9	0.042 4	0.046 1	0.602 6
2005	1.594 9	2.784 9	0.574 1	1.046 5	0.041 5	0.046 4	0.569 6
2006	1.574 9	2.742 1	0.839 6	1.457 1	0.047 5	0.046 6	0.685 3
2007	1.492 9	2.644 5	1.663 9	2.835 2	0.059 5	0.048 5	1.056 7
2008	1.487 1	2.858 7	0.882 8	2.738 5	0.060 8	0.050 9	0.863 2
2009	1.736 6	2.755 5	1.211 7	4.583 4	0.066 6	0.053 6	1.187 5
2010	1.757 4	2.722 4	1.133 9	3.584 0	0.066 5	0.055 1	1.042 6
2011	1.740 4	2.938 1	0.881 2	3.704 7	0.066 9	0.055 2	1.007 1
2012	1.802 8	3.156 0	0.871 2	7.682 6	0.069 7	0.055 5	1.520 2
2013	1.858 9	3.280 6	0.821 8	6.059 8	0.074 3	0.053 0	1.317 5
2014	1.907 5	3.529 2	1.035 2	6.595 8	0.078 1	0.056 0	1.458 2

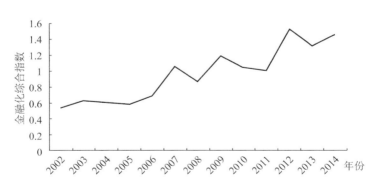

图 3.3　中国 2002—2014 年经济金融化综合指数

总体来看,2002—2014 年中国经济金融化呈现出"锯齿状"上升趋势。主要原因在于,衍生金融市场总价值占 GDP 的比重持续上升,其增长率远远高于其余指标的增长。在衍生金融市场总价值中,期货总成交额所占比重最大且增长迅速,从 2002 年的 3.95 亿元增加到 2014 年的 554.23 万亿元,增长了近 140 倍,而同期 GDP 仅增长了 4.3 倍。

将中美两国经济金融化指标进行比较分析是非常有意义的。上文对美国经济金融化综合指数的度量,在2002—2013年,该指数从1.072增加到1.261,增长幅度比较小,而同期中国经济金融化综合指数从0.533迅速增长到1.318,增长了一倍多。从增长的相对值来看,中国经济金融化程度的迅速扩张在一定程度上反映了中国金融创新起步晚的特点,随着中国经济的高速增长和市场经济体系的完善,中国经济金融化在短时间内迅猛发展。

  从绝对量来看,中国当前的经济金融化指数显然超过了美国,但这是否意味着中国经济金融化程度已经高于美国了?这一问题需要谨慎对待和进一步思考。比较中美两国在金融产品创新的历史和成果,可以发现中国在金融创新发面的差距。首先,中国金融衍生工具发展程度较低。美国金融市场上存在种类繁多的金融衍生工具,而中国金融市场上的金融衍生工具不仅数量相对不足,而且层次低,功能有限,处于有待发展阶段,很难满足投资者多样化的投资需求。比如,中国金融市场上的指数期货、外汇期货、利率期货、远期利率协议、各种类型的期权等金融衍生工具相当欠缺。其次,中国金融产品模仿多于自主创新。中国绝大部分金融创新产品源自简单的形式上的模仿,真正的自主创新略显不足,缺乏原创性。中国金融创新产品纯粹量上的扩张掩盖了金融创新发展的严重不足,高估其经济金融化程度,因此出现了中国金融化程度超越美国的假象。与美国相比较,中国在金融发展水平、金融创新能力等方面还存在很大的差距,因此,中国的经济金融化显露出的是初级阶段"经济金融化"的特征。

  基于层次分析法得到的美中两国经济金融化的指标,有助于我们更好地理解美中经济金融化进程,这为我们进一步研究经济金融化对美中国经济、政治与社会的影响奠定了非常好的基础。我们将利用本书中的经济金融化定义和度量,进一步探讨美中金融与非金融部门的不对称发展,以及由此产生的经济金融化对金融脆弱性、经济增长不稳定性的影响和冲击。

第四章
经济金融化导致收入分配差距扩大的理论分析

20世纪80年代以来的金融自由化和层出不穷的金融创新已经让金融异化为资本获取巨额利润并支配政治和社会的工具。美国等主要资本主义国家经济快速金融化,金融不再服务实体经济,金融创新和金融发展未能实现资源的优化配置,却导致了财富从大众向少数精英的转移。因此,经济金融化理论聚焦于经济社会中的金融部门(FIREs,指金融、保险与不动产部门)迅猛发展,支配力凸显,金融业攫取了大部分剩余,整个经济表现出非常明显的再分配型经济的特征,而这种再分配型经济造成社会不公平问题日益突出,并对经济社会的发展造成不利影响。本章在已有研究的基础上,首先运用卡尔多模型,通过数理分析揭示了金融化导致收入分配差距的必然性,然后分析经济金融化影响收入分配差距扩大的三大机制。

第一节 金融化与收入分配差距扩大:基于卡尔多模型的分析

当今主要资本主义国家的经济过度金融化造成的社会不公平问题非常突出,且不公平问题有愈演愈烈之势,巨富家庭凭借拥有的金融资源通过资本市场获得巨额收益难辞其咎。法国学者托马斯·皮凯蒂所著的畅销书《21世纪资本论》用大量的数据表明,发达经济体中的富人拿走的财富份额越来越大,"自2010年以来全球财富不公平程度似乎与欧洲在1900—1910年的财富差距相似。最富的0.1%人群大约拥有全球财富的20%,最富的1%拥有约50%,而最富的10%则拥有总额的80%—90%。在全球财富分布图上处于下半段的一半人口所拥有的财富额绝对在全球财富的5%以下"。[1]自20世纪70年代以

---

[1] 皮凯蒂.21世纪资本论[M].巴曙松,等,译.北京:中信出版社,2014:451.

来,最大变化当然体现于金融专业人士的比例:他们在收入最高的前1%人口中的比例已从8%上升至14%;而且,在收入最高的前0.1%人口中,从11%升至18%。由于跨入这1%人口的收入门槛已大幅提高,这低估了金融业壮大对于加剧收入分配不平等的影响[1]。据估计,欧洲1/4的私人财富掌握在最富有的1%人手中;在美国,最富有的1%人群掌握着1/3的财富。在低生产率增速的国家,私人财富在国民收入中的比重迅速增加;且近几十年来,绝大多数国家私人财富中富人掌握的财富比重均有所增长[2]。社会不公平问题之突出可见一斑,诚如美国经济政策研究所经济学家Heidi Shierholz所说,相比于收入和薪资的超级分配不均,财富分配更加不平等[3]。

一、经济金融化与收入分配差距扩大的观点争鸣

金融原初的功能是通过资源跨时空的配置而助力经济增长,所以学者们深入探讨了金融发展与经济增长的内在机理(戈德史密斯,1994),强调金融发展的重要性,主张通过金融自由化和金融创新来解决"金融深化"和"金融抑制"问题(麦金农,1988;肖,1989),通过金融的不断发展来推动经济增长。但经济金融化使得金融部门获取了大部分剩余,加剧了收入分配的不公。海外左翼学者们对于经济金融化对收入分配差距的影响结论较为一致,即金融化会导致收入分配差距的扩大,如Hein的实证结论表明,金融化使许多国家的收入差距不断扩大[4],Phillips认为美国经济的金融化不仅造成了财富和收入的极端两极分化,而且正在腐蚀着美国民主的社会基础[5]。但不同的学者分析的视角并不相同[6]。

二、基于卡尔多模型的数理分析

本书首先借鉴卡尔多模型的方法,构建了一个模型,假设整个经济社会分为

---

[1] 凯.经济金融化加剧不平等[N].金融时报,2015-01-20.
[2] 菲尔普斯.西方社会财富不平等的症结[N].金融时报,2014-09-16.
[3] 美贫富差距大最富1%家庭财为一般人家288倍[N/OL].中国新闻网,2012-08-29.
[4] Hein E. Finance-dominated Capitalism and Redistribution of Income: A Kaleckian Perspective[J]. Cambridge Journal of Economics,2015,39(3):907-934.
[5] Phillips K. Wealth and Democracy: A Political History of the American Rich[M]. New York: Broadway, 2002.
[6] 参见本书第二章文献回顾中的相关内容。

富裕和贫穷两类严格区别的家庭,两类家庭的消费都有收入水平和财富占有状况来决定,相较于贫困家庭,富裕家庭的收入边际消费倾向更低,两类家庭的消费函数如下:

贫穷家庭的消费函数为:

$$C_P = aY_P + bW_P \tag{4.1}$$

富裕家庭的消费函数为:

$$C_R = \gamma a Y_R + bW_R \tag{4.2}$$

式(4.1)和式(4.2)中,C 代表消费,Y 表示收入,W 表示财富,下标 P 和 R 分别表示贫穷家庭和富裕家庭,参数 a、b 和 γ 分别满足以下要求:$0 < a < 1$,$0 < b < 1$ 和 $0 < \gamma < 1$。本文假定每类家庭均可持有两种类型的财富——银行存款 M 和有价证券 N,为简化对问题的分析,我们假设银行存款的实际利率为零,每个家庭的财产性收入为持有有价证券的收益。

1. 贫穷家庭的相关问题:

贫穷家庭的消费函数为:

$$C_P = aY_P + bW_P \tag{4.3}$$

贫穷家庭的银行储蓄为:

$$M_P = (1 - a_P)W_P \tag{4.4}$$

其中,a_P 为贫穷家庭的财富中用于购买有价证券的比例。式(4-1)中的 a 表示贫穷家庭的收入边际消费倾向,b 表示贫穷家庭的财富边际消费倾向,即表明贫穷家庭的消费由两部分组成:收入部分和财富部分;式(4-2)则表明贫穷家庭的银行存款为其财富中去掉购买有价证券后余下的部分。贫穷家庭持有的有价证券财富为:

$$vN_P = a_P W_P \tag{4.5}$$

其中,v 表示有价证券的价格,N_P 表示贫穷家庭购买的有价证券数量。所以式(4.5)表明贫穷家庭用来购买有价证券的财富应等于有价证券的价格乘以其购买的有价证券数量。于是我们得到贫穷家庭的预算约束为:

$$C_P + \dot{M}_P + v\dot{N}_P = Y_P \tag{4.6}$$

其中,$\dot{M}_P = dM_P/dt$、$\dot{N}_P = dN_P/dt$,t 表示时间。式(4.6)的意思是贫穷家庭的收入分成三部分:其一部分用来消费 C_P;其二部分用来增加银行储蓄 $\dot{M}_P$,即为银行储蓄在时间 t 内的变化量;其三部分用来购买有价证券 $v\dot{N}_P$,表示有价证券价格乘以买进或卖出的有价证券的数量,$\dot{N}_P$ 表示有价证券在时间 t

内的变化数量。

由式(4.4)得：
$$\dot{M}_P = (1-a_P)\dot{W}_P - \dot{a}_P W_P \tag{4.7}$$

由式(4.5)得：
$$v\dot{N}_P = \dot{v}N_P + v\dot{N}_P = \dot{a}_P W_P + a_P \dot{W}_P \tag{4.8}$$

由此可得：
$$v\dot{N}_P = \dot{a}_P W_P + a_P \dot{W}_P - \dot{v}N_P \tag{4.9}$$

将式(4.3)、式(4.7)和式(4.9)代入式(4.6)可得：
$$aY_P + bW_P + (1-a_P)\dot{W}_P - \dot{a}_P W_P + \dot{a}_P W_P + a_P \dot{W}_P - v\dot{N}_P = Y_P$$

整理后可得：
$$\dot{W}_P = (1-a)Y_P - bW_P + v\dot{N}_P \tag{4.10}$$

再将式(4.10)两边除以 W_P，即得：
$$\frac{\dot{W}_P}{W_P} = \hat{W}_P = (1-a)\frac{Y_P}{W_P} - b + \frac{v\dot{N}_P}{W_P} = (1-a)\frac{1}{q_P} - b + \frac{v\dot{N}_P}{W_P} \tag{4.11}$$

当有价证券市场处于均衡状态时，贫穷家庭持有的有价证券数量不再变化（即为常数），则式(4.9)变为：
$$v\dot{N}_P = \dot{a}_P W_P + a_P \dot{W}_P \tag{4.12}$$

结合式(4.10)，会有：
$$v\dot{N}_P = \dot{a}_P W_P + a_P[(1-a)Y_P - bW_P + v\dot{N}_P] \tag{4.13}$$

两边同时除以 W_P，可得：
$$\frac{v\dot{N}_P}{W_P} = \frac{\dot{a}_P}{1-a_P} + \frac{a_P}{1-a_P}(1-a)\frac{1}{q_P} - \frac{a_P}{1-a_P}b \tag{4.14}$$

将式(4.14)代入式(4.11)即得：
$$\hat{W}_P = \frac{\dot{a}_P}{1-a_P} + \frac{1}{1-a_P}(1-a)\frac{1}{q_P} - \frac{1}{1-a_P}b \tag{4.15}$$

式(4.15)中的 $q_P = W_P/Y_P$，表示贫穷家庭的财富与其收入之比。式(4.15)的经济含义在于，给定收入边际消费 a 和财富边际消费 b 的条件下，贫穷家庭的财富增长率 $\hat{W}_P$ 取决于贫穷家庭对财富中用来购买有价证券部分的调整 a_P、$\dot{a}_P$ 和财富与收入之比 q_P。如果 a_P 和 $\dot{a}_P$ 是外生给定，则财富与收入初始之比 q_P 越大，贫穷家庭的财富增长率 $\hat{W}_P$ 越小；如果财富与收入之比 q_P 一定，则贫穷家庭对财富中用来购买有价证券部分的调整 a_P 和 $\dot{a}_P$ 越大，或者说随着时间的推移,贫穷家庭将财富中的越来越多的部分用于购买有价证券,则其财富增长率 $\hat{W}_P$ 越大。

进一步得:

$$\hat{q}_P = \frac{\mathrm{dln}q_P}{\mathrm{d}t} = \frac{\mathrm{dln}\frac{W_P}{Y_t}}{\mathrm{d}t} = \frac{\mathrm{dln}W_P}{\mathrm{d}t} - \frac{\mathrm{dln}Y_t}{\mathrm{d}t}$$

$$= \frac{\dot{a}_P}{1-a_P} + \frac{1}{1-a_P}(1-a)\frac{1}{q_P} - \frac{1}{1-a_P}b - g + \frac{x}{1-x}\hat{x} \quad (4.16)$$

式(4.16)中,x 为贫穷家庭的收入占总收入的比重,$\hat{x}$ 为这一比重的增长率,g 为总产出增长率。式(4.16)的经济含义在于,在给定贫穷家庭的收入边际消费倾向 a、财富边际消费倾向 b、总产出增长率 g 以及富人的收入占总收入的比重增长率为零(即 $\hat{x}=0$)的条件下,贫穷家庭的财富与其收入之比的增长率取决于穷人对财富中用来购买有价证券部分的调整 a_P、$\dot{a}_P$ 和财富与收入之比 q_P。如果 a_P 和 $\dot{a}_P$ 是外生给定,则财富与收入初始之比 q_P 越大,则贫穷家庭的财富与收入之比的增长率 $\hat{q}_P$ 越小;如果财富与收入之比 q_P 一定,则贫穷家庭对财富中用来购买有价证券部分的调整 a_P 和 $\dot{a}_P$ 越大,或者说随着时间的推移,贫穷家庭将财富中更多的部分用于购买有价证券,则其财富与收入之比的增长率 $\hat{q}_P$ 越大。

2. 富裕家庭的相关问题:

富裕家庭的消费函数为:

$$C_R = \gamma a Y_R + b W_R \quad (4.17)$$

富裕家庭的银行储蓄为:

$$M_R = (1-a_R)W_R \quad (4.18)$$

其中,a_R 为富人的财富中用于购买有价证券的比例,γa 表示富人的收入边际消费倾向,$0<\gamma<1$。根据凯恩斯的消费理论,收入水平越高的群体其边际消费倾向越小,故本文在穷人边际消费倾向 a 的基础上乘以 γ,以示富人的边际消费倾向 γa 小于穷人的边际消费倾向 a;参数 b 表示富人的财富边际消费倾向。式(4.17)表明富裕家庭的消费由两部分组成,即收入部分和财富部分;式(4.18)表明富裕家庭的银行存款为其财富中去掉购买有价证券后余下的部分。富裕家庭持有的有价证券财富为:

$$vN_R = a_R W_R \quad (4.19)$$

其中,v 表示有价证券的价格,N_R 表示富人购买的有价证券数量。式

(4.19)表明富裕家庭用来购买有价证券的财富应等于有价证券的价格乘以其购买的有价证券数量。于是我们得到富裕家庭的预算约束为：

$$C_R + \dot{M}_R + v\dot{N}_R = Y_R \tag{4.20}$$

其中，$\dot{M}_R = dM_R/dt$、$\dot{N}_R = dN_R/dt$，t 表示时间。式(4.20)的意味着富裕家庭的收入分成三部分：一部分用来消费 C_R；一部分用来增加银行储蓄 $\dot{M}_R$，即为银行储蓄在时间 t 内的变化量；一部分用来购买有价证券 $v\dot{N}_R$，表示有价证券价格乘以(买进或卖出)有价证券变化的数量，$\dot{N}_R$ 表示有价证券在时间 t 内的变化数量。

由式(4.17)得：

$$\dot{M}_R = (1-a_R)\dot{W}_R - \dot{a}_R W_R \tag{4.21}$$

由式(4.18)得：

$$v\dot{N}_R = \dot{v}N_R + v\dot{N}_R = \dot{a}_R W_R + a_R \dot{W}_R \tag{4.22}$$

由此可得：

$$v\dot{N}_R = \dot{a}_R W_R + a_R \dot{W}_R - \dot{v}N_R \tag{4.23}$$

将式(4.17)、式(4.21)和式(4.22)代入式(4.20)可得：

$$\gamma a Y_R + bW_R + (1-a_R)\dot{W}_R - \dot{a}_R W_R + \dot{a}_R W_R + a_R \dot{W}_R - v\dot{N}_R = Y_R$$

整理后可得：

$$\dot{W}_R = (1-\gamma a)Y_R - bW_R + v\dot{N}_R \tag{4.24}$$

再将式(4.24)两边除以 W_R，即得：

$$\frac{\dot{W}_R}{W_R} = \hat{W}_R = (1-\gamma a)\frac{Y_R}{W_R} - b + \frac{v\dot{N}_R}{W_R} = (1-\gamma a)\frac{1}{q_R} - b + \frac{v\dot{N}_R}{W_R} \tag{4.25}$$

当有价证券市场处于均衡状态时，富人家庭持有的有价证券数量不再变化(即为常数)，则式(4.23)变为

$$v\dot{N}_R = \dot{a}_R W_R + a_R \dot{W}_R \tag{4.26}$$

结合式(4.24)会有：

$$v\dot{N}_R = \dot{a}_R W_R + a_R[(1-\gamma a)Y_R - bW_R + v\dot{N}_R] \tag{4.27}$$

两边同时除以 W_R，可得：

$$\frac{v\dot{N}_R}{W_R} = \frac{\dot{a}_R}{1-a_R} + \frac{a_R}{1-a_R}(1-\gamma a)\frac{1}{q_R} - \frac{a_R}{1-a_R}b \tag{4.28}$$

将式(4.28)代入式(4.25)即得：

$$\hat{W}_R = \frac{\dot{a}_R}{1-a_R} + \frac{1}{1-a_R}(1-\gamma a)\frac{1}{q_R} - \frac{1}{1-a_R}b \tag{4.29}$$

式(4.29)中的 $q_R = W_R/Y_R$，表示富裕家庭的财富与其收入之比。式(4.29)的经济含义在于，给定收入边际消费 γa 和财富边际消费 b 的条件下，富裕家庭的财富增长率 $\hat{W}_R$ 取决于富裕家庭对财富中用来购买有价证券部分的调整 a_R、$\dot{a}_R$ 和财富与收入之比 q_R。如果 a_R 和 $\dot{a}_R$ 是外生给定，则财富与收入初始之比 q_R 越大，则富裕家庭的财富增长率 $\hat{W}_R$ 越小；如果财富与收入之比 q_R 一定，富裕家庭对财富中用来购买有价证券部分的调整 a_R 和 $\dot{a}_R$ 越大，或者说随着时间的推移，富裕家庭将财富中的越来越多的部分用于购买有价证券，则其财富增长率 $\hat{W}_R$ 越大。

进一步得：

$$\hat{q}_R = \frac{\mathrm{d}\ln q_R}{\mathrm{d}t} = \frac{\mathrm{d}\ln \frac{W_R}{Y_t}}{\mathrm{d}t} = \frac{\mathrm{d}\ln W_R}{\mathrm{d}t} - \frac{\mathrm{d}\ln Y_t}{\mathrm{d}t}$$

$$= \frac{\dot{a}_R}{1-a_R} + \frac{1}{1-a_R}(1-\gamma a)\frac{1}{q_R} - \frac{1}{1-a_R}b - g - \hat{x} \tag{4.30}$$

其中，$\hat{x}$ 为富裕家庭的收入占总收入的比重的增长率，g 为总产出增长率。式(4.30)的经济含义在于，在给定富裕家庭的收入边际消费倾向 γa、财富边际消费 b、总产出增长率 g 以及富裕家庭的收入占总收入的比重增长率为零(即 $\hat{x} = 0$)的条件下，富裕家庭的财富与其收入之比的增长率取决于富裕家庭对财富中用来购买有价证券部分的调整 a_R、$\dot{a}_R$ 以及财富与收入之比 q_R。如果 a_R 和 $\dot{a}_R$ 是外生给定，则财富与收入初始之比 q_R 越大，富裕家庭的财富与收入之比的增长率 $\hat{q}_R$ 越小；如果财富与收入之比 q_R 一定，则富裕家庭对财富中用来购买有价证券部分的调整 a_R 和 $\dot{a}_R$ 越大，或者说随着时间的推移，富裕家庭将财富中的越来越多的部分用于购买有价证券，则其财富与收入之比的增长率 $\hat{q}_R$ 越大。

我们通过对比富裕家庭和贫穷家庭的财富增长率来分析金融化对贫富差距的影响。贫穷家庭的财富增长率为：

$$\hat{W}_P = \frac{\dot{a}_P}{1-a_P} + \frac{1}{1-a_P}(1-a)\frac{1}{q_P} - \frac{1}{1-a_P}b \tag{4.15}$$

富裕家庭的财富增长率为：

$$\hat{W}_R = \frac{\dot{a}_R}{1-a_R} + \frac{1}{1-a_R}(1-\gamma a)\frac{1}{q_R} - \frac{1}{1-a_R}b \tag{4.29}$$

由于 $a_R > a_P$、$\dot{a}_R > \dot{a}_P$ 和 $q_R > q_P$。这是因为，一般来说，贫穷家庭的收入低，与富裕家庭相比是风险规避型人群，贫穷家庭财富中用来购买有价证券的比例相对于富裕家庭来说较小，亦即 $a_R > a_P$；此外，由于富裕家庭的财富比贫穷家庭的多，一旦预期金融资产回报率走高，则有能力也将把更多的财富用来购买有价证券；反之，预期金融资产回报率下降，则会把更多的财富储存在银行；而贫穷家庭拥有的财富数量少，用于购买有价证券的部分相对更少，对时间变化反应迟钝，所以，富裕家庭与贫穷家庭相比更能很好地调整自己财富中的购买有价证券部分，亦即 $\dot{a}_R > \dot{a}_P$；富裕家庭的财富收入比 q_R 更大，贫穷家庭的财富收入比 q_P 更小，所以 $q_R > q_P$。

通过比较式(4.15)、式(4.29)两式，可以看出，贫穷家庭的财富增长率 $\hat{W}_P$ 更低，富裕家庭的财富增长率 $\hat{W}_R$ 更高，因而两者的财富、收入差距进一步拉大，不仅如此，在金融资产收益率长时间维持一个较高水平时，这种状况会继续下去，这时富裕家庭会加快购买有价证券财富的调整，而贫穷家庭囿于财富水平的限制，只能对购买有价证券财富缓慢调整，即 $\dot{a}_R$ 与 $\dot{a}_P$ 的差距进一步拉大，而这又进一步推动贫穷家庭和富裕家庭财富和收入的拉大，也就是说，一个收入分配不均的扰动，由于金融资产回报率的缘故，导致贫富差距进一步拉大的恶性循环。这与一些主流经济学家的研究结论是一致的，收入分配差距扩大，富人与穷人的财富约束不同，富人有更多的机会和更大的能力进行物质资本投资(包括对股票债券及其他金融衍生品的投资)和人力资本投资(金融知识与能力的培训与教育)，而穷人收到财富约束和融资约束的限制，其对物质资本投资(包括对股票债券及其他金融衍生品的投资)的能力不足、机会也不多，且其对人力资本投资更不足，获取金融信息、捕捉资产价格变化的能力偏弱，这就决定了富人与穷人的收入分配差距会越来越大。

由此，我们可以得出结论，由于富裕家庭和贫穷家庭初始财富占有状况的差异，导致两类家庭获取金融资源的机会不同，以及两类家庭在金融资产价格上涨过程中调整资产组合的能力差异，富裕家庭更有能力提高其金融资产需求，因而，在金融化过程中，"极少数人握有绝大部分财富，而且这一趋势日益明显，越来越少的人握有越来越多的财富。""大部分财富以投资收益的形式流向了已经非常富有的人群。富有阶层拥有的股票远多于中产阶级投资者，因此资本所带来的回报让他们获得了极高的收益。"这就是"金融领域的流体力学：巨大的收入流创造出更多的财富。"[1]

---

[1] 赖克.超级资本主义[M].石冠兰,译.北京:当代中国出版社,2010:113—114,120.

第二节 经济金融化影响收入分配差距扩大的三大机制

美国社会经济金融化对美国社会收入分配差距造成了很大的影响,金融化导致国民收入分配有利于金融机构和金融资本家、高层经理,导致工人的工资和福利被削减,并使劳资利益关系呈现出资更强、劳更弱的格局[1]。经济金融化主要是通过金融市场扩张、股东价值导向的公司行为和新自由主义经济社会政策等三个方面的影响而对收入分配差距产生影响,其作用机制如图4.1所示。

图 4.1 美国经济金融化对收入分配差距的影响机理

一、金融扩张拉开收入分配差距

"金融化是指在国内和国际两个层面上,金融市场、金融机构以及金融业精英们对经济运行和经济管理制度的重要性不断提升的过程。"[2]伴随着经济金融化,"经济活动的重心从产业部门(甚而从诸多正在扩大中的服务业部门)转向金融部门"[3]。金融化使得金融业的支配地位凸显,金融业规模膨胀,发达国家以金融、保险、不动产部门为主的金融部门(FIREs)在国民经济中的比重不断上升。1981—2008年金融行业及其相关部门在整个国民经济中的重要性有了较大的提高,FIREs 在国民收入中的平均比重也从 12.8% 上升到 17.1%(增长了34%);随着金融及其相关部门重要性的提高,金融资本获取大量利润,金融部门的利润收入也相对提高,金融公司利润占利润总额的平均比例从 15.7% 上升到 25.6%(增长了 63%)。而非金融部门也越来越涉足于金融活动和受到金融部门的影响。大量的资源流入金融部门(FIREs),对劳动力市场产生结构性

---

[1] 陈波.经济金融化与劳资利益关系的变化[J].社会科学,2012(6):52—56.
[2] Epstein G. Financialization and the World Economy [M]. Cheltenham: Edwar Elgar Publishing, 2005: 3.
[3] 福斯特.资本主义的金融化[J].王年咏,陈嘉丽,译.国外理论动态,2007(7):9—13,32.

的影响,金融业的膨胀提供了大量的就业机会,有利于具备金融、经济、管理及相关专业知识和技能的劳动者,但不利于传统制造业、传统服务业的劳动者。1979—2005 年,金融、保险、不动产(FIREs)部门就业人数占全部私人部门就业人数的比例从 6.6% 提高到了 7.3%[1]。金融化时代占美国就业人数 80% 的生产工人和非管理类工人出现了工资水平与生产率增长的脱节,引发了人们对薪资停滞和财富收入不平等扩大化等问题的严重关切(Mishel et al.,2007)。金融资本对普通大众进行"剪羊毛"式的剥削,并且令普通大众被金融衍生品"绑架",从而对收入分配差距产生影响。

首先,经济金融化发展带来的信贷扩张和债务规模不断上升改变了金融活动,这加剧了收入分配不平等。社会信贷规模的扩大、杠杆率的提高是经济金融化的一大特征:一方面,信贷扩张通过利率影响收入分配差距,当利率上升时,拥有大量储蓄的富人阶层将获得更多利息收入,而普通民众因储蓄甚少,因此获益甚微。另一方面,金融的运行机制是建立在以财富实力为尺度的信用之上的,亦即金融资源配置遵循"货币选票",财富实力越强,则信用越高、杠杆越大,就有更多的机会从金融部门获取更多的金融服务,富裕群体将获取的大量信贷资金用于金融活动,也就有更多的机会获得更高的收益,而大部分真正缺乏资金的人,却由于信用较差,很难获得金融的支持。这意味着人们在经济活动之初获取金融资源的机会是不平等的,其"'嫌贫爱富'的资源配置方式必然导致贫富分化的'马太效应'"[2]。

其次,金融资本从实体经济中转移利润从而导致收入分配差距进一步加大。在国际金融资本垄断时代,金融资本的扩张及其阶级掠夺不再是赤裸裸的直接榨取剩余价值,而是利用在现代经济运行中金融居于产业链顶端的支配地位,操纵实体经济,转移和占有实体经济资本在生产过程中攫取的剩余价值,同时以各种手段包括金融殖民手段完成"自我增值"[3]。实体经济部门创造的大量利润被转移到金融部门,例如:美国金融企业利润占非金融企业利润的比率从 20 世纪 50—60 年代初期的 15% 涨到 2001 年的接近 50%[4],导致配置于金融部门的资本获得丰厚的回报,金融部门从业人员的收入水平远高于非金融部门,非金融部门中财产性收入相较于劳动收入更加重要。此外,非金融部门的利润率下降导致对美国国内劳动力需求的减少,或者用先进技术替代本国劳动力,直接造成非金融部门劳动者收入水平下降。所以,美国社会最大的问题就是金融集团

---

[1] 陈波.经济金融化与劳资利益关系的变化[J].社会科学,2012(6):52—56.
[2] 任瑞敏.金融化视閾中分配正义的经济哲学追问[J].伦理学研究,2016(1):109—114.
[3] 张全景.金融资本垄断时代的阶级压迫和阶级剥夺[N].光明日报,2014-12-16.
[4] Crotty J., Epstein G. Regulating the U. S. Financial System to Avoid Another Meltdown[J]. Economic and Political Weekly,2009,44(13):87—93.

对实体经济和人民大众的掠夺[1]。

再次,经济金融化高度发展带来金融衍生品过度创新,金融机构通过金融衍生品赚取巨额利润,普通民众大量收入投入股市等金融市场,也加剧了收入的不稳定性,从而导致收入分配差距进一步加大。金融衍生品的井喷式增长是金融化时代美国金融业发展的一个重要特征:一方面,那些具有信息优势、资金优势和知识优势的人更加能够充分利用金融衍生品和金融杠杆的作用,在资产价格膨胀的过程中迅速为自己增加财富,而大多数普通人由于并不具备这些优势,所以未能抓住机会发财致富;另一方面,新的衍生品层出不穷,尤其是大量以"公共服务"为基础的金融衍生品也不断开发出来,普通大众被金融衍生品"绑架",被迫购买这些金融衍生品从而获得公共服务,但他们所拥有的房产、汽车等固定性大额资产处于"状态依存所有权",不稳定性大大增加,一旦金融衍生品价格发生巨大波动,他们很可能会失去这些财产,而金融资本却在各类金融衍生品种的交易中赚取了巨额的收益。

最后,金融资本操纵金融市场对普通民众形成了"剪羊毛"式的掠夺从而导致收入分配差距进一步加大。随着美国金融市场的不断扩大,金融市场操纵行为不断加剧,金融资本对普通大众"剪羊毛"[2],从耳熟能详的利率操纵、汇市操纵,到黄金、白银、锌等金属市场操纵,再到高频交易、黑池交易等股市操纵行为,投资者似乎无时无刻不受到"无形大手"的操控,高盛、摩根大通等国际资本大鳄是操控市场的"主力军"[3]。金融资本不仅从金融交易活动中获得了高额的佣金和服务费用,还利用其信息优势和金融资本的控制力,操纵股票交易:当有价证券的价格被抬高时,持有大量有价证券的资本家和金融机构财富水平暴增,他们还可以利用信息优势卖出有价证券,获取暴利;当有价证券下跌时,这些资本和机构又反向操作大量买进,所以,不管是价格上涨还是下跌,金融资本和金融机构都能获得巨额财富,而普通民众只能是待宰的羔羊。

二、企业行为"股东价值导向"扩大收入分配差距

经济金融化背景下美国公司的最大变化是"股东价值导向"[4],以及建构于这一理念之上的公司治理结构。"股东价值导向"也就是所谓的股东价值最大

---

[1] 李晓鹏.来一个美国崩溃论——现在是抛售美元资产的最佳时机[N/OL].观察者网,2016-6-8.
[2] 列宁全集(第23卷)[M].北京:人民出版社,1990:177.
[3] 被操纵的金融市场华尔街是"War Street"?[N/OL].凤凰财经,2014-5-27.
[4] 这部分内容作为阶段性成果已经公开发表,参见:陈波.论"股东价值导向"与创新驱动[J].海派经济学,2014,12(2):138—149.

化(Maximize Shareholder Value,MSV),该理论认为企业是由股东这一非人力资本的投资者所创立的,股东承担着企业的风险,所以企业应为股东所有,企业剩余权(剩余索取权和剩余控制权)应集中对称分布于物质资本所有者,公司理财的目标应以股东价值为导向,企业运营过程中必须采取各种合法、有效的手段和方法,使作为企业所有者的股东的财富达到最大。

海外学者在研究当代资本主义出现经济金融化的特征时,深刻剖析了"股东价值导向"理念及其对于企业治理结构以及企业发展创新等产生的多重不利影响。Froud等人(Froud et al,2000)指出在经济金融化影响下,股东价值导向具有一定的局限性,在指导公司管理过程中可能会出现不理想结果。Williams(2000)利用法国、德国和美国的实证研究数据,揭示了经济金融化形势下股东价值对资本主义的影响,特别是在微观层面上对企业的战略决策和部门绩效产生了不良影响。Duménil和Lévy(2005)利用美国数据揭示了经济金融化影响下实体产业部门利润持续向金融部门转移,金融部门和金融资本的控制力越来越强,大量机构投资者作为股东出现,对公司治理和发展拥有更大的决策权。Crotty也指出非金融企业一方面需要支付巨额的利息、股息等金融市场回报,另一方面必须实现"股东价值导向"要求的提升股价目标,从而形成了一个"新自由主义悖论";因此企业不得不采取压缩员工工资福利,从事投机、钻营活动,缩减研发创新支出等措施,对于企业的发展产生了严重的负面影响[1]。Palley在研究了1959—2006年非金融公司股票发行和新增借款的统计数据之后,指出金融资本作为非金融公司的实际控制者,使得短期内股价的高低成为衡量管理者业绩的重要尺度,也成为攸关管理者切身利益的重点。这直接导致管理者往往只重视短期利益,将长期增长目标转移到增加股息、红利支付的股东利益最大化上来,从而严重削弱了企业的创新能力和长期发展动力[2]。Lazonick通过分析最近十年来美国主要宏观经济指标的变动,指出"股东价值导向"的理念彻底改变了美国以往的创新型经济增长模式,具体表现为:微观上,企业失去了创造性和增长动力;宏观上,美国经济长期低迷,失业率增加,收入差距增大[3]。Rajan与Zingales认为,在那些以人力资本为核心资

---

[1] Crotty J. The Neoliberal Paradox: The Impact of Destructive Product Market Competition and "Modern" Financial Markets on Nonfinancial Corporation Performance in the Neoliberal Era[M]// In Epstain G. (ed.). Financialization and the World Economy. Northampton: Edward Elgar Publishing, 2005.

[2] Palley T. I. Financialization: What It Is and Why It Matters[C]. The Levy Economics Institute Working Paper, No. 525, 2007.

[3] Lazonick W. From Innovation to Financialization: How Shareholder Value Ideology is Destroying the U.S. Economy[R]. University of Massachusetts and The Academic-Industry Research Network Working Paper, 2011.

源的新型企业中,维护企业的整体性和稳定性是企业治理的一个十分重要的新任务,在这些新型企业,股东价值最大化不再是一个恰当的目标,因为以此为基础的治理结构并不能"确保捕获机会的能力与由此产生的报酬之间的一致性"[1],这反而不会导致企业价值最大化,因此,企业治理的问题并不是简单的最优财产所有权配置问题,而是如何对关键的物质或人力资本的使用权进行管理,并且这也正是组织安排的精髓所在[2]。与"股东价值导向"所强调的财产所有权配置相比,通过对关键资源使用权的合理配置会更利于促进专用性人力资本投资[3]。

"股东单边主义"企业治理结构是构筑在"股东价值导向"基础之上的,这一企业治理结构有着明显的"短期化"导向,就如耶鲁大学管理学院的 Jeffrey Sonnenfeld 所言,"从本质上讲,即期的股东价值最大化总是短期性的,""它对近期目标的重视超过长期战略,造成了一种短暂的价值创造的幻觉。"[4]而创新活动风险巨大,创新收益不确定性及不稳定性的特征显著,因此,短期化的治理结构与长期性的创新活动之间存在着内在的冲突。"股东价值导向"带来公司行为的变化,从而影响收入分配差距。

也就是说,经济金融化带来了"股东价值"的支配地位和企业治理结构的变化,金融市场为了自身的利益一直试图改变公司行为[5],这弱化了劳动者的地位,损害了其利益。

首先,"股东价值最大化"在企业诸多目标中占据支配性的地位,这促使管理者满足股东——所有者——的利益,从而导致在公司战略和收入分配方面倾向于更多地向股东分红,公司经营行为的这一变化造成收入分配差距扩大。

由于大量的机构投资者成为公司的股东,这些机构投资者更加关注短期内的分红收益和股价表现,管理层为了迎合股东对于红利回报或股价上涨的需要,他们更倾向于通过金融市场的短期策略从而迅速赚取利润,或者将大量的资金投资于收益率更高的金融业,甚至将公司的财务资源投向资本市场以抬高公司股票价格。传统情形下的创造利润——利润留存——扩大再生产的资本积累模式被打破,这会造成金融业的膨胀,推升金融业的收入水平,但不利于实体经济的发展,对劳动的需求下降,实体经济部门劳动者的收入水平提高有限。拉佐尼

---

[1] Zingales L. In Search of New Foundations[R]. NBER Working Paper, No.7706, 2000.
[2] Rajan R., Zingales L. Power in a Theory of the Firm[J]. Quarterly Journal of Economics, 1998, 113(2): 387-432.
[3] 同上。
[4] 格雷拉."股东价值":破碎的美国梦[N].金融时报,2009-3-18.
[5] Palley T. I. Financialization: What It Is and Why It Matters[R]. The Levy Economics Institute Working Paper, No. 525, 2007.

克的研究发现,从 2000—2009 年标准普尔 500 指数(S&P 500)公司共花费 2.5 万亿美元用于股票市场回购,相当于这些公司净收入的 58%,2003 年公司平均股票回购花费不足 300 万美元,2007 年上升到 1.2 亿美元;2008 年和 2009 年短暂回落到 700 万美元和 300 万美元,2010 年开始又反弹上升到 600 万美元,2011 年是平均 700 万美元,2011 年标准普尔 500 指数公司共花费 3.5 亿美元用于股票市场回购[1]。

其次,金融化推进过程中,企业高管"自助式薪酬体系"造成了收入分配差距的迅速扩大。

里根与撒切尔夫人执政期间,出台了一系列鼓励金融业发展的政策,其中之一就是允许金融业高管拥有"自我定价权",即自己决定自己的收入,高管薪酬与业绩挂钩,企业高管可以高比例分享各种业务所产生的"红利",因而,这一时期史称"投资银行家的迪斯尼乐园"。

在这些措施刺激下,欧美银行业的确获得了空前的发展。1960 年,英国最大 10 家银行资产总计达到当时英国 GDP 的 40%,而到了 2010 年,这一比例竟然翻了 12 倍,达到 480%。在美国,最大 10 家银行资产总计不到当时美国 GDP 的 20%,到了 2010 年也翻了 5 倍,超过 100%。与银行业扩张同步的就是金融业高管收入。1970 年,金融高管收入比其他专业人士仅仅高出约 20%,而到了 1997 年,平均约高出 20 倍以上,在收入最高的约占总体人口 0.1% 的人中,有约 30% 在金融业工作[2]。

金融业高管的高薪产生了强烈的示范效应,实体经济企业的高管薪酬也在向金融业靠拢。实体经济企业高管薪酬向金融业靠拢只有两个途径:一是压低普通劳动者收入。有统计表明,无论是按 GDP 增长还是按要素生产力提高,1973—1995 年,扣除通胀后,欧美产业工人收入应该能提高 35% 左右,但实际上仅仅提高了 12%。二是削减产业工人数量,由此造成失业问题突出。无论哪种途径,其结果都是社会收入分配差距越拉越大。正因此,1973 年,美国社会基尼系数为 0.397,略低于警戒线,而 20 年后的 1993 年,则高达 0.454,远高于警戒线。英国收入分配公平性在同一时期也在急剧恶化。

企业管理层通常还会获得股权形式或优先认股权形式的期权激励,管理层的收入水平与资本市场紧密关联,对管理者的业绩好坏进行一定的评判时,股价

---

[1] Lazonick W. From Innovation to Financialization: How Shareholder Value Ideology is Destroying the U.S. Economy[R].University of Massachusetts and The Academic Industry Research Network Working Paper,2011.

[2] 卢周来.金融业高管调薪引热议专家:近年薪酬增速吓人[N].中国经济网,2014-09-06.

是短期内可量化的有效考评指标之一,为了在短期内获得利益,管理者甚至会通过激进的管理模式去拉高股价以此取得自身的激励回报,管理者在任时毫无疑问更喜欢这种"赢在当下"的模式,随着资本市场的发展,管理层收入的证券化无疑会拉动与普通劳动者之间的收入差距。

表 4.1　1965—2016 年美国销售额 350 强企业 CEO 年薪、CEO 与工人薪酬比和股票价格(2016 年美元)

年份	CEO 年薪(千美元)		工人年薪(千美元)		股票市场(基于 2016 年调整)		CEO-劳动报酬比	
	基于实现的期权	基于授予的期权	私营生产部门的非管理人员	重点样本企业的工人年薪	S&P 500 指数	道琼斯工业指数	基于实现的期权	基于授予的期权
1965	843	800	40.0	—	587	6 066	20.2	18.4
1973	1 102	1 046	46.9	—	519	4 464	22.5	20.5
1978	1 508	1 431	48.0	—	325	2 774	30.1	27.4
1989	2 808	2 664	45.6	—	604	4 694	58.9	53.7
1995	5 947	6 595	45.7	53.1	848	7 042	122.6	136.8
2000	20 664	21 313	48.3	56.0	1989	14 947	376.1	411.3
2007	19 112	13 282	50.2	56.0	1 710	15 255	347.5	240.8
2009	10 746	10 341	52.2	58.2	1 061	9 941	196.2	183.9
2010	12 827	11 677	52.4	59.0	1 255	11 744	230.3	206.3
2011	12 958	11997	51.8	58.7	1 353	12 760	232.7	213.2
2012	15 261	11 587	51.4	58.3	1 442	13 554	281.5	209.8
2013	15 603	11986	51.7	58.5	1 694	15 465	291.7	214.5
2014	16 569	12 469	51.9	58.8	1958	17 011	298.7	224.5
2015	16 341	12 496	52.7	59.7	2087	17 810	286.1	219.7
2016	15 636	12 970	53.3	60.8	2095	17 927	270.5	223.8
	变化的百分比						比率的变化	
1965—1978	78.9%	78.9%	19.9%	—	−44.7%	−54.3%	9.9	9.0
1978—2000	1 270.1%	1 389.5%	0.6%	—	512.7%	438.8%	346.0	383.9
2000—2016	−24.3%	−39.1%	10.5%	8.5%	5.3%	19.9%	−105.6	−187.5
2009—2016	45.5%	25.4%	2.2%	4.5%	97.5%	80.3%	73.9	39.9
1978—2016	936.7%	806.5%	11.2%	—	545.2%	546.3%	240.4	196.4

资料来源:Mishel L.,Schieder J. CEO Pay Remains High Relative to the Pay of Typical Workers and High-wage Earners[R/OL]. Economic Policy Institute.[2017-07-20]. http://www.epi.org/files/pdf/130354.pdf.

表4.1的数据显示,1978—2013年,剔除通货膨胀的因素后,美国CEO的收入水平增长了937%,同期普通劳动者的收入增幅却只有10.2%,1965年,美国CEO的收入是普通劳动者收入的20倍,1978年是29.9倍,1995年是122.6倍,2000年达到最高值383.4倍,2013年是295.9倍[1]。刚刚大学毕业的金融工程师收入是土木工程师的4倍;雷曼公司总裁在数年间获得3.5亿美元的薪酬;据华尔街见闻报道,虽然一些华尔街的顶级银行家在2012年的薪水有所下降,但9位PE(私募股权)公司的主管在2012年赚得分红和薪酬合计超过10亿美元。2008年次贷危机之后,为了挽救摇摇欲坠的金融机构,美国不断向华尔街注入救市资金。虽然美国国会已经先后放行了总计7 000多亿美元的救市资金,但是华尔街巨头们依然大喊"不够",但与此相对照的是,华尔街的金融机构雇员在2008年仍然拿到了超过184亿美元的分红,连总统奥巴马也无法自制破口大骂,"这种丧失责任感的行径简直是登峰造极",伦敦金融城也发放了高达36亿英镑的2008年度奖金,这个灾难年份的奖金毕竟还有上年奖金的40%之多。在最困难的2008年,也是政府花钱挽救金融机构的时候,美林有696个雇员奖金超过了100万美元,最高的4人共分得奖金1.21亿美元,高盛有953个雇员奖金超过了100万美元,最高的4人共分的奖金4 600万美元,这引起了公众的极度不满[2]。所以,斯蒂格利茨称自助式薪酬体系的效力如同"火灾加速器",是导致金融危机的帮凶[3]。支付给高管们的薪酬高得离谱,而且与公司的业绩相比完全不合理,事实上,高管们是在为自己创造财富,而不是他们的股东[4]。

在企业高管薪酬迅速跃升同时,普通人的收入增长却十分缓慢。这其中一个重要原因,就是在金融业日趋繁荣背景下,以制造业为代表的实体经济日渐衰落。这反映出金融资本对于实体资本利润的掠夺,也表明了金融主导型经济增长体制的不可持续性。

经济增长带来的好处绝大多数流入了CEO的口袋,普通工人并未分享增长的成果。从表4.2中的数据不难发现,按照基于实现的期权计算CEO的薪酬是工人年收入的倍数,1965年是20.2倍,1978年是30.1倍,1995年上升到122.6倍,2000年达到最高值的376.1倍,2009年金融危机之后下降到196.6倍,之后

---

[1] Mishel L., Davis A. CEO Pay Continues to Rise as Typical Workers Are Paid Less[J/OL]. Economic Policy Institute, 2014-06-12.
[2] 倪小林.华尔街高分红击中了公众危机心态[N].上海证券报,2009-02-03.
[3] 严莹.贪婪如何搞垮华尔街[N].南方人物周刊,2009-03-06.
[4] Bogle J. C. The Battle for the Soul of Capitalism, New Haven[M]. CT: Yale University Press, 2005:15.

再度上升,2014 年上升到 298.7 倍,2015 年略微下降,为 286.1 倍,2016 年是 270.5 倍。按照基于授权的期权计算 CEO 的薪酬与工人的年收入之间的差距情况大体相同,1965 年是 18.4 倍,1978 年是 27.4 倍,1995 年上升到 136.8 倍,2000 年达到最高值的 411.3 倍,2009 年金融危机之后下降到 183.9 倍,之后再度上升,2014 年上升到 224.5 倍,2015 年下降到 219.7 倍,2016 年是 223.8 倍。

表 4.2　美国公司不同收入层级工资及增长情况(1979—2016 年)

年份/工资分组		<90%	>90% <99%	>90% <95%	>95% <99%	最高 5%	最高 1%	>99% <99.9%	99.9%−100%	平均
年平均工资(2016 年美元价格)	1979	28 919	94 590	80 211	112 563	144 618	272 836	235 646	607 544	37 273
	2007	33 738	137 465	107 535	174 877	279 689	698 935	464 402	2 809 731	49 725
	2009	33 533	137 107	108 541	172 815	256 204	589 760	424 716	2 075 160	48 417
	2015	34 916	148 105	115 049	189 425	291 614	700 368	481 973	2 665 919	51 757
	2016	35 083	148 384	115 337	189 694	287 427	678 359	476 156	2 498 192	51 713
工资长期变动百分比(%)	1979—2007	16.70	45.30	34.10	55.40	93.40	156.20	97.10	362.50	33.40
	1979—2016	21.30	56.90	43.80	68.50	98.70	148.60	102.10	311.20	38.70
大衰退时期工资变动百分比(%)	2007—2009	−0.60	−0.30	0.90	−1.20	−8.40	−15.60	−8.50	−26.10	−2.60
	2009—2016	4.60	8.20	6.30	9.80	12.20	15.00	12.10	20.40	6.80
	2015—2016	0.50	0.20	0.30	0.10	−1.40	−3.10	−1.20	−6.30	−0.10
	2007—2016	4.00	7.90	7.30	8.50	2.80	−2.90	2.50	−11.10	4.00

资料来源:LAWRENCE Mishel L., Wolfe J. Wages Rose for the Bottom 90 Percent in 2016 as those for Top 1 Percent Fell[R/OL]. Economic Policy Institute.[2017-10-31]. http://www.epi.org/blog/wages-rose-for-the-bottom-90-percent-in-2016-as-those-for-top-1-percent-fell/.

再次,公司倾向削弱工会的力量[1],劳动者议价能力因而降低,也导致了劳动收入份额的下降。在当代资本主义社会中,除了由原来遗留下来的家族资本家、仍大量存在的小企业私人资本家和少数控制大财团的金融资本家构成的

---

[1]　这部分内容参见:陈波.经济金融化与劳资利益关系的变化[J].社会科学,2012(6):52—56.

"资本家阶级",又产生了一个由新的经理资本经营者、专家资本经营者、技术资本经营者和法人资本经营者共同组成的"资本经营阶级"[1]。

对资本的所有者而言,强大的工会组织要求提高工人工资、改善工作条件,这是资本所有者不愿意看到的。尤其是随着利润率下降,企业对削减工人工资、掌控工作条件、逃避政府调控等的要求更加强烈。

资本的经营者实际上控制、支配和经营着资本,所以,劳动者直接面对着的是资本经营者。经营者出于自利的动机,同资本所有者一样反对工会主义。因为工会施加给资方的压力与资方所采取的针对企业高管的高额奖金、津贴、补贴、股权及股票期权等激励是相冲突的,不仅如此,大多数经营者相信凭借自己的专业技能和知识可以获得高额的收入,而"工会主义限制了经营者的创造力与自主权,直接影响到经济进步与国民所得的增加"。[2] 于是,在金融化进程中公司管理者利益与所有者利益趋向一致的过程中,工会权力没落,劳动者维护权益的力量被进一步削弱。

最后,在企业外部治理结构方面,"自由竞争"的市场机制符合"股东价值导向"及其治理结构的要求。然而在现实中,在资本积累过剩的情况下,大量过剩资本迫于竞争压力受逐利动机驱使而四处游走,寻找获利机会和场所,过度竞争就不可避免。在激烈的竞争压力下,欧美非金融企业越来越依赖于通过资本市场的金融投资或投机活动,而非通过直接生产经营活动赚取利润。"股东价值导向"还会导致经理人之间的过度竞争及扭曲效应。面对激烈的竞争,经理人更加关注企业短期的财务表现或企业股票价格的市场表现,所以,他们更倾向于减少回报周期长的科研创新投资,却大量使用和依赖资本市场的操作来维持或短期内迅速提高企业的利润率等财务数据,甚至通过和金融资本联手,采取内部交易、关联交易等手段操纵企业股价。经理人的行为决策不再是基于长期最优化规划和企业的长远利益,而是聚焦于企业股价波动和短期财务表现,这种投机主义理念一旦蔓延开来,甚至成为经济体中的普遍行为和指导原则,必然会引起宏观上的投机导向型经济增长,随之而来的是扭曲的资源配置、不计后果的经济决策和掠夺性的市场行为。投机导向型经济增长是不可持续的,其最终结果只能是经济巨大波动甚至是经济危机。普通劳动者及实体经济部门从经济增长带来的福利中分享有限。而从事金融经济活动的人获利丰厚,收入分配差距不断拉大。

---

[1] 李培林.英国近20年社会结构的变化[M]//李培林,李强,孙立平,等.中国社会分层.北京:社会科学文献出版社,2004:479.
[2] 雷诺兹.劳动经济学与劳资关系(下册)[M].台北:台湾中华书局,1990:438.

三、新自由主义社会经济政策恶化收入分配差距

尽管关于经济金融化与新自由主义的因果关系尚无定论,但不论是新自由主义的重构拉开了金融化的序幕[1],还是金融部门日益增长的影响力导致了新自由主义的重建并使之成为一种有利于金融资本的手段[2],可以确定的是新自由主义是经济金融化时代的重要特征。如 Harvey 所强调的,新自由主义是一项"重建资本积累的条件和恢复经济精英的权力"的规划[3]。"新自由主义表达了一个阶级对于金钱和权力的欲望,这个阶级包括资本所有者及其权力机构。我们将之统称为'金融',而他们则以此为平台获取阶级利益和阶级权力……"[4]。

金融资本倚仗其雄厚金融财力,不但渗透和控制了经济生活的各个领域,攫取高额垄断利润的同时,还积极渗透和控制上层建筑,把"华尔街"的意识形态转换成支配公共决策和监管政策的意识形态,新自由主义无疑是最符合金融资本的利益和要求的。在新自由主义看来,以下的这些经济政策都是社会主义的,包括:社会保障制度,最低工资,医疗保障,职工健康保护,消费者保护,环境保护,生物多样性保护;产业和弱势群体的补贴制度,小企业扶助制度,教育补贴,低收入住房等公共政策,产业监管,为保障上述政策而实施的累进税、遗产税,资本利得税,以及专门的社会保险税,工会集体谈判权等,以及重要资源和公共产品的国有化等[5],都是应该被去除掉的。所以,新自由主义的政策主要内容是非调控化、私有化、全球自由化和福利个人化[6],这些都对收入分配差距产生了负面影响。

金融部门已经建立了有利于自己未来发展的政策框架,新的政策框架的被称为"新自由主义的盒子"[7],盒子的四壁分别是"全球化""小政府""弹性劳动力市场"和"摒弃充分就业"(图 4.2),工人被困在盒子里。这一政策框架解除了对金融市场的种种限制,推动了金融市场的扩张,同时帮助公司将收入从劳动力

---

[1] Kotz D. M. Neoliberalism and Financialization[R]. Paper Written for a Conference in Honor of Jane D'Arista at the Political Economy Research Institute, University of Massachusetts Amherst, 2009.
[2] Duménil G., Lévy D. Costs and Benefits of Neoliberalism [M]//In Epstein, Gerald (ed.), Financialization and the World Economy. Cheltenham and Northampton: Edward Elgar, 2005.
[3] Harvey D. A Brief History of Neoliberalism [M].Oxford: Oxford University Press, 2005:1-2, 19.
[4] Duménil, G. and D. Lévy, Capital Resurgent: Roots of the Neoliberal Revolution. Cambridge and London: Harvard University Press, 2004:1-2.
[5] 弗里德曼,弗里德曼.自由选择[M].张琦,译.北京:机械工业出版社,2014.
[6] 程恩富.新自由主义的起源、发展及其影响[J].求是,2005(3):38—41.
[7] Palley T. I. Financialization: What It Is and Why It Matters[R]. The Levy Economics Institute Working Paper, No. 525, 2007.

手中转移到资本手中,这样金融部门从中受益。更为严重的是这一政策框架从各个方面对工人提出了挑战,它弱化工会权力、破坏劳动力市场保障机制,如最低工资、失业津贴、劳动保护、职工权利等,并对工资形成了持续的向下的压力。所以,美国的问题是"在过去几十年中,那些很有钱的人操纵了体制,导致大家都失去了公平的机遇。"[1]

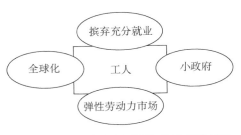

图 4.2 新自由主义"盒子"与劳动者的状况

首先,新自由主义主导下的经济全球化以及它积极推进的金融自由化,加大了世界经济发展的不平衡性,发达资本主义国家在此进程中的获益大大超过发展中国家,全世界的收入和财富的不平等急剧扩大[2]。

新自由主义全球化意味着全球金融自由化的必然。法国马恩河谷大学教授、弗朗索瓦·佩鲁研究所主任让·克洛德·德洛奈认为,当代资本主义的本质特征可以概括为全球化的金融垄断资本主义,金融资本主义是生产资本和金融资本的有机连接体,资本的所有形式和部分,既包括生产资本也包括金融资本已在世界范围扩展和连接在一起[3]。金融垄断资本是垄断资本的高级形态,它现在已不再满足于通过资本自由流动,以股权和技术垄断等手段层层控制子公司、孙公司,而是要进一步通过国家战略,利用在国际金融市场和国际货币体系中的控制权或主动权,大力推动各国金融自由化,这样就可以在必要时对别国的货币政策、汇率政策、中央银行的行动乃至整个金融体系施加影响,进而影响到该国的实体经济。

全球化还使得资本可以利用世界劳工市场来降低成本、扩大利润,国内低水平劳动者的谈判力量被大大削弱,高水平劳动者谈判力量增强,收入差距扩大。在新自由主义的推动下经济全球化大大加速,美国国内的制造业开始向国外转移,在全球范围内追逐利润最大化,资本(资本家)的收入大大增加,但美国制造业工人尤其是低学历工人的竞争力及谈判力量大大降低,这严重影响了国内制造业工人的收入水平,而拥有较强竞争力的高水平工人则可以在这个过程中获利,美国收入分配差距随之扩大。

其次,政府对金融部门"去监管化"为金融资本实力和规模的迅猛扩张提供

---

[1] 哈丁.美国劳动收入份额为何下降?[N].金融时报,2011-12-16.
[2] 程恩富,王佳菲."猛虎"是怎样放出笼的——论金融自由化与美国金融危机[J].红旗文稿,2009(1):15—17.
[3] 德洛奈.全球化的金融垄断资本主义(上)[J].刘英摘,译.国外理论动态,2005(10):12—27.
德洛奈.全球化的金融垄断资本主义(下)[J].刘英摘,译.国外理论动态,2005(11):21—25.

了制度契机,市场机制遵从按"钱包"分配,金融资本获利水平大幅上升,导致了收入分配差距的扩大。在 1933 年美国经济大萧条发生之后,联邦政府开始警惕垄断金融资本对经济生活的破坏性作用,通过了《格拉斯-斯蒂格尔法案》,该法案把投资银行从商业银行的主营业务中分离出来,实行分业经营。这一方案实际上相当于在投资银行和商业银行间构建了一个防火墙,限制了垄断金融资本的过度膨胀,维持了金融和经济的稳定。

表 4.3 美国 20 世纪初以来的金融自由化历程

时间	金融自由化进程	细则
20 世纪初—30 年代	建立现代银行体系	1913 年,美国联邦储备体系成立。
	混业经营	商业银行存贷业务与投资银行业务相互渗透。
20 世纪 30—50 年代	分业经营	1933 年,《格拉斯-斯蒂格尔法案》规定商业银行、投资银行、保险公司和储蓄机构等应实行分业经营。
	利率管制	1933 年,"Q条例"规定商业银行计息存款所支付的存款利息的最高限额,禁止银行对活期存款支付利息。
	美元国际化	1944 年,布雷顿森林体系建立,确立以美元为中心的国际货币体系。 1947 年,马歇尔计划,美元成为欧洲和世界的结算货币。 50 年代末,建立了以伦敦为中心的欧洲美元市场。
20 世纪 60 年代	资本管制	1963 年,实行"利息平衡税",减少国内居民购买外国证券。 1965 年,自愿限制在国外的贷款和投资。 1968 年,把限制外国直接投资的指导原则改为强制执行。
20 世纪 70 年代	资本账户开放	1974 年,废除包括自愿指导原则在内的资本管制措施。
	汇率自由化	1976 年,牙买加协议,1978 年接受 IMF 相关条款,真正实行浮动汇率制度。
	美元国际化推进	1970 年代,石油美元计价协议。
	金融创新	70 年代金融创新发展迅速,自动转账服务、可转让支付账户命令、外汇期货、货币市场互助基金等金融产品涌现。
	初步利率市场化	1970 年,放松对 10 万美元以上、90 天以内的大额存单的利率管制; 1971 年准许证券公司引入货币市场基金。
20 世纪 80—90 年代	推进利率市场化	1980 年,美国国会通过了《解除存款机构管制和货币管理方案》,分阶段废除了"Q条例"。 1982 年,出台了《加恩-圣杰曼吸收存款机构法》,制定解除"Q条例"的步骤,存款机构可提供货币市场存款,商业银行可发型按市场利率水平付息的超级可转让存单。 1983—1992 年,美国银行大量倒闭,平均每年倒闭 224 家,1993 年之后,倒闭浪潮才有所缓解。
	金融创新推进	80 年代开始,货币互换、利率互换、期权交易、零息债券、远期利率协议等金融产品大量出现。
	混业经营	1999 年,《金融服务现代化法》决定废除金融业的分业经营制度。

(续表)

时间	金融自由化进程	细则
21世纪以来	次贷危机后加强监管	2010年7月,奥巴马政府确定了《金融监管改革法》,规定成立金融稳定监督委员会来防范系统性风险,提高资本金要求,限制银行从事高风险业务,限制场外市场衍生品交易。 2010年,《多德-弗兰克华尔街改革和消费者金融保护法案》。 2011年,《禁止与限制自营交易以及投资对冲基金和私募股权基金》对《多德-弗兰克法》中"沃尔克规则"的相关原则提出了具体实施措施。

资料来源:朱琰,肖斐斐,王一峰.美国金融自由化及其对中国的启示[J].银行家,2012(10):85—89.作者做了一定补充。

20世纪80年代,里根政府开始推行金融自由化。20世纪90年代,随着经济金融化的发展,金融资本的势力不断上升,经过不断游说,克林顿政府于1998年5月13日,通过了著名的《金融服务业法案》,首次提出了"金融控股公司"这一概念。次年的11月12日,《金融服务现代化法》得以签署,金融分业经营的限制被打破,金融自由化导致流动性泛滥,催生投机。金融自由化刺激了金融创新,大量金融衍生品被开发出来,以房地产次贷为代表的各种无抵押贷款风行。金融高杠杆加上利率,意味着金融投机的成本大大降低。正如Thomas Palley所言,"金融部门利益得到了其他部门的支持,催生了一系列对其有益的政策"[1]。随着金融管制的放松,美国的金融资本规模及权势迅速扩张,越来越多的资本参与到衍生金融产品的开发和投资中,在2008年次贷危机前夕美国经济虚拟化程度达到历史最高,金融资本在经济虚拟化中获得巨额利润。

再次,新自由主义导致劳资利益关系朝不利于劳动者的方向变化[2]。新自由主义是经济金融化时代的重要特征,如哈维所强调的,新自由主义是一项"重建资本积累的条件和恢复经济精英的权力"的规划[3]。"新自由主义表达了一个阶级对于金钱和权力的欲望,这个阶级包括资本所有者及其权力机构。我们将之统称为'金融',而他们则以此为平台获取阶级利益和阶级权力……"[4]新自由主义的理论及实践在四个方面导致劳资利益关系朝不利于劳动者的方向变化:

(1)新自由主义强调劳动力市场自由配置的制度安排使劳动者处于更弱地

---

[1] Palley T. I. Financialization: What it is and Why it matters[R]. The Levy Economics Institute Working Paper, No. 525, 2007.
[2] 这部分内容参见陈波.经济金融化与劳资利益关系的变化[J].社会科学,2012(6):52—56.
[3] Harvey D. A Brief History of Neoliberalism [M].Oxford: Oxford University Press, 2005:1-2, 19.
[4] Duménil G., Lévy D. Capital Resurgent: Roots of the Neoliberal Revolution[M]. Cambridge and London: Harvard University Press, 2004:1-2.

位,也使得劳动者失业变为正常,不利于劳动报酬的提高。

新自由主义对于劳动力市场的一个直接影响便是"放弃充分就业",转而推行"弹性劳动力市场"。"弹性劳动力市场"是指里根政府在20世纪80年代实施的针对劳动力市场和社会福利的一系列政策,主要包括:放松监管劳动力市场、提高劳动力市场的灵活性以及削减社会福利支出等。新自由主义认为,通过放松管制、减少政府和工会对劳动力市场的过多干预以及对社会保障制度的改革,使劳资双方能够根据劳动力市场的供求状况自行确定劳动者的雇佣、工资标准、工作时间、福利待遇、解雇和劳动保护等,从而使劳动力市场在宏观上确保劳动供给可以随总需求的增长而适度扩张,在微观上允许企业在较短的时间内获得必要的人力资源组建生产团队、生产产品和提供服务,以适应外部社会经济环境的快速变化。

20世纪80年代以来,美国在宏观经济政策上发生转变——更加重视降低通货膨胀率,而较为忽视保障充分就业。这无疑严重影响了工人阶级的利益,增加了他们的就业难度,减弱了他们的谈判力量,进而降低了工人阶级的收入,扩大了社会收入分配差距。这些政策打碎了"福特制"时期美国对于劳动力保护的政策,例如最低工资制度、失业救济等,压榨了在业工人,影响力工人阶级的谈判力量,使得工人收入大大降低,而这又同时增加了资本所得,扩大了美国社会收入分配的差距。

在资本主义条件下,资产阶级对生产资料和生活资料的私有权是受国家政权和法律保护的。工人阶级的生存和生活所需要的一切都必须通过向资产阶级出卖自己的劳动来换取,劳资利益关系本来就是资强劳弱的格局,对此,马克思主义经典作家已有精辟的论述。英美等国遵循新自由主义的指导思想,实行自由放任的劳动就业政策,由市场自发调节劳动力的供求。这就更加增强了资方的力量,从而进一步削弱了劳动者的力量。"弹性劳动力市场"使得在业工人工资受到压榨的同时,也使得劳工失业变为正常,更加不利于劳动报酬的提高。

(2)新自由主义限制工会运动的措施不利于劳动者维护其利益。打击工人阶级及工会是新自由主义的基本原则之一。其具体做法就是宣扬"自然失业率"理论、宣扬消灭非常危险的垄断组织——工会,对工会进行了多方面的批判,宣称工会如同劳动力市场上的"垄断集团",它控制着劳工的供给,左右着劳动力价格,使其完全脱离市场的调节,这对经济正常运行产生了负面影响,就像哈耶克所言,"工会自己正在尽其所能地拼命地摧毁着市场经济"[1]。奉行新自由主义的政策主张自然就会限制和削弱工会的功能与作用。例如,英国保守党政府曾通过一系列法律限制了工会的权力,包括1980年的《雇佣法》、1982年的《雇

---

[1] 哈耶克.自由秩序原理(下册)[M].邓正来,译.北京:生活·读书·新知三联书店,1997:42.

佣法》、1984年的《工会法》、1988年的《雇佣法》、1990年的《雇佣法》、1993年的《工会改革和雇佣权利法》等,工会力量被逐步削弱到无力对抗资方的状况。

（3）新自由主义关于福利个人化的制度安排导致不利于劳动者的局面。新自由主义把20世纪70年代末以来西方经济的"滞胀"归咎于整个社会福利制度,说它使"穷人养成依赖性和惰性",使投资者却步,从而造成了经济发展的停滞。依据这一定位,减少保护性劳动力市场政策、严格失业津贴的申请、缩短享受失业津贴的时间、降低失业保障水平成了美英等国劳动就业和社会保障政策改革的方向。如美国在1996年通过了《个人责任和工作机会法》,英国在1999年通过了《福利改革与养老金法案》,分别对各自的社会保障制度进行了重大的变革,这一系列的改变均将劳动者置于不利地位。

（4）新自由主义所倡导的私有化导致不利于劳动者的局面。新自由主义强调私有化,认为只有私有财产才能够给个人以充分的自由选择权利,从而使经济发展具有最充分的动力。"政府要通过更为严格的财政控制来创造一个商业环境以增加竞争,通过竞争投标或以此为威胁,最终以私有化来取得更高的效率。"[1]基于此,美英等国均实行了大规模的私有化政策,在英国,包括像英国石油公司、英国燃气公司、英国钢铁公司等这样的关系到国计民生的大型国有公司先后被私有化。与此相应,公共部门的就业率也从1979年的29%下降到1996年的20%。这样,政府通过大规模的私有化将大量公共部门的工作转移到私营部门,也同时将"模范雇主"的作用转移到私营部门,伴随这一转移,不仅不可避免地出现了失业增加、劳动者权益受损的情况,而且,个人(或家庭)被迫进入资本市场借助于金融工具来获取住房、就业、公共卫生和基本医疗、教育、养老、甚至基本社会保障等基本公共服务,这使得个人负债规模不断上升,负担加重,金融机构却从中赚取大量利润,而这些利润是来自普通大众的工资收入,这大大扩大了收入分配差距[2]。

（5）与新自由主义相伴随而来的消费主义的滥觞,会因"金融剥夺"(Financial Expropriation)而产生严重的社会不公平问题[3]。

---

[1] Kessler S., Bayliss F. Contemporary British Industrial Relations (3rd edn.)[M]. London: Macmillan, 1998:159.

[2] Lapavitsas C, Dos Santos P. Globalization and Contemporary Banking: On the Impact of New Technology[J]. Contributions to Political Economy,2008,27(1):31-56；Lapavitsas C. Profiting Without Producing: How Finance Exploits Us All[M]. London: Verso, 2013；Lapavitsas C. Financialised Capitalism: Crisis and Financial Expropriation[J]. Historical Materialism,2009(17):114-148.

[3] 陈波.居民消费需求拉动中国经济增长的有效性分析[J].社会科学,2014(7):53-64.

消费主义倡导物欲的享受,鼓励大众永无止境、永无节制地消费,并以此作为人的存在目的和人生价值的实现,人的一切需要连同生存的目的都对象化在消费对象当中。维尔斯将"消费主义"定义为发达国家物质文化消费的增加,将"生产主义"定义为一个社会的人口为工作而增强的流动性,并在经济的非消费部门中从事更具生产性的工作,维尔斯还进一步给出结论:"发展要求生产主义的最大化",而消费主义则"基本上是与发展对立的。"[1]但"如果想界定20世纪西方的精神状态的话,那就是不受约束的消费主义。在美国消费者的故事里,人们被一切可能的手段怂恿,千方百计满足并进一步刺激自己贪得无厌的胃口。"[2]

消费主义是符合资本的利益和要求的。斯克莱尔认为,消费主义的文化-意识形态是当今资本主义成功地向现代化过渡以及向资本主义全球化过渡的价值体系[3]。"全球资本主义的文化-意识形态力图使人们超越他们的感官需要去消费,以使带来私人利益的资本连绵不断地积累下去,换句话说,以保证全球资本主义体系的永恒存在。"[4]如果没有消费主义,持续不断的资本主义积累的基本原理就会失效[5]。所以,资本会不遗余力地推动消费主义,资本也能做到这一点,因为,"资本是资产阶级社会的支配一切的经济权力。"[6]

金融部门却在消费主义的滥觞中攫取大量利益。信用卡、分期付款等金融产品不仅使消费主义变得可能更为潮流,美英等西方社会的人民都在以这样或那样的方式负债生活——不管是抵押贷款债务、汽车贷款,还是信用卡等等。所以,消费主义只能通过日益膨胀的债务规模来维持。金融部门不仅获得了金融交易活动的大量费用收入,金融机构还将各种债务合约开发成为丰富的金融衍生产品销售给投资者,并利用金融衍生品市场价格的波动甚至操纵价格而投机,从中赚取巨额利润。

杠杆效应使债务不堪重负,大规模毫无节制的消费必将导致泡沫。泡沫中"最坏"的形式是由银行融资的非生产性资产泡沫,比如房地产泡沫。虽然投机

---

[1] Wells A. Picture-Tube Imperialism? The Impact of U.S. Television on Latin America[M]. New York: Orbis Books, 1972:47-48.
[2] 莫约.西方迷失之路——西方的经济模式是错误的[M].李凌静,肖建,译.重庆:重庆出版社,2012:163.
[3] 斯克莱尔.资本主义全球化及其替代方案[M].梁光严,译.北京:社会科学文献出版社,2012:194.
[4] 斯克莱尔.全球化社会学的基础[J].田禾,黄平,译.社会学研究,1994(2):5—7.
[5] 斯克莱尔.资本主义全球化及其替代方案[M].梁光严,译.北京:社会科学文献出版社,2012:137.
[6] 马克思恩格斯全集(第30卷)[M].北京:人民出版社,1995:49.

可能给部分人带来了大笔的财富,但它并没有增加国家的生产性资产[1]。而且,民众已经被消费弄的消耗殆尽,正如史蒂芬·罗奇所指[2],2008年危机前美国的12年消费挥霍,是建立在不牢靠的资产和信用泡沫基础上的。当这些泡沫破裂时,留给消费者的是大量积压的过多债务和过少储蓄,这导致了需求被抑制和美国历史上最严重的消费衰退,自2008年初的21个季度中美国的个人真实消费年均增长率只有0.9%,是美国真实消费需求自"二战"结束以来最长的疲软期——远低于1996—2007年危机前的3.6%真实消费年增长率,这进一步导致了美国失业率的居高不下和经济复苏乏力。

制度创新和技术进步使得金融化加速推进,海外学者拉帕维查斯、多斯桑托斯等人在研究经济金融化问题时提出了要警惕经济金融化造成的"金融剥夺"问题(Lapavitsas和Dos Santos,2008;Lapavitsas,2009;Dos Santos,2009)。随着经济金融化的进程不断推进,金融企业的业务结构和利润结构转向以个人业务为主。金融资本利益集团推动社会政策的巨大变革,个人(或家庭)越来越被卷入到金融体系中,尤其在负债(住房借款)和资产(养老金和保险等)方面。个人(或家庭)被迫进入资本市场借助于金融工具来获取住房、就业、公共卫生和基本医疗、教育、养老、甚至基本社会保障等基本公共服务,个人(或家庭)负债不断增加,债务负担日益沉重,各类金融机构却通过新的金融产品或服务获取巨额利润,而这些金融利润是来自劳动者和其他人的个人收入,消费驱动演变为事实上的"金融剥夺"。曾多次预测金融泡沫风险的美国经济学家林登·拉鲁什说,美国经济事实上被一个强大的金融利益集团控制,他们从20世纪60年代就在美国掌握了各种权力,美国从此开始走向颓废,从一个奋发向上、不断发明创造的生产制造业国家,变为一个食利国家,人人都指望不需要努力就可以发财,靠剪"外国羊毛"——剥削别国为生[3]。

"金融剥夺"所带来的杀鸡取卵式的消费驱动已经给美国经济和社会造成了严重的后果。2008年爆发的次贷危机对美国乃至全球经济社会带来巨大的破坏性冲击,但金融资本却成功地将自身损失社会化。如果将消费需求定位为我国经济增长的引擎,简单地将居民推向市场,个人收入被卷入金融体系,居民被迫通过资本市场和金融衍生产品来获取部分公共产品或服务,美国的教训将有可能在我国重演。

---

[1] 莫约.西方迷失之路——西方的经济模式是错误的[M].李凌静,肖建,译.重庆:重庆出版社,2012:151.
[2] Roach S. S. The American Consumer is Not Okay[N]. Caijing,2013-06-09.
[3] 透析"占领华尔街":99%为什么反对1%[N].中国青年报,2011-10-11.

第五章

经济金融化与美国收入分配差距扩大的实证分析

经济金融化是美国经济中的一个显著的内在变化。与美国经济的金融化相伴而生的一个经济现象是美国贫富差距的不断扩大,作为全球第一大经济体,美国收入分配不公平的问题却非常突出,美国的贫富差距高于世界平均水平,不仅贫困人口的可支配收入低于其他发达国家,中产阶层也同样落后。多个数据指标显示,自20世纪70年代开始至今,美国的贫富差距便处于不断扩大的态势[1]。

第一节 美国经济金融化的主要特征

美国被认为是金融化发展的起源地[2],伴随着美国社会收入分配差距不断扩大的是美国社会经济金融化程度的不断加深,Krippner指出研究经济金融化有"活动中心论"和"积累中心论"两种视角[3],"以活动为中心"的视角主要以就业和产出为标准,美国经济结构呈现出去工业化;"以积累为中心"的视角则关注利润来源和利润形式的变化。综合两种视角,美国经济金融化主要有以下四方面表现。

---

[1] 这部分内容作为阶段性成果已经公开发表,参见:陈波.美国经济金融化对收入分配差距的影响[J].海派经济学,2016(4):109—122.
[2] Onaran O. Financialisation, Income Distribution and Aggregate Demand in the USA[J]. Cambridge Journal of Economics,2011(4):638.
[3] Krippner G. The Financialization of the American Economy[J]. Socio-Economic Review,2005(2):173-208.

一、金融行业实力不断增强

金融行业实力增强主要表现在金融行业在 GDP 中所占比重增加、金融行业利润不断增加、金融行业就业人数增加、金融行业从业人员工资收入增加等方面。

1. 金融行业在 GDP 中所占比重增加

图 5.1 反映了 1947—2013 年,美国制造业和金融行业占 GDP 的比重。1947 年以来金融行业对于 GDP 的贡献率不断提升,与之相对应,制造业对于 GDP 的贡献率则不断下降。

从图 5.1 中可以看出,1947 年金融行业占 GDP 比重仅为 10.5%,而制造业对于 GDP 贡献率则超过 25%。除 1997 年和 2008 年两次金融危机时,金融行业占 GDP 比重稍有下降以外,金融行业对于 GDP 贡献率一直呈上升趋势。在 20 世纪 80 年代中后期,金融行业对于 GDP 贡献率超过制造业。截至 2013 年,金融行业占 GDP 比重为 20.2%,制造业占 GDP 比重仅为 12.1%。

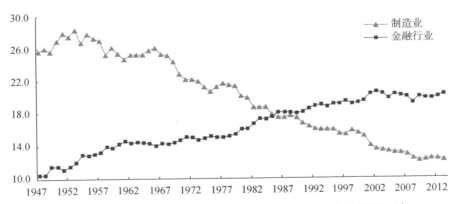

图 5.1 1947—2013 年美国制造业和金融行业占 GDP 比重(单位:%)

(资料来源:国经济分析局,Gross-Domestic-Product-(GDP)-by-Industry Data, http://www.bea.gov/industry/gdpbyind_data.htm)

2. 金融行业利润不断增加

图 5.2 反映了美国金融行业利润的迅速增长,在绝对利润增长率及与相当利润的比较上都高于非金融部门。

从图 5.2 中可以看出,1965 年以来,无论绝对利润还是相对利润,金融行业都增长更为迅速。1965—2013 年金融行业利润平均增长率为 13.7%,非金融行业利润平均增长率为 7.3%,在绝对利润增长率上,金融行业几乎为非金融行业的两倍。而金融行业与非金融行业利润的相对比值也由 14.7% 上升至 41.0%，说明金融行业利润增长快于非金融行业。

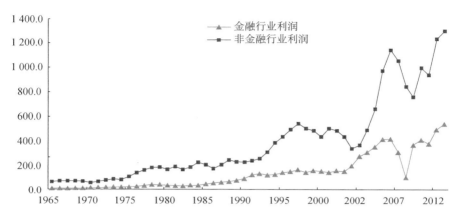

图 5.2　1965—2013 年美国金融行业及非金融行业利润增长对比（单位：10 亿美元）

（资料来源：美国经济分析局 http://www.bea.gov/iTable/iTable.cfm?ReqID=9&step=1#reqid=9&step=3&isuri=1&903=55）

3. 金融行业就业人数增加

金融行业力量不断加强，除了在产值及创造利润增长迅速体现之外，还可以从金融行业吸引就业人数增加中得到证明。如表 5.1 所示，1970—2014 年，金融行业就业人数不仅在总数上实现翻倍，并且在整个非农行业就业人数占比也有提升。2008 年，由于金融危机，金融行业就业人数稍有下降，但整体仍保持增长趋势。1970—2014 年，金融行业就业人数平均增长率为 1.89% 略高于非农行业就业平均增长率。同时，金融行业就业人数在整个非农行业内所占比重也由 20 世纪 70 年代的 4.97% 增加至 2006 年最高的 6.13%，2008 年之后出现小幅下降，截至 2014 年，这一比例为 5.74%。

表 5.1　1970—2014 年美国金融行业与非农行业就业情况比较（单位：万人）

年份	非农行业就业人数	非农行业就业人数增长率	金融行业就业人数	金融行业就业人数增长率	金融行业就业人数占比
1970	7 100.6		353.2		4.97%
1971	7 133.5	0.46%	365.1	3.37%	5.12%
1980	9 053.3	26.91%	502.5	37.63%	5.55%
1990	10 952.7	20.98%	661.4	31.62%	6.04%
2000	13 201.9	20.54%	778.3	17.67%	5.90%

(续表)

年份	非农行业就业人数	非农行业就业人数增长率	金融行业就业人数	金融行业就业人数增长率	金融行业就业人数占比
2006	13 639.8	3.32%	836.7	7.50%	6.13%
2008	13 717.0	0.57%	820.6	−1.92%	5.98%
2014	13 904.2	1.36%	798.0	−2.75%	5.74%

资料来源：美国总统经济报告2015[R/OL].https://www.whitehouse.gov/administration/eop/cea/economic-report-of-the-President/2015.

4. 金融行业从业人员工资收入增加

金融行业力量加强，还体现在金融行业从业人员工资收入增加上。如图5.3所示，20世纪80年代中期之前，金融行业从业人员工资与制造业从业人员工资基本持平，制造业工人人均工资略高于金融行业从业人员。从1986年开始，金融行业从业人员工资开始超过制造业工人，并且差距越来越大。

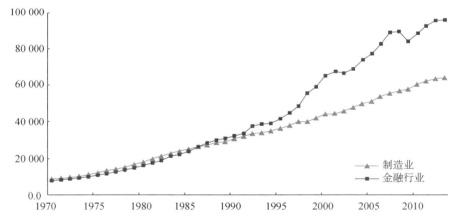

图5.3　美国金融行业从业人员工资收入与制造业工人工资收入比较（单位：美元）

（资料来源：美国经济分析局[Z/OL].http://www.bea.gov/iTable/iTable.cfm?ReqID=9&step=1#reqid=9&step=1&isuri=1&903=60）

1970年，美国制造业工人平均工资8 378美元，金融行业从业人员平均工资收入7 823美元。1970—2013年，金融行业从业人员平均工资增速为6.06%大于制造业工人工资增速4.86%。1986年，金融行业从业人员平均工资超过制造业工人，并且差距不断扩大。截至2014年，美国金融行业从业人员平均工资为95 586美元，制造业工人平均工资为63 625美元。

二、非金融企业经济行为金融化

随着金融化的发展,股东价值利益导向越来越成为企业管理者追求的目标。在这一前提下,企业管理者更加追求短期利益的最大化,金融市场成为一个很好的选择。

美国非金融企业的资产配置趋势,有两个重要的特点:一是资产金融化,逐渐降低实物资产(主要是房地产)的占比,持续增加金融资产的占比,金融周期并没有影响资产金融化的趋势,这也是与居民部门的不同之处;二是金融资产权益化,从金融资产的结构来看,存款、债权类资产均持续下降,而主要以权益资产构成的杂项资产占比则逐渐上涨至金融资产的50%左右。从美国非金融企业的金融资产负债表中可以看出,美国非金融企业的发展逐步具有金融化的趋势,不仅体现在非金融企业部门金融资产占总资产比重的增加,金融资产与实物资产比率的增加,也体现在金融资产组合的多样化。非金融企业实物资产占总资产的比重呈逐步下降趋势,从1952年的84%左右下降到2015年的59%左右。其中降幅最大的时期是20世纪80年代和90年代,从1980年的80%下降到2000年的60%左右。但2003—2006年该比例有一定程度上升,但很快又进一步下降。实物资产的比例变化与金融资产形成鲜明的一致对比。非金融企业的金融资产占总资产的比重从1952年以来就逐步增长,尤其是进入20世纪80年代后,该比例增长迅速,从1980年的20%左右增长到2009年的43%左右,比例大概增长了一倍,反映非金融企业逐渐金融化的趋势,金融化程度越来越高[1]。

图5.4反映了1970年以来,美国非金融企业越来越多地参与金融市场,将生产经营所获得的利润投入到金融工具和衍生产品中,获取更多的利润。本文采用公司营业收入中金融收入所占比率的变化反映了这一现象。

根据图5.4,这一比率在1978年之前较为稳定,到1980年之后开始攀升,到1990年,这一比率已经为70年代的2倍多,达到11.6%。在经历1997年金融危机之后,这一比率开始下降。2000年之后开始回升,并于2008年次贷危机之前再次达到顶点为13.2%。通过该图,我们可以明确地看出非金融企业越来越多的参与金融市场,企业金融收入不断增加。

---

[1] 招商证券固收研究团队.钱多了买什么?系列之二——美国非金融企业的资产配置结构[R/OL]. https://finance.qq.com/a/20160803/024739.htm.

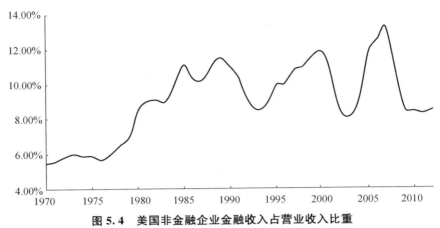

图 5.4　美国非金融企业金融收入占营业收入比重

（资料来源：美国经济分析局统计数据）

三、美国家庭经济行为金融化

1979年以后，美国家庭债务与收入比率迅速提高，尤其是信贷市场未清偿家庭债务占可支配入的比例从1979年的28.4%增加到2011年的121.7%，在最高年份的2008年达到了155.3%。

2000年互联网泡沫破灭之后，居民部门在金融资产和房地产之间发生了明显的转换，随后在疯狂房地产市场的带动下，居民部门对房地产资产的配置快速攀升至历史最高水平，房地产在总资产中的占比超过30%。2008年次贷危机之后，房地产价格大幅度下滑，居民部门的房地产资产也遭受了一定的打击，房地产的比重快速下滑。在零利率＋量化宽松的双重刺激下，居民部门明显增加了对金融资产的配置。

美国居民部门的金融资产总量自战后呈稳步增长趋势，除了2000年和2008年互联网泡沫和次贷危机的影响使得金融资产缩水外，其他年份金融资产总量的增长则较为稳定。但金融资产占居民部门总资产的比重则波动较大，不过也始终维持在60%以上，也即金融资产在该部门总资产中的占比较大，一直都高于实物资产占总资产的比重。概括而言，美国居民的金融资产主要包括存款货币资产、债权类资产、权益类资产、机构性资产和杂项资产。

四、美国社会负债规模迅速增长

美国社会经济金融化的另外一个特征是社会负债规模迅速上升，包括企业负债规模的上升和个人信贷规模上升。

1. 行业负债规模上升

根据表5.2,1979—2012年美国社会负债规模增长迅速,总负债规模由1979年的42 764亿美元上升到2012年的564 473亿美元,其中金融行业负债139 113亿美元,非金融行业负债425 360亿美元,金融行业负债增长更为快速。总负债占GDP的比重也由166.8%上升至359.9%。尽管经历了2008年金融危机的影响,但是美国社会企业负债规模依然呈上升趋势,反映了金融行业泡沫巨大。

表5.2　1979—2012年美国社会负债情况(单位:亿美元)

年份	负债总规模	负债总额占GDP比重	金融行业负债	非金融行业负债	金融行业负债占总负债比重
1979	42 768	166.81%	5 051	37 717	11.81%
1989	128 391	234.17%	23 995	104 396	18.69%
2000	270 200	294.12%	81 305	188 895	30.09%
2005	409 264	328.61%	129 054	280 210	31.53%
2008	533 536	373.36%	171 012	362 524	32.05%
2012	564 477	359.91%	139 115	425 362	24.64%

资料来源:美联储网站[Z/OL].http://www.federalreserve.gov/.

2. 个人信贷规模增长

随着美国社会经济金融化的发展,金融与个人生活的联系也更加密切。个人越来越多的使用负债消费,花明天的钱,享受今天的生活,例如信用卡、汽车按

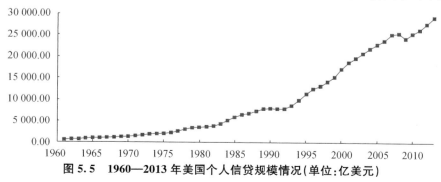

图5.5　1960—2013年美国个人信贷规模情况(单位:亿美元)

(资料来源:美国总统经济报告2015[R/OL].https://www.whitehouse.gov/administration/eop/cea/economic-report-of-the-President/2015)

揭、房产按揭等。根据图 5.5 显示,美国个人信贷水平增长速度持续上升,由 1961 年的 622.49 亿美元增长至 2013 年的 29 179.81 亿美元,平均增长率为 7.79%,其中 1995 年之后的增长速度非常迅速。

3. 美国联邦政府负债急剧增加

美国联邦政府总债务(Gross Federal Debt)是指由联邦财政部或其他政府机构发行的联邦政府所有未到期债务总额(余额)。它由两个部分构成,一是由联邦政府账户持有(Held by Federal Government Accounts)的联邦政府债务,也就是联邦政府各项基金如社保和医疗信托基金等持有的联邦政府债务;二是公众持有(Held by the Public)的联邦政府债务(有时被称为 Public Debt)。公众持有的联邦政府债务也包括两部分:一是由美国央行——美联储持有,是美联储货币政策的重要工具;二是其他,是私人投资者持有的联邦政府债务。至于"美国政府债务",则是指除联邦政府债务外还要包括州和地方政府债务的总债务规模[1]。

第二次世界大战结束之后,美国联邦债务总额为 GDP 的 122%。此后即快速下降,除了个别年份,到 20 世纪 70 年代美国联邦债务总额对 GDP 比保持在 40% 以下的低水平,80 年代和 90 年代,美国财政状况几度恶化,美国联邦债务总额从 20 世纪 80 年代以来急剧增加,1990 年,美国联邦债务总额对 GDP 比上升到 54.2%,此后一路上扬,2007 年债务总额 8 993 亿美元,总负债/GDP 比为 62.8%,2008 年次贷危机后,总负债上升到 10 011 亿美元,总负债/GDP 比为 67.9%,2012 年债务总额达到 16 059 亿美元,总负债/GDP 高达 100.2%。在奥巴马执政时期,美国债务总额增加了 70%,2014 年 11 月 30 日,美国联邦政府债务总额达到 18.01 万亿美元(表 5.3)。

随着美国各类债务负担的日益沉重,美国的资产负债表不断恶化,不但政府部门债台高筑,而且居民部门和企业部门也入不敷出。这样,就导致了美国的外债负担不断攀升,因为美国必须依靠向其他国家借债来修补资产负债表。在 2007 年全球金融危机爆发之前,美国的净外债(国际投资净头寸)为 2.5 万亿美元左右,占 GDP 的 17.7% 左右。美国从国外借钱度日,在国际收支经常账户上就表现为经常项目逆差。在 2006 年美国经常项目逆差超过 8 000 亿美元,占 GDP 的 6% 左右(表 5.4)。事实上,2000 年以来美国的经常项目逆差逐步上升,2002 年以后美元开始迅速贬值[2]。

---

[1] 参见美国审计署官方网站 Fiscal Outlook: Understanding The Federal Debt 的介绍,或参见:贾康. 关于美国联邦政府债务的认识[R]. 中国金融四十人论坛研究报告.
[2] 余永定. 美国的公共债务危机[N]. 三联生活周刊,2011-08-19.

表5.3 1910—2014年财政年度历年美国债务与GDP规模及比重

财年	总负债 (10亿美元)	总负债/GDP	公共部门负债 (10亿美元)	公共部门 债务/GDP	GDP (10亿美元)
1910	2.65	8.1%	2.65	8.1%	32.8
1920	25.95	29.2%	25.95	29.2%	88.6
1927	18.51	19.2%	18.51	19.2%	96.5
1930	16.19	16.6%	16.19	16.6%	97.4
1940	42.97	43.8%	42.77	43.6%	98.2
1950	257.3	92.0%	219.0	78.4%	279.0
1960	286.3	53.6%	236.8	44.3%	535.1
1970	370.9	35.4%	283.2	27.0%	1 049
1980	907.7	32.4%	711.9	25.5%	2 796
1990	3 233	54.2%	2 400	40.8%	5 915
2000	5 659	55.8%	3 400	33.6%	10 150
2001	5 792	54.8%	3 350	31.4%	10 550
2002	6 213	57.1%	3 550	32.6%	10 900
2003	6 783	59.9%	3 900	34.6%	11 350
2004	7 379	61.0%	4 300	35.6%	12 100
2005	7 918	61.4%	4 600	35.7%	12 900
2006	8 493	62.1%	4 850	35.3%	13 700
2007	8 993	62.8%	5 050	35.2%	14 300
2008	10 011	67.9%	5 800	39.3%	14 750
2009	11 898	82.5%	7 550	52.4%	14 400
2010	13 551	91.6%	9 000	61.0%	14 800
2011	14 781	96.1%	10 150	65.8%	15 400
2012	16 059	100.2%	11 250	70.0%	16 050
2013	16 732	100.9%	12 000	72.1%	16 600
2014	17 810	103.2%	12 800	74.3%	17 250

资料来源：美国审计署.U.S. Government's Fiscal Years 2015 and 2014 Consolidated Financial Statements[R]. GAO-16-357R：2016-02-25./ Congressional Budget Office（CBO）. The 2013 Long-Term Budget Outlook[R]. 2013-09-17.

表 5.4　1991—2014 年财政年度历年美债利率及利息支出规模

财政年度	负债总额 (10 亿美元)	利息支付 (10 亿美元)	利率
1991	3 665	286.0	7.8%
1992	4 065	292.4	7.19%
1993	4 411	292.5	6.63%
1994	4 693	296.3	6.31%
1995	4 974	332.4	6.68%
1996	5 225	344.0	6.58%
1997	5 413	355.8	6.57%
1998	5 526	363.8	6.58%
1999	5 656	353.5	6.25%
2000	5 674	362.0	6.38%
2001	5 807	359.5	6.19%
2002	6 228	332.5	5.34%
2003	6 783	318.1	4.69%
2004	7 379	321.6	4.36%
2005	7 933	352.4	4.44%
2006	8 507	405.9	4.77%
2007	9 008	430.0	4.77%
2008	10 025	451.2	4.50%
2009	11 910	383.1	3.22%
2010	13 562	414.0	3.05%
2011	14 790	454.4	3.07%
2012	16 066	359.8	2.24%
2013	16 738	415.7	2.48%
2014	17 824	430.8	2.42%

资料来源：美国审计署官网。

第二节　美国收入分配差距的现状

1970 年以来，美国社会的收入分配差距近年来呈扩大之势，主要表现在基尼系数不断增大、美国高收入群体收入占比不断增加、美国家庭收入差距扩大和社会收入分配结构发生变化这四个方面。

一、资本利润增长远高于劳动报酬

在国民收入整体增长的环境下,资本利润和工资均有不同幅度的增长,相对而言资本份额的增速要快于工资份额,也就是说资本利润份额的增量要高于工资份额。根据表5.5的数据,1970—2013年,公司利润平均增长率为9.76%,高于职工报酬增长率6.51%。从公司利润对职工报酬的比值由1970年的16.70%到2013年的35.82%不难看出,资本在国民收入分配中获得的份额越来越多。同时,由于管理者的工资不断上涨,同样也挤占了工人工资上涨的空间。

表5.5 1970—2013年美国职工报酬与公司利润对比(单位:10亿美元)

年份	公司利润	职工报酬	公司利润与职工报酬比值
1970	121.6	617.2	19.70%
1979	3 64.3	1 498.3	24.31%
1989	8 59.7	3 131.3	27.46%
2000	1 358.5	5 788.8	23.47%
2005	1 999.1	7 065	28.30%
2010	2 270.3	7 970	28.49%
2013	2 707.4	8 662.9	31.25%

资料来源:美国总统经济报告2015[R/OL].[2020-02-01].https://www.whitehouse.gov/administration/eop/cea/economic-report-of-the-President/2015.

根据《美国总统经济报告2014》的数据,1950—1970年美国工人工资增长率与生产率之间保持着同步的增长,从1970年开始,两者出现增长情况的偏差,并且这一偏差不断增大:生产率依然维持着高速增长状态,而工人工资却陷入了增长停滞状态[1]。这一结论与Mishel等人的研究结论是一致的[2](图5.6),图5.6显示了一个更广泛的衡量收入的方法,叫作每小时补偿金(Hourly Compensation),每小时补偿金包括了所有雇员(包括经理以及非生产型工人)的工资[3]。

---

[1] 美国总统经济报告2014[R/OL].[2020-02-01].https://www.whitehouse.gov/administration/eop/cea/economic-report-of-the-president/2014.
[2] Mishel L. Gee K. F. Why Aren't Workers Benefiting from Labour Productivity Growth in the United States?[J]. International Productivity Monitor 2012(23):31-43.
[3] 科茨.目前金融和经济危机:新自由主义的资本主义的体制危机[J].河北经贸大学学报,2010(1):9—17.

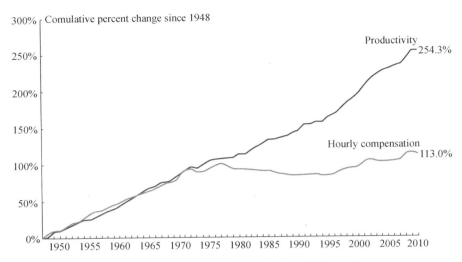

图5.6 美国生产率与工人每小时工资增长率对比

(资料来源:Mishel L., Gee K. F. Why Aren't Workers Benefiting from Labour Productivity Growth in the United States? [J]. International Productivity Monitor, 2012(23): 31-43)

图5.6数据表明,自1948年开始,到20世纪70年代,美国生产率的增长与劳动者获得的每小时补偿金的增长率大体上是同步的,1973年生产率增长2.8%,而补偿增长为2.7%。但20世纪70年代以后,美国生产率的增长超过了每个时期补偿的增长,2000—2007年差距最大。相比较于1948年,2012年美国生产率增长了254.3%,但补偿增长仅为113.1%,这意味着生产率提高所创造的利润大部分流入了资本的腰包。

二、美国基尼系数不断扩大

根据美国统计局的历史记录,从开始统计基尼系数的1947年起到1981年的34年间,美国的基尼系数始终在0.36左右徘徊。但是在1981年里根就任总统之后,基尼系数开始稳步上升,到1990年上升到0.396,2000年达到0.433,直到2012年突破0.45。如图5.7所示,1970年以来,美国社会基尼系数不断上升,1970年美国社会基尼系数为0.394,到1990年上升到0.396,2000年达到0.433,直到2012年突破0.45的警戒线,2013年更是上升到0.478,反映出美国社会当前收入分配差距较大,而且还在不断上升。总部设在英国牛津的慈善组织乐施会(Oxfam)2014年1月20日发表了名为《为少数服务》的研究报告,报告数据显示,美国的贫富差距无论是两极分化的严重程度还是30年来加剧的速度都在发达国家中遥遥领先[1]。保罗·克鲁格曼在纽约时报中文网发表题为《别替美国贫富分化遮丑》的文章称,"在美国,贫富差异的现实状况越来越严峻。自20世纪70年代末以来,在下层的那一半劳动力的实际工资停滞不前,甚至还出现下滑,而顶层那1%却上升了将近三倍(最顶层的0.1%增幅的还要大)。"[2]

图 5.7　1970—2013 年美国社会基尼系数

(资料来源:美国国家统计局[Z/OL]. www. census. gov/hhes/www/income/data/historical/inequality/)

三、美国高收入群体收入占比不断上升

美国社会收入分配差距扩大的另外一个表现是美国社会高收入群体收入占国民收入的比重不断上升。美国加州大学经济学教授 Saez 等人的研究表明,2012 年美国 1% 最富有人群的税前收入已占全国总收入的 19.3%,首次超过了 1927 年 18.7% 的最高点,同时,美国 10% 最富有家庭的收入占据全国总收入的 48.2%,打破之前 1932 年创下的 46.3% 的历史最高纪录[3]。图 5.8 为 Atkinson 等人利用美国税收申报数据计算得出的美国高收入群体收入占国民收入的比重变化的情况[4]。从图 5.8 中我们可以发现,自 1970 年开始美国收

---

[1] 乐施会报告揭示全球贫富差距:最富 85 人财产等于最穷 35 亿人[Z/OL].观察者网[2014-01-21]. http://www.guancha.cn/economy/2014_01_21_201099.shtml.
[2] Krugman P. The War over Pvoerty[N].纽约时报,2014-01-20.
[3] Saez E., Zucman G. Wealth Inequality in the United States since 1913:Evidence from Capitalized Income Tax Data[R]. NBER Working Papers, No. 20625, 2014.
[4] Atkinson T., Piketty T., and Saez E. Top Incomes in the Long Run of History[J]. Journal of Economic Literature, 2011,49(1):3-71.

入最高的1%、1%—5%和5%—10%的群体收入占国民总收入的比重都呈上升趋势,其中收入最高1%的群体收入占国民总收入的比重升高了10个百分比。

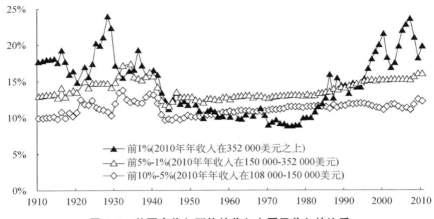

图5.8 美国高收入群体的收入占国民收入的比重

(资料来源:Atkinson, T., T. Piketty and E. Saez. Top Incomes in the Long Run of History[J]. Journal of Economic Literature, 2011, 49(1): 3-71)

四、美国家庭收入差距扩大

美国收入分配差距扩大还体现在美国社会家庭收入差距扩大上。根据"五等分法",美国家庭收入可分为"20%低收入户""20%中低收入户""20%中等收入户""20%中高收入户"和"20%高收入户"。1970年以来,美国家庭"20%高收入户"收入水平不断提高,在2013年该类家庭收入占比已经达到51.0%,相对应的其他四类收入家庭收入水平不断下降(图5.9)。

根据美国加州大学伯克利分校、法国巴黎经济学院和英国牛津大学经济学家的联合研究,2012年美国1%最富有人群的收入占全民年收入的19%以上,在收入"金字塔"中位居前10%的美国人占有全社会总收入的48.2%,这意味着最富有的1%人口占有了美国年度总收入的1/5,最富有的10%人口得到了约50%的年度总收入,收入差距创下1928年以来的最高纪录。而2009—2012年,最富有的1%的美国民众的收入增长了31.4%,剩余99%的美国人收入则仅仅增长了0.4%,这表明在2009—2010年的复苏期,美国1%最富有人将新增财富中的93%收入了囊中[1]。

---

[1] 10%富人占有社会总收入48.2% 美贫富差距创新高[N].人民日报,2013-09-13.

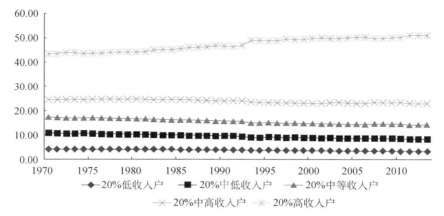

图 5.9 美国"五等分法"家庭收入占比(单位:%)
(资料来源:Wind 资讯全球经济数据库)

第三节 经济金融化与美国收入分配差距的实证分析

本节利用美国的数据来分析经济金融化对美国规模性收入分配差距的影响。首先运用 HP 滤波判断收入分配差距与经济金融化之间是否存在相关关系?然后建立门限回归模型,探究财产性收入占总收入的比重在不同水平层次上时,经济金融化对贫富差距的影响大小,最后通过多元线性回归,进一步研判金融化以及其他控制变量对收入分配差距影响的系数。

一、HP 滤波分析

HP 滤波法是在时间序列经济数据分析中用来分离长期趋势和短期波动而被广泛使用的方法之一,它是由霍德里克和普瑞斯科特提出的。对于给定的原始序列 $\{y_t\}_{t=1}^T$,其由趋势成分 $\{y_t^g\}_{t=1}^T$ 和周期波动部分 $\{y_t^c\}_{t=1}^T$ 两部分组成:

$$y_t = y_t^g + y_t^c \tag{5.1}$$

HP 滤波分离这两部分的方法是,在原始序列二阶差分的平方和不至于太大的约束条件下,最小化原始序列 y_t 与趋势成分 y_t^g 偏离的平方和:

$$\min_{\{y_t^g\}_{t=1}^T} \sum_{t=1}^T (y^t - y_t^g)^2 \tag{5.2}$$

$$\sum_{t=2}^{T-1}[(y_{t+1}^g-y_t^g)-(y_t^g-y_{t-1}^g)]^2\leqslant\mu$$

其中,参数 μ 越小,趋势部分就越平滑。将这一最小化问题写成拉格朗日函数的形式,并令 λ 为拉格朗日乘子。HP 滤波问题转化为,在原始序列 $\{y_t\}_{t=1}^T$ 给定的情况下,选择合适的 $\{y_t^g\}_{t=1}^T$,使得下式达到最小:

$$\sum_{t=1}^{T}(y^t-y_t^g)^2+\lambda\sum_{t=2}^{T-1}[(y_{t+1}^g-y_t^g)-(y_t^g-y_{t-1}^g)]^2 \tag{5.3}$$

本书借助 Eviews 9.0 软件,对 1970—2013 年的基尼系数 gini 和金融化率 fin 进行 HP 滤波。依据 Ravn 和尤 Uhlig 的频幂规则[1],由于本文采用的是年度数据,因而可以设置平滑指数 λ 为 100。运用 HP 滤波,将各变量分解成趋势部分和波动部分,结果分别如图 5.10、图 5.11 和图 5.12 所示,图 5.10 和图 5.11 分别显示出了基尼系数的趋势部分 gini_s 和金融化率的趋势部分 fin_s,图 5.12 显示了基尼系数的波动部分 gini_c 和金融化率的趋势部分 fin_c。

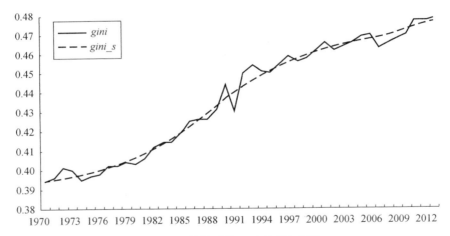

图 5.10 基尼系数 gini 的 HP 滤波

根据图 5.10 和图 5.11,1970—2013 年基尼系数和金融化率呈现出相同的变化趋势:1970 至 20 世纪 90 年代中期,两者快速上升;2000 年以后,上升速度有所放缓。但变化趋势相同并不能表明基尼系数和金融化率之间存在必然的内在联系。为了进一步探究两者之间的关系,本书将基尼系数和金融化率的波动

---

[1] Ravn M. O., Uhlig H. On Adjusting the Hodrick-Prescott Filter for the Frequency of Observations [J]. The Review of Economics and Statistics, 2002,84(2):371-376.

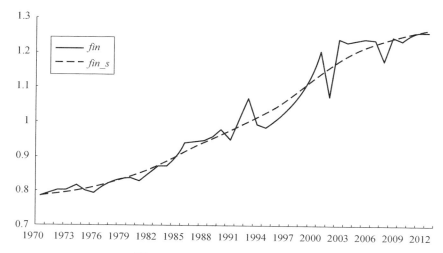

图 5.11　金融化率 fin 的 HP 滤波

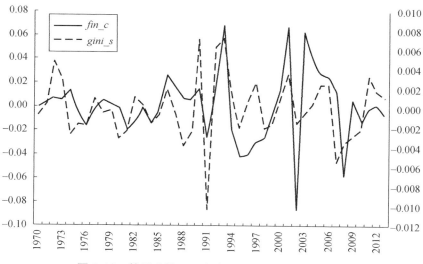

图 5.12　基尼系数 $gini$ 和金融化率 fin 的短期波动

部分进行比较分析。

根据图 5.12，基尼系数和金融化率的短期波动部分相关性较高。当 fin 的波动部分上升时，$gini$ 的波动部分也随之上升；当 fin 的波动部分下降时，$gini$ 的波动部分也呈现出相同的变动方向。由此可见，经济金融化与收入分配差距之间存在正相关性。也就是说，1970 年以来美国不断扩大的贫富差距与日益攀升的金融化率之间有着密切联系。

二、门限回归分析

一般来说,总收入中财产性收入的比重大小不同时,经济金融化对贫富差距的影响大小不同,即经济金融化对贫富差距的影响具有门槛效应。具体地,当财产性收入占总收入的比重较大时,经济金融化程度对贫富差距的影响更大。

如何判断财产性收入比重对经济金融化程度和贫富差距关系的影响呢?首先需要根据财产性收入比重确定门限值,并将样本分为两个子样本。本书采用汉森提出门限回归方法[1],通过引入财产性收入占总收入的比重构造门槛效应,对门限值进行参数估计和检验,并根据门限值将样本划分为两个或多个子样本,每个子样本构造不同的回归方程。计量模型设定如下:

$$\ln(gini) = [\beta_{10} + \beta_1 \ln(fin)] \cdot 1(prop \leq \gamma) + \\ [\beta_{20} + \beta_2 \ln(fin)] \cdot 1(prop > \gamma) + \varepsilon \quad (5.4)$$

其中 $gini$ 为基尼系数,fin 为金融化率,门限变量 $prop$ 为财产性收入占总收入的比重,$1(\cdot)$ 是示性函数,如果括号中的表达式为真,则取值为 1;反之,取值为 0。如果 $\beta_1 > 0$ 且 $\beta_2 > 0$,说明经济金融化与收入分配差距之间存在正相关关系,经济金融化的深入会扩大收入分配差距,二者呈正相关关系。β_{10} 和 β_{20} 分别表示基于两个不同子样本的回归方程的截距项。

变量说明与数据来源:①收入分配差距($gini$),模型中的被解释变量,使用基尼系数来衡量,数据来源为美国经济普查局网站;② 经济金融化程度(fin),我们利用层次分析法计算出 1970—2013 年美国经济金融化指标,数据见本文附录。回归结果如图 5.13 所示:

表 5.6 门限回归结果

子样本	$prop \leq 19.6420$	$prop > 19.6420$
样本数	30	14
$\ln(fin)$	0.3877*** (28.64)	0.5661*** (9.24)
常数项	−0.8311*** (320.88)	−0.8066*** (159.24)
调整 R^2	0.9637	0.9030

---

[1] Hansen B. E. Threshold effects in non-dynamic panels: Estimation, testing, and inference[J]. Journal of Econometrics, 1999, 93(2): 345-368.

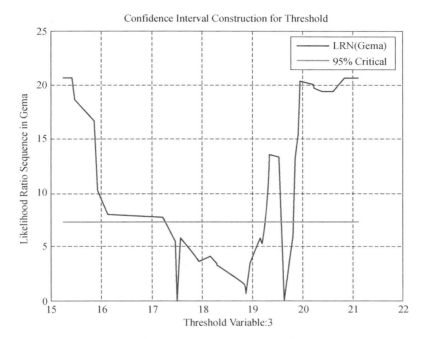

图 5.13　门限置信区间结构图

由于 $\gamma=19.642\,0$,门限回归的结果表明,当财产性收入占总收入的比重低于或等于 19.642% 时,经济金融化水平每提高 1%,基尼系数就提高 0.387 7%;当财产性收入占总收入的比重高于 19.64% 时,经济金融化水平每提高 1%,基尼系数就提高 0.566 1%。

三、引入控制变量的回归分析

1. 模型建立与说明

考虑到影响收入分配差距的其他一些因素,本文引入一些控制变量,借鉴 Clarke 等人(2013)的方法,在原有回归结果的基础上,建立如下的计量模型展开进一步的定量分析：

$$\ln gini = \eta_0 + \eta_1 f(\ln fin) + \eta_i f(\ln cv_i) + \varepsilon$$

其中, cv_i 是控制变量,本书将所有变量均取自然对数,目的是可以缓解异方差和避免多重共线问题。控制变量分别是:①人均国内生产总值(gdp)。在研究经济增长的文献中,经济增长主要用人均 GDP 的指标来衡量,本文采取 $\ln gdp$,用以消除异方差。数据来自美国经济分析局网站。② 价格指数(cpi)。

一般地讲,通货膨胀与收入分配差距是正向相关关系。该控制变量用来消除通货膨胀对于收入分配差距的影响,数据来自美国劳工部网站。③ 教育程度(edu)。每个人的收入水平都与其受教育程度呈正向相关关系,为了消除受教育程度对收入分配差距的影响,本书将受教育程度作为控制变量,指标为受过大学教育的工人占全体工人的比重。数据来自美国劳工统计局。④ 工会力量($union$)。工会力量的强大有利于提高劳资谈判中工人的力量,从而对工人收入水平有着正向的促进作用。本文中,工会力量以工会密度,即工会成员占全体工人的比例来衡量。该数据来自美国劳工统计局。本文数据的时间跨度为1970—2013 年,本文使用各个变量及数据来源如下,数据附录在文后。

2. 平稳性检验

由于不平稳时间序列很可能产生伪回归问题,因此有必要首先对各变量进行单位根检验。检验结果见表5.7。各变量对数的原始序列都是不平稳的,而 $\ln gini$、$\ln fin$ 和 $\ln edu$ 一阶差分序列是平稳的,因此,$\ln gini$、$\ln fin$ 和 $\ln edu$ 是一阶单整的,即是 I(1) 时间序列;$\ln gdp$、$\ln cpi$ 和 $\ln union$ 二阶差分序列是平稳的,所以 $\ln gdp$、$\ln cpi$ 和 $\ln union$ 是二阶单整的,即是 I(2) 时间序列。

表 5.7 ADF 单位根检验结果

变量	检验形式(C,T,L)	t 统计量	5%临界值	结论
$\ln gini$	$(C,T,1)$	-1.655	-3.532	不平稳
$\Delta \ln gini$	$(0,0,1)$	-4.971	-1.950	平稳
$\ln fin$	$(C,T,1)$	-3.157	-3.532	不平稳
$\Delta \ln fin$	$(0,0,1)$	-5.558	-1.950	平稳
$\ln gdp$	$(C,T,1)$	-1.579	-3.532	不平稳
$\Delta\Delta \ln gdp$	$(0,0,1)$	-6.763	-1.950	平稳
$\ln cpi$	$(C,T,1)$	-2.095	-3.532	不平稳
$\Delta\Delta \ln cpi$	$(0,0,1)$	-6.291	-1.950	平稳
$\ln edu$	$(C,T,1)$	-0.489	-3.532	不平稳
$\Delta \ln edu$	$(0,0,1)$	-2.863	-1.950	平稳
$\ln union$	$(C,T,1)$	-1.564	-3.532	不平稳
$\Delta\Delta \ln union$	$(0,0,1)$	-8.339	-1.950	平稳

注:Δ 表示一阶差分;$\Delta\Delta$ 表示二阶差分检验类型中 C,T,L 分别表示检验模型中含有常数项、趋势项和变量滞后阶数,滞后阶数根据 SC 准则确定。

由上分析可知,$\ln gini$、$\ln fin$、$\Delta \ln gdp$、$\Delta \ln cpi$、$\ln edu$ 和 $\Delta \ln union$ 是

同阶单整的。因此,我们可以利用 Johansen 检验判断它们之间是否存在长期稳定关系。Johansen 检验结果见表 5.8。在协整向量个数为 0 个时,迹统计量的值为 97.634,大于 5% 的临界值 94.15;最大特征值统计量的值为 40.299,大于 5% 的临界值 39.37,因而,我们应拒绝不存在协整关系的原假设。在协整向量个数为 1 个时,迹统计量的值为 57.405,小于 5% 的临界值 68.52;最大特征值统计量的值为 23.373,小于 5% 的临界值 33.46,因而,我们不能拒绝存在 1 个协整关系的原假设。这样,综合起来,我们判断协整关系的个数为 1 个。因此 $\ln gini$、$\ln fin$、$\Delta \ln gdp$、$\Delta \ln cpi$、$\ln edu$ 和 $\Delta \ln union$ 这六个变量之间存在长期稳定关系。

表 5.8 Johansen 协整检验结果

协整向量个数	特征根迹检验		最大特征值检验	
	迹统计量	5%临界值	最大特征值统计量	5%临界值
0 个	97.634	94.15	40.229	39.37
1 个	57.405	68.52	23.373	33.46
2 个	34.033	47.21	17.069	27.07
3 个	16.964	29.68	8.560	20.97
4 个	8.405	15.41	5.828	14.07
5 个	2.577	3.76	2.57	3.76

3. 协整检验

由于 $\ln gini$、$\ln fin$、$\Delta \ln gdp$、$\Delta \ln cpi$、$\ln edu$ 和 $\Delta \ln union$ 存在协整关系,因此,我们可以对 $\ln gini$、$\ln fin$、$\Delta \ln gdp$、$\Delta \ln cpi$、$\ln edu$ 和 $\Delta \ln union$ 进行回归分析。利用统计软件 stata12.0,我们得出如下的回归结果:

表 5.9 收入分配差距的回归结果

解释变量	$Coef.$	$Std.Err.$	t	$p>|t|$
$\ln fin$	0.324***	0.019	17.33	0.000
$\Delta \ln gdp$	0.043 2	0.114	0.85	0.403
$\Delta \ln cpi$	0.000 6	0.102	1.80	0.080
$\ln edu$	0.273***	0.054	5.01	0.000
$\Delta \ln union$	−0.047	0.110	−0.42	0.674
$\_cons$	−0.737***	0.015	−48.64	0.000

注:* 表示在 10% 的水平下显著,*** 表示在 1% 的水平下显著。

与门限回归结果相比较,虽然金融化程度的变化对基尼系数影响的系数发生了变化,从 0.387 7 下降到 0.324,但是,金融化对基尼系数影响的方向没有发生变化,系数均为正,而且两次回归分析中,在 1% 的水平下均高度显著,这表明经济金融化对收入分配差距的影响是非常稳健的。

4. 回归结果及主要结论

根据回归结果我们可以得出如下结论:

(1) 经济金融化的系数为正,且在 1% 的水平下高度显著,这说明随着经济金融化的加深,会加重社会收入分配的不公平,经济金融化程度每增加 0.1,会对基尼系数产生 0.324 的正向影响。

(2) 人均 GDP 增长与收入分配差距呈正相关,尽管并不显著,但还是意味着美国经济增长的过程中伴随着收入分配差距的扩大。

(3) 消费价格指数与收入分配的不公平呈正相关,CPI 越高,收入差距越大。

(4) 教育程度的系数为正,且在 1% 的水平下高度显著,这说明受教育水平的提高,会拉大收入分配差距,因为高学历、高技术水平工人工资远高于低学历、低技术水平的工人。

(5) 工会密度与收入分配差距负相关,这表明工会密度的提高有利于降低收入分配差距。

四、主要结论

经济金融化形成了金融资本偏倚型的收入分配模式,金融资本攫取了发展所带来的绝大部分好处,被金融化的普通大众分享的收益有限。金融化的最终结果,将是收入分配的两极分化和社会的断裂与失衡。因此,金融化并未让我们的生活更美好,相反,金融化造成了社会不公平问题越来越突出,经济增长的风险也在不断累积。

罗伯特·希勒曾经在《金融与好的社会》一书中谈道:"社会金融化程度越高,不平等程度越低,原因在于金融本身起到管理风险的作用,对风险的有效管理应该带来降低社会不平等程度的效果。"[1]理论上,金融化会让生活更美好,但美国的经济发展实践否定了这一观点。因为,希勒教授对于金融化的美好愿景的论断是基于三个前提条件:充分的市场信息;使用金融服务的权力人人平等;充分有效的金融市场规制。

---

[1] 希勒.金融与好的社会[M].束宇,译.北京:中信出版社,2012:PⅩⅪ.

在理论上和实践上,这三个假设都是无法得到满足的。即使是自由竞争的市场经济,也会存在信息不对称、不完备、不及时的问题,在金融经济活动中,上述信息问题会导致更加严重的后果,具有信息优势地位的金融资本,会充分利用这一优势而开展掠夺性,而不是共享式的金融活动。

依靠市场力量来引导金融资源配置,不同主体由于资源初始禀赋的差异,获取金融资源的机会一定不会公平,所以,使用金融服务的权力人人平等这一假设更不可能自动实现。

至于充分有效的金融市场规制,金融去监管化本身就是金融化得以推进的重点,相比较于金融消费者,金融机构的垄断地位是非常明显的。垄断金融机构事实上在不断地推动金融自由化,因为,金融自由化更加有利于金融机构的金融创新活动,也就更加有利于金融资本获得更多利润的目标。所以,充分有效的金融市场规制这一前提条件能否实现,取决于政府在金融资本与普罗大众之间如何平衡。

即使我们假设这三个前提条件都能够得到满足,但金融的运行机制是建立在以财富实力为尺度的信用之上的,亦即金融资源配置遵循"货币选票",财富实力越强,则信用越高,杠杆越大,财富占有状况更高的资本所有者,有更多的机会从金融部门获得金融服务,也就有更大的可能性,利用财务杠杆增加未来的收入。而真正缺乏资金的人,其财产占有状况本身就不利,所以,信用等级较差,获得金融资源的能力更小,机会更少,他们通过财务杠杆去提高未来收入水平的可能性就更小。这意味着经济金融化从起点开始就是非常不公平的,金融化条件下"'嫌贫爱富'的资源配置方式必然导致贫富分化的'马太效应'"[1]。

经济金融化的收入分配效应带有很大欺骗性和迷惑性。大部分劳动者由于直接或间接参与了共同基金、养老基金等,似乎工人和资本家一样也都有了资本收入,但这丝毫不能掩盖家庭收入和财富占有的极端不平等性。由于企业经理人激励机制越来越采取股权、股票期权等方式,其收入水平与股票市场密切相关,金融机构和非金融企业的经理人自然而然地结成了追求股东利益最大化的利益联盟,收入分配向金融资本家和企业经理人转移,并构成社会收入分配的"双层资本主义"(Two-Tier Capitalism)塔尖结构。所以,经济金融化带来的是一种金融资本偏倚型的[2]收入分配模式,一定会造成收入和财富分配的不平等状况持续加剧。

---

[1] 任瑞敏.金融化视阈中分配正义的经济哲学追问[J].伦理学研究,2016(1):109—114.
[2] Duménil G., Lévy D. Neoliberal Income Trends[J]. New Left Review, 2004(30):106.

附录：实证分析的原始数据

年份	基尼系数	金融化率	lngdp	cpi	edu	union
1970	0.394	0.787	8.565	38.8	0.695	0.273
1971	0.396	0.796	8.635	40.5	0.689	0.270
1972	0.401	0.802	8.718	41.8	0.704	0.264
1973	0.400	0.804	8.816	44.4	0.708	0.258
1974	0.395	0.816	8.888	49.3	0.711	0.258
1975	0.397	0.800	8.964	53.8	0.713	0.255
1976	0.398	0.794	9.061	56.9	0.716	0.247
1977	0.402	0.815	9.156	60.6	0.717	0.248
1978	0.402	0.829	9.267	65.2	0.718	0.236
1979	0.404	0.834	9.367	72.6	0.725	0.223
1980	0.403	0.839	9.441	82.4	0.732	0.219
1981	0.406	0.830	9.546	90.9	0.737	0.217
1982	0.412	0.848	9.578	96.5	0.746	0.210
1983	0.414	0.872	9.653	99.6	0.748	0.201
1984	0.415	0.871	9.749	103.9	0.752	0.188
1985	0.419	0.896	9.813	107.6	0.759	0.180
1986	0.425	0.940	9.858	109.6	0.762	0.175
1987	0.426	0.944	9.909	113.6	0.772	0.170
1988	0.426	0.947	9.975	118.3	0.776	0.168
1989	0.431	0.958	10.040	124.0	0.779	0.164
1990	0.444	0.980	10.084	130.7	0.782	0.160
1991	0.430	0.950	10.103	136.2	0.786	0.160
1992	0.450	1.005	10.146	140.3	0.790	0.157
1993	0.454	1.070	10.184	144.5	0.793	0.157
1994	0.451	0.994	10.232	148.2	0.797	0.155
1995	0.450	0.985	10.268	152.4	0.791	0.149
1996	0.455	1.003	10.311	156.9	0.791	0.145
1997	0.459	1.030	10.360	160.5	0.794	0.141
1998	0.456	1.052	10.403	163.0	0.789	0.139
1999	0.458	1.086	10.452	166.6	0.787	0.139
2000	0.462	1.132	10.504	172.2	0.783	0.134

(续表)

年份	基尼系数	金融化率	lngdp	cpi	edu	union
2001	0.466	1.207	10.526	177.1	0.768	0.133
2002	0.462	1.072	10.550	179.9	0.766	0.133
2003	0.464	1.240	10.589	184.0	0.762	0.129
2004	0.466	1.231	10.644	188.9	0.765	0.125
2005	0.469	1.233	10.699	195.3	0.768	0.125
2006	0.470	1.242	10.746	201.6	0.770	0.120
2007	0.463	1.238	10.780	207.342	0.766	0.121
2008	0.466	1.176	10.787	215.303	0.752	0.124
2009	0.468	1.247	10.758	214.537	0.735	0.123
2010	0.470	1.237	10.787	218.056	0.734	0.119
2011	0.477	1.253	10.816	224.939	0.730	0.118
2012	0.477	1.263	10.849	229.594	0.728	0.113
2013	0.478	1.261	10.879	233.000	0.727	0.108

第四节 金融化与幻灭的"美国梦"

"美国梦"是一个被世世代代美国人津津乐道的信念,在通行的美国中小学教科书中,"通向财富、荣誉和幸福的道路,向所有人都开放,每个人都可以成为对社会有用的人,只要愿意为之努力,每个人都可以踏上成功之路,成功可以说是唾手可得的。"[1]奥巴马在首任总统任期就职时的演讲强调:"人人平等,人人自由,人人都值得追求幸福。"[2]原美联储主席伯南克认为,"勤奋、才智和创造力,每个人都应该有机会凭这些能力来获得成功。这就是美国奠基于其上的根本原则。"[3]一般认为,机会均等是"美国梦"的灵魂。聪明、勤奋与坚忍不拔是"美国梦"的必要条件,而社会阶层的流动性,尤其是由下层向上层的社会流动是"美国梦"最为显著的特征。

---

[1] Weiss R. The American Myth of Success: From Horatio Alger to Norman Vincent Peale[M]. New York: Basic Books, 1969:33.
[2] Obama B. President Barack Obama's Inaugural Address[N]. ABC News, 2009-01-20.
[3] Bernanke B. S. The Level and Distribution of Economic Wellbeing[Z/OL]//Remarks by Mr Ben S Bernanke, Chairman of the Board of Governors of the U.S. Federal Reserve System, before the Greater Omaha Chamber of Commerce, Omaha, Nebraska.[2007-02-06]. https://www.bis.org/review/r070207a.pdf.

20世纪70年代末80年代初以来,美国经济社会发展的现实让越来越多的人对"美国梦"产生了怀疑。美国前总统奥巴马在讲话中自承,自下而上的社会流动性固化是美国"目前明显的挑战"[1]。哈佛大学政治研究所的一项民意调查中显示,近一半的年轻人不再相信"美国梦"[2]。尽管切蒂等人仍然相信美国的社会流动性没有衰减,美国仍然是一个充满机会的国度[3]。但显然更多的人并不以为然,相反,他们对美国社会的流动性表达了担忧,自20世纪70年代开始,美国社会绝对流动即开始停滞不前,美国梦终将成为泡影[4]。斯蒂格利茨直指,美国已经不再是一个机遇之乡[5]。来自哈佛、斯坦福及加州大学伯克利分校的经济学家组织进行了一项"均等机会计划"(The Equality of Opportunity Project)研究,他们的研究发现,美国社会向上流动的可能性大幅降低,对中产阶级出身的孩子冲击特别大,残酷的贫富差距摧毁了他们的美国梦[6]。赫德里克·史密斯断言美国梦已经变得遥不可及[7]。联合国极端贫困和人权问题特别观察员菲利普·阿尔斯顿认为,"美国梦想"正在迅速变成"美国幻想",因为这个国家的社会流动性以任何西方标准来衡量都非常之低,如果你出身寒门,那么你终将无法摆脱贫困。[8]徐崇温认为,史无前例的贫富差距,使"美国梦"虚幻成神话,经济低迷、失业率高企,中产阶层在痛苦中挣扎,许多人的"美国梦"变成了噩梦[9]。"昂贵的美国梦只能是世界上一小部分人的

---

[1] Hamilton W., Barragan J. Obama's speech to focus on income inequality and social mobility[N]. Los Angeles Times, 2014-01-27.

[2] Dunn J. Is the American Dream dead? Nearly half of young adults no longer believe that 'anyone can make it' in the U.S.[2015-12-11]. http://www.dailymail.co.uk/news/article-3355698/Is-American-Dream-dead-Nearly-half-young-adults-no-longer-believe-make-U.S.html#ixzz54KGHeXSc.

[3] Chetty R., Hendren N., and Kline P., et al. Where is the Land of Opportunity? The Geography of Intergenerational Mobility in the United States[J]. The Quarterly Journal of Economics, 2014, 129(1): 1553-1623. / Chetty R., Hendren N., and Kline P., et al. Is the United States Still a Land of Opportunity? Recent Trends in Intergenerational Mobility[J]. American Economic Review, 2014, 104(5): 141-147.

[4] 帕特南.我们的孩子[M].田雷,宋昕,译.北京:中国政法大学出版社,2017:50.

[5] Stiglitz. J. E. America is no longer a land of opportunity[N]. Financial Times, 2012-06-26.

[6] 该项系列研究报告见该研究计划的官方网站,http://www.equality-of-opportunity.org/。

[7] Smith H. Who Stole the American Dream? [M]. New York: Random House, 2013.

[8] American Dream is Rapidly Becoming American Illusion[R/OL]. UN Rights Expert on Poverty. [2017-12-15]. http://www.ohchr.org/EN/NewsEvents/Pages/DisplayNews.aspx?NewsID=22546&LangID=E.

[9] 徐崇温."美国梦"变成了虚幻的神话——国际金融危机严重冲击了"美国梦"[J].红旗文稿,2012(21):25—30.

梦想"[1]。

一、"美国梦"幻灭的特征事实

1. 美国的阶层分化与中产阶级消亡

长期以来,中产阶级(中等收入阶层)对美国经济体系的稳定和活力意义重大,自1997年以来,每年申请联邦破产的美国家庭数量超过了一百万家。这些家庭大多数都是中产阶级。这引发了一个令人不安的问题:为什么在美国历史上最令人瞩目的繁荣时期,前所未有的美国人遭遇如此严重的经济困难?美国参议员伊丽莎白·沃伦批评美国的中产阶级正在遭受经济上的攻击,多重因素导致这些家庭已经到了财务困境的边缘[2]。不少学者都指出,由于贫富差距不断拉大,美国中产阶级逐渐消失,美国已经变成了一个由少数富裕家庭和大量贫困家庭组成的国度,只有少数家庭尚属于中产阶级家庭[3]。

美国皮尤慈善信托基金会研究中心发布的一份报告显示,被定义为"中等收入"的美国家庭已不足一半,1971年,美国有8 000万被定义为中等收入家庭,另有5 200万属于富有或贫困阶层;现在美国有1.2亿个中产阶级家庭,而富有或贫困家庭却有1.21亿个(美国现在只有3.27亿人,能有2.4亿个家庭吗?请核)。美国中产阶级的家庭收入也在减少。与2000年相比,2014年美国中等收入家庭的中位数收入下降了4%。受2007年开始的席卷美国房贷危机和经济衰退影响,从2001—2013年,美国中等收入家庭的中位数家庭收入下降了28%。同时,美国富人和穷人的人口比例都在扩大,数据显示,2015年,美国的最低收入人口比率为20%,而1971年,美国最低收入人口为16%。到2015年,美国高收入人口比率也从1971年的4%上升至9%[4]。

皮尤研究中心的另一份研究发现,2000—2014年,229个美国大都会地区中的203个都会地区,中等收入家庭比例出现了幅度不同的下降,其中有53个都会区中等收入家庭比重降幅超过6%,降幅最大的是北卡罗来纳州的戈尔兹伯

---

[1] 马静.美国梦?欧洲梦?还是中国梦?——专访中国社会科学院哲学研究所研究员赵汀阳[J].人民论坛,2011(9):34—35。

[2] Warren E. The Vanishing Middle Class[J]. Progressive Populist,2011,17(4):13.

[3] Don P. Can the Middle Class Be Saved?[J]. The Atlantic,2011,308(2):60—77. / Peter Temin. The Vanishing Middle Class: Prejudice and Power in a Dual Economy [M]. Cambridge, Massachusetts:MIT Press,2017.

[4] Pew Research Center. The American Middle Class Is Losing Ground:No longer the majority and falling behind financially.[2015-12-09]. http://www.pewsocialtrends.org/2015/12/09/the-american-middle-class-is-losing-ground/.

勒(Goldsboro),该地区中等收入成年人的比例从2000年的60%下降到了2014年的48%,下降了12个百分点[1]。大多数中产阶级严重缩水的城市为美国历史上的制造业中心,美国传统工业重镇,沦为北美铁锈带(Rust Belt)的各州,特别是密歇根州与印第安纳州的阶层流动性下降问题最严重[2]。

中等收入家庭消亡,少部分进入上层,绝大多数被挤入底层,美国社会已经成为断裂与失衡的社会,身处社会底层的群体通过努力进入上层的难度越来越大、成本越来越高。

2. 美国的阶层固化愈益严重

衡量精英模式的社会流动性指标,其一是绝对流动性指标。一个更重要的标准是相对流动性,特别是代际相对流动性。

从绝对流动性指标来看,一份针对欧洲和北美社会流动性的研究发现,8个发达国家社会流动性的依次排名情况是挪威、瑞典、丹麦、芬兰、加拿大、德国、英国和美国,其中美国的阶层流动性是最差的[3]。

皮尤慈善信托基金会一个针对美国"经济流动性"项目的研究发现,在美国,经济流动性比人们长期以来的想象要低,"在父母处于收入最低的20%阶层的家庭中,42%的孩子依然处在社会底层,而在父母处于收入最高的20%阶层的家庭中,有39%的孩子依然处于最高收入阶层"。只有大约1/3的美国人被列为"向上流动"之列,即他们的经济收入绝对值比父母要高,同时能够登上更高一级的阶层。在父母处于收入最底层的孩子中,只有6%的人上升到了最上层。"在最近30年中,中位数家庭的收入增长与之前的数代人比较起来,出现了显著的下降。这预示着,在未来,人们要想从贫穷向中产阶级移动,或者从中产阶级向顶层移动,会变得更加艰难。根据某些指标来衡量,实际上,美国比很多国家包括加拿大、法国、德国以及大部分斯堪的纳维亚国家的阶级流动性更低。"甚至,"美国人比他们30年前更有可能最终回归到他们出生时的阶层"。[4]

"均等机会计划"的学者们分析了美国人的税务资料,以及美国各州的收入

---

[1] Pew Research Center. America's Shrinking Middle Class: A Close Look at Changes Within Metropolitan Areas[Z].2016-05-11.
[2] Chetty R., Grusky D., and Hell M., et al. The Fading American Dream: Trends in Absolute Income Mobility Since 1940[J]. Science, 2017, 356(6336): 398-406.
[3] Blander J., Gregg P., and Machin S. Intergenerational Mobility in Europe and North America[R]. London: Centre for Economic Performance, London School of Economics, 2005.
[4] The PEW Charitable Trusts Report. Pursuing the American Dream: Economic Mobility Across Generations[R]. The PEW Charitable Trusts, Economic Mobility Project. [2012-07-09]. http://www.pewtrusts.org/~/media/legacy/uploadedfiles/pcs_assets/2012/pursuingamericandreampdf.pdf.

统计，发现 20 世纪 80 年代后出生的美国人，在 30 岁时赚得的薪水，高于自己父母辈同一年纪时薪资的比例只有 50％ 左右，虽然超过了一半，然而 1940 年代出生的美国人，这一比例却将近 90％，意味着当时绝大多数美国人都能过上比父母更好的生活。收入最底层 10％ 的家庭出身的人，因为父母那一辈实在赚得太少，孩子未来收入高于父母、向上流动的机会并没有因为社会大环境的改变而骤减，反观中产阶级出身的人受到的冲击更大，对他们来说"美国梦"真的就是遥不可及的幻梦而已[1]。

从代际流动性指标来看，在一个机会广泛平等的社会中，父母在收入阶梯中的位置理应对他们孩子的位置没有什么影响。根据布鲁金斯学会开展的研究，出生在收入最低的 1/5 家庭的美国人只有 58％ 日后摆脱了这个层次，其中仅有 6％ 进入最上层。数据显示，与有资料可查的其他多数发达国家相比，美国人的前途都更依赖父母的收入和教育水平[2]。巴菲特所言的"卵巢彩票"[3]才是取得成功改变命运的决定性因素。正如社会学家费边·普费弗（Fabian Pfeffer）所言，当今美国的现实是，如果你希望爬上经济阶梯，你的父母亲是谁最重要，天赋、不懈奋斗、鸿鹄之志、勤奋、勇气和一点运气都是必要的，但它们加起来也不敌一个高净值财富的家庭[4]。

3. 美国的社会屏蔽问题突出

切蒂等人的研究发现，代际流动性因个体成长的社区环境不同而存在巨大差异，儿童在向上流动性最强的社区中每生活一年，他们成年后的收入水平将因此较全国平均值高出 0.8％。而在向上流动性最差的社区中每生活一年，将导致儿童成年后的收入降低 0.7％[5]。但随着经济鸿沟不断拉大，在美国，上层阶级的经济权力已经转化成了社会权力，"金权阶层精心设计的私人生活，可以通过许多种方式将他们与其他人区隔开来，让他们自视为高人一等，亦即更加优

---

[1] Chetty R., Grusky D., and Hell M., et al. The Fading American Dream: Trends in Absolute Income Mobility Since 1940[J]. Science, 2017, 356(6336): 398-406.

[2] Joseph E. Stiglitz, Equality of Opportunity, Our National Myth[N]. The New York Times, 2013-02-16.

[3] 施罗德. 滚雪球：巴菲特和他的财富人生（下）[M]. 覃扬眉，丁颖颖，等译. 北京：中信出版社，2009：531.

[4] Smith N. The Myth of Social Mobility: It Pays to Have the Right Parents[N]. Business News Daily, 2012-09-07.

[5] Chetty R., Hendren N. The Impacts Of Neighborhoods On Intergenerational Mobility I: Childhood Exposure Effects[R]. NBER Working Paper Series, Working Paper, No. 23001, 2017. / Chetty R., Hendren N. The Impacts Of Neighborhoods On Intergenerational Mobility II: County-Level Estimates[R]. NBER Working Paper Series, Working Paper, No. 23002, 2016.

雅的种群。"[1]这意味着,优势阶层对弱势阶层的排斥这一社会屏蔽问题越来越突出[2]。

社会屏蔽意味着美国社会壁垒越来越森严的阶级隔离[3],这表现在社区隔离、教育隔离、政治隔离等各个方面。(1)社区隔离。不同的家庭,按照经济收入的不等,居住在互不往来的邻里社区[4];(2)教育隔离。不同财富等级家庭孩子获取教育资源的差异越来越大,富裕家庭的孩子有更多的机会获得从幼儿园到大学不同层次的优质教育。教育隔离不仅体现在学校间、班级间或课堂内,还会影响到他们的朋友网络与其他社会资源[5]。前IMF首席经济学家肯尼斯·罗格夫认为:"富人的孩子可以享受私人教育和课后小灶,而穷人的孩子甚至连学校都进不起,这进一步阻碍了社会流动。"[6](3)政治隔离。政治参与的阶级鸿沟是跨越代际而累积的,因为孩子们从父母那里所继承的不只是社会经济地位,还包括政治参与的意愿和能力。"拥有受过良好教育的富裕家庭,传递给孩子们的优势不只是职场上的成功,还有政治表达的力度。"[7]所以阶级差异就随着代际的轮替而累加。

社会屏蔽的目的即为韦伯所言,保障其参与者获得他所垄断的优势[8],在现代资本主义社会中,资产阶级借助于两大排斥工具——财产制度和专业资格、技术证书制度——实现对社会性和经济性机会垄断,从而建构和维持自己的阶级地位[9]。

社会屏蔽导致了社会割裂和美国社会流动性下降,美国上层阶级代际的延续性越来越显著。上层阶级的基础是以股票、债券和不动产等形式表现出来的

---

[1] Gabriel A. Almond. Plutocracy and Politics in New York City[M]. Colo.: Westview Press, 1998: 108.
[2] 李春玲和吕鹏等将其译为"社会封闭",李强将其译成"社会屏蔽",参见李春玲,吕鹏.社会分层理论[M].北京:中国社会科学出版社.2008:41. / 李强.社会分层十讲[M].北京:社会科学文献出版社, 2008:110.
[3] Fischer C. S., Mattson G. Is America Fragmenting? [J]. Annual Review of Sociology, 2009(35): 435-455.
[4] Bischoff K., Residential Segregation by Income, 1970—2009[M]//in Logan J. (ed.). Diversity and Disparities: America Enters a New Century. New York: Russell Sage Foundation, 2014.
[5] 帕特南.我们的孩子[M].田雷,宋昕,译.北京:中国政法大学出版社,2017:153—215.
[6] 罗格夫.不平等是全球发展最大未知数[N].财经,2011-02-10.
[7] Schlozman K. L., Verba S., and Brady H. E. The Unheavenly Chorus: Unequal Political Voice and the Broken Promise of American Democracy[M]. Princeton, NJ: Princeton University Press, 2012:18.
[8] 韦伯.经济与社会(第1卷)[M].阎克文,译.上海:上海人民出版社,2010:136.
[9] Parkin F. Marxism and Class Theory: A Bourgeois Critique[M]. New York: Columbia University Press, 1979:44,48.

对创收性投资的所有权和控制权,这说明,它既是上层阶级,也是资产阶级[1]。资产阶级通过学校教育、俱乐部生活和其他社会机构,将新成员同化进来,而将其他阶级排斥在外[2]。此即阶层固化,阶层向上流动出现了"玻璃天花板",社会下层向上流动的可能性越来越小、成本越来越高,同时,也有一个"玻璃地板",防止豪门后代滑至底层[3]。阶层固化及社会割裂问题的解决方案是投资于人、教育、就业以及儿童,为他们提供机会,但这不可能在一代人的时间里化解[4]。

4. 美式"金钱民主"导致"美国梦"幻灭

被宣扬为"普世价值"的民主法治一直被美国人视为实现"美国梦"的保障,但是,美国"一人一票"的民主制度已经蜕变成了"一美元一票"的"金钱民主"制度[5]。在和平安宁的时代,有权势的既得利益集团操纵社会,以扩大他们(及其子孙后代)占有的财富份额,权力造就了财富,财富带来了权力,在20世纪初期,美国式的民主国家已经变成了一个由几十个"强盗大亨"主宰的社会[6]。"金钱能买到势力,而由于科技变化等加剧贫富不均的因素,最富的一小群美国人越来越富,最后甚至有了充足的金钱来收买一个政党。"[7]富人变得越来越富有,富可敌国的集团乃至个人已经投入更多的资源,收买政治权力,他们也变得更加善于影响政治过程的各个方面,"对实际政策结果的影响,几乎由收入分配顶层的人士所独享。"[8]下层民众的利益诉求被漠然处置,美国政治学学会组织学者撰写的研究报告认为:"美国公民无法平等地发出他们的声音,也无法保证声音可以得到平等地听取。有权有势者更多地参与政治,他们也更加组织有道,从而更有力地向政府施加压力以满足他们的要求。而政府官员反过来更加愿意回应这些有权有势者的利益诉求,其程度远胜于普通公民和贫困阶层。中低收入群体的声音如喃喃细语,即便能够被听到,冷漠的政府官员们也置若罔

---

[1] 多姆霍夫.谁统治美国:权力、政治和社会变迁(第5版)[M].吕鹏,闻翔,译.南京:译林出版社,2009:161.
[2] 同上书:145.
[3] 奥康纳."玻璃天花板"与"玻璃地板"[N].徐行,译.金融时报,2016-07-08.
[4] Musterd S., Marciczak S., and van Ham, M., et al. Socioeconomic Segregation in European Capital Cities: Increasing Separation between Poor and Rich[J]. Urban Geography, 2017,38(7):1062-1083.
[5] 斯蒂格利茨.不平等的代价[M].张子源,译.北京:机械工业出版社,2016:127.
[6] 麦奎格,布鲁克斯.亿万富翁的舞会:超级富豪如何绑架了世界[M].倪云松,译.北京:东方出版社,2013:3—22.
[7] 克鲁格曼.美国怎么了?——一个自由主义者的良知[M].刘波,译.北京:中信出版社,2008:130.
[8] Gilens M. Inequality and Democratic Responsiveness[J]. The Public Opinion Quarterly, 2005,69(5):778-796.

闻,而有权有势者的政治表达既准确,又能融会贯通,决策者很容易就能听到,而且通常也会照办。"[1]美国政治事实上是"富豪统治的政治"[2],富豪操纵政治权力反过来也确保他们得以积累更多的财富。

第二次世界大战后"福特主义调节模式"的年代(1950—1980年),通过资本与劳动共同分享生产率提高的成果,美国实现了一定程度的平等。这一时期的美国成为一个显著的中产阶级国家,广大的国民分享了经济增长的大部分成果。但美国中产阶级的崛起和中产社会的形成,并不是一个由自由市场力量自发作用带来的结果,而更多的是由于力量平衡发生变化而导致的结果,力量平衡的变化则来自罗斯福新政、工会力量的提高、针对富豪的高累进税等一系列社会政策的出台[3]。随着新自由主义取代福特主义,不平等日益扩大。极端不平等带来的严重问题是,富人对社会资源的控制,不仅损害了国家经济、健康和社会福祉,而且最终关闭了民主之门[4],对于普罗大众而言,也就是对他们关上了"美国梦"的大门。

二、经济金融化是导致美国梦幻灭的直接原因

金融化转型过程中,美国社会不平等、阶层分化和阶层固化加剧,政治平等被破坏,民主的正当性越来越受质疑,"美国梦"的幻灭就在所难免。

1. 金融化导致了收入与财富的两极分化及美国梦的幻灭

金融化导致了美国收入与财富的两极分化,金融垄断资本及金融精英们获取了绝大部分发展红利,财富的分裂折断了美国梦的翅膀[5]。

过去三十多年间美国经济增长的最大成果落入了美国最富有人群(主要由金融资本寡头和经济金融精英组成)的腰包[6]。1980年,金融业利润约占全社会利润总额的17%—18%,2005年,金融业利润占比迅速上升到46%[7]。

---

[1] American Political Science Association Task Force on Inequality and American Democracy. American Democracy in an Age of Rising Inequality[J]. Perspectives on Politics,2004,2(4):651-666.
[2] 克鲁格曼.美国怎么了?——一个自由主义者的良知[M].刘波,译.北京:中信出版社,2008:16—19.
[3] Krugman P. The Conscience of a Liberal[M]. New York:W.W. Norton,2007:7-9,46.
[4] 麦奎格,布鲁克斯.亿万富翁的舞会:超级富豪如何绑架了世界[M].倪云松,译.北京:东方出版社,2013:190.
[5] 宋鸿兵.货币战争5:山雨欲来[M].北京:中信出版集团,2017:第六章.
[6] 克鲁格曼.美国怎么了?——一个自由主义者的良知[M].刘波,译.北京:中信出版社,2008:187.
[7] Smith H. Who Stole the American Dream? [M]. New York:Random House,2013:116.

根据美国国会预算办公室的研究报告,2013年美国初次分配中,最低20%家庭平均收入是8 300美元,占全部收入的2.2%;中下20%家庭平均收入是3.26万美元,占全部收入的7.2%;中等20%家庭平均收入是5.86万美元,占全部收入的12.8%;中上20%家庭平均收入是9.49万美元,占全部收入的20.8%;最高20%家庭平均收入是25.99万美元,其中,最富81%—90%家庭平均收入是14.03万美元,最富91%—95%家庭平均收入是19.53万美元,最富96%—99%家庭平均收入是32.15万美元,最富1%家庭平均收入则高达157.08万美元,最富81%—99%家庭收入占全部收入的41.5%,最富1%家庭收入占全部收入的17.2%,也就是说,最富20%家庭获取了2013年全部收入的58.7%[1]。

乐施会(Oxfam)发布最新报告《请回报劳动,不要酬谢财富》(Reward Work, Not Wealth)称[2],2017年,全球贫富差距进一步扩大。其中,全球最富有的42人共计拥有财富总额14 500亿美元,等于全球最贫困的37亿人所拥有的财富。与此同时,2017年全球82%的财富都流向了最富有的1%的群体。与之前相比较,2016年有61名最有钱的人的财富,相等于全球一半穷人加起来的财富。而在2009年,则是380最有钱的人占全球一半穷人加起来的财富[3]。财富越来越积聚在更少的人手中,换言之,贫富悬殊问题愈益严重了。

根据美国最大的工会组织美国劳工联合会-产业工会联合会(AFL-CIO)发布的年度CEO薪酬观察报告,2014年标准普尔500指数企业CEO年平均薪酬收入为1 350万美元,是普通员工平均收入的373倍,2015年标准普尔500指数企业CEO年平均薪酬收入为1 240万美元,为普通员工平均收入的335倍,2016年标准普尔500指数企业CEO年平均薪酬收入为1 310万美元,是普通员工收入的347倍[4]。金融业从业人员,尤其是精英团队的成员已经成"所有时代收入最高的人。"[5]因此,金融化伴随着实体部门投资积累下降、失业率上

---

[1] CBO's June 2016 report. The Distribution of Household Income and Federal Taxes[Z/OL]. www.cbo.gov/publication/51361.

[2] Diego A., Macías Aymar I., and Lawson M. Reward Work, Not Wealth: To end the inequality crisis, we must build an economy for ordinary working people, not the rich and powerful[Z/OL]. [2018-01-22]. https://policy-practice.oxfam.org.uk/publications/reward-work-not-wealth-to-end-the-inequality-crisis-we-must-build-an-economy-fo-620396.

[3] Oxfam's report. An economy for the 99 percent[R/OL]. [2017-01-01]. http://www.oxfam.org.cn/download.php?cid=141&id=254&p=cbkw.

[4] 美国劳工联合会-产业工会联合会(AFL-CIO)官网[I/OL]. [2017-01-01]. https://aflcio.org/paywatch.

[5] Clark D. Top Hedge Funds Boom Despite Recession[N]. The Guardian(UK),2009-03-25.

升以及工薪阶层收入的长期停滞,一般工人工资停滞的同时,使收入不平等加剧[1]。

收入和财富在顶端人群中的集中度急剧上升,导致美国已经成为一个极其不平等的社会[2]。美国社会不平等是99.9%与0.1%的对立,顶端的0.1%的美国人的收入增长最为强劲,但收入增长最快的是金融界人士[3]。调查数据显示,在最富的0.1%美国人中,美国企业界人士和金融界的高层专业管理人员占60%,其他群体包括6.3%的食利阶层,6.2%是律师,4.0%是房地产商,剩下的23.5%是企业家,然而,企业家群体中真正属于创业者的人只占3.6%,其他均为财富继承者,数据意味着金融巨富及金融精英们已经转到舞台的中央,为自己攫取了更多的权力,以及更大份额的金融回报[4]。

收入不平等的扩大,金融化的影响巨大。金融化使得在当今资本主义国家中,财产性收入成为家庭收入的重要部分。在经济金融化特别是金融创新盛行以来,各类型金融衍生产品不断创新出来,借助于金融衍生产品和杠杆所获取的金融资产收益成为个人收入及企业利润的重要来源。金融寡头本就拥有雄厚的资本,在经济金融化的过程中,借助于"钱生钱"活动,用巨大的泡沫置换有形财富和资产,通过高杠杆以惊人的速度攫取社会财富。

乐施会的数据显示,2016年3月—2017年3月,亿万富豪的人数以史无前例的速度增长。2017年平均每两天就诞生一位亿万富豪。乐施会报告认为,全球范围内亿万富豪诞生的速度如此之快,全球股市的造富效应功不可没。以美股为例,2017年,道琼斯指数在短短12个月时间里连续跨越了五个1 000点关口。全年标准普尔500指数、道琼斯指数和纳斯达克指数分别上涨19.4%、25.1%和28.2%。全球股市兴旺,利率持续处于低水平,都令有钱人愈来愈有钱。在牛市带动下,全球首富的位置也出现了更迭。得益于华尔街牛市,在2017年前10天,亚马逊创始人贝佐斯的财富就激增60亿美元。2017年,贝佐斯身价高达902亿美元,超过微软创始人比尔·盖茨,登顶世界

---

[1] Mishel L., Bernstein J., and Allegreto S. The State of Working America 2006/2007, Ithaca[M]. NY: Cornell University Press, 2007.

[2] 麦奎格,布鲁克斯.亿万富翁的舞会:超级富豪如何绑架了世界[M].倪云松,译.北京:东方出版社, 2013:6.

[3] Bakjia J., Cole A., and Hein B. Jobs and Income Growth of Top Earners, and The Causes of Changing Income Inequality: Evidence From U.S. Tax Return Data[R/OL]. Department of Economics Working Papers. [2012-04-03]. http://web.williams.edu/Economics/wp/Bakija ColeHeimJobsIncomeGrowthTopEarners.pdf.

[4] 麦奎格,布鲁克斯.亿万富翁的舞会:超级富豪如何绑架了世界[M].倪云松,译.北京:东方出版社, 2013:13.

首富。在2017年全年,37亿最贫穷的人的财富,基本上没有增加。自2010年起,亿万富豪的财富每年平均增长13%,比普通工人工资增长快6倍,后者的工资年均增长率仅为2%[1]。无独有偶,全球著名咨询机构波士顿及瑞信研究院的研究报告都强调了金融对于高收入国家即高收入人群迅速增加其财富的重要影响[2]。

美国经济学家加尔布雷思早就指出,一个国家的金融部门越庞大,该国的不平等就越严重,二者之间的联系不是偶然的[3]。"美国最近收入不平等的增加与20世纪20年代的相似,这两个时期,金融行业繁荣,穷苦人民举借大量的金钱,金融危机接踵而至。""最近的全球经济危机根本在于美国金融市场,导致了收入不平衡的加剧。"[4]诺贝尔经济学奖获得者克鲁格曼认为美国收入和财富越来越集中到少数特权精英手中,因此他强烈质疑美国是否还是一个主要由上层和中层两个阶层构成的"中产阶级"社会?他认为,当今美国社会的真实景象是全社会极少数富裕阶层正在日益成为国家主导,极少数富豪插手政治,左右权势,令美国的政治体制严重扭曲,美国社会已经身处险境[5]。

收入与财富的不平等直接导致了美国社会流动性的下降。普林斯顿大学经济学家、奥巴马总统经济顾问委员会主席艾伦·克鲁格(Alan B. Krueger)直指,收入差距的增大与缺乏经济流动性之间存在着强相关性,在OECD发达国家中,美国的收入不平等程度最高,经济流动性最低[6]。

---

[1] Diego A. Macías Aymar I., and Lawson M. Reward Work, Not Wealth: To End the Inequality Crisis, We Must Build an Economy for Ordinary Working People, Not the Rich and Powerful[Z/OL].[2018-01-22]. https://policy-practice.oxfam.org.uk/publications/reward-work-not-wealth-to-end-the-inequality-crisis-we-must-build-an-economy-fo-620396.当然,乐施会的报告也认为,除了股市的推动,企业牺牲工人工资和工作条件、对政府政策制定的过度影响、为了给股东和企业老板最大回报、无限压低企业成本等因素都使得财富精英加速积累财富。
[2] 波士顿咨询公司2016年全球财富报告:Beardsley B., Holley B., and Jaafar M., et al. Global Wealth 2016: Navigating the New Client Landscape[R]. BCG Report,2016-06-15./瑞信研究院2017年全球财富报告.Credit Suisse Research Institute[R/OL]. Global Wealth Report.[2017-09-17].http://publications.credit-suisse.com/tasks/render/file/index.cfm?fileid=12DFFD63-07D1-EC63-A3D5F67356880EF3.
[3] 斯蒂格利茨.不平等的代价[M].张子源,译.北京:机械工业出版社,2013:72.
[4] Berg A. G., Ostry J. D. Equality and Efficiency: Is there a trade-off between the two or do they go hand in hand?[J]. Finance & Development,2011,48(3):12-15.
[5] Krugman P. Oligarchy, American Style[N/OL]. New York Times[2011-11-03]. http://www.nytimes.com/2011/11/04/opinion/Oligarchy-American-Style.html.
[6] Krueger A. The Rise and Consequences of Inequality in the United States[R/OL]. The Center for American Progress[2012-1-22]. https://www.whitehouse.gov/sites/default/files/krueger_cap_speech_final_remarks.pdf.

2. 金融化导致就业两极分化及中产阶级被挤压

关于美国中产阶级的消亡,学者们关注了美国出现的就业极化(Job Polarization)现象。美国劳动力市场越来越两极化,高收入和低收入的职业都迅速增长,而中产阶级的工作正在消失,工资中位数一直停滞不前[1]。旧金山联邦储备银行的研究发现,在经济衰退期间,绝大多数失业都是中等收入的职业,时薪在13.83美元至21.13美元之间的中等收入岗位大量消失,占了总失业的60%,从2010以来,中等收入的职业被低工资的工作大量替代[2],但是,自2010以来,时薪低于13.83美元的低收入就业岗位却增加了58%,与此同时,金融、企业管理、医疗、科技等高收入的就业也增加了[3]。不少研究指出,劳动市场的两极分化,大量中产收入就业被低收入就业替代[4],是导致中产阶级被挤出和中产阶级消亡的一个重要原因[5]。

关于就业极化的原因存在较大的分歧[6],本书认为,就业两极分化是美国经济金融化的必然后果。金融化意味着金融资本攫取巨额利润,食利收入(租金)挤压利润,巨额的资金用于股票价格的操纵和高管激励,导致企业在厂房设备、技术、新产品、人力资源和其他生产要素上的投入严重不足,实体经济增长基

---

[1] Plumer B. Here's where middle-class jobs are vanishing the fastest[N]. Washington Post, 2013-08-27.

[2] Carrillo-Tudela C., Hobijn B., and Visschers L. Career Changes Decline during Recessions[J/OL]. Federal Reserve Bank of San Francisco Economic Letter[2014-03-31]. https://www.frbsf.org/economic-research/files/el2014-09.pdf.

[3] The National Employment Law Project. The Low-Wage Recovery and Growing Inequality[Z/OL]. [2012-08-01]. http://www.nelp.org/content/uploads/2015/03/LowWageRecovery2012.pdf.

[4] Tüzemen D., Willis J. The Vanishing Middle: Job Polarization and Workers' Response to the Decline in Middle-Skill Jobs[J]. Economic Review, 2013, 25(4):325-328.

[5] Boehm M. J. Has job polarization squeezed the middle class? Evidence from the allocation of talents[R]. CEP Discussion Paper No 1215, May 2013.

[6] 关于就业极化的原因存在较大的分歧,一些主流经济学者(Autor and Dorn, 2013)认为,劳动力市场两极化,以及中产收入职位的消失,是技术进步带来的,是自由市场机制发挥作用的结果;但大多数学者并不认同这一观点。诺奖获得者斯蒂格利茨(Stiglitz, 2015)、美国经济政策研究所的比文斯(Bivens, 2013)、米歇尔等人(Mishel et al., 2013)均认为,技术驱动的两极分化并不足以解释过去十年停滞不前的中间工资,新自由主义经济政策变化的累积效应——工会式微、贸易自由化、最低工资的下降、寻租等政治因素——才是导致就业两极分化的重要原因。参见:Autor D., Dorn D. The Growth of Low-Skill Service Jobs and the Polarization of the U. S. Labor Market[J]. American Economic Review, 2013,103(5):1553-1597. Stiglitz J. E. The Origins Of Inequality, And Polocies To Contain It[J]. National Tax Journal, 2015, 68 (2):425-448. / Bivens. Ignoring Cheap Ways to Boost Middle-Class Living Standards[2013-08-26]. http://www.epi.org/blog/ignoring-cheap-ways-boost-middle-class-living./Mishel L., Schmitt J., and Shierholz H. Don't Blame The Robots: Assessing the Job Polarization Explanation of Growing Wage Inequality[R]. Economic Policy Institute, Working Paper, 2013-11-19.

础被破坏,资本流入金融业追逐高额利润,金融、律师、会计师、企业管理人员,以及医疗、高科技等高收入就业增加,相反,实体经济尤其是制造业中对劳动者的需求减少,制造业中等收入的就业大幅减少。

此外,为满足金融资本追逐更多利润的需要,新自由主义的政策应运而生,反映在劳动力市场上,就是,弹性就业、就业碎片化、去工会化和就业全球化,导致美国国内蓝领工人处于更加不利的境地,低收入就业增加。

3. 金融化导致过度市场化,造成美国梦的基础更脆弱

为满足金融资本攫取巨额利润的需要,金融资本利益集团推动社会政策的巨大变革,住房、就业、公共卫生和基本医疗、教育、养老,甚至基本社会保障等基本公共服务被市场化。个人(或家庭)越来越被卷入到金融体系中,个人(或家庭)被迫进入资本市场借助于金融工具来获取基本公共服务,个人(或家庭)负债不断增加,债务负担日益沉重。金融企业的业务结构和利润结构转向以个人业务为主,各类金融机构通过新的金融产品或服务获取巨额利润,而这些金融利润是来自劳动者和其他人的个人收入,消费驱动演变为事实上的"金融掠夺"[1],这也进一步导致了中产阶级被挤出。不仅如此,金融机构还将消费信贷合约开发成各类结构化金融衍生产品,投放到金融市场中,在交易过程中,金融机构不仅获取大量的佣金收入,还通过衍生品价格涨落的投机活动赚取巨额利润。

过度市场化造成中产家庭的债务膨胀,也导致美国梦的基础更为脆弱。苏立文等人分析了美国数以千计破产案件的法庭记录和人口统计数据,以及债务人对他们破产原因的深刻描述,发现,对于许多中产阶级美国人来说,家庭债务负担沉重,中产阶级家庭财务基础十分脆弱,大多数中产阶级家庭面临着威胁,几乎任何挫折——失业、离婚和家庭不稳定、医疗保健的有形和无形成本、住房负担以及债务等——都可能是灾难性的[2]。

4. 金融资本精英操控政权,"金钱民主"导致美国梦幻灭

金融垄断资本主义腐朽性的表现之一就是资本利益集团玩弄民主的游戏。恩格斯在1891年指出:"正是在美国,同在任何其他国家中相比,'政治家们'都构成国民中一个更为特殊的、更加富有权势的部分。在这个国家里,轮流执政的

---

[1] Lapavitsas C. Financialised Capitalism: Crisis and Financial Expropriation [J]. Historical Materialism, 2009 (17): 114 - 148. / Paulo L. dos Santos. On the Content of Banking in Contemporary Capitalism Historical Materialism, 2009(17):1-34. / Lapavitsas C., Paulo L. dos Santos. Globalization and Contemporary Banking: On The Impact of New Technology [J]. Contributions to Political Economy, 2008(27):31-56.

[2] Sullivan T. A., Warren E., and Westbrook J. L. The Fragile Middle Class: Americans in Debt[M]. New Haven: Yale University Press, 2020.

两大政党中的每一个政党,又是由这样一些人操纵的,这些人把政治变成一种生意,拿联邦国会和各州议会的议席来投机牟利,或是以替本党鼓动为生,在本党胜利后取得职位作为报酬。""他们轮流执掌政权,以最肮脏的手段用之于最肮脏的目的,而国民却无力对付这两大政客集团,这些人表面上是替国民服务,实际上却是对国民进行统治和掠夺。"[1]

金融化导致资本主义民主变成金钱民主,政党、政治、政策被金融资本利益集团操控,金融精英利用其影响力和一整套的制度安排,直接塑造了便利财富大量积累的政治制度。其中最重要的内容就是金融自由化,即放松对金融市场中利润丰厚的投机活动的管制,金融自由化的一个关键进程就是废止《斯蒂格尔法案》。金融自由化的最终结果是,金融资本家和金融业精英获取了巨额财富,但普罗大众承担了大部分的金融风险和金融崩溃的最终成本[2]。

金融精英推动形成了一系列有利于保护其财产和税收的制度。比如,对冲基金和私募基金经理享受"附带权益"——支付非常低的税率,他们收入中的一个重要部分是作为资本收益进行处理,税率为15%,而不是纳入固定收入(税率是35%)[3]。斯蒂格利茨曾猛烈抨击资本收益税收优惠待遇的荒谬:"为什么对那些收入来源于华尔街赌场的人的税率较低,而对那些通过其他方式赚钱的人的税率更高。"[4]不仅不公平,而且产生了扭曲的效应,这也引起了学术界对于"罗宾汉悖论"的思考[5]。

还有自遗产税产生以来,关于其存或废的争议一直不断。反对的声音主要来自家财万贯的富豪,他们把遗产税戏称为"死人税",意指联邦税收连死人都不放过。富豪们一直不遗余力地试图推动消灭遗产税。卡农报告说,富豪们用政治捐款收买政治家,单是18个极其富有的家族,为废除这个税种,就贡献了超过5亿美元[6]。2017年特朗普税改方案原本计划取消遗产税,虽然在最终方案

---

[1] 马克思恩格斯选集(第3卷)[M].北京:人民出版社,1995:12.

[2] 麦奎格,布鲁克斯.亿万富翁的舞会:超级富豪如何绑架了世界[M].倪云松,译.北京:东方出版社,2013:71.

[3] 此即为什么巴菲特说,他的税率比秘书支付的税率低,比接待员和清洁工支付的税率低。Bawden T. Buffett Blasts System That Lets Him Pay Less Tax Than Secretary[N]. The Times(London),2007-06-28.

[4] Stiglitz J. Scarcity in the Age of Plenty[N]. The Guardian (UK),2008-06-15.

[5] 所谓"罗宾汉悖论",就是越是不公平的社会,越是更少采用有利于低收入群体的再分配政策,来改变收入分配不公平的问题。参见 Lindert P. H. Three Centuries of Inequality in Britain and American[M]// in Atkinson A. B., Bourguignon (eds.). Handbook of Income Distribution, Vol. 1, North Holland: Elsevier, 2000:167-216.

[6] Caron P. L. The Cost of Estate Tax Dithering[J]. Creighton Law Review, 2010(43):637-646.

中未被取消,但豁免额翻倍[1]。

2008年次贷危机爆发后,华尔街的大多精英成功地保护甚至加强了其金融地位。金融资本利益集团利用其影响力,赢得了4.7万亿美元的巨额的紧急援助。精英们挫败了加税的企图。撤销了对于数以百万计的普通美国人的福祉至关重要的法案,还不能接受任何对金融机构的监管[2]。所以,被称作"里根经济学之父"的里根政府白宫预算办公室主任大卫·斯托克曼撰文批评,2008年的救市方案充分体现出了美联储屈服于权贵资本主义的命令那一卑鄙可怜的面目,救助行动仅仅证明了权贵资本主义的胜利[3]。

金融精英们还主导全社会形成了一个纵容贪婪的文化与社会风气,精英们与学界、政客、媒体发动攻势,通过一整套手法,劝说公众,让公众相信和接受巨富们获得巨额收入根本就不是一个问题,这是自由市场经济运行的结果,是公平合理的,比如曼昆教授就发文为1%最富人群辩护,认为担忧收入分配不平等,尤其是顶层的1%人群的收入增长是杞人忧天[4]。金融精英操纵国家货币和财政政策,便利金融资本对公司乃至家庭的财富进行疯狂的掠夺,最终留给美国公司和家庭的是数十万亿美元的沉重债务,这些金融交易推动的股市上涨,本身没有增加任何国家财富,这些交易也根本没有提高经济效益、增加就业机会或改善公司的管理水平[5],但自由派经济学家们却极力证明这是自由市场规律发挥作用的结果。

---

[1] 1935—1981年美国遗产税是累进的,面对巨额的财富转移,适用最高税率是70%,在1981年最高税率适用于超过1 200万美元的遗产,2001年小布什推动国会通过了《经济增长与税收救济协调法》,这一法案同时减轻了中产阶级和富人在遗产税上的负担:个人豁免从2001年的67.5万美元升至2002年的100万美元,最高税率则从55%降至50%,到2013年个人豁免为525万美元,最高税率则在连续下降十几年后,由2012年的35%增长到2013年的40%,到2009年,豁免水平提高到350万美元,税率也下降至统一的45%。在2010年美国遗产税被废除,为期1年,2011年遗产税复归,免税额是500万美元(对于家庭来说是1 000万美元),税率统一为35%。2014年个人豁免额为534万美元,按照40%的税率征税,2017年为549万,遗产税统一为40%,特朗普税改新政后,保留了遗产税,但豁免额翻倍,财产分别在1 098万美元和2 200万美元以下的个人和夫妻不需缴纳遗产税。
[2] 麦奎格,布鲁克斯.亿万富翁的舞会:超级富豪如何绑架了世界[M].倪云松,译.北京:东方出版社,2013:189.
[3] 斯托克曼.资本主义大变形[M].张建敏,译.北京:中信出版社,2014:47.
[4] Mankiw N. G. Defending the One Percent[J]. The Journal of Economic Perspectives, 2013, 27(3): 21-34.
[5] 法雷尔.强盗银行家:能源、金融与精英统治的世界[M].章程,章莉,译.南京:译林出版社,2014:403,409,413.

第六章
经济金融化与中国收入分配差距的实证分析

一些统计数据和现象让中国经济金融化问题初露端倪,2013 年中国企业500 强中,268 家制造企业创造利润 4 382.4 亿元,还不及五大国有商业银行利润总和的 57%,这一数据同样显露出经济金融化的特征[1],2013 年爆发的"中国式钱荒"也显露出"经济金融化"部分特征,并且是初级"经济金融化"的特征[2]。经济金融化问题应引起我们的足够重视。

第一节 中国经济金融化的主要特征

2013 年 6 月的"中国式钱荒"显露出金融化的特征,"中国式钱荒"所表现的只是金融机构及庞大的"影子金融"[3]的大量占款,金融投机盛行。金融机构和"影子金融"用短期资金去支撑长期资产,严重依赖银行间同业拆借来支撑长

---

[1] 报告显示 268 家制造企业创利不及 5 家银行的 57%[N].人民日报,2013-09-02.
[2] 刘春玉,陈波.经济金融化与"中国式钱荒"[J].理论导刊,2014(8):91—94.
[3] 所谓影子银行,2011 年 4 月金融稳定理事会(FSB)的定义是:"银行监管体系之外,可能引发系统性风险和监管套利等问题的信用中介体系。"在欧美国家,影子银行主要是围绕证券化推动的金融创新工具的资金周转。2008 年金融风暴以前,北美市场衍生品未平仓价值约 16.4 万亿美元,相当于 2007 年美国 GDP 的 1.4 倍。金融衍生品的迅速膨胀和扩张,是 2008 全球金融风暴的重要原因。中国各类"金融衍生品"交易规模,尚无公开的准确统计数据。根据摩根大通银行提供的数据,中国影子银行的规模约为 5.86 亿美元,约占国内生产总值的 69%。参见:世界银行.中国影子银行催生金融不稳定[Z/OL].中国经济网,[2013-06-18].https://finance.qq.com/a/201306/8/016570.htm.而根据金融稳定委员(FSB)的最新估计,2016 年末中国狭义的直接影子信贷(包含信托贷款、委托贷款、P2P 贷款)规模大约占 GDP 的 31.9%;加上对最终借款人的间接影子信贷,即广义影子信贷,2016 年最终借款人总体影子信贷占 GDP 的 54.8%。Ehlers T., Kong S., and Zhu F. Mapping shadow banking in China: structure and dynamics[R]. BIS Working Papers No. 701, February 2018.

期的资金业务。通过同业拆借,如果可以很低成本从其他金融机构快速获得大量资金,再通过杠杆投资和期限错配,那么这些资金可以帮助其在影子银行一类的市场上获得较高的收益。只要安排好到期资金筹划,通过循环往复的交易,就可以套取可观的利差。这种银行资金的"空转",说明一些金融机构在实体经济投资方向缺乏动力,而热衷于金融市场的"金钱游戏",社会融资越来越多地被用于追逐短期的投资收益,流向房地产、地方政府融资平台,而非促进经济的持续发展。金融投机也引导和刺激了民间资本流向投机,表现为炒房、炒艺术品、炒古董、炒普通商品(如大蒜、绿豆、普洱茶等)、民间"高利贷"等。

金融衍生产品的创新不足,以简单的投机逐利为主要特征,正是基于这一点,本书认为"中国式钱荒"显露出的只是初级阶段"经济金融化"的特征。值得重视的是,不论金融改革如何展开,不论民间金融如何发展,若大量资金不能进入实体经济,却不断卷入金融投机的"黑洞",中国将重蹈日本等国经济持续萎靡的旧辙,中国经济30多年来的高速增长将付之东流[1]。中国经济的金融化主要表现在四个方面。

一、金融部门支配地位凸显

1. 金融部门规模迅猛扩张

根据国家统计局颁布的《国民经济行业分类与代码》显示,金融业主要由货币金融服务、资本市场服务、保险业以及其他金融活动四个子行业组成,同时金融部门由银行业、证券业、保险业和其他金融活动四个子部门组成。在表6.1中,列示了2008年全球金融危机发生以后金融部门主要行业或者公司资产规模变化,主要数据来源于《中国金融年鉴》、中国银行业、保险业和证券业监督管理委员会相应年份的报告,及中国证券业协会的证券公司经营报告。从表6.1中可以知道,金融部门主要行业或公司的资产规模逐年递增,从2009年的84.07万亿元攀升到2016年的253.19万亿元,年平均增长17.08%,反观同一时期规模以上的工业企业资产年平均增长仅为12.01%,金融部门成为助推"后金融危机时代"经济增长的核心。进一步地细看,银行业资产规模由2009年的78.8万亿元增长到2016年的232.3万亿元,年平均增长实现16.73%,始终维持在金融部门的"航母"地位;保险业资产规模2009年的4.06万亿元增长到2016年的15.1万亿元,年平均增长达到20.69%,进而成为全球第三大保险业市场;证券公司资产规模由2009年的1.21万亿元不断增长到2016年的5.79万亿元,

---

[1] 郝一生."钱荒"背后的金融黑洞[J].财经,2013(19):100—101.

年平均增长28.87%,在金融部门中扩张的步伐最快。此外,鉴于相关数据的不可完全获取,如期货公司、基金管理公司(私募、公募)等证券行业内的公司资产规模无法列示,但是从2015年的统计数据来看,期货公司的总资产为4 745.98亿元,基金管理公司的投资规模达到8.40万亿元,认缴规模4.05万亿元。

表6.1 金融部门主要行业或公司资产规模(单位:万亿元)

	2009年	2010年	2011年	2012年	2013年	2014年	2015年	2016年
银行业	78.8	95.3	111.5	133.7	151.4	172.3	199.3	232.3
保险业	4.06	5.05	6.01	7.35	8.29	10.2	12.4	15.1
证券公司	1.21	1.38	1.57	1.72	2.08	4.09	6.42	5.79
总计	84.07	101.73	119.08	142.77	161.77	186.59	218.12	253.19

资料来源:根据历年的《中国金融年鉴》的数据整理。

1995年,中国GDP总量为61 339.9亿元,金融增加值占中国GDP的比重为5.2%,FIRs部门增加值占GDP比重为9.1%;此后金融业占GDP的比重,以及FIRs部门增加值占GDP比重均一路上扬,2015年中国GDP的676 708亿元的总量,金融增加值占中国GDP的比重在2015年已经达到8.5%左右,在2014年约7.32%的水平上继续增长,FIRs部门增加值占GDP比重也高达14.6%(表6.2)。

表6.2 1995—2015年中国金融业占GDP比重情况

年份	GDP(亿元)	金融业增加值(亿元)	房地产业增加值(亿元)	金融业增加值占GDP比重	房地产业增加值占GDP比重	中国FIRs部门增加值占GDP比重
1995	61 339.9	3 209.7	2 354	5.2%	3.8%	9.1%
1996	71 813.6	3 698.3	2 617.6	5.1%	3.6%	8.8%
1997	79 715	4 176.1	2 921.1	5.2%	3.7%	8.9%
1998	85 195.5	4 314.3	3 434.5	5.1%	4.0%	9.1%
1999	90 564.4	4 484.9	3 681.8	5.0%	4.1%	9.0%
2000	100 280.1	4 836.2	4 149.1	4.8%	4.1%	9.0%
2001	110 863.1	5 195.3	4 715.1	4.7%	4.3%	8.9%
2002	121 717.4	5 546.6	5 346.4	4.6%	4.4%	8.9%
2003	137 422	6 034.7	6 172.7	4.4%	4.5%	8.9%
2004	161 840.2	6 586.8	7 174.1	4.1%	4.4%	8.5%
2005	187 318.9	7 469.5	8 516.4	4.0%	4.5%	8.5%
2006	219 438.5	9 951.7	10 370.5	4.5%	4.7%	9.3%

(续表)

年份	GDP（亿元）	金融业增加值（亿元）	房地产业增加值（亿元）	金融业增加值占GDP比重	房地产业增加值占GDP比重	中国FIRs部门增加值占GDP比重
2007	270 232.3	15 173.7	13 809.7	5.6%	5.1%	10.7%
2008	319 515.5	18 313.4	14 738.7	5.7%	4.6%	10.3%
2009	349 081.4	21 798.1	18 966.9	6.2%	5.4%	11.7%
2010	413 030.3	25 680.4	23 569.9	6.2%	5.7%	11.9%
2011	489 300.6	30 678.9	28 167.6	6.3%	5.8%	12.0%
2012	540 367.4	35 188.4	31 248.5	6.5%	5.8%	12.3%
2013	595 244.3	41 191	35 987.6	6.9%	6.0%	13.0%
2014	643 974	46 665.2	38 000.8	7.2%	5.9%	13.1%
2015	676 708	57 500	41 308	8.5%	6.1%	14.6%
2016	743 585.5	61 121.7	48 190.9	8.2%	6.5%	14.7%
2017	827 122	65 749	53 851	7.9%	6.5%	14.5%

资料来源：1995—2016年数据来自《中国统计年鉴》，其中2017年的数据来自国家统计局发布的《2017年四季度和全年国内生产总值(GDP)初步核算结果》。
注：中国FIRs部门指金融业加房地产业。

从2005年开始，我国金融业增加值占GDP比重持续上升，2008年超过日本，2013年超过美国，2015年更是达到历史性的8.5%——即使从20世纪40年代开始回溯，美国和日本的金融业增加值占比也从未达到过这个数值。

无论是从金融部门的资产规模总量来看，抑或从金融行业或公司的资产增长速度来看，金融作为重要的社会资金配置枢纽，在国民经济体系中的地位日趋提升。同时，传统意义上的金融本源是服务实体经济良序发展的重要推手，倘若金融部门的规模膨胀建立在实体部门扩大化再生产的基础之上，其反映的实质是两个部门的协同关系。但是，经济运行中揭示的特征事实并非如此，根据图6.1、图6.2所呈现的国内生产总值(GDP)、规模以上工业企业和金融部门的资产规模对比情况，以及两者的资产增长率对比情况，可以初步地判断金融部门存在与实体经济部门脱节的迹象，非传统意义上的金融异化正在悄然发生。这些金融异化的特征事实包括：

（1）金融部门资产规模背离现实经济规律快速扩张。现实经济规律架构于供给端和需求端两侧，即如果供给超过需求则代表"供过于求"，从而市场价格下降；如果需求超过供给则代表"供不应求"，从而市场价格上升。然而，近年来金融部门资产规模的快速扩张并未如期带来资金成本的下降，依照《中国社会融资

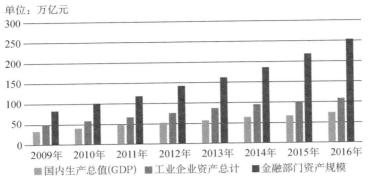

图 6.1　GDP、工业企业、金融部门的规模对比

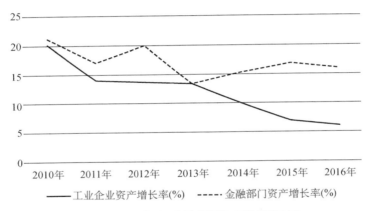

图 6.2　工业企业、金融部门资产增长率对比

环境报告》的数据显示,截至 2017 年末,中国社会的平均利率成本为 7.16%,假若加上各种手续费、评估费、招待费等,平均融资成本将超过 8%,中小企业的融资成本更是将超过 10%。在金融部门资产规模不断攀升的背景之下,资金"供不应求"的假象出现原因何在？这与资金供给端(金融部门)在资本市场的垄断地位密不可分,即依靠社会闲裕资金配置的决定权,以追求资金运作的利润最大化为目标,尽可能地提高资金回报率,进而实现资产规模掠夺式扩张。

(2) 金融部门资产规模脱离实体经济发展快速扩张。如图 6.1 所示,2009 年金融部门与工业企业资产规模之比为 1.7,但是这一比例到 2016 年则上升为 2.3；与此同时,资产规模差额也由 2009 年的 34.7 万亿元增加到 2016 年的 144.6 万亿元,金融部门脱离实体经济独立运行的表征较明显。又如图 6.2 所示,金融部门与工业企业的资产增长率在 2010 年基本保持一致,分别为 21.01% 和 20.09%,然而从 2011 年开始逐渐与实体经济的下行趋势相分离,尤其是在 2013 年以后,当工业企业的资产增长率不断下降之时,反观金融部门的资产增长率却不降反升,维持较高水平的扩张速度。虽然实体经济活动受到国际、国内多个因素的影响,但不置可否的是金融部门资产规模的无序增长,已经主动脱离实体经济独立运行。截至 2016 年末,两个部门的资产增长率敞口接近 10%,金融部门对社会各领域的利益掠夺效应逐渐显现。

2. 金融行业利润不断增加

随着金融业的迅猛发展,金融业获利水平也大幅增加。有人认为,仅凭金融部门资产规模扩张与实体经济部门的不一致,就断定存在金融部门对社会的利益掠夺,甚至非传统意义上的金融异化,显然是缺乏充分的说服力。原因在于:一方面金融行业属于第三产业类别,其本身就具备从其他产业吸纳资本要素的能力,王勋和 Johansson(2013)认为资源会伴随着经济增长从工业部门不断流入服务业部门,其中包括金融部门;另一方面,发展中国家普遍存在的金融抑制性政策导致资源配置效率的长期低下(张杰,2015),进而需要规模的扩大化来弥补经济运行中对资金的需求。因此,进一步地探讨在社会利益分配中金融部门与实体部门的相对份额尤为重要,这既是对现有质疑的有力反驳,也是判断金融异化的关键依据。与表 6.1 的资产规模变化情况相对应,在表 6.3 中列示了 2009—2016 年金融部门主要行业或公司净利润变化,数据来源与表 6.1 的一致。可以知道,金融部门的净利润实现年平均增长 17.34%,从 2009 年的 8 140 亿元连续增加到 2015 年的 2.53 万亿元,虽然在 2016 年稍微回落到 2.42 万亿元,但这一数值仍高于 2014 年的净利润水平。具体来看,银行业净利润在资产规模不断扩张的支撑下实现较快地增长,由 2009 年的 6 680 亿元增加到 2016 年的 2.1 万亿元,年平均增长达到 18.46%,在 2016 年占金融部门净利润总额的 85.1%,是金融部门净利润贡献的主要来源;不过,保险业和证券公司净利润均在 2016 年出现下滑,其中保险业净利润下降 800 亿元,证券公司净利润下降 1 210 亿元。即使这样,保险业和证券公司的净利润依然相比 2009 年实现正向的增长,分别从 530 亿元和 930 亿元增加到 2016 年的 2 000 亿元和 1 230 亿元。

表 6.3 金融部门主要行业或公司净利润(单位:亿元)

	2009 年	2010 年	2011 年	2012 年	2013 年	2014 年	2015 年	2016 年
银行业	6 680	8 990	12 500	15 100	17 400	19 300	20 100	21 000
保险业	530	610	490	580	1 000	1 900	2 800	2 000
证券业	930	780	400	330	440	966	2 440	1 230
总计	8 140	10 380	13 390	16 010	18 840	22 166	25 340	24 230

资料来源:根据历年的《中国金融年鉴》的数据整理。

从国民经济核算的数据来看(表6.4),在初次分配企业部门的总收入中,1992年非金融企业初次分配总收入4 463.5亿元,占企业部门总收入的比重为87.9%,金融机构初次分配总收入617.14亿元,占比为12.1%,金融企业与非金融企业初次分配总收入之比为0.14∶1,在20世纪90年代,非金融企业的总收入情况增长较快,占比份额也在不断扩大,但从2001年开始,趋势发生变化,金融企业获得的收入增长更快,其所占的份额不断上升,2012年金融部分收入所占份额达到17.6%,金融企业与非金融企业初次分配收入之比为0.21∶1。

在再分配中也呈现出相同的变化趋势。1992年非金融企业再分配总收入3 287.5亿元,占企业部门总收入的比重为92.3%,金融机构再分配总收入272.84亿元,占比为7.7%,金融企业与非金融企业再分配总收入之比为0.08∶1,在20世纪90年代,非金融企业的总收入情况增长较快,占比份额也在不断扩大,但从2001年开始,金融企业获得的收入增长更快,其所占的份额不断上升,2012年金融部门收入占比达到17.6%,金融企业与非金融企业再分配收入之比为0.21∶1。

从进入美国《财富》杂志全球500强企业中的中国企业的情况来看,从2010年开始,上榜企业中的实体经济企业利润总额占比呈现出不断下降趋势,2010年实体企业利润总额占比42.63%,金融企业利润总额占比57.37%,2016年公布的实体经济企业利润总额占比已经下降到38.36%,金融企业利润总额占比则上升到61.64%(表6.5)。2016年财富世界500强中国大陆方面共有99家企业上榜,最能挣钱的5家公司里,中国的银行占了4家。最能赚钱的企业是美国苹果公司,2015年实现净利润533.9亿美元。中国的四大国有银行紧随其后,占据了2—5名。中国上榜的99家企业共实现净利润3 109.8亿美元,其中6家保险公司和综合金融企业合计净利润222.1亿美元,其他83家非金融大企业,合计净利润1 051.1亿美元。10家银行的合计净利润占到99家大企业净利润总和的近6成,而83家非金融类企业,包括中石油、中石化、中海油等三大石油公司,国网和南网两大电网公司,移动、联通、电信等三大电信企业,五大电力企业(华电、国电、大唐、华能、国电投等五大电力企业),上汽、一汽、东风、广汽、吉利、北汽等六个汽车集团,航天科技、航天科工、船舶重工、船舶工业、电子科技、航空工业等八个军工集团,还有华为、联想、美的、万科等民营大企业,都难以匹敌。

从2015年净利润数据来看,1个工商银行的利润相当于4个国家电网、6.5个中石油、7.5个华为、10个中海油、11个中信集团、12.5个中石化、15个万科、25个中国电信、40个绿地集团、50个中航工业集团、110个宝钢、311个沙钢的利润。银行和非银行的"利润鸿沟"可见一斑。

表 6.4 1992—2013 年金融与非金融企业的初次分配和再分配收入情况(单位:亿元;%)

年份	非金融企业初次分配总收入	金融机构初次分配总收入	两部门的初次分配收入比	非金融企业收入占比	金融企业收入占比	非金融企业可支配总收入	金融企业可支配总收入	两部门可支配收入比	非金融企业收入占比	金融企业收入占比
1992	4 463.5	617.14	0.14	87.9	12.1	3 287.5	272.84	0.08	92.3	7.7
1993	6 384.35	738.73	0.12	89.6	10.4	5 194.95	398.53	0.08	92.9	7.1
1994	8 479.23	689.28	0.08	92.5	7.5	7 069.78	425.72	0.06	94.3	5.7
1995	10 869.02	696.1	0.06	94.0	6.0	9 187.96	430.88	0.05	95.5	4.5
1996	10 741.42	781.05	0.07	93.2	6.8	8 494.31	598.31	0.07	93.4	6.6
1997	12 820.39	430.55	0.03	96.8	3.2	10 280.86	287.74	0.03	97.3	2.7
1998	12 882.79	606.53	0.05	95.5	4.5	10 605.09	472.27	0.04	95.7	4.3
1999	14 005.23	558.54	0.04	96.2	3.8	11 136.99	450.75	0.04	96.1	3.9
2000	18 529.9	794.4	0.04	95.9	4.1	17 152.7	517.6	0.03	97.1	2.9
2001	21 617.7	1 504.5	0.07	93.5	6.5	19 327.2	1 254.4	0.06	93.9	6.1
2002	23 666.5	2 027.7	0.09	92.1	7.9	21 313.6	1 927.5	0.09	91.7	8.3
2003	27 132.3	2 944.7	0.11	90.2	9.8	24 339.1	2 866.9	0.12	89.5	10.5
2004	36 979.3	3 071.9	0.08	92.3	7.7	33 246.7	3 075.6	0.09	91.5	8.5
2005	41 532.2	3 494.2	0.08	92.2	7.8	36 987.9	3 100.7	0.08	92.3	7.7

(续表)

年份	非金融企业初次分配总收入	金融机构分配总收入	两部门的初次分配收入比	非金融企业收入占比	金融企业收入占比	非金融企业可支配总收入	金融企业可支配总收入	两部门可支配总收入比	非金融企业收入占比	金融企业收入占比
2006	48 192.6	5 223.9	0.11	90.2	9.8	42 687.1	4 303.4	0.1	90.8	9.2
2007	61 525.5	6 824.4	0.11	90.0	10.0	54 208	5 284.5	0.1	91.1	8.9
2008	74 609.2	9 476.5	0.13	88.7	11.3	65 450.9	7 106.2	0.11	90.2	9.8
2009	73 275.2	10 894.4	0.15	87.1	12.9	64 171.1	8 405.7	0.13	88.4	11.6
2010	83 385.8	14 582.5	0.17	85.1	14.9	72 069.2	13 206.5	0.18	84.5	15.5
2011	94 853.9	17 358.6	0.18	84.5	15.5	78 990.5	15 179.2	0.19	83.9	16.1
2012	97 023.5	20 753	0.21	82.4	17.6	78 875.9	16 855.4	0.21	82.4	17.6
2013	120 826	19 865.8	0.16	85.9	14.1	100 204.4	14 963.2	0.15	87.0	13.0
2014	137 142.3	21 909.3	0.16	86.2	13.8	116 262.3	15 932.8	0.13	87.9	12.0
2015	135 612.6	30 227.4	0.22	81.8	18.2	113 178.2	22 662.3	0.20	83.3	16.7

资料来源:1992—1996年数据来源于《中国统计年鉴1999》资金流量表(实物交易);1997年数据来源于《中国统计年鉴2000》资金流量表(实物交易);1998年数据来源于《中国统计年鉴2001》资金流量表(实物交易);1999年数据来源于《中国统计年鉴2002》资金流量表(实物交易);2000—2009年数据来源于《中国统计年鉴2012》资金流量表(实物交易);2010—2011年数据来源于《中国统计年鉴2013》资金流量表(实物交易);2012年数据来源于《中国统计年鉴2014》资金流量表(实物交易);2013年数据来源于《中国统计年鉴2015》资金流量表(实物交易);2014年数据来源于《中国统计年鉴2016》资金流量表(实物交易);2015年数据来源于《中国统计年鉴2017》资金流量表(实物交易)。

表 6.5　2010—2016 年世界 500 强企业中国企业利润情况表

年份	类别	营收(百万美元)	利润(百万美元)	利润占比
2010	金融行业	428 747	68 151	57.37%
	实体经济	1 489 578	50 651	42.63%
2011	金融行业	507 651.6	95 438.1	54.50%
	实体经济	2 365 772	79 675.7	45.50%
2012	金融行业	620 470.9	106 508.1	51.86%
	实体经济	3 322 917	98 852	48.14%
2013	金融行业	859 427.1	151 943.3	58.25%
	实体经济	4 328 821	108 907.9	41.75%
2014	金融行业	1 139 899	200 299	64.33%
	实体经济	4 997 261	111 055.4	35.67%
2015	金融行业	13 671	236 900	63.87%
	实体经济	20 612	133 982	36.13%
2016	金融行业	1 505 418	212 035.4	61.64%
	实体经济	4 717 583	131 951.7	38.36%

资料来源:根据美国《财富》杂志历年发布的世界 500 强企业数据整理和计算得出。

中国上市公司的财务数据显示,金融业上市公司和房地产上市公司的利润总额、平均利润和平均利润率等指标处于不断上升之势,相比较而言,实体经济上市公司,尤其是制造业上市公司的利润总额、平均利润和平均利润率等指标则呈现出不断下降的态势。2015 年金融业上市公司利润总额 2.073 万亿元,平均利润 383.92 亿元,平均利润率 36.79%;房地产上市企业利润总额 0.165 万亿元,平均利润 12.822 亿元,平均利润率 13.83%;实体经济上市企业利润总额 1.227 万亿元,平均利润 4.557 亿元,平均利润率 5.41%;制造业上市企业利润总额 0.506 万亿元,平均利润 2.792 亿元,平均利润率 5.41%(表 6.6)。

表 6.6　1993—2015 年中国不同类型上市公司的利润情况

年份	上市金融企业			上市房地产企业			制造业上市公司		
	利润总额(万亿元)	平均利润(亿元)	平均利润率(%)	利润总额(万亿元)	平均利润(亿元)	平均利润率(%)	利润总额(万亿元)	平均利润(亿元)	平均利润率(%)
1993	0.001	0.840	29.49	0.006	0.925	5.34	0.013	0.661	14.12
1994	0.001	0.910	15.49	0.008	0.979	7.71	0.024	0.763	14.09
1995	0.002	1.143	15.25	0.006	0.639	17.76	0.028	0.746	12.11
1996	0.003	1.793	21.20	0.006	0.637	16.99	0.035	0.818	11.59

(续表)

年份	上市金融企业			上市房地产企业			制造业上市公司		
	利润总额（万亿元）	平均利润（亿元）	平均利润率（%）	利润总额（万亿元）	平均利润（亿元）	平均利润率（%）	利润总额（万亿元）	平均利润（亿元）	平均利润率（%）
1997	0.003	1.693	20.40	0.007	0.646	15.58	0.047	0.907	11.49
1998	0.003	1.484	19.01	0.006	0.560	13.04	0.045	0.809	10.10
1999	0.004	1.627	17.68	0.007	0.595	13.15	0.051	0.872	9.94
2000	0.015	5.846	17.54	0.008	0.691	12.71	0.056	0.889	8.87
2001	0.016	5.863	12.36	0.006	0.510	9.22	0.042	0.605	5.85
2002	0.024	5.848	11.89	0.006	0.513	7.81	0.053	0.756	6.05
2003	0.098	21.681	14.46	0.006	0.591	7.60	0.094	1.230	7.83
2004	0.184	37.487	22.00	0.006	0.454	4.97	0.123	1.432	7.48
2005	0.236	45.470	24.83	0.008	0.671	7.36	0.120	1.297	5.83
2006	0.325	61.373	26.40	0.016	1.297	11.30	0.189	1.776	6.92
2007	0.671	124.311	36.48	0.037	2.901	18.27	0.309	2.337	8.46
2008	0.589	109.112	28.43	0.039	3.090	17.98	0.207	1.363	4.79
2009	0.798	147.689	36.61	0.061	4.854	22.45	0.293	1.821	6.60
2010	1.028	190.427	38.04	0.077	6.128	21.68	0.471	2.930	7.59
2011	1.257	232.751	38.83	0.091	7.131	21.27	0.563	3.106	7.29
2012	1.432	265.146	38.80	0.115	8.897	19.93	0.446	2.459	5.60
2013	1.653	306.184	39.88	0.134	10.399	18.32	0.526	2.902	5.99
2014	1.864	345.170	38.76	0.138	10.693	16.43	0.551	3.038	5.92
2015	2.073	383.920	36.79	0.165	12.822	13.83	0.506	2.792	5.41

资料来源：根据 Wind 系统的中国上市公司年度财务报表数据计算得出。

在利润总额、平均利润额和平均利润率三项指标上，金融业上市公司及房地产上市企业都完胜实体经济上市企业，制造业上市公司的这三项数据更加显示出制造业企业的盈利状况远不如金融类和房地产类企业，以 2016 年中报为准，A 股 2 917 家上市公司中，有 763 家上市公司的半年净利润不足 1 500 万元，占比达到 26.16%，而这一报价不过是北上广市区一套位置较为优越、稍具品牌优势的商品房而已。截至 2016 年 9 月 28 日，2016 年共有 73 家公司发布房产交易公告，其中包括出售或处置房产、转让房产、购买及投资性房产、涉及房产的关联交易、房产抵押等，用卖房从而实现减亏甚至保壳的效果。

3. 金融行业就业人数增加

随着金融业持续快速发展，金融从业人员数量也因此不断增长，虽然相较于

2007年以来年均7%的增速,2012、2013年金融从业人员增速有所放缓,降至4.45%和1.91%。但在政策利好和金融创新刺激下,2014年增速迅速回升至5.28%,金融业从业人员总数达到566.3万人。证券行业人员总量呈逐年增长态势。特别是在2015年市场成交量巨大、新业务不断拓展的情况下,行业对于人才需求较大。其中,证券公司总部人员的增长速度高于证券公司整体(含分支机构)。从全行业来看,2015年证券行业人员总数达到310 288人,较2014年增长56 987人,同比增长22.5%。

4. 金融行业平均工资水平最高增速最快

金融行业力量加强,还体现在金融行业从业人员工资收入的增加上。金融业获取的利润水平不断上升,金融业工资收入也水涨船高,从而也吸引大量的人才进入金融部门就业。

表6.7 中国金融业平均工资水平情况

年份	城镇单位就业人员平均工资(元)	金融业城镇单位就业人员平均工资(元)	金融业平均工资与全国平均水平之差(元)	金融业平均工资与全国平均水平之比
2003	13 969	20 780	6 811	1.49
2004	15 920	24 299	8 379	1.53
2005	18 200	29 229	11 029	1.61
2006	20 856	35 495	14 639	1.70
2007	24 721	44 011	19 290	1.78
2008	28 898	53 897	24 999	1.87
2009	32 244	60 398	28 154	1.87
2010	36 539	70 146	33 607	1.92
2011	41 799	81 109	39 310	1.94
2012	46 769	89 743	42 974	1.92
2013	51 483	99 653	48 170	1.94
2014	56 360	108 273	51 913	1.92

从表6.7中可以看出,中国金融业从业人员的平均工资水平远远高于全国平均水平,而且差额呈现不断上升的趋势,从2011年开始,金融业从业人员的平均工资水平几乎高达全国平均水平的两倍。根据国家统计局发布的2015年平均工资数据,全国城镇非私营单位平均工资为62 029元,全国城镇私营单位就业人员年平均工资为39 589元,在非私营单位中,年平均工资最高的行业是金融业114 777元,首次突破11万元,为全国平均水平的1.85倍,是最低行业平

均工资水平的 3.59 倍。2015 年平均工资最低的三个行业分别是农、林、牧、渔业 31 947 元,住宿和餐饮业 40 806 元,水利、环境和公共设施管理业 43 528 元,这三个行业年平均工资分别为全国平均水平的 52%、66% 和 70%。

相比之下,传统制造业和建筑业平均工资增长放缓,2015 年全国城镇非私营单位就业人员年平均工资同比名义增长 10.1%,其中制造业年均工资同比增长 7.7%,增幅回落 2.9 个百分点;建筑业同比增长 6.7%,增幅回落 2.1 个百分点。根据中国 A 股上市公司 2015 年报披露数据,金融业各家公司人均年薪,证券业人均薪酬 74.99 万元,保险业人均薪酬 17.32 万元,银行业人均薪酬 15.90 万元。中国 FIREs 部门就业情况详见表 6.8。

表 6.8 中国 FIREs 部门就业情况

时间	城镇单位就业人员（万人）	金融业城镇单位就业人员（万人）	房地产业城镇单位就业人员（万人）	金融业(不含房地产)就业占比	金融业(含房地产)就业占比	金融业(不含房地产)就业增长率	金融业(含房地产)就业增长率
2003	10 969.7	353.3	120.2	3.2%	4.3%	—	—
2004	11 098.9	356	133.4	3.2%	4.4%	0.8%	3.4%
2005	11 404	359.3	146.5	3.2%	4.4%	0.9%	3.4%
2006	11 713.2	367.4	153.9	3.1%	4.5%	2.3%	3.1%
2007	12 024.4	389.7	166.5	3.2%	4.6%	6.1%	6.7%
2008	12 192.5	417.6	172.7	3.4%	4.8%	7.2%	6.1%
2009	12 573	449	190.9	3.6%	5.1%	7.5%	8.4%
2010	13 051.5	470.1	211.6	3.6%	5.2%	4.7%	6.5%
2011	14 413.3	505.3	248.6	3.5%	5.2%	7.5%	10.6%
2012	15 236.4	527.8	273.7	3.5%	5.3%	4.5%	6.3%
2013	18 108.4	537.9	373.7	3.0%	5.0%	1.9%	13.7%
2014	18 277.8	566.3	402.2	3.1%	5.3%	5.3%	6.2%

资料来源:根据《中国统计年鉴 2015》数据计算得出。

5. 金融部门在交易市场中的资金空转

马克思认为,社会劳动生产的总剩余价值将在执行不同职能的资本家间进行分割,其中土地所有者获得地租,产业资本家和商业资本家获得生产利润和贸易利润,如果资本家有向货币资本家(金融部门)贷款,则要将地租和利润转化为利息"让渡"给货币资本家。不过,现代金融部门的利润由利息、股息以及资本利得等收益共同构成,这类收益产生过程的金融特征规定了金融利润的本质和来源(张雪琴,2015)。如果金融部门利润的源泉是实体经济进一步发展的结果,则为正常的"让渡利润";如果是凭借市场垄断的地位,在收入和利润分配中对个人、家庭和其他资本家的利益掠夺,则为异化的"剥夺利润"(Lapavitsas,2009)。无论怎样,正常的"让渡利润"或异化的"剥夺利润"都必须建立在实体经济存在利润增长空间的基础上,但在2012年、2014年和2015年,金融部门在工业企业净利润零增长甚至负增长的条件下[1],仍然保持着较高的净利润增长率,这又如何解释?马克思为此提供了资本运动的另外一种形式,"在生息资本上,资本关系取得了它的最表面和最富拜物教性质的形式。在这里,我们看到的是$G-G'$,是生产更多货币的货币,是没有在两级间起中介作用的过程而自行增殖的价值"[2]。换言之,这种资本运动新形式抛弃了$G-W-G'$的资本运动一般形式,没有生产过程和流通过程作为中介,以至于货币创造更多的货币,即金融部门在交易市场中的资金空转。那么,资金空转作为资本的自我创造源泉而脱离实体经济独立存在,也成为金融异化的又一个特征事实。

现实经济博弈中,金融部门不仅取得了总剩余价值分配的决定权,而且确立了金融市场的相对独立性,其中部分工具和产品成为资金空转的主要承载形式,包括银行票据承兑、信托理财等表外业务,这类业务资金并未进入实体部门的生产和流通领域,而是在银行账户上来回空转。当然,除了银行表外业务存在资金空转以外,另一种形式的资金空转则潜伏在资产证券化之中。所谓的资产证券化(Asset-backed Securities,ABS)是指以基础资产未来所产生的现金流为偿付支持,通过设计结构化的方法来实现信用增级,进而发行资产支持证券的过程。在1970年,美国首次发行以抵押贷款组合为基础资产的房贷转付证券后,资产证券化作为金融创新工具不断衍生和蜕变,形成广义资产证券化(Generalized Asset-backed Securities,GABS)。广义资产证券化又是指某一资产或者资产组合采取证券资产价值形态运营的方式,包括实物资产证券化、现金资产证券化、信贷资产证券化和证券资产证券化等基本类型。这些资产证券化类型通过某种结构化流程实现金融部门内的资本再分配,不仅采用单一的资产证券化形式,而且存在多种资产证券化类型嵌套的形式,如实物与信贷资产的证券化、信贷与证券资产的证券化等。图6.3是银行端资产证券化交易结构,即银行将债权转让给某个特殊目的机构(Special Purpose Vehicle,SPV),这个特殊目的机构可以是银行子公司,也可以是信托基金,还可以是证券公司的某类资产管理计划,其作用是购买债

---

[1] 2012年、2014年和2015年的工业企业利润增长率为0.84%、−0.33%和−2.89%;同期的金融部门利润增长率为19.57%、17.65%和14.32%。
[2] 马克思.资本论(第3卷)[M].北京:人民出版社,2004:440.

权资产汇集成资产池。然后,经过担保机构的信用增级以及评级机构的信用评级,将资产池产生的现金流作为支撑在金融市场上发行有价证券融资。最后,由原始债务人向专门服务人(银行)归还的本息来清偿所发行的有价证券。

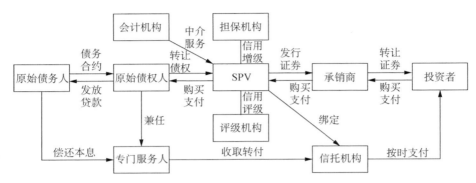

图 6.3　银行端资产证券化交易结构

在银行传统的"发起—持有"贷款模式中,各种信贷资产长期占据资产负债表的左端,一方面存在资产负债期限不匹配的风险,导致某段时间银行流动性短缺;另一方面也不利于"食利者"[1]提高资本的周转速度,从借贷市场中攫取更多的利益。因此,银行贷款模式向"发起-分销"的资产证券化模式转变,其本质目的是将银行的非流动性资产转换为流动性资产,以便满足企业生产的资金需求和更好地服务于实体经济发展,但是在实际中却给金融市场埋下了巨大的隐患。美国 2007 年爆发的次贷危机后来蔓延为全球经济危机,究其根源就是基于资产证券化的金融衍生品泡沫,在泡沫缓慢变大的过程中,金融部门不断挣脱来自实物生产扩大和实体资本扩充的束缚,针对次级信贷的资产证券化创造出信用违约互换(CDS)、债务担保凭证(CDO)等系列的金融衍生品。这些金融衍生品不仅远离和背离实体经济的运行规律,而且成为在金融部门内资金空转的对赌工具,参与交易风险要素以及收益要素的进一步分割和重组。资产证券化基础上的"再证券化"或"再再证券化"给急需攫取更多利益的食利者们提供了多样化的投资选择,也为异化后的金融部门提供了资金空转的肥沃土壤,这个特征性事实间接地造成实体经济部门融资成本的高居不下。截至 2015 年,国内金融机构共发行 198 单信贷资产支持证券,累计金额 7 825 亿元,余额 5 311 亿元,并且当年发行 104 单,金额 3 987 亿元,同比增长 1 237 亿元。上述统计数据告诉我们:资金空转的金融异化已经发生。

---

[1]　Crotty 和 Epstein(1996)将食利者定义为通过持有金融资产而非经营生产性资产获得收入的人群。

二、中国各类债务规模不断攀升

2007年金融海啸后,中国债务/GDP一路攀升,根据国际清算银行估计,截至2017年第3季度,中国非金融部门债务总额为31.05万亿美元,相当于GDP的256.8%(表6.9和表6.10)。尽管这个比率低于美日欧等成熟市场经济国家。然而,经济学家们表示,中国的债务增长速度极高,2010年底这一比率是179.9%,而在2008年这一比率还仅为141.3%,这引发了全球的关注。

中国债务规模扩大背后重要原因之一是非金融类公司的借款增多,其中就包括房地产开发商。2010年中国的企业负债占GDP之比为120.7%,截至2017年第3季度,这一比率高达162.5%,中国已经是全球企业债务/GDP比最高的国家之一。

表6.9 中国社会杠杆率情况(单位:%)

时间	非金融部门信贷总额/GDP	政府负债/GDP	家庭负债/GDP	非金融企业负债/GDP	私人非金融部门负债/GDP	私人非金融部门偿债比率	信贷比率缺口
2006-03-31	146	26.3	11.5	108.2	119.7	12.7	−4.8
2006-06-30	146.8	26.1	10.8	109.8	120.7	13	−4.3
2006-09-30	145.3	25.9	10.8	108.5	119.4	13.1	−6
2006-12-31	143	25.7	10.8	106.5	117.3	12.8	−8.2
2007-03-31	145.9	26.9	18.4	100.6	119	13.1	−6.8
2007-06-30	147.5	27.9	18.9	100.7	119.6	13.3	−6.5
2007-09-30	147.4	28.7	19.4	99.3	118.7	13.7	−7.6
2007-12-31	144.9	29.3	18.8	96.8	115.6	13.4	−10.7
2008-03-31	144.7	28.5	18.8	97.4	116.1	13.6	−10.2
2008-06-30	143.1	27.8	18.6	96.7	115.3	13.5	−11
2008-09-30	142	27.3	18.4	96.4	114.7	13.2	−11.5
2008-12-31	141.3	27.1	17.9	96.3	114.2	11.7	−11.9
2009-03-31	156.6	29.2	18.9	108.4	127.3	13.1	0.6
2009-06-30	168.4	31.3	20.5	116.6	137.1	14.1	9.2
2009-09-30	174.8	33.2	22.4	119.3	141.6	14.5	12.5
2009-12-31	177.8	34.5	23.5	119.9	143.3	14.7	12.8
2010-03-31	180.8	34.4	25.6	120.9	146.4	15	14.4

(续表)

时间	非金融部门信贷总额/GDP	政府负债/GDP	家庭负债/GDP	非金融企业负债/GDP	私人非金融部门负债/GDP	私人非金融部门偿债比率	信贷比率缺口
2010-06-30	182.7	34.2	26.7	121.9	148.6	15.2	15
2010-09-30	182.4	33.9	27.1	121.3	148.5	15.2	13.5
2010-12-31	181.6	33.7	27.2	120.7	147.9	15.5	11.5
2011-03-31	181.9	33.6	27.6	120.6	148.2	15.8	10.5
2011-06-30	181.5	33.5	27.9	120	148	16.1	9
2011-09-30	179.9	33.4	27.9	118.6	146.5	16.1	6.4
2011-12-31	181.1	33.5	27.7	119.9	147.6	16.2	6.3
2012-03-31	184.6	33.6	27.9	123	150.9	16.6	8.5
2012-06-30	187.5	33.9	28.4	125.3	153.7	16.7	9.8
2012-09-30	191.4	34.2	29.3	128	157.3	16.7	11.9
2012-12-31	194.6	34.4	29.7	130.6	160.3	17	13.3
2013-03-31	201.7	35.1	30.7	135.8	166.5	17.7	17.7
2013-06-30	205.7	35.9	32	137.8	169.8	18.1	19
2013-09-30	209.5	36.6	32.9	140	172.9	18.4	20.1
2013-12-31	211	37.2	33.1	140.7	173.8	18.4	18.9
2014-03-31	216.6	38	34	144.6	178.6	19	21.5
2014-06-30	221	38.7	34.8	147.5	182.3	19.4	22.9
2014-09-30	222.6	39.4	35.3	147.9	183.2	19.5	21.5
2014-12-31	225.7	40.2	35.7	149.9	185.6	19.2	21.5
2015-03-31	230.4	40.6	36.4	153.4	189.8	19.4	23.3
2015-06-30	233.8	40.9	37.3	155.6	192.9	19.1	23.9
2015-09-30	237.7	41.3	38.2	158.2	196.4	19.1	24.8
2015-12-31	243.3	41.7	38.8	162.7	201.6	19.3	27.2
2016-03-31	248.8	42.6	40	166.2	206.2	19.8	28.9
2016-06-30	251.9	43.4	41.7	166.9	208.5	20	28.2
2016-09-30	253.7	44.1	43.3	166.4	209.6	20	26.4
2016-12-31	255.3	44.5	44.4	166.4	210.8	20.1	24.7
2017-03-31	256.2	45.2	45.6	165.5	211.1	20.1	22.3

(续表)

时间	非金融部门信贷总额/GDP	政府负债/GDP	家庭负债/GDP	非金融企业负债/GDP	私人非金融部门负债/GDP	私人非金融部门偿债比率	信贷比率缺口
2017-06-30	256.2	45.8	46.9	163.5	210.4	20	19
2017-09-30	256.8	46.3	48	162.5	210.5	20	16.7

资料来源：国际清算银行官方网站。

截至 2017 年第 3 季度，中国非金融部门债务总额 310 476.06 亿美元，是 2010 年第 3 季度(107 596.15 亿美元)的 2.89 倍，年均复合增长率 19.32%；中国政府债务总额是 55 976.81 亿美元，是 2010 年第 3 季度(20 023.31 亿美元)的 2.8 倍，年均复合增长率 18.69%；中国非金融企业债务总额 196 440.8 亿美元，是 2010 年(71 564.93 亿美元)的 2.74 倍，年均复合增长率 18.33%；中国家庭债务总额 58 058.45 亿美元，是 2010 年第 3 季度(16 007.91 亿美元)的 3.63 倍，年均复合增长率 23.95%；中国私人非金融企业负债总额 254 499.25 亿美元，是 2010 年第 3 季度(87 572.83 亿美元)的 2.91 倍，年均复合增长率 19.46%；中国私人非金融部门银行贷款总额 190 294.56 亿美元，是 2010 年第 3 季度(75 377.59 亿美元)的 2.52 倍，年均复合增长率 16.69%。各类负债的年均复合增长率均远高于同期的 GDP 增长率。中国的经济增长债务驱动型的特征非常明显。2010 第 3 季度，每创造一个单位的 GDP 需要 1.824 个单位的信贷，截至 2017 年第 3 季度，中国的总债务相当于 GDP 的 256.8%，每创造一个单位的 GDP 需要 2.568 个单位的新增信贷。这意味着新增信贷与 GDP 增长的转化机制越来越失效。

表 6.10 中国负债情况表(单位：10 亿美元)

时间	对非金融部门信贷总值	政府负债总额	家庭负债总额	非金融企业负债总额	私人非金融部门负债总额	私人非金融部门银行贷款总额	间接融资占比
2006-03-31	3 535.130	637.002	277.778	2 620.349	2 898.127	2 737.900	94.5%
2006-06-30	3 708.660	659.878	273.884	2 774.898	3 048.782	2 864.908	94.0%
2006-09-30	3 859.107	688.932	287.996	2 882.179	3 170.175	2 969.831	93.7%
2006-12-31	4 008.383	719.357	304.038	2 984.988	3 289.026	3 068.111	93.3%
2007-03-31	4 340.046	799.879	545.991	2 994.176	3 540.167	3 301.383	93.3%
2007-06-30	4 689.585	886.854	600.575	3 202.156	3 802.731	3 537.895	93.0%

(续表)

时间	对非金融部门信贷总值	政府负债总额	家庭负债总额	非金融企业负债总额	私人非金融部门负债总额	私人非金融部门银行贷款总额	间接融资占比
2007-09-30	5 014.540	975.256	660.060	3 379.224	4 039.284	3 736.017	92.5%
2007-12-31	5 343.056	1 080.070	694.781	3 568.206	4 262.987	3 910.959	91.7%
2008-03-31	5 837.102	1 151.781	757.311	3 928.010	4 685.321	4 283.450	91.4%
2008-06-30	6 200.056	1 205.613	806.805	4 187.637	4 994.442	4 534.786	90.8%
2008-09-30	6 422.080	1 233.991	830.803	4 357.287	5 188.090	4 672.240	90.1%
2008-12-31	6 605.806	1 266.061	837.417	4 502.329	5 339.746	4 772.047	89.4%
2009-03-31	7 427.677	1 387.710	896.998	5 142.969	6 039.967	5 434.256	90.0%
2009-06-30	8 124.197	1 511.966	990.884	5 621.347	6 612.232	5 922.686	89.6%
2009-09-30	8 624.066	1 636.686	1 104.756	5 882.624	6 987.380	6 193.141	88.6%
2009-12-31	9 063.839	1 760.251	1 195.424	6 108.164	7 303.588	6 400.488	87.6%
2010-03-31	9 616.105	1 827.963	1 359.320	6 428.823	7 788.143	6 787.843	87.2%
2010-06-30	10 205.583	1 907.828	1 488.782	6 808.974	8 297.755	7 163.381	86.3%
2010-09-30	10 759.615	2 002.331	1 600.791	7 156.493	8 757.283	7 537.759	86.1%
2010-12-31	11 322.596	2 099.004	1 697.808	7 525.784	9 223.592	7 900.784	85.7%
2011-03-31	11 955.736	2 211.309	1 815.645	7 928.782	9 744.427	8 280.374	85.0%
2011-06-30	12 651.618	2 336.804	1 947.103	8 367.711	10 314.813	8 707.443	84.4%
2011-09-30	13 265.615	2 463.297	2 055.288	8 747.031	10 802.318	9 074.459	84.0%
2011-12-31	14 014.159	2 592.798	2 144.354	9 277.007	11 421.360	9 525.018	83.4%
2012-03-31	14 729.301	2 683.715	2 226.850	9 818.735	12 045.586	9 990.313	82.9%
2012-06-30	15 206.752	2 744.912	2 304.278	10 157.562	12 461.840	10 283.666	82.5%
2012-09-30	16 042.346	2 862.780	2 455.469	10 724.098	13 179.567	10 740.956	81.5%
2012-12-31	16 846.341	2 975.513	2 571.082	11 299.746	13 870.828	11 143.815	80.3%
2013-03-31	17 934.767	3 124.989	2 733.061	12 076.717	14 809.778	11 735.024	79.2%
2013-06-30	18 952.939	3 309.520	2 945.538	12 697.881	15 643.419	12 282.025	78.5%
2013-09-30	19 839.708	3 464.140	3 115.071	13 260.497	16 375.568	12 752.432	77.9%
2013-12-31	20 701.748	3 648.131	3 251.794	13 801.822	17 053.616	13 155.579	77.1%
2014-03-31	21 110.102	3 701.772	3 312.419	14 095.912	17 408.330	13 362.050	76.8%

(续表)

时间	对非金融部门信贷总值	政府负债总额	家庭负债总额	非金融企业负债总额	私人非金融部门负债总额	私人非金融部门银行贷款总额	间接融资占比
2014-06-30	22 049.850	3 862.674	3 472.978	14 714.198	18 187.176	13 835.063	76.1%
2014-09-30	22 896.900	4 054.906	3 632.739	15 209.256	18 841.994	14 305.421	75.9%
2014-12-31	23 383.551	4 162.354	3 692.915	15 528.282	19 221.197	14 540.290	75.6%
2015-03-31	24 317.207	4 282.624	3 838.286	16 196.297	20 034.583	15 213.368	75.9%
2015-06-30	25 136.496	4 399.168	4 009.387	16 727.940	20 737.328	15 778.670	76.1%
2015-09-30	25 344.131	4 403.919	4 073.468	16 866.744	20 940.212	15 911.022	76.0%
2015-12-31	25 817.520	4 426.794	4 121.901	17 268.825	21 390.726	16 206.738	75.8%
2016-03-31	26 960.407	4 614.387	4 331.527	18 014.494	22 346.020	16 867.653	75.5%
2016-06-30	26 993.569	4 648.394	4 463.291	17 881.884	22 345.176	16 828.367	75.3%
2016-09-30	27 587.291	4 791.390	4 706.208	18 089.693	22 795.901	17 081.342	74.9%
2016-12-31	27 289.194	4 759.493	4 745.391	17 784.309	22 529.700	16 790.433	74.5%
2017-03-31	28 381.242	5 000.841	5 049.958	18 330.443	23 380.401	17 422.158	74.5%
2017-06-30	29 584.148	5 285.545	5 412.317	18 886.286	24 298.603	18 197.512	74.9%
2017-09-30	31 047.606	5 597.681	5 805.845	19 644.080	25 449.925	19 029.456	74.8%

资料来源：国际清算银行官方网站。

我国是间接融资占主导地位的国家,银行贷款构成私人非金融部门主要的负债来源,2010年,我国私人非金融部门的负债总额是9.224万亿美元,同期银行贷款是7.9万亿美元,银行贷款占私人非金融部门负债总额的85.7%,虽然近年来银行融资比例呈现下降趋势,但截至2017年第3季度,我国私人非金融部门的负债总额是25.45万亿美元,同期银行贷款是19.03万亿美元,银行贷款占比依然高达74.8%(表6.11)。

表6.11 中国私人非金融部门债务结构情况(单位:10亿美元)

时间	私人非金融部门负债总额	私人非金融部门银行贷款总额	间接融资占比
2006-03-31	2 898.127	2 737.900	94.5%
2006-06-30	3 048.782	2 864.908	94.0%
2006-09-30	3 170.175	2 969.831	93.7%

(续表)

时间	私人非金融部门负债总额	私人非金融部门银行贷款总额	间接融资占比
2006-12-31	3 289.026	3 068.111	93.3%
2007-03-31	3 540.167	3 301.383	93.3%
2007-06-30	3 802.731	3 537.895	93.0%
2007-09-30	4 039.284	3 736.017	92.5%
2007-12-31	4 262.987	3 910.959	91.7%
2008-03-31	4 685.321	4 283.450	91.4%
2008-06-30	4 994.442	4 534.786	90.8%
2008-09-30	5 188.090	4 672.240	90.1%
2008-12-31	5 339.746	4 772.047	89.4%
2009-03-31	6 039.967	5 434.256	90.0%
2009-06-30	6 612.232	5 922.686	89.6%
2009-09-30	6 987.380	6 193.141	88.6%
2009-12-31	7 303.588	6 400.488	87.6%
2010-03-31	7 788.143	6 787.843	87.2%
2010-06-30	8 297.755	7 163.381	86.3%
2010-09-30	8 757.283	7 537.759	86.1%
2010-12-31	9 223.592	7 900.784	85.7%
2011-03-31	9 744.427	8 280.374	85.0%
2011-06-30	10 314.813	8 707.443	84.4%
2011-09-30	10 802.318	9 074.459	84.0%
2011-12-31	11 421.360	9 525.018	83.4%
2012-03-31	12 045.586	9 990.313	82.9%
2012-06-30	12 461.840	10 283.666	82.5%
2012-09-30	13 179.567	10 740.956	81.5%
2012-12-31	13 870.828	11 143.815	80.3%
2013-03-31	14 809.778	11 735.024	79.2%
2013-06-30	15 643.419	12 282.025	78.5%
2013-09-30	16 375.568	12 752.432	77.9%
2013-12-31	17 053.616	13 155.579	77.1%

(续表)

时间	私人非金融部门负债总额	私人非金融部门银行贷款总额	间接融资占比
2014-03-31	17 408.330	13 362.050	76.8%
2014-06-30	18 187.176	13 835.063	76.1%
2014-09-30	18 841.994	14 305.421	75.9%
2014-12-31	19 221.197	14 540.290	75.6%
2015-03-31	20 034.583	15 213.368	75.9%
2015-06-30	20 737.328	15 778.670	76.1%
2015-09-30	20 940.212	15 911.022	76.0%
2015-12-31	21 390.726	16 206.738	75.8%
2016-03-31	22 346.020	16 867.653	75.5%
2016-06-30	22 345.176	16 828.367	75.3%
2016-09-30	22 795.901	17 081.342	74.9%
2016-12-31	22 529.700	16 790.433	74.5%
2017-03-31	23 380.401	17 422.158	74.5%
2017-06-30	24 298.603	18 197.512	74.9%
2017-09-30	25 449.925	19 029.456	74.8%

资料来源：国际清算银行官方网站。

三、房地产高速增长冲击对实体经济

2003年8月份，国务院明确将房地产行业作为国民经济的支柱产业，明确提出要保持房地产业的持续健康发展，之后的两年房地产价格快速上涨，于是从2005年开始调控，相继出台了国八条和新国八条，之后是多次升息升准、提高贷款首付比率、国六条、征收二手房营业税个人所得税、提高准备金等，终于房屋价格控制初见成效。但2008年次贷危机后，政策调控转向，2008年9月15日，央行宣布"双率"齐降，2008年10月12日，又出台了一系列新政支持房地产，如首次购买住房和改善性普通住房提供贷款利率7折优惠，最低首付下调为20%等，房地产又迎来一次高涨。而从2015年年底开始，北京、上海、深圳等一线大城市房价又开始一轮新的轮番暴涨，进而扩展到东部大部分二线城市。

自 2000 年以来，我国房地产投资总额呈现持续上升趋势，根据国家统计局公布的数据，我国房地产开发投资额从 2000 年的 4 984 亿元增长到 2015 年的 95 979 亿元，年均复合增长率为 20.31%；我国商品房销售额从 2000 年的 3 935 亿元增长到 2015 年的 87 281 亿元，年均复合增长率为 21.37%（表 6.12）。2004—2014 年，中国全国商品房价格上涨了 2.125 倍。根据中国国家统计局公布的"2016 年 8 月份 70 个大中城市住宅销售价格变动情况"的数据，一些城市的房价涨幅之大，已经让人"瞠目结舌"。根据 2016 年的数据，十年来北京房价总体上涨 380%，年均上涨 17.5%；上海房价总体上涨 384.6%、年均上涨 17.6%。2015 年，中国房地产总市值占 GDP 的比例为 411%，远高于全球 260% 的平均水平。房地产市值与 GDP 的比值是国际上房地产泡沫的一个重要指标，一般房地产市值超过 GDP 就算泡沫，也就是说只要这个比值超过了 100%，就要小心了。2008 年美国次贷危机爆发的时候，这个比值上升到了 172%，当年日本泡沫破裂的时候，房地产市值是 GDP 的 2 倍，也就是比值到达了 200%。

表 6.12　2000—2015 年中国房地产开发投资及商品房销售额情况

时间	房地产开发投资额(亿元)	增长率	商品房销售额(亿元)	增长率	商品房销售额/GDP
2000	4 984	—	3935	—	3.9%
2001	6 344	27.29%	4 863	23.6%	4.4%
2002	7 791	22.81%	6 032	24.1%	5.0%
2003	10 154	30.33%	7 956	31.9%	5.8%
2004	13 158	29.59%	10 376	30.4%	6.4%
2005	15 909	20.91%	17 576	69.4%	9.4%
2006	19 423	21.8%	20 826	18.5%	9.5%
2007	25 289	30.2%	29 889	44.3%	11.1%
2008	31 203	20.9%	25 068	−19.5%	7.8%
2009	36 242	16.1%	44 355	75.5%	12.7%
2010	48 259	33.2%	52 721	18.3%	12.8%
2011	61 797	27.9%	58 589	12.1%	12.0%
2012	71 804	16.2%	64 456	10%	11.9%
2013	86 013	19.8%	81 428	26.3%	13.7%
2014	95 036	10.5%	76 292	−6.3%	11.8%
2015	95 979	1.0%	87 281	14.4%	12.9%

资料来源：国家统计局公布的历年《全国房地产开发和销售情况》。

与房地产业繁荣相对照的是中国制造业的不景气。伴随着房地产和基建投资持续往上,国房景气指数维持向上乐观,但从2005年9月至今,中国月度制造业PMI均在荣枯线上下徘徊,反映的是房地产对实体经济的挤压。过去十多年中国房地产价格泡沫的形成,对实体经济造成的挤压越来越明显。

首先,房地产的高利润产生了强大的示范效应,吸引了大量资金、人才等资源转移到房地产,从而形成对制造业的冲击。房地产培育中国大批房地产富豪,吸引着企业转向投资房地产,在中国具有一定知名度的实体经济企业先后进入了房地产,有的甚至放弃主业,从实体经济企业转型为房地产开发企业。

其次,房地产价格持续上行挤压了实体经济的发展空间。房地产价格持续上行一方面并未能形成正面的财富效应,反而由于住房支出负担的大幅上升,形成了对其他产品消费的挤压,抑制了内需,进一步恶化了产能过剩的问题,实体经济的内生动力不足,而且房价的持续上涨,炒房热的持续性却出乎预料,因炒房致富的人不在少数,吸引更多的资金涌向房地产市场,也限制了多数普通投资者的投资需求,制造业投资增长进一步放缓。

再次,房价高企还直接加大了制造业成本。这个成本是多方面的,包括租金上涨带来的企业商务成本上升,以及由于房价、房租上升导致的生活成本的提高进而影响到企业人力成本的上升,都推动了制造业企业成本的不断上升。

诺贝尔经济学奖获得者、美国经济学家埃德蒙德·菲尔普斯就认为,房地产投资过度一定会抑制创新,因为"房地产吸纳了本可以投资在生产力提升、创新、医药技术、软件或可替代能源领域的资金,而这些领域,能够在未来真正推动美国经济增长"。因此,他指出,"要想恢复经济活力,再次实现增长,美国人需要克服对房子的酷爱。"[1]这一观点其实也是对中国经济发展的警示。

四、中国实体企业金融化转型特征明显

1. 中国企业"脱实向虚"

近年来,中国企业"脱实向虚"的倾向明显,金融经济过度膨胀。在金融部门和房地产业高回报率诱导下,大量的实体经济企业离开主业务,纷纷涉足虚拟经济部门,大量的资本流入房地产,以及金融产业,尤其是证券、期货、保险、私募基金等。在投机性活动中赚取了丰厚的利润。"2009年浙江百强民营企业排行

---

[1] Phelps E. S. Economic Justice and the Spirit of Innovation[J/OL]. First Things: A Monthly Journal of Religion & Public Life 2009(196):27. https://www.firstthings.com/article/2009/10/economic-justice-and-the-spirit-of-innovation.

榜"上,与房地产沾边的企业达70%。2011年中国前十大钢企中,河北钢铁集团、宝钢集团、首钢集团、鞍钢集团、山钢集团、马钢集团等(含旗下子公司)均已涉足房地产领域。从上市公司来看,由其他行业转入地产业的细分行业有:建筑业、"铁公基"企业、科技业、陶瓷业、家具业、家电业、服装业、传媒业、旅游业、水利设施业、矿产业、物流业、水业、啤酒业、医药业、化工及化学制品业、农产品及加工业、港口业、贸易行业等,几乎涵盖了经济领域的方方面面。在铁路企业领域,中国铁建、中国中铁、中铁二局三家上市公司均对地产业深度介入。在公路交通领域,一些高速公路上市公司,也纷纷涌入地产业,如中原高速、山东高速、宁沪高速等企业,而在其他基础设施建设领域,如水电开发领域的中国水电、葛洲坝等上市公司,近年来在地产业上高歌猛进,一些冠以"高科"或者"科技"的头衔上市公司凯乐科技、同济科技、中炬高新、方兴科技等,都选择了大手笔进军地产业,比如以发展环保科技为主业的内地上市公司龙净环保,还有互联网巨头BAT(百度、腾讯、淘宝)、知名科技企业联想等;苏宁、国美、步步高等电器、百货类公司纷纷涉足商业地产。高利润率是制造业企业进入房地产业务的直接动机,制造业的利润不断下降,部分民企不得不寻找新的利润增长点,近几年房地产的迅猛发展,无疑带来了最好的机会。

统计数据显示,2016年以来,房地产升温,呈现出高房价、高涨幅、高地价、高库存、投资升的运行态势:1—6月份,全国房地产开发投资46 631亿元人民币,同比增长6.1%;房地产开发企业到位资金68 135亿元人民币,同比增长15.6%。其中,其他资金33 314亿元人民币,增长38.3%。在其他资金中,定金及预收款18 934亿元人民币,增长34.1%;个人按揭贷款11 245亿元人民币,增长57%。

统计数据还显示,以往制造业在投资中占比超过30%,但从2016年二季度开始,制造业投资增速呈现快速滑坡之势,6月份当月同比甚至出现负增长,累计同比增速从2004—2007年的均值38%、2008—2012年均值的28%、2013—2015年的均值13.9%,一路下降到个位数,当前仅有3%左右。

2. 金融资源"脱实向虚"

2002—2014年,我国社会融资规模存量不断扩张,有力促进了经济的平稳较快发展,2002—2008年。这一阶段,社会融资规模存量总体呈平稳较快增长态势,由2002年末的14.9万亿元,增长至2008年末的38.0万亿元,年均增速为16.9%,年均新增额为3.9万亿元。2009—2010年,这一阶段,社会融资规模存量呈迅猛增长态势。为积极应对国际金融危机的影响,2008年下半年起,我国实施了适度宽松的货币政策,加大金融对实体经济的支持力度,社会融资规模存量由2008年末的不到40万亿元,快速增长至2010年末的65万亿元,年均增速达30.8%,比2002—2008年年均增速提高13.9个百分点;社会融资规模存量年均新增额13.5万亿元,是2002—2008年年均新增额的3.5倍。同时,社会融资规模存量与GDP的比率呈快速上升态势,由2002—2008年的125%左右,上升至150%以上。2011年至今。这一阶段,社会融资规模存量缓中趋稳。2011—2014年,社会融资规模存量年均增长17.3%,增速比2009—2010年平均增速低13.5个百分点,比2002—2008年平均增速高0.4个百分点。从与GDP的比例关系看,这一阶段,社会融资规模存量与GDP的比率由2011年的162.2%升至2014年末的193%[1]。

金融"活水"并未流向实体经济,而是乘机潜入虚拟经济。2014年以来,金融和政府部门创造的货币增速在上升,而居民、企业、国外部门创造的货币增速在下降,从融资规模上看,2009年以来,银行、保险和多元金融的融资规模增长迅速,2014年以来金融部门的总融资规模增速飙升至54.6%,虚拟融资规模迅速膨胀[2]。2013年6月,在流动性充足甚至资本相对过剩的情况下,中国金融市场却出现了"钱荒"[3],2013年12月20日,货币市场隔夜回购利率又触及10%,引发了"钱荒"再度来袭的担忧。事实上,中国资金市场存在规模巨大的"相对过剩资本"。截至2013年5月底,中国人民币存款余额99.31万亿元,贷款余额67.22万亿元,存贷差32.09万亿,相当于存款余额的32.31%[4]。也就是说,中国的相对过剩资本规模接近1/3,总体上并不缺钱。所以,诚如时任银监会主席尚福林所言,2013年5月末,金融机构备付率为1.7%,截至2013年6月21日,全部金融机构备付金约为1.5万亿元,完全可满足正常的支付清算需求[5]。在流动性充足甚至资本相对过剩的情况下,中国金融市场却出现了"钱荒",原因何在?

原因就在于金融资源"脱实向虚",金融机构和"影子金融"用短期资金去支撑长期资产,严重依赖银行间同业拆借来支撑长期的资金业务。通过同业拆借,如果可以很低成本从其他金融机构快速获得大量资金,再通过杠杆投资和期限错配,这些资金可以帮助其在影子银行一类的市场上获得较高的收益。只要安排好到期资金筹划,通过循环往复的交易,就可以套取可观的利差。这种银行资金的"空转",说明一些金融机构在实体经济投资方向缺乏动力,而热衷于金融市场的"金钱游戏",社会融资越来越多地被用于追逐短期的投资收益,流向房地

---

[1] 盛松成,张文红,李夏炎.社会融资规模存量分析[J].中国金融,2015(6):18—20.
[2] 张锦灿,朱利霞,袁平.货币缘何脱实向虚[J].中国金融,2016(3):86—87.
[3] 刘春玉,陈波.经济金融化与"中国式钱荒"[J].理论导刊,2014(8):91—94.
[4] 上述数据均引自中国人民银行历年各月货币供应量分析,中国人民银行网站.
[5] 苗燕.流动性风波或倒逼银监会整治同业业务[N].上海证券报,2013-07-01.

产、地方政府融资平台,而非促进经济的持续发展。金融投机也引导和刺激了投机的兴起。

第二节 中国收入分配差距的状况

国民收入分配差距可以分为两个层次:一是以国家部门、企业部门、居民部门为分配主体所形成的三者收入分配差距;二是居民部门内部收入分配形成的差距,即城镇居民收入差距、农村居民收入差距和城乡居民收入差距等。前者即为功能性收入分配,后者则为规模性收入分配。改革开放以来,中国社会的收入分配差距近年来呈扩大之势,收入差距问题是当今中国备受关注的社会问题之一。主要表现在劳动报酬占比下降、基尼系数不断增大、高收入群体收入占比不断增加、城乡之间收入分配差距扩大、地区之间收入分配差距扩大和城乡居民内部收入差距扩大这几个方面。

一、劳动报酬占比偏低

在国民经济核算中,国民收入分为四个部分:劳动报酬、生产税净额、固定资产折旧和营业盈余。劳动报酬对应于劳动收入;固定资产折旧和营业盈余对应于资本收入;生产税净额对应于政府财税。

从表6.13的数据可以看出,在国民总收入的构成中,企业部门初次分配总收入所占比重由1992年的18%提高至2008年的28.3%,之后有所下降,2013年的比重是24.1%,可以看出初次分配收入向企业部门倾斜的特征较为明显。住户部门初次分配总收入在国民总收入中的比重,由1992年的66.1%下降至2013年的60.7%,而在2004—2012年,这一比重下降到60%以下。政府部门初次分配总收入所占比重在1995年开始逐年提高,至2011年达到15%以上,充分说明21世纪以来的国民收入初次分配明显向政府部门倾斜。

表6.13 企业、政府与住户部门初次分配收入及比重

年份	企业部门		政府部门		住户部门	
	初次分配收入(亿元)	占比(%)	初次分配收入(亿元)	占比(%)	初次分配收入(亿元)	占比(%)
1992	4 869.7	18.0	4 317.5	15.9	17 894.8	66.1
1993	7 791.2	22.0	5 520.3	15.6	22 138.9	62.4
1994	10 563.3	21.8	6 410.7	13.3	31 396.3	64.9

(续表)

年份	企业部门		政府部门		住户部门	
	初次分配收入（亿元）	占比(%)	初次分配收入（亿元）	占比(%)	初次分配收入（亿元）	占比(%)
1995	13 976.1	23.2	7 450.9	12.4	38 719.6	64.4
1996	14 102.8	20.0	9 012.6	12.8	47 422.8	67.2
1997	17 145.6	21.8	9 821.1	12.5	51 550.6	65.7
1998	17 131.0	20.5	10 774.5	12.9	55 600.3	66.6
1999	18 464.4	20.7	11 619.8	13.1	58 905.7	66.2
2000	20 854.6	21.2	12 938.9	13.1	64 768.8	65.7
2001	25 058.9	23.1	13 791.4	12.7	69 833.1	64.2
2002	27 977.4	23.4	16 746.7	14.0	75 041.0	62.6
2003	32 882.7	24.2	18 555.1	13.7	84 281.0	62.1
2004	43 053.9	26.9	22 354.3	13.9	94 881.5	59.2
2005	49 158.5	26.6	25 977.9	14.1	109 439.4	59.3
2006	58 411.4	26.9	31 033.3	14.3	127 801.8	58.8
2007	73 806.3	27.5	39 217.0	14.6	155 607.8	57.9
2008	90 346.0	28.3	44 959.5	14.1	183 431.2	57.6
2009	94 085.2	27.3	48 010.4	13.9	202 950.7	58.8
2010	109 581.5	26.9	59 510.2	14.6	238 046.1	58.5
2011	123 600.7	25.8	72 226.4	15.0	283 749.0	59.2
2012	131 858.3	24.7	82 529.8	15.5	318 484.0	59.8
2013	140 691.8	24.1	88 745.0	15.2	353 759.9	60.7
2014	159 051.6	24.7	98 266.4	15.2	387 473.1	60.1
2015	165 840	24.2	102 617.8	14.9	417 991.9	60.9

资料来源：《中国统计年鉴2015》之"资金流量表（实物交易,2013）"、《中国统计年鉴2016》之"资金流量表（实物交易,2014）"、《中国统计年鉴2017》之"资金流量表（实物交易,2015）"。

表6.14 1992—2013年劳动报酬占国民总收入的比重（单位：亿元）

年份	初次分配总收入	劳动报酬总额	劳动报酬占比	年份	初次分配总收入	劳动报酬总额	劳动报酬占比
1992	26 651.83	15 959.6	59.9%	1995	57 494.88	33 660	58.5%
1993	34 560.48	19 633.6	56.8%	1996	66 850.56	39 279.5	58.8%
1994	46 670.12	26 645.1	57.1%	1997	73 142.02	43 730.3	59.8%

(续表)

年份	初次分配总收入	劳动报酬总额	劳动报酬占比	年份	初次分配总收入	劳动报酬总额	劳动报酬占比
1998	76 967.31	45 998.8	59.8%	2006	215 904.4	106 369	49.3%
1999	80 579.22	48 922.6	60.7%	2007	266 422	127 918.9	48.0%
2000	98 000.53	52 242.9	53.3%	2008	316 030.3	150 511.7	47.6%
2001	108 068.2	57 529.8	53.2%	2009	340 320	166 957.9	49.1%
2002	119 095.7	64 501.5	54.2%	2010	399 759.5	190 869.5	47.7%
2003	134 977	71 735.7	53.1%	2011	468 562.4	222 423.8	47.5%
2004	159 453.6	80 950.7	50.8%	2012	518 214.7	256 563.9	49.5%
2005	183 617.4	93 148	50.7%	2013	583 196.7	298 966.1	51.3%

资料来源：《中国统计年鉴 2015》《中国统计年鉴 2013》《中国统计年鉴 2012》《中国统计年鉴 2002》《中国统计年鉴 2001》《中国统计年鉴 2000》和《中国统计年鉴 1999》中的"资金流量表（实物交易）"。
注：收入初次分配的结果形成国内各机构部门的初次分配总收入，它们之和为国民总收入。

劳动报酬占比偏低是中国国民收入分配中关注较多的一个问题。统计数据显示，近年来，我国劳动报酬在初次分配中的比重在大多数年份呈现出下降的趋势，1992—1999 年，劳动报酬占国民总收入的比重维持在 60% 上下，从 2000 年开始下降，2006 年，这一比重甚至低于 50%，尽管 2013 年这一比重重新回升到 51.3%，但相较于 20 世纪 90 年代初期的情况而言，总体上的下降趋势还是比较明显的。

二、基尼系数偏大

改革开放 40 多年来，国内生产总值由 1978 年的 3 678.7 亿元，增长到 2017 年的 827 122 亿元，经济发展所取得的成就有目共睹。改革开放以来，我国的经济快速发展，居民的收入得到了大幅提高。在经济快速增长的背景下，居民收入差距呈不断扩大的趋势，但关于中国的基尼系数，研究者的结论并不一致（魏众和古斯塔夫森，1998；赵人伟和基斯·格里芬，1994；赵人伟，李实和卡尔·李思勤，1999；李实、赵人伟和张平，1999；蔡昉，2003；陆铭、陈钊，2004；王少平、欧阳志刚，2008）。陈宗胜（1994，2002）认为，我国居民收入分配差别总体状况是大致适当的，虽然基尼系数超越国际警戒线，但收入差别扩大不等于两极分化。西安财经大学甘犁团队主持的"中国家庭金融调查"的数据则显示（甘犁，2013），2010 年中国家庭收入的基尼系数高达 0.61，城市内部的基尼系数为 0.56，农村的基尼系数为 0.60。北京大学 2014 年 7 月发布的《中国民生报告》显示,中国家庭财产基尼系数是 0.73,其中,最高 1％家庭,占有全部财产的 34.6％;最高 10％家庭占有 62.0％,最低 25％家庭占有 1.2％,最低 50％家庭占有 7.3％。但可以得出的基本结论是,改革开放以后,我国的基尼系数持续上升,到了 21 世纪,基尼系数突破 0.4。

按照我国国家统计局发布的城乡统一的全国居民收入的基尼系数,2009—2017 年的基尼系数依次为 0.490、0.481、0.477、0.474、0.473、0.469、0.462、0.465、0.467。总体而言,伴随着我国经济的快速增长,我国国民收入分配不均程度持续恶化,已经到了非常严重的阶段(表 6.15)。

表 6.15　1978—2017 年中国居民收入差距的基尼系数

年份	基尼系数	年份	基尼系数	年份	基尼系数	年份	基尼系数	年份	基尼系数
1978	0.317	1986	0.297	1994	0436	2002	0.454	2010	0.481
1979	0.33	1987	0.305	1995	0.452	2003	0.479	2011	0.477
1980	0.32	1988	0.341	1996	0.485	2004	0.473	2012	0.474
1981	0.288	1989	0.349	1997	0.403	2005	0.485	2013	0.473
1982	0.249	1990	0.343	1998	0.403	2006	0.487	2014	0.469
1983	0.264	1991	0.324	1999	0.397	2007	0.484	2015	0.462
1984	0.297	1992	0.376	2000	0.417	2008	0.491	2016	0.465
1985	0.266	1993	0.36	2001	0.49	2009	0.490	2017	0.467

资料来源:(1)1978 年的数据引自,Adelmen I., Sunding D. Economic Policy and Income Distribution in China[J]. Journal of Comparative Economics,1987,11(3):444-461;(2)1981 年、1984 年、1988 年、1989 年、1998 年的数据引自,曾国安.论中国居民收入差距的特点、成因及对策[J].中国地质大学学报(社会科学版),2001(4):34—44;(3)1988 年、1990 年、1995 年、1999 年、2000 年以及 2003—2017 年的基尼系数数据来源于国家统计局的数据,参见,朱之鑫.我国收入分配现状、成因分析及对策建议[J].科学社会主义.2002(4):39—43;(4)1994、1997 年的数据来自陈宗胜等的计算,陈宗胜,周云波.非法非正常收入对居民收入差距的影响及其经济学解释[J].经济研究,2001(4):14—23;(5)1982 年、1983 年、1985 年、1986 年、1987 年、1991 年、1993 年的数据来自向书坚.全国居民收入分配基尼系数的测算与回归分析[J].财经理论与实践,1998(1):75—80;(5)1995 年的数据是中国社科院课题组的计算结果,李实,赵人伟.中国居民收入分配再研究[J].经济研究,1999 (4):3—17;(6)2001 年数据来自,李春玲.中国社会分层与生活方式的新趋势[J].科学社会主义.2004(1):12—15;(7)2003—2017 年的基尼系数数据来源于国家统计局公布的基尼系数数据;(8)其余数据引自,韩文秀,尹艳林,冯建林.中国居民收入差距研究综述[J].经济研究参考,2003(83):13—29.

而且,中国贫富差距扩张速度是非常高的,自 2000 年以来,中国已经成为贫富差距扩大最迅速的国家——10％的最富有者所拥有的财富扩大了 15.4％的份额,使得他们拥有的财富达到了中国全民的 64％(表 6.16)。

表 6.16 2000—2014 年各国(地区)最富有 10% 人口占全部财富比例及变化幅度

国家(地区)	最富有 10% 人口占全部财富比例	2000—2014 年间变化幅度
俄罗斯	84.8%	7.7%
中国香港	77.5%	11.9%
土耳其	77.7%	11%
印度尼西亚	77.2%	6%
菲律宾	76%	−3%
泰国	75%	0.6%
美国	74%	0%
印度	74%	8.1%
挪威	65.8%	−1.2%
墨西哥	64.4%	−4.5%
中国大陆	64%	15.4%
韩国	62.8%	9.6%
中国台湾	62%	7.7%
德国	61.7%	−2.2%
英国	54.1%	2.6%
日本	48.5%	−2.5%

资料来源：瑞士信贷发布 2014 年《全球财富报告》。

皮凯蒂等人(Piketty 和 Nancy, 2009；Piketty et al., 2017)的研究则发现, 2015 年中国的收入分配情况：最富 10% 的人群占全部收入的比重为 41%, 其人均年收入为 24 万元；最富 1% 的人群占全部收入的比重为 14%, 其人均年收入为 80 万元。2015 年中国的财产分配情况：最富 10% 的人群占全部财产的比重为 67%, 其人均财产为 190 万元；最富 1% 的人群占全部财产的比重为 30%, 其人均财产为 835 万元；最富 10% 人群的收入占全部收入的比重从 1978 年的 27% 上升到 2015 年的 41%；底层 50% 人群的收入占全部收入的比重从 1978 年的 27% 下降到 2015 年的 15%；中间 40% 人群的收入占全部收入的比重比较平稳, 处于 45% 上下。30 多年来, 中国的最富 1% 收入增速为年均 8.4%, 底层 50% 收入增速为年均 4.5%, 而美国最富 1% 收入增速为年均 3%, 底层 50% 收入增速为 0。1978 年, 中国比美国和法国都要平等, 而 2015 年, 中国的贫富差距程度超过了法国, 并且接近美国(Piketty et al., 2017)。

三、城乡收入分配差距偏大

城乡居民收入差距是我国居民收入差距中最重要的部分。按照国家统计局公布的数据,改革开放以来,我国城乡收入差距出现新的上升趋势,且速度较快。2001年,城镇居民人均可支配收入与农村居民人均纯收入的绝对差值为4 026.6元;到2007年,这一绝对差值上升为9 645.4元;到2008年,这一绝对差值突破万元关口,达到11 020.1元,2015年这一绝对差值更是上升到20 423.0元(表6.17)。改革开放初期,经济体制改革的中心在农村,农民收入水平上升较快,1985年城乡收入比下降到1.9,随着改革的中心回到城市,城乡收入差距再度拉大,1990年,城乡收入比上升到2.2,此后一路上扬,2002年城乡居民收入差距上升到3.1,2015年中国的城乡居民收入差距13年来首次缩小到3以下,为2.9∶1,这也就是回到了2001年左右的水平。但是,对于城市居民而言,由于资产价格尤其是房价的迅速上涨,有房居民实现了快速的财富积累,财产性收入占比迅速上升。城市居民有更多的机会获得金融资源,从而扩张其所占有的财产性收入,而这也是收入差距拉大、收入分配不均衡的最主要的原因。

表6.17 中国城乡收入差距情况

年份	城镇居民人均可支配收入		农村居民人均纯收入		城镇居民恩格尔系数(%)	农村居民恩格尔系数(%)	城乡居民收入差	城乡居民相对差
	绝对数(元)	指数(1978=100)	绝对数(元)	指数(1978=100)			绝对数(元)	(倍)
1978	343.4	100.0	133.6	100.0	57.5	67.7	209.8	2.6
1980	477.6	127.0	191.3	139.0	56.9	61.8	286.3	2.5
1985	739.1	160.4	397.6	268.9	53.3	57.8	341.5	1.9
1990	1 510.2	198.1	686.3	311.2	54.2	58.8	823.9	2.2
1991	1 700.6	212.4	708.6	317.4	53.8	57.6	992.0	2.4
1992	2 026.6	232.9	784.0	336.2	53.0	57.6	1 242.6	2.6
1993	2 577.4	255.1	921.6	346.9	50.3	58.1	1 655.8	2.8
1994	3 496.2	276.8	1 221.0	364.3	50.0	58.9	2 275.2	2.9
1995	4 283.0	290.3	1 577.7	383.6	50.1	58.6	2 705.3	2.7
1996	4 838.9	301.6	1 926.1	418.1	48.8	56.3	2 912.8	2.5
1997	5 160.3	311.9	2 090.1	437.6	46.6	55.1	3 070.2	2.5
1998	5 425.1	329.9	2 162.0	456.1	44.7	53.4	3 263.1	2.5

(续表)

年份	城镇居民人均可支配收入		农村居民人均纯收入		城镇居民恩格尔系数（%）	农村居民恩格尔系数（%）	城乡居民收入差	城乡居民相对差
	绝对数（元）	指数（1978=100）	绝对数（元）	指数（1978=100）			绝对数（元）	（倍）
1999	5 854.0	360.6	2 210.3	473.5	42.1	52.6	3 643.7	2.6
2000	6 280.0	383.7	2 253.4	483.4	39.4	49.1	4 026.6	2.8
2001	6 859.6	416.3	2 366.4	503.7	38.2	47.7	4 493.2	2.9
2002	7 702.8	472.1	2 475.6	527.9	37.7	46.2	5 227.2	3.1
2003	8 472.2	514.6	2 622.2	550.6	37.1	45.6	5 850.0	3.2
2004	9 421.6	554.2	2 936.4	588.0	37.7	47.2	6 485.2	3.2
2005	10 493.0	607.4	3 254.9	624.5	36.7	45.5	7 238.1	3.2
2006	11 759.5	670.7	3 587.0	670.7	35.8	43.0	8 172.5	3.3
2007	13 785.8	752.5	4 140.4	734.4	36.3	43.1	9 645.4	3.3
2008	15 780.8	815.7	4 760.6	793.2	37.9	43.7	11 020.1	3.3
2009	17 174.7	895.4	5 153.2	860.6	36.5	41.0	12 021.5	3.3
2010	19 109.4	965.2	5 919.0	954.4	35.7	41.1	13 190.4	3.2
2011	21 809.8	1 046.3	6 977.3	1 063.2	36.3	40.4	14 832.5	3.1
2012	24 564.7	1 146.7	7 916.6	1 176.9	36.2	39.3	16 648.1	3.1
2013	26 955.1	1 227.0	8 895.9	1 286.4	35.0	37.7	18 059.2	3.0
2014	29 381.0	1 310.5	9 892.0	1 404.7	34.2	37.8	19 489.0	3.0
2015	31 195	—	10 772	—	34.8	37.1	20 423.0	2.9

资料来源：根据《中国统计年鉴2015》以及《2015年国民经济和社会发展统计公报》的数据整理得出。

四、地区收入分配差距偏大

改革开放以来，中国经济发展保持了持续高速增长的势头，人民生活水平得到了很大的提高。但一个不容忽视的问题是区域经济发展差距加大，地区间居民收入差距拉大。20世纪90年代，由于各地区自然条件、社会经济条件以及国家政策导向的差异，各地区之间的经济发展水平以及居民收入差距迅速拉大，2006年，全国城镇居民人均可支配收入的平均水平是11 759元，人均可支配收入最高的上海市为20 668元，高于全国平均水平8 909元，最低的地区人均可支配收入是8 871元，低于全国平均水平2 888元，人均可支配收入最高地区与最低地区的绝对差是11 797元，最高地区是最低地区的2.33倍，到2015年，全国城镇居民人均可支配收入的平均水平是 31 195 元,人均可支配收入最高的仍旧是上海,为 52 962 元,高于全国平均水平 21 767 元,最低的地区人均可支配收入是 23 767 元,低于全国平均水平 7 482 元,最高地区是最低地区的 2.23 倍,人均可支配收入最高地区与最低地区的绝对差是 29 195 元,这一差额也远高于最低地区的收入水平(表 6.18)。

表 6.18　2006—2015 年省(区、市)城镇居民人均可支配收入情况(单位:元)

年份	全国平均水平	最高地区	最低地区	最高—全国平均水平	最低—全国平均水平	最高—最低	最高/最低(倍)
2006	11 759	20 668	8 871	8 909	−2 888	11 797	2.33
2007	13 786	23 623	10 012	9 837	−3 774	13 611	2.36
2008	15 781	26 675	10 969	10 894	−4 812	15 706	2.43
2009	17 175	28 838	11 930	11 663	−5 245	16 908	2.42
2010	19 109	31 838	13 189	12 729	−5 920	18 649	2.41
2011	21 810	36 230	14 989	14 420	−6 821	21 241	2.42
2012	24 565	40 188	17 157	15 623	−7 408	23 031	2.34
2013	26 955	43 851	18 965	16 896	−7 990	24 886	2.31
2014	28 844	47 710	20 804	18 866	−8 040	26 906	2.29
2015	31 195	52 962	23 767	21 767	−7 428	29 195	2.23

数据来源:根据《中国统计年鉴 2015》以及《2015 年国民经济和社会发展统计公报》的数据整理得出。

2006 年,全国农村居民人均可支配收入的平均水平是 3 587 元,人均可支配收入最高的上海市为 9 139 元,高于全国平均水平 5 552 元,最低的地区人均可支配收入是 1 985 元,低于全国平均水平 1 602 元,最高地区是最低地区的 2.33 倍,人均可支配收入最高地区与最低地区的绝对差是 7 154 元,这一差额甚至是最低地区的 3.6 倍,到 2014 年,全国农村居民人均可支配收入的平均水平是 10 489 元,人均可支配收入最高的仍旧是上海,为 21 192 元,高于全国平均水平 10 703 元,最低的地区人均可支配收入是 6 277 元,低于全国平均水平 4 212 元,最高地区是最低地区的 3.4 倍,人均可支配收入最高地区与最低地区的绝对差是 14 915 元,这一差额还是高达最低地区水平的 2.4 倍。

表 6.19　2006—2014 年省(区、市)农村居民人均可支配收入情况(单位:元)

年份	全国平均水平	最高地区	最低地区	最高—全国平均水平	最低—全国平均水平	最高—最低	最高/最低(倍)
2006	3 587	9 139	1 985	5 552	−1 602	7 154	4.6
2007	4 140	10 145	2 329	6 005	−1 811	7 816	4.4

(续表)

年份	全国平均水平	最高地区	最低地区	最高—全国平均水平	最低—全国平均水平	最高—最低	最高/最低(倍)
2008	4 761	11 440	2 724	6 679	−2 037	8 716	4.2
2009	5 153	12 483	2 980	7 330	−2 173	9 503	4.2
2010	5 919	13 978	3 425	8 059	−2 494	10 553	4.1
2011	6 977	16 054	3 909	9 077	−3 068	12 145	4.1
2012	7 917	17 804	4 507	9 887	−3 409	13 297	4.0
2013	9 430	19 208	5 589	9 778	−3 841	13 619	3.4
2014	10 489	21 192	6 277	10 703	−4 212	14 915	3.4

资料来源：根据《中国统计年鉴2015》以及《2015年国民经济和社会发展统计公报》的数据整理得出。

五、城乡内部居民收入分配差距偏大

2000年，五等分城镇居民人均可支配收入最高水平是最低水平的3.61倍，2002年迅速上升到5.10倍，此后维持在高位，2012年和2013年短暂下降到4.97倍和4.93倍，但2014年再度上升到5.49倍（表6.20）。而农村居民内部的收入分配差距更加严重，2000年五等分农村居民人均可支配收入最高水平是最低水平的6.47倍，2003年上升到7.33倍，2011年上升到8.39倍，2014年是8.65倍（表6.21）。

表6.20 五等分城镇居民人均可支配收入

年 份	低收入户(20%)	中等偏下户(20%)	中等收入户(20%)	中等偏上户(20%)	高收入户(20%)	最高/最低(倍)
2000	3 132.0	4 623.5	5 897.9	7 487.4	11 299.0	3.61
2001	3 319.7	4 946.6	6 366.2	8 164.2	12 662.6	3.81
2002	3 032.1	4 932.0	6 656.8	8 869.5	15 459.5	5.10
2003	3 295.4	5 377.3	7 278.8	9 763.4	17 471.8	5.30
2004	3 642.2	6 024.1	8 166.5	11 050.9	20 101.6	5.52
2005	4 017.3	6 710.6	9 190.1	12 603.4	22 902.3	5.70
2006	4 567.1	7 554.2	10 269.7	14 049.2	25 410.8	5.56
2007	5 364.3	8 900.5	12 042.2	16 385.8	29 478.9	5.50
2008	6 074.9	10 195.6	13 984.2	19 254.1	34 667.8	5.71
2009	6 725.2	11 243.6	15 399.9	21 018.0	37 433.9	5.57

(续表)

年份	低收入户 (20%)	中等偏下户 (20%)	中等收入户 (20%)	中等偏上户 (20%)	高收入户 (20%)	最高/最低 (倍)
2010	7 605.2	12 702.1	17 224.0	23 188.9	41 158.0	5.41
2011	8 788.9	14 498.3	19 544.9	26 420.0	47 021.0	5.35
2012	10 353.8	16 761.4	22 419.1	29 813.7	51 456.4	4.97
2013	11 433.7	18 482.7	24 518.3	32 415.1	56 389.5	4.93
2014	11 219.3	19 650.5	26 650.6	35 631.2	61 615.0	5.49

资料来源：2014 年的数据来自《中国统计年鉴 2015》，2000—2013 年的数据来自《中国统计年鉴 2014》。

表 6.21 五等分农村居民人均可支配收入

年份	低收入户 (20%)	中等偏下户 (20%)	中等收入户 (20%)	中等偏上户 (20%)	高收入户 (20%)	最高/最低 (倍)
2000	802.0	1 440.0	2 004.0	2 767.0	5 190.0	6.47
2001	818.0	1 491.0	2 081.0	2 891.0	5 534.0	6.77
2002	857.0	1 548.0	2 164.0	3 031.0	5 903.0	6.89
2003	865.9	1 606.5	2 273.1	3 206.8	6 346.9	7.33
2004	1 007.0	1 842.2	2 578.6	3 608.0	6 931.0	6.88
2005	1 067.2	2 018.3	2 851.0	4 003.3	7 747.4	7.26
2006	1 182.5	2 222.0	3 148.5	4 446.6	8 474.8	7.17
2007	1 346.9	2 581.8	3 658.8	5 129.8	9 790.7	7.27
2008	1 499.8	2 935.0	4 203.5	5 928.0	11 290.2	7.53
2009	1 549.3	3 110.1	4 502.1	6 467.6	12 319.1	7.95
2010	1 869.8	3 621.2	5 221.7	7 440.6	14 049.7	7.51
2011	2 000.5	4 255.7	6 207.7	8 893.6	16 783.1	8.39
2012	2 316.2	4 807.5	7 041.0	10 142.1	19 008.9	8.21
2013	2 583.2	5 516.4	7 942.1	11 373.0	21 272.7	8.23
2014	2 768.1	6 604.4	9 503.9	13 449.2	23 947.4	8.65

资料来源：2014 年的数据来自《中国统计年鉴 2015》，2000—2013 年的数据来自《中国统计年鉴 2014》，其中 2000—2013 年的统计数据为五等分农村居民人均纯收入，2014 年改为人均可支配收入。

六、金融化与收入分配差距扩大的论争

学者们分别从三个角度分析了中国收入分配差距的扩大：

其一是二元经济结构、政策方向和城市化导致城乡收入差距进一步扩大。陈宗胜和周云波(2001)从收入分配制度变迁的角度解释了中国收入分配差距的变化。城乡收入差距是总体收入差距变动的主导因素(高帆,2012)。由于非农产业是经济增长的源泉,选择城市倾向的经济政策短期内有利于推动经济的增长,同时也会导致城乡收入差距的扩大(陆铭和陈钊,2004;陈斌开等,2009)。在这种情况下,更多的农民愿意转型成为农民工到城市就业来增加收入,但是农村居民不能有效地向城市转移是影响城乡收入差距的重要因素(林毅夫和陈斌开,2013),即使农民工进入城市并实现就业,户籍制度下的二元经济结构也会导致城乡收入不断扩大(胡晶晶和黄浩,2013)。

其二是人力资本投资、市场机制和开放度是影响地区收入差距的主要原因。蔡昉和都阳(2000)、白雪梅(2004)的研究发现,人力资本禀赋稀缺、市场扭曲和开放程度不足将会阻碍经济落后地区实现向发达地区的赶超。一方面,人力资本集中度的上升会提高落后地区收入水平(张文武和梁琦,2011),开放式贸易在劳动力要素流动比较高的地区有利于缩小收入差距(曾国彪和姜凌,2014);另一方面,政府干预会抑制空间功能分工对地区差距的缩小效应,即不成熟的市场机制将进一步扩大地区的收入差距(赵勇和魏后凯,2015)。

其三是垄断市场结构、行业属性和技术效率决定着行业收入差距。毋庸置疑,不同行业部门所处的发展周期位置不同,资本的回报率也大相径庭,这是部门经营性质和所有制形式等行业特征导致的收入差异(张原和陈建奇,2008;傅娟,2008)。与此同时,技术水平代表的劳动生产效率也是行业收入差距的重要来源(伏帅和龚志民,2008),所以,打破劳动力市场的进入壁垒和产品市场的行业垄断,对于控制中国城镇的收入差距扩大具有重要意义(陈钊等,2010)。

金融在现代经济中的地位日益重要,也成为影响收入分配差距的一个重要因素,金融体系可影响个人获得经济机会的难易程度,影响贫富差距以及代际间贫富差距的大小(Madhu和Giri,2016)。很多学者对此展开了研究,并形成了不同的观点。一国金融体系主要从微观和宏观两个层面影响收入不平等。

在微观层面,金融发展通过克服金融市场不完善,为微观主体提供更为广泛的金融服务。同时,不同阶层居民对金融资源获取机会和获取能力的不同,影响了其收入分配。学者们的研究存在以下三种观点:

第一种观点是"G-Z"假说(Galor和Zeira,1993),即金融发展对收入不平等存在负向效应,金融发展有利于逐步消除财富约束而改善低收入者获得信贷的机会、人力资本积累和职业选择,通过麦金农的"管道效应"和促进经济发展来减少贫困,为此,必须保持稳定的宏观经济。如从人力资本投资的角度考虑,认为随着金融业的发展,金融市场的竞争日益加剧,因此其会更多地向穷人开放,从而使得穷人也能够通过融资进行人力资本投资，进人高收入的行业，所以，尽管金融发展伴随着金融不稳定，这对穷人尤其有害，然而，金融发展对穷人的好处大于成本，(Singh 和 Kpodar，2011)。

第二种观点则恰好相反，这一观点认为，初始的财富分配和知识分布会影响经济绩效和稳定状态的收入分配，所以金融发展会导致收入分配差距扩大。每个人的学习能力是不同的，且只有进行人力资本投资的人才能变成企业家，因为金融发展可以使个人进行平滑消费，所以学习能力强的人进行人力资本投资，变成企业家，而学习能力低的人不进行人力资本投资，变成工人，这样，金融发展会扩大收入分配差距(De Gregorio 和 Kim，2000)；由于存在信贷约束，企业家的初始财富决定他或她的投资规模。因此，金融发展会使得更多人选择成为企业家，同时企业家会扩大其投资规模，这样，金融发展在促进经济发展的同时，会扩大收入分配的不平等(Cagetti 和 De Nardi，2008)。Maurer 和 Haber(2007)则认为，随着金融业的发展，金融服务尤其是信贷服务会更加倾向于富人或具有特殊优势的企业，因而进一步提高了高收入者的福利，而牺牲掉低收入者和中产阶层的利益，最终使得收入差距进一步拉大，而且，这一问题在发展中国家会表现的更突出；王正位等(2016)实证研究发现，在金融知识水平较高的家庭中，低收入阶层突破"贫困陷阱"向高收入阶层跃迁的比例更大；张昭和王爱萍(2016)认为，金融体系的"投资领域分割"和"多级信贷约束"是造成收入不平等的根本原因。产生"投资领域分割"的现象，一方面是因为低收入群体的金融知识储备不足，无法依靠这个比较优势借助金融市场实现收入阶层"向上流动"。孙君和张前程(2012)发现，城乡金融发展的规模不平衡和效率不平衡在一定程度上拉大了城乡收入差距。还有一些学者认为，中国金融行业本身发展的不平衡性制约着低收入群体的利益增进。首先是城乡金融不平衡发展。孙君和张前程(2012)发现，城乡金融发展的规模及效率不平衡在一定程度上拉大了城乡收入差距。

第三种观点认为金融发展与收入分配的关系是非线性的(Greenwood 和 Jovanovic，1990；Aghion 和 Bolton，1997；Townsend 和 Ueda，2006；Perez-Moreno，2011；Madhu 和 Giri，2016)，前期金融门槛的存在会导致收入差距的扩大，随着经济发展，越来越多的人跨过这一门槛，可以享受到金融服务的便利，这会使收入差距缩小，直至达到平等的水平(Greenwood 和 Jovanovic，1990；Townsend 和 Ueda，2006)。Aghion 和 Bolton(1997)则认为，由于信贷市场的不完善，资本积累存在涓滴效应，收入差距在资本积累过程的初期有加剧的态势，但后期将逐渐减小，即收入分配随金融发展呈"倒 U 形"关系。

在宏观层面，金融发展对收入分配的影响主要通过经济增长和劳动力市场需求来实现。一方面，金融体系的信贷配置功能对经济增长的作用至关重要，先富地区和先富群体通过消费、就业等,惠及贫困群体,从而改善收入不平等;另一方面,劳动力市场需求同样会受到金融体系的影响,如果金融发展提升了低技术劳动力的市场需求,收入不平等将得到缓和,反之则扩大收入不平等(Demirgüc-Kunt 和 Levine,2009)。

第三节 经济金融化与中国收入分配差距的实证分析

中国收入分配差距的扩大是全方位的,体现在城镇内部差距、农村内部差距、城乡差距、地区差距和行业差距等方面的扩大(杨穗和李实,2017)。根据国家统计局数据显示,衡量居民收入差距的基尼系数由 1978 年的 0.18 扩大到 2017 年的 0.467,已超过国际公认的 0.4 警戒线。尽管如此,李实和罗楚亮(2011)仍发现,高收入人群样本的偏差导致城镇内部收入差距的严重低估,也导致城乡之间收入差距和全国收入差距的较大程度低估。无论如何,中国收入分配差距在不断扩大是不争的事实,制约着经济增长(陆铭等,2005),甚至影响居民健康(周广肃等,2014)。

一、中国经济金融化未能实现共享发展

收入分配差距过大是未能实现共享发展的重要表现,在当前金融逐步深化的过程中,我们要警惕中国经济金融化加剧收入不平等。肖耿认为,全球经济目前最大的扭曲可能在于金融行业,一小群人通过利用廉价信贷来投机物业和金融衍生品,他们对经济增长和创造就业贡献甚少,但个人收益却惊人[1]。在当前我国金融化推进的过程中,金融化在促进经济发展的同时也进一步加剧收入不平等。

金融是人类文明的特殊工具,是现代社会创造巨大物质财富的无可替代的杠杆,金融能够在时间上重新配置经济价值;重新配置风险;重新配置资本;扩展了资源重新配置的渠道和复杂程度。让人类的创造力得到了更有效的发挥,推动了生产力的提升,同时带来了精神文明和物质文明的双丰收[2]。但是,任何事物都有两面性,金融是一个环节众多的链圈,每个环节都承担着影响全局的风

---

[1] 肖耿.财富不均:过程比结果更重要[N].金融时报,2009-09-02。
[2] 戈兹曼.千年金融史:金融如何塑造文明,从 5 000 年前到 21 世纪[M].张亚光,熊金武,译.北京:中信出版社,2017.

险,因此,它的创造力和破坏力,是相伴随而生的。诺贝尔经济学获得者罗伯特·J.希勒教授发出了警示:金融行业普遍被认为是一个与道德无关的领域,甚至是充满了自私和贪婪,金融创新可能会导致过度投机活动,有时金融创新会鼓励黑幕交易、误导甚至欺诈,导致政府权威的丧失[1]。随着金融部门在我国国民经济体系中的地位不断提升,金融部门及金融资本利益集团不再甘于从属地位,转而支配财富创造部门,更是通过打造的金融工具和金融产品,变身为利益掠夺部门。

1. 金融创新乱象

金融异化的特征性事实进一步地揭示了金融创新的负效应,即金融资本利益集团凭借金融部门在国民经济体系中对资金的支配力量,利用现有的创新金融工具和产品不断扩充自身力量,将贪婪的触角伸向一切有利可图的实体经济、个人和家庭领域,导致对外部的利益掠夺和内部资金空转,及由此产生了在银行业、保险业和证券业等部门的金融创新乱象。

(1) 银行业,其作为整个金融市场的资金周转中枢,担负着整个经济社会的信贷中介职能,存在的金融创新乱象和问题也更为突出,主要集中在表外相关业务和交叉金融业务。一方面,银行表外相关业务严重失控,存在着结构层层嵌套、违规监管套利以及资金池操作等乱象。这主要体现在银行违反宏观调控政策,不仅将表外资金直接或者间接、借道或者绕道投向股票、期货和汇率市场等二级市场,而且直接或变相为房地产企业支付的土地购置费用提供各类表外融资,或以自身信用提供支持或通道。其中,根据国家统计局和《中国房地产统计年鉴》数据显示:截至2016年,金融机构资金运用有价证券及投资额为24.76万亿元,是2009年8.66万亿元的近3倍;房地产开发企业国内贷款资金为2.15万亿元、个人按揭贷款资金为2.44万亿元,分别是2009年1.14万亿元、0.86万亿元的2倍和3倍。可见,近年来银行信贷资金的流向主要是金融市场内的资金空转以及房地产行业的投资行为,上述两个方向均是国家宏观调控的政策目标。但现实远不止如此,在政府债务问题上,银行还为政府提供债务融资,放大政府性债务,等等。另一方面,银行交叉金融业务风险积聚,存在故意模糊界限、随意腾挪的行为。首先,银行通过与银行、证券、保险、信托、基金等机构合作,隐匿资金来源和底层资产,未按照"穿透式"和"实质重于形式"原则进行风险管理并足额计提资本及拨备,或未将最终债务人纳入统一授信和集中度风险管控;其次,银行理财资金投资非标准化债权资产的余额超过监管规定,为非标准化债权资产或股权性融资提供直接或间接、显性或隐性的担保或回购承诺,等等。

---

[1] 希勒.金融新秩序:管理21世纪的风险[M].郭艳,胡波,译.北京:中国人民大学出版社,2004:14—15.

(2) 保险业，其作为现代金融体系中不可或缺的环节，不仅发挥着经济补偿和保险金给付的职能，而且参与着社会资金融通和各类风险管理的职能。近年来，保险行业内的公司除保险法规定的资金运用渠道以外，还涉及买卖企业债券、投资证券基金、举牌股票市场等，甚至会利用自有外汇资金在境外投资银行次级债和可转换公司债。截至2016年，保险公司资金运用余额达到13.39万亿元，是2009年3.74万亿元的4倍，其中由大到小依次为银行存款2.48万亿元，企业债券1.86万亿元，金融债券1.63万亿元，证券投资基金0.86万亿元以及政府债券0.79万亿元。上述指标揭示了保险公司资金运用的重要流向依然是金融机构内部，也正因为如此，进一步地说明金融市场运行中存在不同风险点之间的相互关联，并且蕴含着巨大的系统性风险。单就保险行业来看，金融创新的乱象主要集中在保险资金的非法、非理性运用以及产品、数据的弄虚作假上。一方面，保险公司守法合规意识淡漠，对财务投资和控股投资认识不清，不顾保险资金运用规律，为实现控制权不惜成本、不计代价。首先是将保险资金投资多层嵌套的金融创新产品，模糊资金的真实投向，掩盖风险的真实状态，甚至存在短期资金密集投向非公开市场中低流动性、高风险资产的现象；其次是非理性连续股票市场举牌，并与非保险一致行动人共同收购上市公司股份，同时盲目参与跨国境、跨领域的大额投资与并购，严重扰乱正常的资本市场秩序，等等。另一方面，保险公司、中介机构和从业人员欺骗消费者，隐瞒与保险合同有关的重要情况，夸大保险责任或者保险产品收益，以其他金融产品名义宣传销售保险产品。并且，自有准备金严重不实，不按规定折现率曲线和精算方法、损失假设进行准备金评估，甚至存在人为调整利润或偿付能力等问题。

(3) 证券业。其作为金融部门重要的资金融通媒介，证券业务不仅涵盖企业发行股票（IPO）、发行各种债券、资产证券化，及衍生的上市公司重组、收购和兼并等投资银行类业务，而且还包括自营股票与债券业务、资产管理业务以及经纪服务业务等资本运营类业务。可以认为，证券行业是金融投资领域的"大管家"，任何金融机构的资本市场运作和投资都直接或间接与证券行业的公司有关，且证券业与非证券业在许多交易中存在系统关联性。这也就预示着证券业的金融创新乱象不光发生在自身的金融工具和产品内，而且隐藏在与其他金融机构的诸多业务中，较为典型的当属证券公司与商业银行的通道业务。正如银行端资产证券化交易结构（图6.3）所示，通道业务最初是商业银行为了解决表内贷款额度的限制，通过信托公司对限制性行业和融资人发放贷款的形式。然而，由于商业银行与信托公司都受到银监会监管，这种形式的资产证券化依然有业务规模的限制和资本充足率的考核，所以商业银行逐步地将资产证券化的管理人转向证券公司，进而实现跨行业的监管套利。此外，资本的逐利性使得通道业务不会投向竞争激烈、回报率较低的标准化市场,而是投资于非标准化市场获取高额资本回报率。首先是投资信托受益权,设计出复杂的资产证券化结构,规避关联交易的监管,使资金向上无法穿透来源,向下无法穿透去向;其次是投资票据受益权,对商业银行已经贴现的票据进行买入或者远期回购,突破对商业银行扩表的限制;然后是投资委托贷款,如房地产行业、政府融资平台、产业发展基金、有限合伙企业的有限合伙人以及认购契约性基金等限制性行业和融资人贷款,未履行风险管理职责;最后是满足商业银行自身对于存款的需求,如同业存款和存单质押等,在一定程度上实现存款规模的增加,从而在资本空转中释放表内贷款,来攫取更多的社会经济利益。

(4) 其他金融创新乱象:互联网金融与影子银行等。首先是在互联网金融方面。自2007年第一家P2P网络信用借贷平台"拍拍贷"在上海成立,金融部门便开始以"互联网+"模式向传统金融机构无法触及或不愿触及的社会经济边缘地带挺进,各种互联网金融公司如雨后春笋般出现,包括P2P网贷平台、股权众筹和现金贷等。然而,面对中小型金融机构的残酷竞争,"互联网+金融"作为一种金融创新工具逐渐乱象丛生,这种乱象集中体现在"庞氏骗局"与资金违规利用。一方面,互联网金融公司虚构投资标的或夸大融资项目收益前景,采用期限拆分、期限错配的形式设立资金池,并将自有资金与投资人资金合账管理,挪用或占用投资人资金,利用新投资人的资金向老投资人支付利息和短期回报,最终演变成"空手套白狼"的金融"庞氏骗局";另一方面,互联网金融公司逾越法律底线和政策红线,未经批准从事资产管理、债权或股权转让、高风险证券市场配资等金融业务,"明股实债"或变相乱集资开展房地产金融相关业务,包括"首付贷""住房贷"等违规业务。其次是在影子银行方面。按照英国金融稳定委员会(FSB)的定义,影子银行是指(部分或完全)由正规银行体系之外的实体及业务活动所构成的信用中介。这里面包含两个部分:一部分是流向实体经济的信用;另一部分是由于通道、嵌套等业务的存在,空转于银行之间、银行和非银金融机构之间的信用。目前,影子银行的系统性和流动性风险有三处:其一是银行体系的高度介入。资管产品的实质是银行投资类业务(如表外和理财业务等)产生的影子银行,并且多层嵌套的业务结构意味着一旦某个产品发生违约或者损失,将在银行间市场引发连锁反应。其二是普遍存在的隐性担保和刚性兑付。无论是早期的信托类通道业务,抑或是后期的委托投资类业务,如果底层资产有违约或损失行为发生,那么兑付并承担损失的金融机构极有可能是影子信贷发起方的银行。其三是绕开监管投向政策限制性行业。影子银行的资金往往直接或间接地投向地方政府融资平台、产能过剩行业和房地产企业,原因在于这些领域要么有隐性的政府担保,要么属于高利润行业,但同时也受到中央政府的严格管控。

2. 金融部门在社会经济中的利益掠夺

金融市场涌现出的乱象,并不是创新行为本身导致,而是食利者控制的金融部门以创新之名行套利之实,扰乱了金融部门与实体经济、个人和家庭的协同关系,其实质依然是利益的掠夺式侵占。

如是,面对金融部门主要行业或公司的净利润节节攀升,也未必代表着金融部门对社会的利益掠夺,或非传统意义上的金融异化。然而,图6.4、图6.5所呈现的工业企业与金融部门净利润及增长率的对比情况,则将会彻底地回答对金融异化的相关质疑,并从中解析出资产规模快速扩张的金融部门背后所隐藏的本质特征:利益掠夺。首先,在图6.4中可看到,虽然金融部门与工业企业的净利润总额在不断升高,截至2016年达到9.62万亿元,但是在总额的构成中,金融部门的净利润份额在稳步上升,工业企业的净利润份额却在不断下降。再由金融部门净利润占工业企业净利润的百分比(图6.4折线表示)可知,金融部门正在逐步蚕食实体经济的利润分配空间,这一百分比由最低点的19.57%(2010年)上升到最高点的38.29%(2015年)。并且,若加上期货公司、基金管理公司(私募、公募)等证券行业内机构的净利润,及互联网P2P平台、小额贷款公司等其他金融机构的净利润,金融部门的净利润份额将会进一步提升。接着,图6.5进一步地解释了实体经济利润分配空间被蚕食的原因,即金融部门的净利润增长率要远高于工业企业的净利润增长率,前者的平均增长率为17.34%,后者的平均增长率为12.29%,如果剔除4万亿人民币宏观经济刺激计划的"救心丸"作用,工业企业的净利润增长率将会更低。同时,从图6.5中也能够透视出金融部门资产规模快速扩大的原因,即在资本逐利性的驱使下,资金由回报率

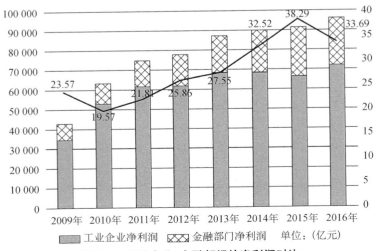

图6.4 工业企业、金融部门的净利润对比

图 6.5　工业企业、金融部门净利润增长率对比

较低的工业实体部门转移至回报率较高的金融虚拟部门,这种转移的过程对实体经济而言无异于"抽血"运动,更为加剧了经济运行中存在的"脱实向虚"现象。

二、经济金融化与各类收入占比的灰色关联度分析

随着中国经济金融化程度的提高,中国居民收入差距也在明显扩大。通过考察经济金融化与居民收入各部分占比的关联度,可以进一步认识和验证经济金融化程度是通过影响何种收入来源来影响收入分配差距的。鉴于所获数据量有限,本书运用灰色关联度模型来对这一问题进行研究和分析。

图 6.6 为 2002—2013 年各类收入占居民收入比重变化。工资性收入占比最高,经营性收入和财产性收入次之,转移性收入占比最低。考察其动态变化,

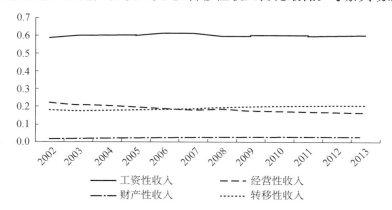

图 6.6　2002—2013 年各类收入占居民收入比重变化

工资性收入占比没有明显的变化趋势，财产性收入占比和转移性收入占比不断上升，而经营性收入占比趋于下降。

下面构建模型计算灰色关联度，分析经济金融化程度与各类收入占比的关联程度。对于金融化程度序列 $x_0=[x_0(1),x_0(2),\cdots,x_0(12)]$，称

$$\bar{x}_0=\left(1,\frac{x_0(2)}{x_0(1)},\cdots,\frac{x_0(12)}{x_0(1)}\right) \quad (6.1)$$

为原始序列 x_0 的初始化序列。

同样地，可以对工资性收入占比序列 x_1、财产性收入占比序列 x_3 和转移性收入占比序列 x_4 进行初始化处理，得到新的序列 $\bar{x}_1$、$\bar{x}_3$ 和 $\bar{x}_4$。由于经营性收入占比序列 x_2 存在下降的趋势，在进行初始化处理时，采用下面的公式：

$$\bar{x}_2=\left(1,\frac{x_2(1)}{x_2(2)},\cdots,\frac{x_2(1)}{x_2(12)}\right) \quad (6.2)$$

则称

$$\zeta_i(k)=\frac{\min\limits_{s}\min\limits_{t}|x_0(t)-x_s(t)|+\rho\max\limits_{s}\max\limits_{t}|x_0(t)-x_s(t)|}{|x_0(t)-x_i(t)|+\rho\max\limits_{s}\max\limits_{t}|x_0(t)-x_s(t)|} \quad (6.3)$$

为各类收入占比序列 $x_i(i=1,2,3,4)$ 对金融化程度序列 x_0 在 k 时刻的关联序列，其中参数 $\rho\in[0,1]$ 为分辨系数。

于是各类收入占比序列 $x_i(i=1,2,3,4)$ 对金融化程度序列 x_0 的关联度为

$$r_i=\frac{1}{n}\sum_{k=1}^{n}\zeta_i(k) \quad (6.4)$$

将实际数据带入以上各式便可计算出如表 6.22 所示的灰色关联度：

表 6.22 关联度计算结果

关联度	r_1	r_2	r_3	r_4
数值	0.645 9	0.699 9	0.814 6	0.649 5
正/负关联	正	负	正	正

根据表 6.22，经济金融化程度与财产性收入占比之间的灰色关联度较大，达到 0.814 6，而前者与其余各类收入占比之间的灰色关联度较小，均不超过 0.7。这表明，经济金融化程度提高后显著促进了财产性收入的增长。经济金融化正是通过引起这类收入的变动以进一步影响收入分配差距的变化。

三、经济金融化影响中国收入分配差距的实证分析

本小节主要通过实证分析考察中国经济金融化程度提高对收入差距的影响,考虑到收入结构变动可能会改变这一影响的大小和方向,因此将工资和转移性收入占居民收入的比重作为解释变量纳入所需构建的回归方程中去。

根据《中国统计年鉴》提供的城镇居民家庭人均总收入及其组成部分、农村居民人均收入及其组成部分、城乡人口占比计算得到 2002—2013 年工资与转移性收入占居民收入的比重,结果如图 6.7 所示。除 2008 年有较大幅度的下降之外,该经济变量一直处于上升趋势之中。

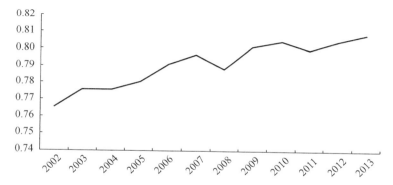

图 6.7　工资和转移性收入占居民收入的比重

图 6.8 为国家统计局公布的 2003—2014 年中国基尼系数走势图。从 2003—2008 年,基尼系数处于上升趋势中,于 2008 年达到峰值 0.491,此后出现了 6 连降,降至 2014 年的 0.469,但仍高于国际公认的 0.4 警戒线。

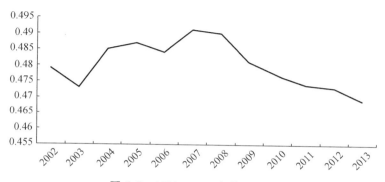

图 6.8　2003—2014 年基尼系数

经济金融化综合指标、工资和转移性收入占居民收入比重、基尼系数等变量分别用 fin、wt、$gini$ 表示,经济金融化综合指标和基尼系数的自然对数分别为 $lfin$ 和 $lgini$。表 6.23 给出了各变量的描述性统计结果。

表 6.23 描述性统计

变量	$lfin$	wt	$lgini$
观测值	11	11	11
均值	−0.099 3	0.793 2	−0.731 4
中位数	0.007 1	0.796 5	−0.731 9
最大值	0.418 8	0.808 5	−0.711 3
最小值	−0.562 8	0.775 3	−0.748 7
标准差	0.336 8	0.012 0	0.013 7

将 $lgini$ 作为被解释变量,$lfin$、wt 和交互项 $lfin \times wt$ 作为解释变量,构建回归模型,考察经济金融化、工资和转移性收入占居民收入的比重对收入分配差距的影响。模型估计结果如下:

$$lgini_t = -0.042\ 8 + 3.016\ 1 lfin_t - 3.801\ 6 lfin_t \times wt_t - 0.851\ 8 wt_t + \hat{\varepsilon}_t$$
$$(-0.06) \quad (0.64^{**}) \quad (-2.67^{**}) \quad (-0.91)$$
$$\overline{R}^2 = 0.339\ 9,\ DW = 2.047\ 0$$

经济金融化程度 $lfin$ 和交互项 $lfin \times wt$ 前面的系数分别为 3.016 1 和 −3.801 6,且均在 5% 的水平下显著。杜宾-沃森检验表明,模型不存在序列相关问题。因此经济金融化确实对收入分配差距产生影响,且这一影响的方向和大小与工资和转移性收入占比有关。考察经济金融化对收入差距的偏效应:

$$\partial lgini / \partial lfin = 3.016\ 1 - 3.801\ 6 wt$$

当工资与转移性收入占比较低时(低于 0.793 4),经济金融化程度提高会扩大收入分配差距;反之,当工资与转移性收入占比较高时(高于 0.793 4),经济金融化程度提高会缩小收入分配差距。图 6.9 给出了工资与转移性收入占比在样本最小值与最大值之间变动时,经济金融化对收入差距的偏效应的变动。

从中国加入 WTO 到 2008 年国际金融危机这段时期,工资与转移性收入占比较低,经济金融化的扩张加大了财产性收入占比,使那些以财产性收入为主要收入来源的群体的收入迅速增加,拉大与以工资和转移性支出为主要收入来源的工薪阶层的收入差距,因此出现了基尼系数一度攀升的状况。2008 年之后,国家出台了一系列调整收入分配、缩小贫富差距的政策,如调整个税起征点、上

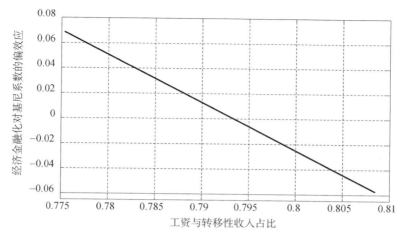

图 6.9 不同工资与转移性收入占比水平下经济金融化对基尼系数的偏效应

调最低工资标准等政策,使工资和转移性收入占居民收入的比重上升,导致收入差距不断缩小。

第四节 经济金融化进程中收入分配不平等损害中国经济增长

收入分配差距过大,会损害经济增长。收入分配对经济增长的影响一直是经济学家关注的重大问题,诸多的研究表明收入分配不平等有损于经济增长(Person 和 Tabellini,1994;Alesina 和 Rodrik,1994;Aghion 和 Bolton,1997)。改革开放以来,我国经济经历 30 多年平均增速超过 9% 的增长后,经济增速已趋放缓,2015 年 GDP 增长 6.9%,创 25 年新低。与此同时,由于收入分配制度的不完善,收入分配差距问题日渐凸显,2017 年,我国收入分配基尼系数高居 0.467,这种状况显然有悖于共享发展的理念。收入分配不平等对于我国经济增长的损害体现在以下五个方面。

1. 有效需求不足造成需求侧经济增长乏力

收入分配差距通过影响居民消费倾向来影响其居民的消费行为,从而影响到有效需求,进而造成需求侧的经济增长乏力。经济学理论认为,收入水平越高的群体边际消费倾向越低,因此该群体有较大的消费潜力;而收入水平越低的群体边际消费倾向却更高,因而这部分群体的消费潜力并不大。高收入群体一方面因边际消费倾向较低,除非有新产品、新服务和新经济增长点,否则,其消费水平提升空间不大。而中低收入群体,受到其收入水平增长情况的制约,也难以提高消费需求。从我国城乡居民收入和支出的情况来看，不同收入层级城乡居民的消费能力不同，根据平均消费倾向的数据，绝大多数老百姓的消费支出能力有限[1]。

表6.24 按收入等级分中国城镇居民平均消费倾向

年份	全国	最低收入户	困难户	低收入户	中等偏下户	中等收入户	中等偏上户	高收入户	最高收入户
2003	76.85%	98.93%	106.59%	89.40%	84.76%	80.34%	77.30%	73.36%	66.47%
2004	76.23%	99.75%	105.56%	89.01%	84.60%	79.57%	75.52%	71.80%	66.37%
2005	75.70%	99.25%	106.44%	87.92%	83.07%	79.52%	74.67%	70.35%	66.57%
2006	73.95%	95.92%	104.03%	86.01%	80.86%	76.98%	72.73%	69.06%	65.88%
2007	72.52%	95.87%	102.67%	86.62%	80.04%	75.54%	70.61%	68.80%	63.44%
2008	71.24%	95.36%	103.44%	84.14%	78.40%	73.97%	69.16%	68.15%	61.87%
2009	71.41%	93.29%	101.41%	82.61%	77.72%	73.44%	71.20%	67.86%	61.94%
2010	70.50%	91.99%	99.50%	79.27%	75.97%	73.21%	69.60%	67.65%	61.76%
2011	69.51%	93.54%	103.29%	79.73%	74.99%	71.77%	68.74%	67.19%	59.79%
2012	67.88%	88.88%	97.65%	76.95%	73.27%	70.12%	66.51%	65.14%	59.01%

资料来源：陈波，刘春玉.中国城乡居民社会分层、消费特征与促动内需[M].上海：上海财经大学出版社，2015：52.

从表6.24中的数据可以看出，各收入等级的城镇居民平均消费倾向差异很大。对于最低收入户，平均消费倾向一般超过90%，其中困难户一般超过100%（困难户超过100%的消费部分由转移支付承担），因而最低收入户的消费潜力已经难以挖掘了。对于中等偏下、中等、中等偏上收入户，在人口数量上占到60%，但其平均消费倾向总体呈下降趋势，2012年在70%上下，在收入水平不能有效提高的情况下，其消费潜力和消费能力也很难有提高。对于城镇高收入户和最高收入户，平均消费倾向较小，且总体呈下降趋势，2012年中，高收入户为65.14%，最高收入户为59.01%，这意味着这部分居民消费能力强，消费潜力较大，但国内供给侧的现实状况，决定了这部分群体的消费能力没有转化为拉动中国经济增长的动力，而是成为欧美国家经济增长的外需（陈波，2013）。

农村居民的平均消费倾向呈现出相同的结构性特征（表6.25），而且，相比较于各收入等级的城镇居民平均消费倾向而言，不同收入等级农村居民的平均消费倾向更高，这表明不同收入等级农村居民的消费能力更低，消费潜力的挖掘

---

[1] 计算公式为：平均消费倾向=消费支出/可支配收入。

空间更有限。

表 6.25 按收入等级分中国农村居民平均消费倾向

年份	低收入户	中低收入户	中等收入户	中高收入户	高收入户
2003	114.61%	92.29%	85.43%	79.06%	72.05%
2004	115.25%	92.36%	141.57%	79.56%	73.17%
2005	126.65%	100.39%	90.80%	83.64%	73.60%
2006	123.46%	97.66%	90.68%	84.43%	75.62%
2007	124.10%	97.49%	89.76%	82.92%	75.90%
2008	124.96%	97.73%	88.45%	82.76%	75.30%
2009	131.25%	99.20%	89.01%	82.92%	75.54%
2010	123.21%	96.70%	86.53%	79.99%	73.57%
2011	135.47%	100.92%	89.37%	81.18%	71.24%
2012	134.74%	100.54%	88.74%	81.13%	70.77%

资料来源：陈波,刘春玉.中国城乡居民社会分层、消费特征与促动内需[M].上海：上海财经大学出版社,2015:76.

我国经济处于转型期,随着市场化改革的不断推进,尤其是中国式"金融化"的转型,导致老百姓未来的收入与消费支出都有很大的不确定性,不确定使得中国城乡居民具有更强的预防性储蓄的动因,这就直接影响到居民的有效需求。在中国市场化改革不断推进的过程中,老百姓的就业和收入水平主要由市场来决定,具有很大的不确定性。同时,老百姓要通过市场来获取更多的商品或服务,除了普通的消费品,还包括住房、教育、医疗、养老等,这使得老百姓的未来消费支出的不确定性越来越大,压力也会越来越大。此外,城乡居民因收入分配制度、社会保障制度不完善产生的谨慎性动机,也影响了他们有效需求的提高。

2."中国式产能过剩"制约了供给侧拉动经济增长

近年来,我国传统制造业产能过剩的情况越来越突出,钢铁、水泥、玻璃、建筑材料、电解铝、煤化工、发电量、发电设备、多晶硅、风电设备、造纸、印刷、造船、航运、化肥、电视、冰箱等产业均出现产能过剩的问题。2012年年底,我国钢铁、水泥、电解铝、平板玻璃和船舶产能利用率分别为72%、73.7%、71.9%、73.1%和75%。[1] 针对产能过剩问题,国务院先后在2009年和2013年两次发文,《国务院批转发展改革委等部门关于抑制部分行业产能过剩和重复建设引导产业健康发展若干意见的通知》(国发〔2009〕38号)和《国务院关于化解产能严重

---

[1] 原二军,周迎久.越淘汰越过剩真的治不了?[N].中国环境报,2014-4-18(8).

过剩矛盾的指导意见》(国发〔2013〕41号),2013年11月国土资源部也发出《严禁为产能严重过剩行业供地》的通知,这表明决策层已充分认识到产能严重过剩将会造成社会资源的巨大浪费,降低资源配置效率,阻碍产业结构优化升级。

关于产能过剩形成原因的研究,有"市场失灵说""政府失灵说"和"海外市场逆转说",但竞争性过剩与结构性有效需求不足的叠加是导致中国式产能过剩的重要原因[1]。结构性有效需求包括不同地区的有效需求结构和对不同产品的有效需求结构,前者指的是国际国内两个市场对中国制造的有效需求,后者指居民对于不同产品和服务的有效需求。结构性有效需求不足使得产能过剩问题凸显。

结构性有效需求的不足会进一步遏制对其他产品的消费,其负面效应进而波及第二产业,尤其是在房地产、汽车等产品的需求出现逆转的情况下,负面效应会进一步扩大,但"资本并不会通过降低价格来应对最终需求的下降"[2],这就使得一些产业的产能过剩问题更加凸显。2012年以来中国经济增速减缓,但居民房贷却迎来爆发式增长,从2011年不到1万亿美元,并在2014年超越日本,2015年则超过2万亿美元大关,已是日本的1.7倍。根据中国人民银行的统计数据,2016年6月末,金融机构人民币各项贷款余额101.49万亿元,同比增长14.3%,房地产贷款增长加快,其中个人购房贷款增长更快。2016年6月末,人民币房地产贷款余额23.94万亿元,占贷款总额的24%,同比增长24%,2016年6月末,房产开发贷款余额5.41万亿元,占贷款总额的5.3%,同比增长10.9%,个人购房贷款余额16.55万亿元,占贷款总额的16.4%,同比增长30.9%。急速增长的房贷消耗了大量的居民储蓄,而房贷利息支付又占用了居民可支配收入的很大一个份额,这就导致了居民对其他产品的消费支出水平的下降,进而传导至第二产业的一些部门,导致产能过剩问题恶化,并使得整体经济增长受到冲击。

3. "房地产依赖症"加大了中国经济增长的不确定

中国经济增长倚重于房地产投资,这一点已成为共识。根据中国社科院发布的《2010国家竞争力蓝皮书——中国国家竞争力报告》,中国近20年的经济增长并不是靠产业结构升级换代获得的,而是靠消耗资源和扩大投资,尤其是房地产业的膨胀发展。

在中国,住房不仅是满足老百姓住房需要的消费品,同时也变成了主要的投资品。随着居民财富积累水平的不断提高,以及投资理财意识的逐渐增强,投资

---

[1] 尹徐念.竞争性过剩与结构性有效需求不足的叠加[J].海派经济学,2016(3):46—57.
[2] 蔡希.纪念保罗·斯威齐(上)[J].国外理论动态,2004(11):13—17+30.

理财逐渐成为居民重要的经济活动。由于金融创新不足,可供投资的渠道不畅、产品不多,股票和期货等成为主要的投资产品,但股票和期货风险相对较高,而房地产投资风险低、保值增值作用大获得居民的青睐。随着住房制度的改革,以及我国经济发展中房地产投资升温等诸多因素的影响,房地产逐渐成为投资者首要的选择对象。当房地产价格上涨时,投资者期望资产的持有会带来更大的增值,于是争相购买,推动房地产价格继续攀升。各地方政府在城市开发的过程中则获得了大量收入,1999—2015年,全国土地出让收入总额约27.29万亿元,年均1.6万亿元。自20世纪90年代分税制改革后,土地出让金收入基本划归地方政府,实践过程中逐渐演变成地方的第二财政,土地收入在地方政府财政收入中占了较大比例,一些城市甚至会超过50%,如果加上其他相关收入,这个比例可能会更高[1]。地方财政对房地产投资的依赖程度不断加大,城市经济增长对房地产投资的倚重程度也越来越高。

我国自1998年开始房地产市场化改革后,老百姓可以通过市场自由买卖房产,中国的房地产业开始了迅猛发展。全国房地产投资额由1998年的3 614.23亿元上升到2014年的95 035.6亿元,而2014年房地产贷款余额达到17.4万亿元,比1998年增加了17.1万亿元。为了应对2008年全球金融危机,我国采取了积极的货币政策和扩张性的财政政策,间接推动了中国房地产市场的进一步膨胀,投资额、销售额、信贷额、房地产价格等都迅速上涨。量化宽松政策并未能有效地刺激经济增长,相反,由于监管制度的缺失,大量流动性通过银行系统进入房地产和金融业,导致房地产价格进一步飙升,这不仅带来了房地产价格泡沫的累积,而且对实体经济企业,尤其是中小型企业产生了"挤出效应",实体经济企业由于融资机会少、融资成本高,以及房租、人力成本、办公费用等不断上涨,经营成本不断提高,面临更大的经营压力,其扩大投资的意愿及能力都受到冲击。

纵观世界经济史,纺织工业、钢铁工业、汽车工业、电子产业、电气工业、IT产业、航空航天产业先后成为发达国家的支柱产业,没有一个发达国家是靠房地产泡沫让经济繁荣富强的。贯穿支柱产业发展变化背后的,是创新与技术进步。通过创新和技术进步,推动产业结构的不断升级,才能为中国经济的可持续增长奠定坚实的基础。继续依赖房地产拉动经济增长将充满风险和不确定性,中国经济增长已到了必须转型的关口。

4. "金融脆弱性"导致的中国经济增长风险累积

20世纪70年代以来,国际社会金融危机频发并呈现出新的特点,传统经济

---

[1] 十七年来全国卖地收入超27万亿大头用于城市[N].第一财经日报,2016-02-15.

周期理论对此难以作出令人满意的解释,在此背景下,金融脆弱性理论应运而生并成为金融理论研究的热点。金融脆弱性有广义和狭义之分。狭义的金融脆弱性,也称为"金融内在脆弱性",是指金融业高杠杆的行业特点决定的风险更大的特征;广义的金融脆弱性简称,则泛指一切融资领域中的风险积聚,包括信贷融资和金融市场融资(黄金老,2001)。

近年来,随着中国金融体制改革的不断深化,银行准入放宽、利率市场化推进、互联网金融的兴起和影子银行的出现,金融化进程不断加快,整个金融体系生态环境发生了很大变化,中国的金融脆弱性越来越凸显,其可能造成的经济增长风险也在不断累积。具体表现在:

第一,新投资渠道的开拓使流动性机会成本提高。随着中国金融业改革开放的推进,证券、保险、信托、基金、私募等非银行金融实力不断增强;在利率市场化背景下,股票、债券、基金以及金融衍生品不断推出,居民投资方式也日趋多元化,传统的银行储蓄竞争力受到考验;互联网金融的发展形成对传统银行金融的强烈冲击。在这些因素综合作用,流动性的机会成本不断提高,流动性的高速流动和重新配置,传统银行金融机构依靠利率管制和利差锁定的政策红利,以及业务牌照优势下,就可以稳定地获取超额收益的模式难以为继[1],这就迫使传统银行金融机构转型发展。

第二,高成本资金只能投向高风险领域。就金融机构而言,一方面,为维持盈利必须把高成本吸收的资金投向高风险、高收益的企业或项目;而低附加值、低利润率的加工制造业难以负担高成本融资。另一方面,以投机为主要特点的非实体经济,因为时间短、速度快、预期收益率高,更能吸引资本的流入,金融机构在盈利压力的驱使之下,将大量资金配置到虚拟领域,虚拟资产价格不断攀升,资产价格泡沫也越吹越大。《2014年金融机构贷款投向报告》数据显示,2014年年末房地产开发贷款同比增长22.6%,而同期农业贷款同比增长9.7%,工业中长期贷款同比增长8%,实体经济贷款增速明显慢于房地产。此外,为了获取更高的收益率,一些金融机构,尤其是银行金融机构,把资金更多地投向长期项目,比如房地产融资、股权投资融资等,"短存长贷",造成金融资产结构期限错配。期限错配下的金融资产结构极不稳定,一旦市场流动性需求突增,金融机构就会面临流动性不足的风险。

第三,金融机构间的同业竞争使风险防范动机不断减弱。在金融产品的高度同质化的情形下,各金融机构为了有限的金融资源和市场份额展开激烈竞争,在融资端,比谁的资金回报率高;在贷款端,比谁的贷款条件更优、谁的资金成本

---

[1] 邵平. 商业银行:转型发展 穿越变局[J].中国银行业,2014(11):33—35.

更低,有时甚至配合企业发放风险贷款,出现"银企合谋"的局面。粗放式规模增长导致金融风险不断累积。

第四,金融部门背离实体经济,金融危机的可能性加大。随着金融市场的快速发展,金融不再只是服务于和服从于实体经济发展的需要,金融发展日益背离实体经济,甚至于变成支配实体经济发展的主体。金融部门与实体部门发展的不协同,导致经济失衡状态加剧。2014 年年末,我国社会融资规模存量达到122.86 万亿元,同比增长 14.3%,$M2$ 余额 122.84 万亿元,$M2/GDP$ 达到1.93,这表明我国经济流动性是比较充裕的,但大量资金并非投入实体经济,而是在套利领域不断空转以寻求高收益。在这种发展失衡状态下,虚拟经济大规模扩张,从而产生经济泡沫。一旦金融资产价格预期发生逆转,价格暴跌,将引发金融危机。

5. 中国债务驱动型经济增长模式不可持续

经发展经验和经济研究都表明,适度的杠杆率可以改善企业的资产流动性,由此拉动投资和经济增长[1]。但是,杠杆率要适度,如果杠杆率上升过快,企业债务负担沉重、政府财政赤字大幅上升以及居民贷款违约风险增加,这将会给经济增长造成很大困扰。

近年来,我国经济增长过程中的债务扩张特征十分显著。国际清算银行(BIS)认为,当同时观察到持续性的快速信贷增长和巨幅资产价格上升,金融市场极大可能将是不稳定的。其中的逻辑是,信贷规模过快扩张意味着金融市场负债率较高,总体杠杆倍数上升,若伴随资产价格大幅上升,可能意味着增长的大部分信贷资金并未落实到实体经济中,此时资本市场存在泡沫,这将导致银行业等金融机构的财务危机。在此基础上,BIS 提出了信贷比率缺口这一指标(Credit-to-GDP gap,即信贷与 GDP 比与其长期回溯趋势的偏离度),从实证角度对各国信贷规模/GDP 的历史比率进行分析[2],其中,中国自 2012 年伊始,这项指标即远远超出 BIS 所认定的 2%—10% 正常值范围,且一路上扬,2014 年这一指标超过 20%,2016 年更是高达 28.9%,远远高于 10% 的风险水平。

从私营非金融部门的收入偿债比(Debt Service Ratios,DSR)这一指标来

---

[1] Farhi E., Tirole J. Bubbly Liquidity[J]. Review of Economic Studies,2012, 79(2): 678-706.
[2] Drehmann M., Tsatsaronis K. The credit-to-GDP gap and countercyclical capital buffers: questions and answers[J]. BIS Quarterly Review,2014(9):55-73.根据 BIS 所设计的指标体系,信贷比率缺口(Credit-to-GDP gap)即"非金融企业信贷规模与 GDP 之比率"与其长期趋势之间的差距,用作衡量一个经济体的信贷扩张程度,它可成为潜在银行危机的预警指标。一般来说,当这个缺口的差距超过 10%,银行就需要增加逆周期缓冲资本(Countercyclical Capital Buffer),以此来预防金融危机。

看,该指标反映收入中用来偿还债务的份额,它提供了关于实体经济与金融部门之间关系的重要信息,高DSR对消费和投资有着强烈的负面影响,DSR还是一种可靠的系统性银行危机预警指标[1],一般认为,这一比率越低,国家的经济状况就越健康,大多数国家的这一比率在0—20%。截至2016年第1季度,中国这一指标为19.9%,虽然处在正常的水平,但从2010年开始,这一比率不断上升,从2010年的15.2%上升到2016年第二季度开始超过20%,第四季度更是达到20.1%,显示出企业偿债压力不断增大(表6.9)。

在债务驱动型增长模式下,信贷的持续增长必将导致杠杆率过高,最终将导致经济增长不可持续,因为,2008年以来资产负债扩张对我国实体经济产生了更强的"挤出效应",而不是"挤入效应"[2]。如果在太短的时间内创造了过多的信贷,那么就不可避免地会出现信贷过剩和不良贷款信贷创造的步伐一定会在未来放缓,从而暴露出其中的问题信贷,促使新的不良贷款的出现。日本在1985—1990年创造了相当于整个经济规模的信贷,随后它经历了"失去的二十年"痛苦的过程;2008年以来的美国信贷债务融资型增长模式导致的2007—2008年金融大海啸,使全球经济陷入自20世纪30年代大萧条以来最严重的危机;西班牙在2002—2007年创造了规模相当于该国116%的GDP的信贷,如今它仍然在努力解决20%的失业率。这些都为我们敲响了警钟。

---

[1] Drehmann M., Illes A., and Juselius M., et al. How Much Income is Used for Debt Payments? A New Database for Debt Service Ratios[J]. BIS Quarterly Review, 2015(9):89-103.
[2] 袁志刚,饶璨.资产负债扩张与中国经济增长转型[J].学术月刊,2015(8):44—54。

第七章
金融化、收入分配差距扩大与经济增长

20世纪70年代以来,经济金融化作为当代资本主义经济的内在变化日益显著,与美国经济金融化相伴随的一个重要的事实是贫富差距不断扩大,经济增长趋于放缓。本章在Godley等人所开创的存量-流量一致模型的基础上纳入经济金融化、财富与收入分配差距变动、经济增长等因素,分析三者的内在逻辑关系,并利用美国的数据予以实证检验。研究表明:①经济金融化和收入分配差距相互作用,形成恶性循环;②收入和财富分配差距拉大限制居民消费需求提高从而阻碍经济增长;③理论上经济金融化程度提高对长期经济增长的影响方向不确定,美国经济运行的实际状况表明,经济金融化的负效应占据主导地位。

第一节 经济金融化影响经济增长不稳定的三大机制

学者们深入探讨了金融发展与经济增长的内在机理,认为一国金融部门的发展能够促使该国人均国民收入增长率的提高,金融市场和金融机构的发展大大减少了企业外部融资成本,将企业从内部融资的困境中解放出来,极大地提高微观主体的运行效率。但20世纪80年代以来的金融自由化和层出不穷的金融创新已经让金融异化为资本获取巨额利润并支配政治和社会的工具。美国等主要资本主义国家经济快速金融化,金融不再服务实体经济,金融创新和金融发展未能实现资源的优化配置,却导致了财富从大众向少数精英的转移,造成社会不公平问题日益突出并对经济社会的发展造成不利影响。"导致目前危机出现的一系列事件,起源在于美国和所有发达国家中的社会不平等现象加剧,需求的增长最终受到了阻碍。时间的连锁反应得以继续,是因为美国社会的默然决定,由自己的金融体系来代替合理的收入分配。"[1]本书认为,经济金融化通过三大机制影响经济增长的稳定性。

一、金融化、"金融脆弱性"与金融主导型增长机制的不稳定性

从"活动中心论"的角度来看,金融化意味着金融在经济活动中的份额越来越大、地位越来越高、重要性越来越大,经济增长的金融主导型机制(Finance-Led Growth Regime)特征越来越明显。但金融内在的脆弱性也蕴含着经济增长不稳定性的必然。海曼·明斯基(Minsky,1975、1977、1982、1986、1992)系统地提出了"金融脆弱性(或不稳定性)假说",其理论主要包括:①信用创造机构(以商业银行为代表)和借款人的相关特性使金融体系具有天然的内在不稳定性。②现实经济中的三种融资行为:套期保值融资(Hedge Finance)、投机性融资(Speculative Finance)和庞氏融资(Ponzi Finance)。绝大多数的企业会随着经济周期的变化从套期保值性企业逐步发展为庞氏融资企业,且比例越来越大。在这一变化过程中,信贷资金保持正常运转至关重要,任何影响信贷资金流转的事件都可能会引发企业的信用危机,甚至破产,继而引发金融危机的可能。与此同时,从套期保值性融资、投机性融资到庞氏融资的变化过程中,经济主体抵御风险的能力却变得越来越弱。

这就会出现所谓的明斯基"平静悖论"[2],经济有规律的、平稳的增长和协调结构的出现表明这种经济处于自己发展的"平静"期。随着经济的这种有规则、持续的发展,经济主体逐渐充满着信心;由于预期到经常性经济增长的实现,他们减少了顾虑,把未来视为过去发展的必然结果。这种对未来日益增长的信心使企业不断地借债投资,于是一种经济超速运行的趋势不可避免。尔后,物价开始上升,经济的不平衡也在发展,但由于利率杠杆的正面作用,企业还可以继续借贷,从而使企业财务上的脆弱性进一步发展。不久,因融资需求的增长引起的利率上升使负债累累的企业陷入困境,乐观主义的预测发生转变,企业生产活动减少,经济增长下降。政府逐渐取消对利率、贷款和资本流动的各种行政控制旨在发展金融市场。而放宽金融管制则成为金融化和金融危机的推动力之一。因为,金融市场的规模——相对于政府来说——已经变得如此巨大,如果没有一种恰当的信心体系,将会难以保持稳定[3]。

金融化必然使金融制度走上投机的歧途。因为,金融化进程中,在金融资本

---

[1] 阿塔利.危机之后?[M].林平,译.北京:中国文联出版社,2009:142.
[2] 沙奈,等.突破金融危机[M].齐建华,胡振良,译.北京:中央编译出版社,2009:65.
[3] 斯密克.世界是弯的:全球经济潜在的危机[M].陈勇,译.北京:中信出版社,2009:18.

主导下,必然会推动金融自由化和金融创新,大量的金融衍生品会被创造出来,并推向市场。"金融衍生品"只是一纸文件,它可以被无限复制并发放,Magdoff 和 Sweezy(1987)指出,这些"金融衍生品"都是面向未来的,甚至面向未来的未来。因此,这些"金融衍生品"不是用来抵制风险的,它们本质上是一种越过生产靠将来收入盈利的投机行为。这种赌场式的活动,不仅不能抵制风险,还会将风险传播到经济活动的每个角落。所以,"金融衍生品"和其他金融"创新"一同将市场推入史无前例的布雷区[1]。巴菲特更是将这些金融衍生产品称为"金融界的大规模杀伤性武器"[2]。

"金融脆弱性"首先源于金融活动乃至于经济活动中的"动物精神",凯恩斯所指的动物精神——非经济动机和非理性行为——是另一种解释资本主义内在不稳定性观点的基础[3],信心过度或信心不足是关于大多数经济波动原因的解释[4]。罗伯特·希勒(2008)从金融市场波动的心理根源出发,论述了自由市场经济中资本市场所固有的不稳定性。金德尔伯格也关注了经济危机中的非理性因素,将一部金融史归结为投机疯狂、市场恐慌和崩溃的不期而遇,罗伯特·索洛认为金德尔伯格总结了一个普遍性的、应用性最强的教训:非理性(Irrationality)可能会胜过精确的计算(Sober-Calculation)[5]。

"金融脆弱性"产生的根本原因是金融资本的本性。金融资本是一种"无耐心资本",其寻求目标是短期收益,金融资本为了攫取最大限度的金融利润,必须而使其保持最高程度的流动性,这种资本可以在短期内制造经济不稳定,因为流动资本的特点是满世界流动,不仅时间非常短,而且运作方式也比较非理性。……从长远来看,金融资本将削弱生产率的提高,因为长期投资及那个会不断受到削减,以满足"无耐心资本"的需求。其结果是,尽管近年来在"金融深化"方面取得了巨大进步,但是经济的增长速度实际上降下来。……正因为金融对变化无常的利润投机反应过于敏锐,因而才会对其他经济造成伤害[6]。英国著名政治经济学专家苏珊·斯特兰奇将这种金融垄断资本主义称为"赌场资本

---

[1] 贝罗菲奥雷,哈利维.一个"明斯基时刻"是否已经回归?——论全球的次贷危机与"新"资本主义模式[J].当代经济研究,2009(9):14—21.
[2] 张夏准.资本主义的真相——自由市场经济学家的23个秘密[M].孙建中,译.北京:新华出版社,2011:227.
[3] 阿卡洛夫,希勒.动物精神[M].黄志强,徐卫宇,金岚,译.北京:中信出版社,2009,前言:Ⅶ.
[4] 同上书:186.
[5] 金德尔伯格,阿利伯.疯狂、惊恐和崩溃——金融危机史(第6版)[M].朱隽,叶翔,李伟杰,译.北京:中国金融出版社,2014:中文版序言.
[6] 张夏准.资本主义的真相——自由市场经济学家的23个秘密[M].孙建中,译.北京:新华出版社,2011:228.

主义"(Casino Capitalism),以形容当代资本主义具有高度的投机性和风险性,操纵资本主义金融市场这个大赌场的主要力量,是富国以及银行家、资本家和专业经纪人。他们是这一赌场中的大赢家。尽管极少数普通居民在这一赌场中偶尔也有小赢,但从总体上说,穷国以及普通大众照例都是牺牲者[1]。

二、金融化与债务驱动型经济增长的不可持续性

经济金融化导致三种明显的经济后果:企业债务驱动型投资、居民家庭债务驱动型消费以及政府的赤字财政。金融自由化鼓励人们频频使用"杠杆效应",债务驱动型经济增长(Debt-Led Growth Regime)埋下了危机的隐患。2007年次贷危机前,美国政府、企业及居民部门杠杆率都大幅飙升,危机爆发后,资产泡沫破灭,各部门都面临资产负债表修复难题,去杠杆是修复资产负债表的必然过程,但在去杠杆的过程中,经济增长也会进一步放缓。2010年欧债危机来源于政府部门债务过快上升,希腊已沦落到政府破产和金融体系瘫痪的地步。1990年日本资产泡沫伴随企业部门过度杠杆,均造成经济增长长期乏力,市场低迷。

大企业越来越依靠资本市场解决融资的问题。在实体经济企业内部,由于"股东价值最大化"理念的影响,管理层更加注重向股东分红,传统的"利润留存再投资"的资本积累模式被颠覆,企业大量地通过资本市场,采取发行股票、债券等方式募集资金。同时,实体经济企业又将越来越多的资金投资于金融资产,如全球企业巨头美国的GE公司拥有规模庞大的金融集团,其总资产高达5 000亿美元,这一庞大的金融资产让其成为美国第七大银行,2014年,金融业务为GE公司贡献了高达42%的利润。但是,2008年金融危机爆发后,通用电气金融服务公司房地产业务健康状况不断恶化,令母公司承压,并且引发担忧情绪。受房地产业务所累,通用电气不得不寻求政府贷款计划的支持,而且该公司还被迫削减股息。

金融机构杠杆率的提高意味着其自身负债的增加。金融机构自身的高负债率,主要表现为作为自有资金与资产之比的杠杆率的持续走高,在资产证券化的背景下也体现为证券化中流量与存量比例的持续升高。如表7.1所示,在1999年以前美国银行自有资金比例很低,自有资金比例从2.6%—4.4%迅速提高到21世纪的10%以上,到2006年甚至达到12%以上。虽然商业银行的杠杆率在下降,但在混业经营下,银行业表外业务就不断扩张,美国证券交易商和经纪商的自有资金与资产形成的金融杠杆处于不断上升的趋势中。

---

[1] 斯特兰奇.赌场资本主义[M].李红梅,译.北京:社会科学文献出版社,2000:1.

表 7.1　美国不同金融机构的杠杆率情况

年份	商业银行杠杆率	美国证券交易商和经纪商杠杆率	宏观资本化杠杆率
1970	16.3	23.14	4.6
1980	21.0	7.21	5.0
1990	38.2	11.45	6.2
1995	22.6	21.60	7.2
2000	9.9	33.83	9.0
2005	8.5	28.55	9.7
2006	8.0	37.76	10.3
2007	8.4	46.78	10.6
2008	7.5	43.22	9.8

资料来源：转引自刘晓欣.个别风险系统化与金融危机——来自虚拟经济学的解释[J].政治经济学评论,2010(4):64—80.

2007—2008年金融危机期间,投资银行的杠杆率成为华尔街的大问题,但金融危机至2014年,历经七年大规模扩张资产负债表,美国大金融机构的杠杆比率非但没有减少,反而变本加厉,由七年前的不足35倍飞升至78倍（图7.1）。标准普尔全球评级一份最新报告指,撇除金融公司,美国企业杠杆率处于10年来的最高水平。报告称,受低利率和利润放缓影响,2 200多家企业普遍存在过度使用金融杠杆的情况,很容易受违约和降低评级影响,公司融资和再融资会出现挑战。2009年美国公司债务违约数量42家,2015年全球有111家公司债务违约,其中美国公司最多,占比60%。

金融化同时也导致家庭经济活动的金融化,首先,金融化导致了家庭部门债务驱动型消费。美国个人信贷水平增长速度持续上升,由1961年的622.49亿美元增长至2013年的29 179.81亿美元,平均增长率为7.79%,1979年以后美国家庭债务与收入比率迅速提高,尤其是信贷市场未清偿家庭债务占可支配入的比例从1979年的28.4%增加到2011年的121.7%,在最高年份的2008年达到了155.3%。美国家庭债务的主体是房屋贷款,其次是消费信贷债务。居民家庭通过增加债务的方式来满足当前消费的需要,造成了一种虚假的繁荣。但金融机构将消费信贷开发成各类金融衍生产品,由此打造了一条金融链条。

其次,家庭收入证券化,家庭收入从银行储蓄转向股票证券及其他金融衍生品,其收入水平与金融市场价格波动和资产价格波动密切关联,"家庭可支配的部分收入(这份收入现在是实际的,但它又是建立在虚拟资本的所有权基础上的,一旦出现危机就会化为乌有)以及它们的借贷能力(因为它们往往是用金融

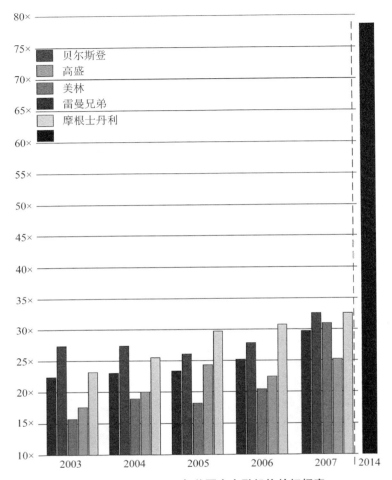

图 7.1　2003—2014 年美国大金融机构的杠杆率

(资料来源:金融机构杠杆率升至 78 倍　美国真在去杠杆?[N].华尔街见闻,2014-10-10)

资产作为银行借贷的担保的)都依赖于股市行情的这一变量"[1]。一旦利率有调整,或者金融资产价格出现大的波动,家庭无法偿付债务,构筑于其上的各类金融衍生品的价格会下降,金融资产价格泡沫破灭,从而引发金融危机。

金融化导致了美国公共债务水平在过去 8 年激增 9.1 万亿美元,从 10.6 万亿美元增长至 19.7 万亿美元。2016 年财年美国政府债务增长 1.4 万亿美元,为历史最高水平。美国从原本世界最大的债权国转变为世界最大的债务国。在

---

[1]　沙奈,等.突破金融危机[M].齐建华,胡振良,译.北京:中央编译出版社,2009:中文版前言,13.

美国新自由主义转向和经济金融化进程中,失业与贫富差距扩大,导致财政支出增加,而新自由主义减税政策导致财政收入减缓,美国公共债务规模呈现不断扩大的趋势[1]。但是,正如奥地利学派的学者 Murray Rothbard 所说,赤字支出和公共债务代表了不断增大而且不可容忍的社会和经济负担,因为它们把资源从生产性的私营部门,转移到寄生式的反生产性的公共部门[2]。所以,美国公共债务规模不断扩大增加了经济增长的风险。

三、"金融化悖论""脱实向虚"与经济增长不稳定性

金融化身的本质是资本积累金融化(陈享光、袁辉,2011;孟捷,2012;何自力、马锦生,2013;马锦生,2014;陈享光,2016),在以金融资本为主导的制度下,金融资本决定着生产性资本积累的节奏、形式和地点。主导今天整个资本积累运动的是各种以食利性金融资本为基础的金融机构,它们在投资决策、收入分配、劳动就业等各方面均具有绝对的支配力,它们通过操纵金融市场活动而在实际上控制以上诸方面。但金融资本决定性的选择,主要是根据所持资产在金融市场上的状况,优先考虑的是其市值,而不是其他[3]。金融资本的目的仍然是攫取剩余价值,只要有利于其获取更多剩余价值的方法,金融资本就会加以利用。"他们的目的,是在金融市场上通过各种形式为自己的股东抽取一部分(金融)利润,最大程度使这笔钱得到增值。金融资本置身于生产领域之外,凌驾于社会之上。为了使自身增值,它采取了 $G-G'$(货币—货币)的捷径,而不是采用更具约束性的产业资本循环的模式。"[4]

这就产生了所谓的"金融化悖论","金融化悖论"是金融垄断资本时代的积累悖论的新发展,指的是资本积累机制金融化造成的一种二律背反的状况,具体地说,就是为了克服滞胀问题,资本主义出现经济金融化,经济金融化在缓解滞胀的同时,却造成了实体经济的下滑,金融垄断资本在经济停滞的僵局中却反常的快速增长,金融垄断资本主义呈现经济停滞与金融化因果循环的局面,金融化在解决滞胀问题的同时,也为以后更大的动荡创造了条件[5]。因为,最终"一切真正的危

---

[1] 郝宇彪.美国公共债务负担率逆转的原因及对中国的启示[J].学术月刊,2014(9):71—81.
[2] 转引自公共负债——扭曲经济的政治产物[N].华尔街见闻,2013-08-07.
[3] 沙奈,等.突破金融危机[M].齐建华,胡振良,译.北京:中央编译出版社,2009:中文版前言,5.
[4] 同上书:4—5.
[5] 姜海龙,邵芳强."金融化悖论":资本积累模式的变化及其后果[J].经济研究导刊,2014(25):7—9,113.

机的最根本的原因,总不外乎群众的贫困和他们的有限的消费"[1]。

金融化进程中,实体经济的萎缩与虚拟经济的膨胀成为共生现象。20世纪90年代以来,虚拟经济出现了日益背离实体经济的势头,并且加速膨胀,越来越超越实体经济。虚拟经济市场的虚假繁荣不仅增加了经济增长的不稳定性,还使得实体经济发展遭遇资金瓶颈问题,进而导致实体经济利润率下降。在虚拟经济高回报率诱导下,实体经济企业"脱实向虚",大量资本离开了创造财富的实体经济,纷纷进入证券市场、金融市场、房地产等虚拟领域,以期迅速获取高额的回报。但是,金融业原本的任务是考虑资金应该流入哪个行业和哪个行业创造的收益最高,然而当金融业自己成了最赚钱的行业时,一切就走了样[2]。

综上所述,金融化成为了风险、危机、崩溃的代名词,金融化导致经济增长不稳定的传导机制可以用图7.2来表示。

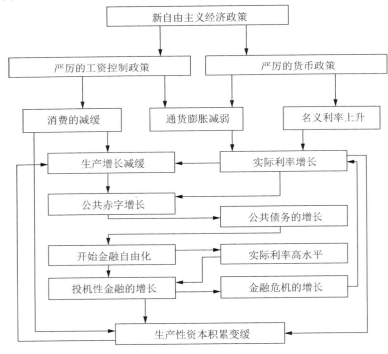

图7.2 经济金融化引起的金融不稳定与经济危机

(资料来源:沙奈,等.突破金融危机[M].齐建华,胡振良,译.北京:中央编译出版社,2009:81)

---

[1] 马克思恩格斯全集(第25卷)[M].北京:人民出版社,1974:548.
[2] 容,皮珀,特劳布.金钱创造历史:谁是下一个金融帝国[M].葛囡囡,译.北京:外文出版社,2013:244.

第二节 经济金融化、收入分配差距与经济增长：基于 SFC 模型的模拟分析

一、基本模型

本节通过建立存量-流量一致性模型(Stock-flow Consistent Model,SFC 模型)来模拟经济金融化、收入分配差距和经济增长之间的相互作用。SFC 模型被较多地用来分析金融化的影响效应(Lavoie and Godley, 2001; Godley and Lavoie, 2007; Treeck, 2009),如 Treeck(2009)通过 SFC 模型建立宏观金融化模型并进行数值模拟,探究股东价值导向和经济金融化的宏观经济效应。本节在已有研究成果的基础上,做了一些改进。前述文献中(Lavoie and Godley, 2001; Godley and Lavoie, 2007; Treeck, 2009)模型虽有一定的差异,但均未将规模性收入分配变化纳入到金融化的分析之中。本节根据经济金融化背景下企业与家庭的行为决策特征,对宏观经济部门的行为假定进行修正。特别地,不同于传统 SFC 模型的总量分析框架,对于家庭部门,本节以个体家庭为单位考察异质性个体的行为决策,以便探究经济金融化背景下收入分配差距的长期演变。

本节做出如下假定：(i)考察封闭经济,不考虑国际贸易与国际金融活动；(ii)经济主体包括家庭、厂商和银行,因此银行为唯一的金融机构,并且模型忽略国债发行、征税和政府购买等政府行为；(iii)存在两种类型的金融资产——股票和债券,企业发行股票,不发行债券；(iv)无通货膨胀,因此总物价水平保持不变。

表 7.2 给出了资金平衡表,这与 Lavoie 和 Godley(2001)一文中的资金平衡表大体相同,唯一的差异在于,后者假定家庭只进行储蓄,而本节认为异质性个体的存在意味着一部分家庭将会进行储蓄,另外一部分家庭进行贷款。因此,本节资金平衡表中的贷款需求分为家庭贷款需求和企业贷款需求。值得注意的是,家庭净财富等于存款额和股票市值之和减去贷款额,这同时适用于整个家庭部门和个体家庭。

表 7.2 资金平衡表

	家庭	厂商	银行	总计
存款	$+M_d$		$-M_s$	0
股票	$+e_d \cdot p_e$	$-e_s \cdot p_e$		0
贷款	$-L_d^H$	$-L_d^f$	$+L_s$	0
资本		$+K$		$+K$
总计	$+V$	$K-(L_d^f+e_s \cdot p_e)$	0	$+K$

注：—表示资金使用,+表示资金来源。

考虑到家庭行为决策的差异,交易矩阵(见表 7.3)也要发生相应的变化。家庭部门不仅进行储蓄并获得存款利息,而且要进行贷款并支付贷款利息。与上文资金平衡表相同,交易矩阵的第二列同时适用于整体家庭部门和个体家庭。

表 7.3 交易矩阵

	家庭	厂商		银行		总计
		收入	资本	收入	资本	
消费	$-C_d$	$+C_s$				0
投资		$+I_s$	$-I_d$			0
工资	$+W_s$	$-W_d$				0
净利润	$+F_D$	$+(F_D+F_U)$	$+F_U$			0
贷款利息	$-r_l \cdot L_{d,-1}^H$	$-r_l \cdot L_{d,-1}^f$		$-r_l \cdot L_{s,-1}$		0
存款利息	$+r_m \cdot M_{d,-1}$			$-r_m \cdot M_{s,-1}$		0
贷款增量	$+\Delta L_d^H$		$+\Delta L_d^f$		$-\Delta L_s$	0
存款增量	$-\Delta M_d$				$+\Delta M_s$	0
股票发行	$-\Delta e_d \cdot p_e$		$+\Delta e_s \cdot p_s$			0
总计	0	0	0	0	0	0

1. 企业决策行为

本部分考察企业部门的行为决策。在传统 SFC 框架下,企业有四种决策行为:融资决策、投资决策、生产决策和定价决策。由于本书已经假定物价水平保持不变,因此我们不考虑企业定价决策,代之以分配决策。

(1) 投资决策。投资 I_d 作为资本存量的增量(不考虑折旧),由资本积累率 g 决定:

$$I_d = \Delta K = gK \tag{7.1}$$

因此企业的投资决策归结为资本积累率 g 的决定,后者由投资方程(7.2)给出:

$$g = \gamma_0 + \gamma_1 r_{cf,-1} - \gamma_2 r_l l_{-1} + \gamma_3 q_{-1} + \gamma_4 u_{-1} \tag{7.2}$$

其中,γ_0 表示外生投资,其余所有系数 $\gamma_i (i=1,\cdots,4)$ 均为正数。资本积累率取决于上一期的现金流动率 r_{cf}、贷款利率 r_l、杠杆率 l、托宾 q 和产能利用率 u。本文接下去分别给出这些影响因素的定义。

现金流动率 r_{cf} 为留存收益 F_U 与上一期资本存量 K_{-1} 的比率:

$$r_{cf} = F_U / K_{-1} \tag{7.3}$$

现金流动率提高意味着企业现金流增加,内部融资能力增强,因而资本积累率上升。

企业杠杆率 l 为企业的债务资本比:

$$l = L_d^f / K_{-1} \tag{7.4}$$

托宾 q 是企业的财务价值除以资本的重置价值:

$$q = (L_d^f + p_e e_s) / K \tag{7.5}$$

该变量反映企业成长性的大小,成长性更高的企业未来投资机会更多。

产能利用率 u 是实际产出 S 和充分就业产出 S_{fc} 的比率:

$$u = S / S_{fc} \tag{7.6}$$

其中,$S_{fc} = K/\sigma$,σ 为常数。产能利用率提高表明有效需求相对增加,企业会加快资本积累。

根据投资方程(7.2),企业债务增加存在两种相反的效应。首先,企业债务水平相对资本上升提高企业杠杆率,增加企业无力偿还的风险,降低企业信誉。其结果是,银行放贷和企业投资更加谨慎。其次,企业债务水平上升表明其财务价值相对增加,托宾 q 上升。

(2) 生产决策。假设不存在技术进步,因此单位劳动产出(即劳动生产率)μ 保持不变,于是

$$S = \mu N_s \tag{7.7}$$

在均衡状态下,总供给 S 等于总需求,后者包括消费 C_d 和投资 I_d:

$$S = C_s + I_s = C_d + I_d \tag{7.8}$$

本模型中的企业投资决策和生产决策与 Lavoie 和 Godley(2001)的模型并无二异,关键的差别在于企业融资决策和分配决策行为。在原模型中,工资率固定不变,商品定价采取作为直接成本的工资加成定价法,因此利润和工资占产出的份额保持不变。此外,企业在预期利息支付之后的利润基础上按照一定比例进行分红。因此,分红比例增加不会改变国民收入在劳动报酬和财产收入之间的分配比例。事实上,经济金融化伴随着功能性收入分配的变化:工资占国民收入的份额呈现出下降趋势,而资本收入以及公司分红占国民收入的比重长期上升。鉴于此,本书接下去对企业融资和分配决策的假定进行修正。

(3) 融资决策。企业用于投资的资金来源于留存收益、贷款融资和股票融资等三个方面。在 Lavoie 和 Godley(2001)的模型中,留存收益是总产出在企业部门分配之后的一个余额。本书假定留存收益 F_U 是优先分配的,其与当期投

资需求的比率为 ϕ，于是

$$F_U = \phi I_d \tag{7.9}$$

企业基于上一期的产出 S_{-1} 和上一期资本积累率对当期产出进行预测，在此基础上进行分红，份额为 s_f：

$$F_D = s_f [S_{-1}(1+g_{-1}) - F_U - r_l L_{s,-1}^f] \tag{7.10}$$

这里，分红份额 s_f 变动将会引起部分国民收入在劳动报酬和分红之间重新分配。

根据 Kaldor(1966) 的假定，企业股票融资占上一期投资的比例为 x，于是

$$\Delta e_s p_e = x I_{-1} \tag{7.11}$$

根据表 7.3 第 4 列，企业金融约束为

$$\Delta L_d^f = I_d - F_U - \Delta e_s p_e \tag{7.12}$$

其中，ΔL_d^f 是企业当期的贷款融资额。

(4) 分配决策。总利润 F_T 由分红 F_D、留存收益 F_U 和上一期银行贷款的利息支付 $r_l L_{d,-1}^f$ 构成：

$$F_T = F_D + F_U + r_l L_{d,-1}^f \tag{7.13}$$

总产出 S 分解为总利润 F_T 和总工资 W 两部分，于是

$$W = w N_s = S - F_T \tag{7.14}$$

其中，w 为工资率，N_s 为总劳动供给。与 Lavoie 和 Godley 的模型不同的是，这里的工资率 w 由总工资 W 和总劳动投入 N_s 内生决定，总工资取决于企业部门总产出的分配，总劳动投入取决于产品供给，间接地取决于产品需求。

2. 家庭决策行为

经济金融化会在微观层面上影响经济系统的运行，这主要体现在改变个体家庭的收入和财富分配以及消费需求。因此，本书接下去考察微观家庭的消费和证券投资决策，并将微观家庭变量加总为总体家庭变量。为简化起见，本书暂时忽略微观家庭之间的相互作用，比如"羊群效应"等。

(1) 个体家庭。假定家庭是连续可分的，记为 $h \in [0,1]$，且每个家庭的劳动投入均相等。微观家庭做出以下决策：第一，用于消费和储蓄的收入部分，如果消费水平高于收入水平，则家庭进行贷款；第二，以货币和股票等形式持有的财富比例。

家庭消费取决于预期家庭收入。家庭 h 的消费方程为

$$C_d^h = N_s c_d^h = N_s f((y^h)^*) = N_s Q(y^h)^* / [\beta + (y^h)^*] \tag{7.15}$$

其中，$(y^h)^*$ 为预期家庭 h 的单位劳动收入，$c_d^h = f((y^h)^*)$ 为单位劳动消费。在 $(y^h)^*$ 不变的条件下，如果 N_s 增加表示劳动者的供给增加，则 C_d^h 成比例地变化是显而易见的；如果 N_s 增加表示单个劳动者劳动时间的增加，则我们不妨假设劳动者因耗费了更多的体力和脑力而需成比例地消费更多同质产品以实现劳动力再生产。

如图 7.3 所示，单位劳动的收入和消费之间存在非线性关系：(i) 收入水平越高，则消费水平越高，但由于边际消费倾向递减，随着收入的增加，消费趋于饱和；(ii) 经济金融化放宽了消费者的资金约束，家庭通过借款来实现消费平滑。当单位劳动的收入水平低于 $Q-\beta$ 时，家庭消费超过收入；反之，家庭消费低于收入。这种非线性关系现实性是显而易见的，家庭存在最基本的消费需求，因此收入下降不会导致消费成比例地下降。收入更高的家庭在基本消费需求得到满足后，更多的同类商品不会带来更多的满足感，因而采取增加消费品种类而非增加同种商品数量的形式来增加消费。但消费品的种类不能无限增加，高收入者的需求将趋于饱和。

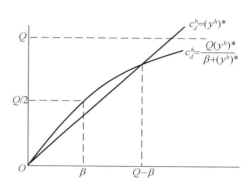

图 7.3 单位劳动的收入-消费函数

家庭根据上一期的单位劳动收入对当期单位劳动收入进行预测，并根据上期家庭收入及上期家庭收入增长率对当期家庭收入进行预测：

$$(y^h)^* = y_{-1}^h \tag{7.16}$$

$$(Y^h)^* = Y_{-1}^h (1 + g_{y,-1}^h) \tag{7.17}$$

$$g_y^h = \Delta Y^h / Y_{-1}^h \tag{7.18}$$

家庭收入包括工资收入、分红和存款利息收入三个部分：

$$Y^h = y^h N = w N_s + \gamma_{-1}^h F_D + r_m M_{d,-1}^h - r_l L_{d,-1}^h \tag{7.19}$$

其中，γ_{-1}^h 为当期分红比例，由上一期家庭持有的股票份额决定，于是

$$\gamma^h = e_d^h / e_d \tag{7.20}$$

根据定义，家庭的资本利得为

$$CG^h = \Delta p_e e_{d,-1}^h \tag{7.21}$$

根据式 (7.19) 和式 (7.21) 得，家庭净财富的增量为

$$\Delta V^h = Y^h - C_d^h + CG^h \tag{7.22}$$

家庭消费可能超过收入,而且当股票价格下跌时,资本利得为负数,因此家庭净财富可能减少,甚至成为负数。

家庭的证券投资组合选择和贷款为

$$p_e e_d^h = \max\{(\lambda_0 - \lambda_1 r_m + \lambda_2 r_{e,-1})(V^h)^* - \lambda_3 (Y^h)^*, 0\} \tag{7.23}$$

$$M_d^h = \max\{V^h - p_e e_d^h, 0\}, \quad L_d^h = -\min\{V^h - p_e e_d^h, 0\} \tag{7.24}$$

其中,$(V^h)^*$ 表示预期净财富,r_e 表示股票回报率,后者的决定将在后文进行探讨。式(7.23)表明,仅当净财富为正数(家庭负债超过资产)时,家庭才可能持有股票。式(7.24)意味着,当净财富为负数时,家庭将贷款消费,这构成了家庭负债的来源。

类似于式(7.22),家庭预期财富为:

$$(V^h)^* = V_{-1}^h + (Y^h)^* - C_d^h + (CG^h)^* \tag{7.25}$$

家庭预期资本利得取决于上一期家庭所持有的股票价值和预期股价增长率,后者等于上一期股价增长率:

$$(CG^h)^* = p_{e,-1} e_{d,-1}^h g_{p_e,-1} \tag{7.26}$$

$$g_{p_e} = \Delta p_e / p_{e,-1} \tag{7.27}$$

(2)家庭总体。考察完个体家庭的行为决策之后,我们将对个体家庭的消费需求、储蓄、贷款、股票需求、资本利得和净财富进行加总,得到家庭部门的相应变量:

$$X = \int_0^1 X^h \mathrm{d}h \tag{7.28}$$

其中,x^h 代表 C_d^h、M_d^h、L_d^h、e_d^h、CG^h 和 V^h,X 代表 C_d、M_d、L_d^H、e_h、CG 和 V。

股票回报率为分红和资本利得之和与前一期家庭所持有的股票总价值的比率:

$$r_e = (F_D + CG)/(p_{e,-1} e_{d,-1}) \tag{7.29}$$

(3)银行决策行为。假定银行不盈利,因此存款利率和贷款利率相等:

$$r_m = r_l \tag{7.30}$$

在这一假定条件下,银行的资金平衡条件由式(7.31)给出

$$M_s = L_s \tag{7.31}$$

在均衡条件下,贷款的有效需求和贷款供给相等:

$$L_s = L_d^H + L_d^f \tag{7.32}$$

同样地,存款的需求和供给也达到平衡:

$$M_s = M_d \tag{7.33}$$

为了探究经济金融化与收入分配差距经济增长率之间的关系,本书选取Goldsmith提出的金融相关率(FIR)了来代表经济金融化程度,该指标为金融资产总量与经济总量之比。因此,本文将经济金融化程度定义为

$$fin = (p_e e_s + L_s)/S \tag{7.34}$$

二、数值模拟

经济金融化时代的一个显著特征是"股东价值"的支配地位和企业治理结构的变化,"股东价值"在企业目标中起支配地位,企业更倾向于向股东分红。因此,本书数值模拟着重考察企业分红比例增加条件下的经济金融化,及其收入分配和产出效应。

托宾 q 将实体经济与虚拟经济紧密联系起来。一方面,经济金融化程度提高往往会提高托宾 q,后者反映了企业成长性的大小,成长性更高的企业未来投资机会更多,资本积累率更高;另一方面,经济金融化也会通过其他途径降低资本积累率。因此经济金融化对实体经济影响的方向和大小是不确定的,会受到托宾 q 对资本积累率偏效应大小的影响。针对这一情况,本书根据托宾 q 对资本积累率偏效应的大小进行分类讨论。

本节运用数值模拟对以上问题进行探究,给出经济金融化、收入分配差距和经济增长之间可能的关系,模型的参数如下:

表 7.4 模型参数

企业方程		家庭方程	
$\gamma_0 = 0.01$	$\gamma_1 = 0.2$	$\beta = 0.3$	$\lambda_0 = 0.2$
$\gamma_2 = 0.5$	$\gamma_3 = 0.15$	$\lambda_1 = 0.2$	$\lambda_2 = 0.01$
$\gamma_4 = 0.05$	$x = 0.025$	$\lambda_3 = 0.01$	$Q = 1$
$s_f = 0.65$	$\sigma = 2.5$	银行方程	
$\phi = 0.3$	$\mu = 2$	$r_m = 0.03$	$r_l = 0.03$

Lavoie 和 Godley(2001)所构建的存量—流量模型有个显著的特点:动力系统演化会收敛到某个稳定的均衡。在考察参数变动对经济系统的影响时,也是

从某个稳定均衡状态出发。在本文的模型中,只要收入分配差距存在,系统就处于非均衡状态,经济金融化下的权力分配以及收入分配就会不断演进。

1. 情形一:托宾 q 对资本积累率偏效应较大

在托宾 q 对资本积累率偏效应较大(参数 $\gamma_0=0.01$,$\gamma_3=0.15$)的情况下考察经济金融化、收入和财富分配差距、经济增长之间的相互关系。

首先假定分红比例 s_f 保持不变。在本数值模拟中,给定一个初始的财富分配状态[1],观察系统的演化路径。图 7.4 显示了一些重要经济变量的动态变化。系统演化的特征为,经济金融化程度增加,收入和财富分配差距不断扩大,而资本积累率先上升后下降。

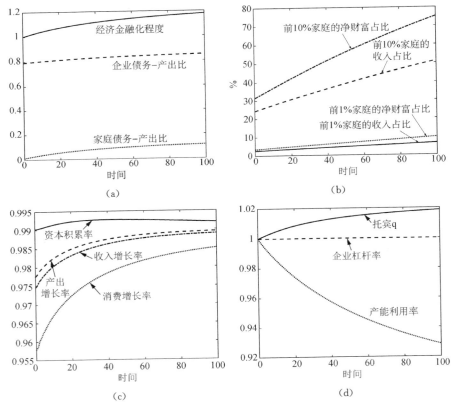

图 7.4 经济金融化、收入分配差距和经济增长(分红比例不变)[2]

[1] 在本数值模拟中,假定家庭初始财富分布的密度函数为 $v(h)=\alpha_1+(1-\alpha_1)(1+\alpha_2)h^{\alpha_2}$,$0<\alpha_1<1$,$\alpha_2>0$。令 $\alpha_1=0.0005$,$\alpha_1=2$。

[2] 在图 7.4(a)中,各变量分别除以初始的经济金融化程度进行标准化;在图 7.4(c)中,各变量分别除以财富平均分配下的稳态值进行标准化;在图 7.4(d)中,各变量分别除以初始值进行标准化。

以金融相关率(FIR)表示的经济金融化程度一直提高[图 7.4(a)]。在初始的收入和财富分配差距的格局下,经济金融化程度提高后,金融资产更多地流向高收入家庭,使其得以获得更多的利息收入和企业分红,这进一步拉大了收入和财富分配差距[图 7.4(b)]。经济金融化的特点之一是债务规模扩大。在收入分配差距和消费倾向差异的作用下,家庭分裂为债务人和债权人,这导致家庭部门债务占 GDP 的比重快速提升,且家庭债务的扩张程度远远高于企业部门[图 7.4(a)]。低收入家庭向高收入家庭支付更多的利息成为收入差距扩大的强大推动力。

收入和财富分配差距拉大后,受到高收入家庭消费水平饱和的限制,家庭消费的扩张程度远低于家庭收入的扩张程度,因此家庭消费占收入的比重持续下降。这带来两种不同的效应:一方面,消费需求的相对减少降低了企业的产能利用率,对资本积累产生抑制作用;另一方面,高收入家庭将更多的收入份额用于购买金融资产,导致经济金融化程度进一步提高和企业财务价值相对增加,后者表现为托宾 q 上升,这对企业资本积累产生促进作用。在初始阶段,正效应更大,资本积累率上升,但随着时间的推移,负效应愈加显著,资本积累率趋于下降。尽管如此,资本积累率仍然维持在高位,产出增长率、收入增长率和消费增长率得以攀升。

以上分析表明经济金融化和财富与收入分配差距拉大两者其实是相互影响的,即表现为一种典型的正反馈效应。经济金融化维持和加剧经济权力分配的不平等性,掌握更多经济权力的个体通过金融活动追逐利益,从而进一步加强和巩固了经济金融化。

值得注意的是,在上述数值模拟中,我们仅给出了 100 年的经济动态演化过程,如果模拟时间进一步延长,我们会发现金融资产最终会集中在极少一部分家庭手中,此即马克思所揭示的贫困的积累和财富的集中之规律。尽管在现实经济当中,各种条件都在发生变化,实际情形可能不会像模型预测得那样悲观,但这至少能刻画当代资本主义经济运行的长期趋势。

经济金融化不仅通过金融市场作用于收入分配和经济增长,还通过改变企业经营行为来发挥作用。我们进一步假定分红比例 s_f 以某个固定的增长率增长(设增长率为 0.2%),图 7.5 显示了一些关键经济变量的动态变化,并与 s_f 固定时的情形对比。

公司分红比例持续增加表现分红-工资比率的上升[图 7.5(a)]。为很明显,这一经济金融化行为并未改变当期全体家庭的收入水平和个体家庭分红比例,只是把功能性收入分配效应转变为规模性收入分配效应,使总收入在个体家庭之间重新分配,其直接结果是当期收入分配差距进一步拉大。借助于金融活动,收入分配差距转变为财富分配不平等。因此,与分红比例不变的情形相比,收入和财富差距扩大的速度显著加快[图 7.5(b)]。基于上文所分析所揭示的经济运行机制,收入和财富分配差距状况的加速恶化不仅导致以金融相关率所反映的经济金融化程度以更快的速度增强[图 7.5(a)],而且通过加剧有效需求不足和产能过剩[图 7.5(d)],使资本积累和经济增长处于更加不利的境况[图 7.5(c)]。

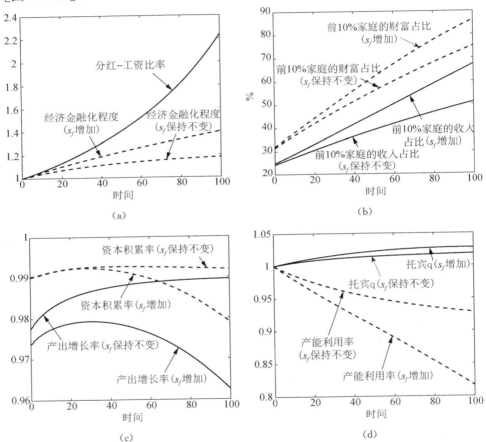

图 7.5 经济金融化、收入分配差距和经济增长(分红比例增加)

2. 情形二:托宾 q 对资本积累率偏效应较小

考察托宾 q 对资本积累率的偏效应较大($\gamma_0=0.1$, $\gamma_3=0$)的情形。数值模拟结果显示,伴随着经济金融化程度的增加,收入和财富分配差距不断扩大,托宾 q 和产能利用率呈现相反的变动趋势,而且分红比例增加会使这些趋势更加凸显,这与图 7.4 和图 7.5 中的情形相同,本书不再赘述,我们重点考察资本积累率和经济增长率的变动[见图 7.6(a)],以及分红比例持续增加对两者的影响[见图 7.6(b)]。

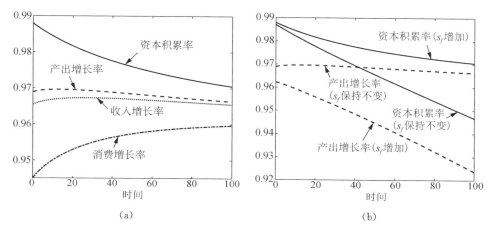

图 7.6 托宾 q 对资本积累率偏效应较大情形下的资本积累与经济增长

由于托宾 q 上升对资本积累率的提升作用较小,受到有效需求不足所引致的产能利用率下降的主导,资本积累率持续下降。尽管产出和收入增长率在初始阶段有所上升,但受到资本积累率下降的影响,最终不可避免地趋于下降。在分红比例持续增加的作用下,资本积累和经济增长愈加恶化。

三、实证分析

本节利用极大重叠离散小波变换(MODWT)将美国相关时间序列根据时间尺度的长短分解成不同层次[1],利用分解得到的小波平滑向量探究经济金融化、收入分配差距和经济增长的长期变化趋势,以检验本书所构造的理论模型和相应的数值模拟结果。数据主要来源于美国经济分析局网站、美国联邦储备委员会网站和圣路易市联邦准备银行网站。

图 7.7(a)为美国经济金融化的三个长期表现。其中,证券化比率为股票与债券总市值和 GDP 的比率[2],反映金融资产价值的相对规模,1973—2015 年,该指标增长了一倍有余。从功能性收入分配方面来体现经济金融化程度的分

---

[1] Percival D. B., Walden A. T. Wavelet Methods for Time Series Analysis [M]. Cambridge: Cambridge University Press, 2000.
[2] 股票总市值数据来源:美国联邦储备委员会网站[Z/OL].[2018-12-01]. https://www.federalreserve.gov/releases/z1/current/html/l223.htm.债券总市值数据来源:美国联邦储备委员会网站[Z/OL].[2018-12-01].https://www.federalreserve.gov/releases/z1/current/html/l208.htm.

红-工资比率[1]成倍增长;家庭债务[2]急剧增加,其相对于GDP的比率增长迅速,几乎翻了一番。总之,美国的经济金融化程度是非常惊人的。

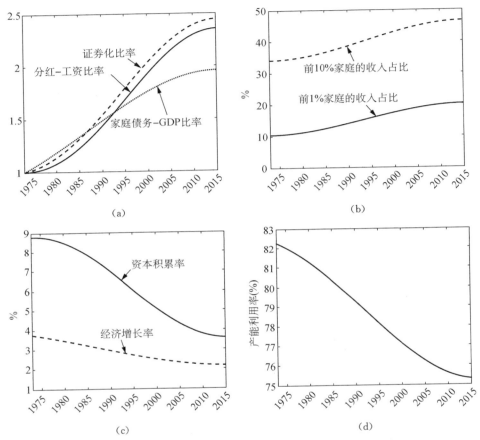

图 7.7 美国经济金融化、收入分配差距和经济增长的长期表现

图7.7(b)显示了新自由主义时期美国收入分配的长期演变过程。前10%家庭的长期收入占比由35%增加至47%左右,提高了约12个百分点;前1%家庭的长期收入占比增长更快,由略高于10%增加至20%左右,增长了近一倍[3]。总体来看,这一时期美国的长期收入分配状况恶化的程度相当

---

[1] 美国经济分析局网站[Z/OL].[2018-12-01].https://www.bea.gov/iTable/index_nipa.cfm.
[2] 美国联邦储备委员会网站[Z/OL].[2018-12-01].https://www.federalreserve.gov/releases/z1/current/html/l101.htm.
[3] Novokmet F., Piketty T., Zucman G. From Soviets to Oligarchs: Inequality and Property in Russia, 1905-2016[J]. Journal of Economic Inequality, 2018,16(2):189-223.

严重。

美国公司部门资本积累率[1]、经济增长率和制造业产能利用率[2]均存在剧烈的周期波动,图7.7(c)和(d)更直观地显示了三者的长期变动趋势。在1973—2015年,长期资本积累率下降近5个百分点,长期经济增长率从近4%下降至2%左右。长期产能利用率下降幅度更为显著,将近有7个百分点,表明美国经济有效需求不足问题日益严重。

由此可见,上文基于存量-流量一致模型的数值模拟结果与美国经济的实际运行状况具有很高的契合度,因此本书所构造的数理模型和相应的理论分析具有相当的可信度。

四、结论

根据对经济金融化、收入分配差距变动和经济增长三者内在逻辑关系的理论分析以及利用美国数据所进行的实证检验,本书得出以下四个重要结论:

第一,经济金融化和收入分配差距相互影响。不论企业财务价值相对提高对企业投资的直接影响如何,伴随着经济金融化程度加深,财富与收入分配差距持续扩大,后者导致经济金融化程度进一步加深。一方面,经济金融化程度加深意味着金融资产增长率高于产出增长率,家庭所持有的人均金融资产不断增加,由于财富分配差距的存在,富人的财富积累速度更快,因此财富及收入分配差距进一步扩大。另一方面,由于高收入阶层消费趋于饱和,财富及收入分配差距扩大导致更多的收入不能转化为消费需求,而是进一步转化为金融资产,导致经济金融化程度持续扩大。这形成了经济金融化程度加深与财富及收入分配差距扩大两者相互促进的恶性循环。

第二,收入及财富分配差距拉大限制居民消费需求提高从而阻碍经济增长。居民收入首先会被用于满足最基本的需求,若有剩余收入,则一部分被用于储蓄,而另外一部分则按照优先等级用于购买满足更高层次需求的产品。因为当产品消费量到达某一界限后,需求已经得到满足,更多的商品不会带来更多的满足感,必须追求更高层次的需求。如果家庭收入不足以购买基本消费品,则居民进行信贷消费。低收入者缺乏购买力且信贷能力有限,无法对更高层次的消费品形成有效需求;高收入者的需求趋于饱和,更多高层次消费品不会带来更大的

---

[1] 资本积累率=净投资/资本存量,其中资本存量以历史成本计价。资料来源:美国经济分析局网站[Z/OL].[2018-12-01].https://www.bea.gov/iTable/index_FA.cfm.
[2] 圣路易市联邦准备银行网站[Z/OL].[2018-12-01].https://fred.stlouisfed.org/series/TCU.

满足感。收入差距扩大的直接后果是,消费品有效需求的增长受到限制,最终限制经济增长率提高。

第三,经济金融化程度提高对经济增长长期影响的方向不确定。一方面,经济金融化程度提高意味着企业投资更多地依赖于外部融资,这表现为企业的财务价值相对提升,即托宾 q 提高,这对投资需求的直接影响为正。另一方面,如前所述,与经济金融化相伴随的收入及财富分配差距扩大,对经济增长具有一定的抑制作用。因此,经济金融化程度提高对经济增长的影响要取决于这些因素的综合作用。在长期中,如果托宾 q 对资本积累的正效应较大,则托宾 q 变动将主导资本积累率的变动,此时经济金融化的产出响应为正;反之,如果托宾 q 对资本积累的正效应很小甚至不存在,则主导资本积累率变动的因素为有效需求不足引致的产能利用率下降,此时经济金融化的产出效应为负。20 世纪 70 年代以来美国的实际经济运行状况表明,经济金融化的负效应占据主导地位,导致长期经济增长放缓。

虽然本书以新自由主义时期的美国作为研究对象,但是相关结论将对现阶段发展不平衡、不充分的中国的经济实践有着重要启示。2008 年美国金融危机以来,我国金融业增加值与工业增加值的比率由不足 0.14 增长到当前的 0.25 以上,基尼系数维持在 0.46 以上的高位,实际经济增长率趋于下降。这不得不引起我们对过度金融化的担忧。我们认为,防止过度金融化,使金融回归服务实体经济的本质,能够防止贫富分化,促进实体经济充分发展,最终有助于解决十九大报告提出的人民日益增长的美好生活需要和不平衡不充分的发展之间的矛盾,加快实现人民共同富裕。

第八章
经济金融化良性发展的理论分析

上文从理论与现实出发,研究发现,经济金融化对收入分配和经济增长所造成的负面影响和冲击。但随着经济增长,经济金融化的程度也必然不断加深。那么,如何才能让经济金融化良性发展,帮助我们实现对美好生活的追求呢?基于上文的研究,本章通过构建理论模型,探讨经济金融化让生活更美好的途径:金融规模适度发展、金融结构优化、金融知识与金融获取机会均等化、收入再分配和构建企业利益相关者共同治理结构。

第一节 金融化适度规模发展

主流经济学的分析一直尝试证明金融市场通过促进资源的有效配置,成为效率和增长的有力力量(Taylor,2010;Crotty,2009),高度发展的金融体系通过降低交易成本和促进资源配置,有助于经济效率的提高(Stiglitz,1985;Beck 和 Levine,2004),King 和 Levine(1993)采用大量不同国家的数据,利用线性计量方法研究了金融发展和经济增长的正相关关系,肯定了金融发展对经济增长的促进作用。Levine(2005)将金融对经济增长的促进作用归结为五个方面:金融能够动员资本、促进交易、监督企业、收集信息和减少风险。

Acemoglu 和 Zilibotti(1997)认为金融中介是内生的,金融发展只有在达到一定的程度时,才会对经济增长产生促进作用,并且促进作用的显著性也随着金融发展的程度而改变,一个国家的经济会在金融发展达到一定门槛值时产生收敛,从而促进经济的增长,而对于金融发展未达到门槛值的国家,金融部门对经济增长的促进作用会由于受限于规模经济的不足而不显著,甚至产生反作用。Santomero 和 Seater(2000)认为金融发展的程度在偏低或者过度时都会对经济增长不利,在过度发展时对经济增长产生的危害可能更大。Aghion 等人(2005)

提出了金融对经济增长的"消失效应"(Vanishing Effect),当金融发展水平达到一定程度之后,对经济增长的正面影响会逐渐减弱和消失的趋势,这一结论适用于所有国家。

所以,为了打造更好的金融系统,监管部门必须采取措施,金融市场的规模必须适度。"当前,一个初具规模、分工明确的金融市场体系已经在我国基本形成,包括商业银行、证券公司、保险公司、基金公司以及信息咨询服务机构等中介机构已经成为现代金融行业乃至经济的核心,对社会人力、资金等资源的占有已经过渡到争夺关系。"[1]因此,金融化存在着一个适度规模的问题(Cecchetti 和 Kharroubi,2012)。事实上,2008年金融危机以来,金融化的适度问题越来越引起重视,Reinhart 和 Rogoff(2010)对基于44个国家、时间跨度大约200年的数据进行研究,提出了"90-60"杠杆率适度性判断标准,野村证券研究团队则提出的"5-30规则"认为,在5年的时间内,以国内信贷规模与一国 GDP 之比(DCG)为代表的杠杆水平增长幅度超过30个百分点之后,该国就会迎来一轮金融危机(张智威和陈家瑶,2013)。国内学者也关注了金融化的适度性问题(魏加宁等,2012;中国人民银行杠杆率研究课题组,2014;朱澄,2016)。

习近平总书记在中共十九大报告中强调,"着力加快建设实体经济、科技创新、现代金融、人力资源协同发展的产业体系",并要求"深化金融体制改革,增强金融服务实体经济能力,提高直接融资比重,促进多层次资本市场健康发展。……健全金融监管体系,守住不发生系统性金融风险的底线"。金融服务实体经济是金融的本质要求,无数的经验证据告诉我们,相对于经济发展水平,金融发展不充分会导致其本质要求无法实现,而金融发展过度则会导致其脱离其本质要求,成为异化的主体,甚至破坏实体经济发展。因此,相对于实体经济规模,金融规模也应当适度发展。本节结合动态考察了实体经济积累周期下金融化的财富创造效应和掠夺效应及其相互作用。

一、模型构建

我们以金融资本和职能资本(包括产业资本和商业资本)的互动来解释经济波动。这里的金融资本指的是。设 K_F 为金融资本存量,K_R 为产业资本存量。

金融资本和产业资本动态模型为

$$\frac{dK_F}{dt} = r - l_f K_F - f(K_R, K_F) \tag{8.1a}$$

---

[1] 邹蕴涵.金融部门资源优势加剧了对实体部门的资源剥夺[N].上海证券报,2017-06-23.

$$\frac{\mathrm{d}K_R}{\mathrm{d}t}=f(K_R,K_F) \tag{8.1b}$$

$$f(K_R,K_F)=J_{\text{uptake}}-J_{\text{release}}-l_r K_R \tag{8.1c}$$

其中，$J_{\text{uptake}}=\dfrac{\beta_1 K_F^n}{\alpha_1^n+K_F^n}$，$J_{\text{release}}=\dfrac{\beta_2 K_R^m}{\alpha_2^m+K_R^m}\dfrac{K_F^p}{\alpha_3^p+K_F^p}$。该模型存在一个关键的正反馈机制：$J_{\text{release}}$ 随着金融资本的增长而增长。

接下来对上述模型的机理和经济学含义进行解释。马克思在《资本论》第一卷谈到货币转化为资本的最低限额问题："不是任何一个货币额或价值额都可以转化为资本。相反地，这种转化的前提是单个货币所有者或商品所有者手中有一定的最低限额的货币或交换价值。可变资本的最低限额，就是为取得剩余价值全年逐日使用的一个劳动力的成本价格。"[1]因为资本主义生产的直接目的是获取剩余价值，资本家除了让工人进行一定量的必要劳动之外还要进行剩余劳动，这需要追加货币额以购买生产资料。此外，剩余价值除了满足资本家的个人消费之外还要用于资本积累，因而需要使用一定数量的劳动力。马克思进一步指出，这种量变达到一定点就转变成质变。

由此可见，当金融资本数量较低时，产业部门的总体融资水平较低，独立发挥作用的个别资本的数量有限，因此产业资本的增长速率较低；当金融资本数量达到一定规模时，产业部门中独立发挥作用的个别资本的数量和规模迅速增加，产业资本的增长速率急剧扩张。然而，金融资本数量的无限增加不会引起产业资本增长速率的持续提高，后者最终将趋于饱和。在上述模型中，当 $n\geqslant 2$ 时，J_{uptake} 的函数形式恰当地表达了这一关系，直观起见，我们用图形来描绘。

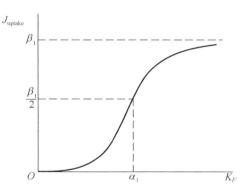

图 8.1 J_{uptake} 的函数形式

马克思在《资本论》第三卷中论及资本的束缚与游离。"我们把资本的束缚理解为：如果生产要按照原有的规模继续进行，产品总价值中的一定部分就必须重新转化为不变资本或可变资本的各种要素。我们把资本的游离理解为：虽然生产在原有规模的限度内继续进行，但产品总价值中一个一直必须再转化为不

---

[1] 马克思.资本论(第3卷)[M].北京:人民出版社,1975:127.

变资本或可变资本的部分,现在可以自由支配,成为多余的了。"由于技术进步引起的生产资料贬值,部分资本游离出来,导致产业资本相对减少。我们假定,从产业部门游离出的资本完全转变为金融资本。此外,货币资本家凭借货币资本的所有权,与产业资本家共同参与剩余价值的分割,获取利息收入,从而实现金融资本的积累。在上述模型中,资本从产业部门流入金融部门的速率为 $l_f K_R$,与产业资本的规模成正比,比例系数为 l_f。

资本过度积累导致资本过剩和平均利润率下降。在产业部门中,资本的过度积累会立刻转换成各种特定形式的资本过剩,大卫·哈维(2006)总结了资本过剩的六种表现形式:①商品过度生产;②过剩的存货;③生产过程中的闲置资本(特别是未发挥全部产能的固定资本);④过剩的货币资本;⑤劳动力过剩——失业;⑥资本回报率下降(包括实际利率下降、利润率下降和地租下降等)。

产业部门资本积累的同时,投机相对独立地发展起来,即金融资本脱离产业资本,独自完成资本循环过程。金融资本本身并不创造价值与剩余价值,独立运动的金融资本获取的利润并非来自产业部门生产的剩余价值,而是一种"虚假利润"。同产业资本相比,独立运动的金融资本具有快速、灵活地获取利润的特点。这一特点足以吸引以盈利为目的的金融部门甚至非金融部门参与金融资本的投机活动中去。金融市场上投资者理性行为下适度投机是金融良性发展不可或缺的。

接下来考虑资本积累周期的特征。当产业资本积累规模达到一定程度时,平均利润率下降到资本家可接受的阈值以下,过剩资本在金融市场上寻找更多的盈利机会,从而缓解产业部门的资本过度积累困境。我们假定金融资本规模保持不变。当产业资本规模相对较小时,产业部门的平均利润率较高,因而从产业部门流入金融部门的过剩资本非常有限,即 J_{release} 很小;当产业资本超过一定规模($K_R > \alpha_2$)时,产业部门的平均利润率跌破企业可以忍受的程度,过剩的产业资本大规模流入金融部门,即 J_{release} 迅速增大。然而,金融部门吸收产业部门过剩资本需要具备一定的前提条件,仅当金融资本超过一定规模($K_F > \alpha_3$)时,金融部门才能提供足够多的盈利机会以吸收这部分过剩资本,即 J_{release} 足够大。

令 $K_T = K_F + K_R$,则式(8.1)变为

$$\frac{dK_T}{dt} = r - l_f(K_T - K_R) \tag{8.2a}$$

$$\frac{dK_R}{dt} = f(K_R, K_T - K_R) \tag{8.2b}$$

该模型的定态由

$$K_T - K_R = \frac{r}{l_f}, f(K_R, K_T - K_R) \qquad (8.3)$$

确定。方程(8.2)的 Jacobi 矩阵为

$$\boldsymbol{J} = \begin{bmatrix} -l_f & l_f \\ f_2 & f_1 - f_2 \end{bmatrix}$$

因此,方程(8.2)的稳定性由特征方程

$$\lambda^2 - H\lambda - f_1 l_f = 0$$

确定。其中,$f_1 < 0$。当 $\beta_2 \geqslant \alpha_2$ 时,$-f_1$ 足够小,所有特征值都是复数。在特征方程中

$$H = \mathrm{tr} \boldsymbol{J} = f_1 - f_2 - l_f = \frac{\beta_2 K_R^m}{\alpha_2^m + K_R^m} \frac{p \alpha_3^p K_F^{p-1}}{(\alpha_3^p + K_F^p)^2} - \\ \frac{n \beta_1 \alpha_1^n K_F^{n-1}}{(\alpha_1^n + K_F^n)^2} - \frac{m \beta_2 \alpha_2^m K_R^{m-1}}{(\alpha_2^m + K_R^m)^2} \frac{K_F^p}{\alpha_3^p + K_F^p} - l_r - l_f \qquad (8.4)$$

当 $H > 0$($H < 0$)时,特征值的实部是正(负)数。$H = 0$ 对应于 Hopf 分岔点,即极限环出现或消失的点。

二、数值模拟

模型一的典型参数如表 8.1 所示。

表 8.1 模型的典型参数

$\alpha_1 = 1$	$\alpha_2 = 2$
$\alpha_3 = 0.9$	$\beta_1 = 1$
$\beta_2 = 10$	$n = 2$
$m = 2$	$p = 4$
$l_f = 0.02$	$l_r = 0.2$

将这些参数值代入式(8.2)进行数值模拟。

系统的相图如图 8.2 所示。零线 $\mathrm{d}K_F/\mathrm{d}t = 0$(N 型)和零线 $\mathrm{d}K_R/\mathrm{d}t = 0$(直线)仅有一个交点。这意味着,当参数在一定范围内变动时,系统仅有一个平衡点。在式(8.1)中,参数 r 的大小度量了金融资本的扩张速率,从而反映了经济金融化的程度。因此,我们可以利用参数 r 的分岔图(图 8.3)来考察经济金融化程度提高对实体经济的影响。

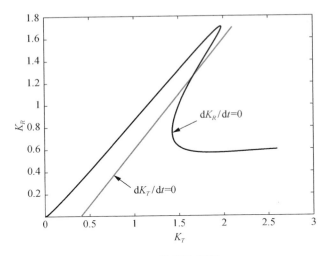

图 8.2 模型的相图

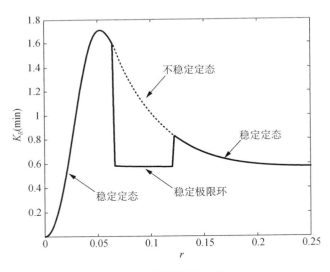

图 8.3 模型的分岔图

当参数 $r=0$ 时,两条零线相交于原点。随着 r 的增加,零线 $dK_R/dt=0$ 向右移动,K_R 的平衡值先增加后减小,接着逐步上升并收敛。这一变化由图 8.3 中的分岔图刻画,据此我们发现:

第一,存在某个参数 r^* 使得 K_R 的平衡值达到最大,且此时的平衡点是稳定的。当 r 小于 r^* 时,平衡点稳定,增加 r 将会提高 K_R 的稳态值;当 r 大于 r^* 时,增加 r 反而会降低 K_R 的平衡值。综上可知,r^* 所对应的 K_F 的稳态值为最优金融规模,即产业资本规模最大时的金融资本规模。事实上,当实际金融规模低于此最优金融规模时,金融化的财富创造效应占主导,金融服务实体经济的作用凸显。经济金融化程度提高了实体企业尤其是创新企业的融资能力,从而促进资本积累,提高产出水平。

第二,经济金融化程度过高会激发金融体系的内在不稳定性。根据模型的分岔图,当参数 r 位于 r^* 之上的某一区间内时,均衡点失去稳定性,动力系统的吸引子转变为极限环,产业资本和金融资本规模呈现周期性振荡(图 8.4)。背后的逻辑是显而易见的。随着资本过度积累引起的平均利润率下降,以及金融市场投机相伴随的金融资本规模增大,过剩资本由产业部门流入金融部门,推高金融资本规模,使金融投机更加旺盛,这进一步导致产业部门过剩资本流出速率的增加。正是这一"正反馈"效应导致动力系统偏离平衡状态,形成金融系统的内在不稳定性。当产业资本和实体经济产出水平萎缩到一定程度时,产业部门中的过剩资本得以消除,平均利润率恢复到正常水平以上,产业资本积累顺利进行。不过,不可避免的资本过度积累将会再次出现,上述情形将会重演。实际上,这是经济金融化的财富创造效应与掠夺效应相互作用的结果。

图 8.4 工业增加值和金融业增加值增速

三、实证研究

纯粹利用现实经验数据判断经济金融化是否适度或过度发展,以及识别出最优金融规模,是极其困难的。根据上文数理模型的分析结果,当金融发展规模位于超出最优金融规模的某一区间时,金融体系的内在不稳定性显现。这种不稳定性的直接表现是,虚拟经济和实体经济在某一时间尺度下呈现出反方向波动。因此,如果经验数据能够显示出这一波动特征,那么我们可以金融体系处于过度发展状态。

图 8.4 给出了 1992—2017 年中国工业增加值增速和金融业增加值增速。我们发现,在 2004 年之前,金融业增加值的增速明显低于工业增加值增速。从 2004 年第四季度开始,金融业增加值增速一路飙升,于 2007 年三季度达到峰值 30%,一度超过工业增加值增速 10 个百分点以上,与之伴随的是中国股票价格的高涨。此后,随着股票市场泡沫破裂,金融业增加值增速迅速下降至与工业增加值增速相接近的水平。另一次金融业增加值增速大幅波动出现于 2015 年,峰值亦超过工业增加值增速 10 个百分点以上,与此对应的同样是股票市场的大起大落。

将工业增加值增速和金融业增加值增速的变化走势进行对比。我们发现,在 2008 年之前,两者的变动在一定时间尺度上具有协同性:如果金融业增加值呈现出上涨(或下降)趋势,工业增加值增速的变动表现出相同的趋势。即使在股市飙升并出现严重泡沫的时候,工业增加值增速也出现小幅上升趋势。在 2008 年之后,这种协同性突然消失,似乎在某种时间尺度上表现出反向变动关系。通过观察图 8.5 中金融业增加值占 GDP 的比重变动,我们发现,金融业增加值增速和工业增加值增速失去协同性的时期刚好是金融业规模相对较大的时期。

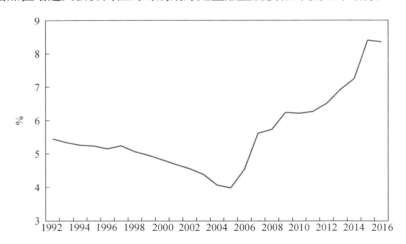

图 8.5　金融业增加值占 GDP 的比重

为了探究 2008 年之后,金融业增加值增长率和工业增加值增长率是否在某种时间尺度上表现出反向变动关系?为了回答这一问题,本节首先利用极大重叠离散小波变换(MODWT)将反映中国虚拟经济变动和实体经济变动的这两个时间序列根据时间尺度(对应于频率)的长短分解成不同层次,并在此基础上探讨两者在特定时间尺度上的关系,以挖掘可能存在的金融体系内在不稳定性的信息。其次,利用连续小波变换(CWT)计算以上两个时间序列的相位差,判断虚拟经济和实体经济是否呈现反方向波动特征,进而探讨金融体系内在不稳定性的存在性。

图 8.6 为 MODWT 下 8—16 个季度的时间尺度所对应的周期波动部分。很显然,在 2008 年之前,两者的波动基本上是同步的,而在 2008 年之后,这种同步性逐渐消失。这表明,在 2008 年左右,现实经济中出现了理论模型所描述的霍普夫分岔点。2008 年之后,金融的内在不稳定性显现,过度积累问题周期性爆发,经济金融化的财富创造效应和掠夺效应相互交织,导致资本在实体经济和虚拟经济中来回流动。结合图 8.5 中金融业增加值占 GDP 比重的变动趋势,我们可以断言,2008 年之后金融内在不稳定性的出现正是经济金融化程度加深或者说金融规模过度扩张所致。结合图 8.5 和图 8.6,我们也可以得出这样一个结论:在 2005 年(金融业增加值占比最低的年份)到 2008 年期间,经济-金融系统出现了金融的财富创造效应占主导转向金融的掠夺效应占主导的转折点,或者说出现了最优金融规模状态。图 8.7 为金融业增加值增长率和工业增加值增长率在 8—16 个季度的时间尺度下变动的平均相位差。这进一步验证了我们的论断:我国金融规模过度扩张导致金融的财富掠夺效应超过财富创造效应,并引致经济-金融系统的内在不稳定性。

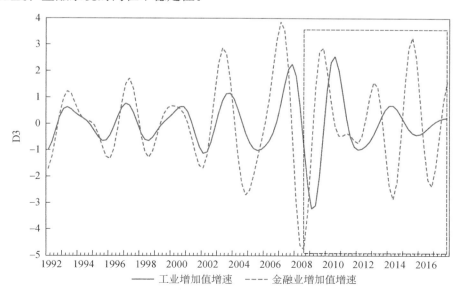

图 8.6　工业增加值和金融业增加值增速的细节分量

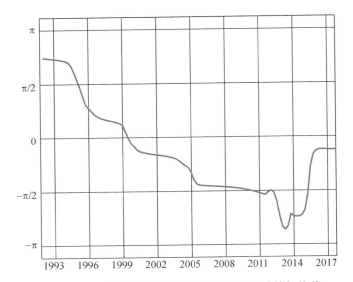

图 8.7　工业增加值和金融业增加值增速波动的相位差

综上所述,我国金融化过度发展对实体经济的增长和稳定已经造成一定程度的负面影响,金融服务实体经济的功能并未合理发挥。为了使经济-金融体系恢复到健康有序发展状态,一方面要鼓励技术创新以增强实体经济实力,使实体经济盈利能力保持在一定水平之上,以吸引更多资本回流到实体经济领域;另一方面对金融体系进行监管,规范资本市场,防止非理性的过度投机出现。当然,培养勤劳致富和实业兴国的价值观和社会风尚对于发挥金融服务实体经济功能也是大有裨益的。

第二节　金融结构优化

为了增强金融服务实体经济的能力,仅仅使金融规模发展和实体经济发展保持一定的比例是远远不够的,因为金融本身就是一个异质性的主体,不同类型的金融服务对实体经济产生的影响不尽相同。从优化金融结构着手,增强金融服务的质量,是值得深入思考的。

金融结构理论肇始于 20 世纪 60 年代 Goldsmith 在《金融结构与增长》一书中提出了金融结构的内涵——"金融工具和金融机构的形式、性质及其相对规模"。Allen 和 Gale(1999)明确将金融体系划分为"银行主导型"和"市场主导型"两大结构。国外学者围绕"银行主导型"和"市场主导型"金融结构在促进经济增长中孰优孰劣的问题展开过深入探讨。倡导"银行主导型"金融结构的学者

(Diamond,1984；Sirri 和 Tufano,1995；Baum,2011)认为,银行融资在通过获取企业或管理人员的信息提高公司治理效率、通过管理各类风险提高投资效率、聚集闲置资金以形成规模经济等方面具有优势。倡导"市场主导型"金融结构的学者(Levine,1991；Demirgüç-Kunt 和 Levine,2001；Beck,2010)认为,金融市场在投资者搜集企业信息的主动性、分散风险、信息不对称问题处理等方面具有优势。另有一部分学者认为,在不同的经济发展阶段,最优金融结构并不是一成不变的,具有动态演化的特征(林毅夫,2009；龚强,2014)。

从现实情况来看,2008 年全球金融危机爆发之后,面对高企的杠杆率,如何去杠杆成为世界各国和地区广泛关注的议题,我国也不例外。早在 2015 年 12 月,"去杠杆"作为"三去一降一补"的重要内容,成为供给侧结构性改革的重要任务之一。其后,中央会议和文件多次部署或提及"去杠杆"这一重要且艰巨的工作。习近平总书记在中共十九大报告中指出:"深化金融体制改革,增强金融服务实体经济能力,提高直接融资比重,促进多层次资本市场健康发展。"由此可见,在未来一段时间之内,"去杠杆"仍是的经济发展的重要议题和任务。

实际上,与美国等发达国家不同的是,我国的金融结构为以间接金融为主,即在金融资源配置中起决定性作用的是商业银行等金融机构。根据中国人民银行网站的相关数据,截至 2017 年年底,社会融资规模达到 174.64 万亿元,其中,人民币贷款高达 119.03 万亿元,占比超过 68%;企业债券为 18.37 万亿元,占比超过 10%;非金融企业境内股票仅为 6.65 万亿元,占比不超过 4%。这表明,企业严重依赖于债务融资(间接融资),股权融资(直接融资)发挥的作用非常有限。[1] 根据国家统计局的相关数据,2016 年规模以上工业企业资产合计 108.59 万亿元,负债合计 60.66 万亿元,资产负债率高达 55.87%。[2] 如此高的直接金融占比可能会带来了一系列负面影响。首先,过高的杠杆率可能会引致财务风险集中爆发。高杠杆率被普遍认为是 2008 年金融危机的主要成因(王国刚,2017)。其次,由于银行了解中小企业信息的成本过高,中小企业通过贷款进行融资的过程中,银行面临信息不对称和道德风险等问题,由此造成中小企业融资难问题难以得到有效缓解。

相比之下,直接融资具备一些明显的优势。首先,正如"市场主导型"倡导者所指出的那样,金融市场投资者能够主动收集企业信息,克服信息不对称问题。

---

[1] 中国人民银行统计调查司[Z/OL].[2018-12-01]. http://www.pbc.gov.cn/diaochatongjisi/resource/cms/2018/01/2018011515173983247.htm.
[2] 国家统计局[Z/OL].[2018-12-01]. http://data.stats.gov.cn/easyquery.htm?cn=C01.

这对于缓解中小企业融资难问题大有裨益。其次,由于直接融资和间接融资之间是相互替代的,提高直接融资比重最显著的效果在于"去杠杆"。杠杆率降低不仅能降低银行的不良贷款率,从而增加银行收益率,而且能够减轻企业偿债压力,增加其信誉。整体而言,"去杠杆"增强经济增长的可持续性。最后,直接融资能够为居民参与资本市场提供更多机会,帮助他们优化金融资源配置,改善家庭福利状况。

接下来,本书基于上一章存量-流量一致模型(SFC模型)考虑直接融资与间接融资的比例改变对经济金融化和资本积累的影响。

在我们的理论假定中,间接融资会带来两种负面效应。一方面,企业债务水平相对资本上升提高了企业杠杆率,增加了企业无力偿还的风险,降低了企业信誉,直接降低企业资本积累率;另一方面,企业债务水平相对资本上升导致总收入中用于利息支付的份额增加,工资收入份额和分红份额因此下降,这意味着家庭收入水平下降。由此带来的间接后果是,消费需求相对下降,产能利用率和资本积累率下滑。我们预期,如果企业更多地通过发行股票进行融资,企业资本积累率会由于债务水平的相对下降而提升。

如何通过数值模拟刻画直接融资替代间接融资带来的影响呢?回顾我们在上一章模型中用到的两个方程:

$$\Delta e_s p_e = xI_{-1}$$

$$p_e e_d^h = \max\{(\lambda_0 - \lambda_1 r_m + \lambda_2 r_{e,-1})(V^h)^* - \lambda_3(Y^h)^*, 0\}$$

这两个方程分别表示,企业股票融资占上一期投资的比例为 x,家庭的股票投资需求取决于预期财富和收入。如果仅仅提高参数 x,即股权融资占上一期企业投资的比重,那么股票价格会因为供给增加而下降,抵消掉股票数量扩张的作用。如果仅仅提高参数 λ_0,尽管可以通过提高股票需求从而股价来促进直接融资比重上升,但难以体现企业在提高股权融资比重上的能动性。为此,本文同时提高参数 x 和 λ_0,并保证参数改变期股票价格增长率维持不变(x 由 0.05 增加到 0.2,与此同时,λ_0 由 0.2 增加至 0.22)。简便起见,本文暂时忽视收入分配的影响,即假定所有家庭是同质的。方程中其他参数设置对应于托宾 q 对资本积累率偏效应较小的情形。数值模拟的结果如图 8.8 所示。

企业股票融资占上一期投资的比例和家庭购买股票意愿同时提高导致的直接结果是债务融资相对减少,股权融资相对于债务融资上升[图 8.8(a)],起到了"去杠杆"的作用[图 8.8(d)]。由于企业杠杆率下降,资本积累率得以上升,投资需求增加引致产出增加,产出增长率上升[图 8.8(c)]。在企业债务规模相对萎缩和产出增长率的共同作用下,以金融资产与产出之比所表示的经济金融化程度下降。总而言之,直接融资占比增加使得金融结构趋于优化。

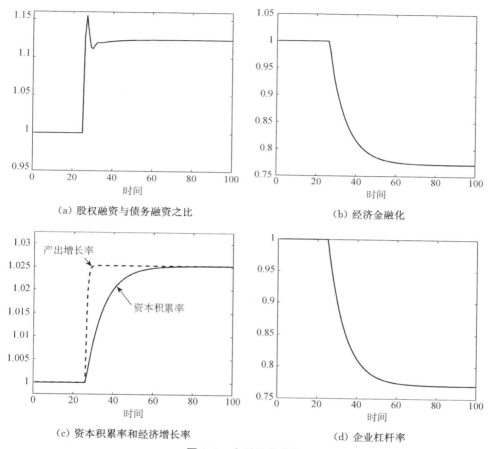

图 8.8 金融结构优化

针对如何提高直接融资比重以优化金融结构这一问题,本书提出一些政策建议。第一,培育长期投资者。根据上文分析,股权投资的有效展开依赖于购买股票的长期需求而非短时的投机。应当培育和鼓励有担当的长期投资机构或家庭参与资本市场。第二,大力发展普惠金融。众所周知,互联网金融具有融资成本低的特点,有助于解决中小企业融资难问题。

第三节 金融知识与金融获取机会均等化

金融导致收入分配差距扩大的一个重要原因在于,高收入者有更多机会获取金融资源或者更有能力从金融市场上获取回报。其机制在于,高收入者往往具有更多的金融知识和更理性的金融行为,而低收入者的金融知识相对匮乏且往往表现出许多非理性的金融行为。相关研究表明,金融知识在引导微观主体的金融行为上发挥着重要作用。

国外相关研究证实,金融知识或金融教育水平在提高微观主体获取金融资源的可能性、帮助家庭或个人作出合理投资决策和降低投资风险等方面起着重要作用。首先,金融知识增加能够提高资本市场参与率。Rooij 和 Lusardi(2011)发现,那些金融知识水平较低的人投资股票的可能性要小得多。Lusardi 和 Mitchell(2007)将美国工人的金融知识与退休保障计划的成功以及退休财富的积累联系起来,研究发现,退休保障计划与金融和政治素养息息相关。其次,掌握较多金融知识的家庭面临较低的投资风险。因为金融知识水平较高的家庭会更有效地分散他们的投资组合(Campbell,2006;Graham et al,2009),而知识水平较低的家庭表现出错误投资行为的概率更高(Moore 和 Danna,2003;Calvet et al.,2009;Lusardi et al.,2009)。最后,金融素养的高低反映了个体或家庭作出合理借贷决策的能力,是信用水平高低的体现。因此,较高的金融素养有利于提高获取家庭贷款的可能性(Duca 和 Rosenthal,1994)。

关于金融知识与微观主体金融行为的关系,国内学者也进行了实证研究。众多研究发现,金融知识的增加能够显著提高我国居民的信贷、保险或金融市场参与率,优化资源配置,从而改善家庭福利状况(尹志超,宋全云,吴雨,2014;秦芳,王文春,何金财,2016;胡振,臧日宏,2016;吴雨,彭嫦燕,尹志超,2016;宋全云,吴雨,尹志超,2017;吴雨,杨超,尹志超,2017)。关于金融知识和中国家庭财富差距的关系,尹志超和张号栋(2017)发现,由于金融知识对低财富组家庭财富的促进作用更大,因此金融知识能够显著缩小家庭财富差距。王正位、邓颖惠、廖理(2016)研究发现,中国国内居民的金融知识水平存在较大的差异,金融知识水平提高能够帮助低收入者突破"贫困陷阱"和阶层固化,实现"向上流动"。张腾文、鲁万波、张涵宇(2017)实证探究了金融知识、投资经验对投资者权利能力的影响。研究发现,金融知识对投资者权利能力的边际影响递减,即更多的金融知识能够帮助低收入投资者提高其权利能力,但对高收入投资者权利能力的影响并不显著。

综合国内外学者的研究成果,我们认为更多的金融知识能够帮助低收入者更加积极和理性地参与资本市场,实现知识平等和金融资源获取机会的平等。帮助低收入家庭掌握更多金融知识将如何影响收入分配、经济金融化和经济增长,以往的研究并没有进行考察。为此,本书接下去将基于上一章的 SFC 模型进行数值模拟来回答这一问题。

在前一章中我们假定,高低财富家庭购买股票的意愿没有差异。事实上,由于财富与金融知识呈正相关关系,而掌握更多金融知识的家庭参与资本市场的积极性更高且投资更为理性,因此占有更多财富的家庭具有更高的股票市场参与意愿。为此,我们假定反映股票市场参与意愿的参数 λ_0 是家庭财富的函数:

$$\lambda_0 = \frac{\varepsilon V^h}{V^h + \delta \bar{V}}$$

V^h 为家庭 h 的财富,$\bar{V}$ 为全体家庭的平均财富。这一方程意味着,在平均财富不变的条件下,家庭财富越高,资本市场的参与意愿就越高,但是随着家庭财富的上升,边际参与意愿会趋于零。当家庭财富达到平均财富的 δ 倍时,资本市场参与意愿为饱和参与意愿的一半。参数 δ 下降意味着所有家庭尤其是低财富家庭的资本市场参与意愿将上升,而财富特别高的家庭的参与意愿上升不明显。因此,我们可以通过观察参数 δ 变动的影响来探究知识平等化的影响。我们令 $\varepsilon=2$,$\delta=1$,知识平等化导致中低收入家庭资本市场参与意愿上升,使得 δ 下降至 0.2。数值模拟结果如图 8.9 所示。其中,实线为政策未实施的情形,虚线对应于政策实施后的情形。

由于低收入家庭更多地参与到资本市场中来,从短期来看,前 10% 家庭的收入占比突然下降[图 8.9(c)],致使这部分家庭财富占比的扩张速度放缓[图 8.9(d)]。金融知识的普及使得所有家庭的资本市场参与意愿上升,股价上升,股票市值相对增加,因此经济金融化程度大幅提高。由于低收入家庭参与资本市场所获得的收入大幅上升,消费需求扩张,产能利用率上升,因而资本积累率在短期内跃迁到更高水平路径。由此可见,在短期内,金融知识的普及虽然导致经济金融化扩张速度加快,但对实体经济的影响依然是正面的。换言之,金融知识的普及至少在短期内有利于实体经济和虚拟经济的协同发展,在此作用下金融服务实体经济的功能能够得到有效发挥。总之,通过普及金融知识教育,让更多人有机会获取金融资源,并通过金融提高收入非常必要。

因此,本书提出这样一些政策:大力推行金融普及教育。对于参与股票市场的投资者,政府要普及股票市场方面的金融知识,重点加强低收入投资者的专业知识学习。金融普及教育宜早不宜迟,从中小学生抓起,进教材、进课堂、进头脑,帮助投资者从小培养金融风险的防范意识。

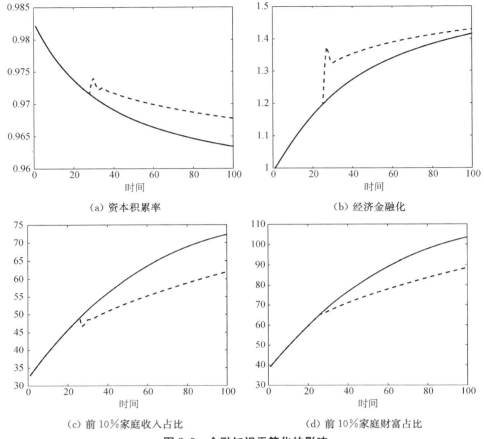

图 8.9 金融知识平等化的影响

第四节 收入再分配

根据前一章数值模拟结果,收入分配差距扩大,在经济金融化程度加深和经济增长率下滑中扮演着关键性的角色。既然收入分配扩大能够加剧经济金融化,阻碍经济增长,那么通过再分配政策来缓解收入分配不均问题,如果通过收入分配政策去缩小收入分配差距,是否会降低经济金融化程度并提高经济增长率呢?为此,本书假定收入分配政策的实施使得家庭 i 的收入做如下线性变换:

$$y_0^h = \alpha \bar{y} + (1-\alpha) y^h$$

其中,y^h 和 y_0^h 分别表示政策实施前后的家庭收入,$\bar{y}$ 为全体家庭的平均收入,不受政策实施的影响。参数 α 用于调节收入分配政策的实施力度,该数值越大,表明政策实施的力度越强。如此一来,总收入保持不变,平均收入以上的家庭收入被压缩,平均收入以下的家庭收入得以提高。需要注意的是,我们暂且不用考虑该政策在实施上的可行性。

假定政策从第25期开始实施,结果如图8.10所示。我们发现,从短期来看,前10%家庭的收入占比立刻下降,从而导致这部分家庭财富占比的扩张速度得到有效遏制[图8.10(a)]。收入分配状况的变化导致家庭之间的债务-债权关系发生变化,因为部分低收入家庭收入相对上升并超过消费支出,使得储蓄增加而债务相对减少。因此,经济金融化程度在短期会迅速下降[图8.10(b)]。除此之外,收入分配差距缩小也导致资本积累率上升,因为整体消费需求受到高收入家庭消费水平饱和的限制,将部分收入由高收入家庭转移至低收入家庭后,整体消费需求相对收入上升,提高了企业的产能利用率,对资本积累产生积极促进作用[图8.10(b)]。

然而,从长期来看,经济金融化程度依然上升,经济增长率依然趋于下滑[图8.10(b)]。由此可见,一定力度的收入分配政策起到了阻碍经济金融化快速上升和经济增速快速下滑的作用,并未从根本上加以遏制。尽管不能治本,收入分配调节政策也是不可或缺的有效手段,如果能配合其他政策一同实施,其作用也不可小觑。

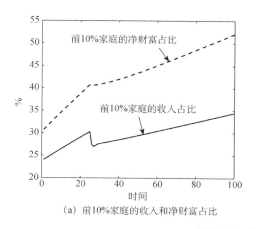
(a) 前10%家庭的收入和净财富占比

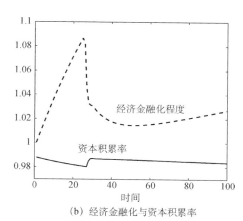
(b) 经济金融化与资本积累率

图8.10 再分配政策

当然,如果收入再分配政策实施的力度足够大,比如参数 α 上升至0.9,可以保证长期收入分配改善,经济金融化程度下降。数值模拟结果显示,长期资本积累率趋于上升。但这样的收入分配格局可能会阻碍高收入者的生产积极性,改变生产条件(我们的模型假定生产条件保持不变),最终阻碍经济增长。

需要注意的是，以上基于SFC模型的数值模拟只是抽象分析，不涉及再分配政策的具体操作。在实际经济条件下可以采取多管齐下的方法缩小收入或财富分配差距。其一，合理提高个税起征点，使中低收入群体少交或免交个税，而高收入群体多交个税。其二，提高证券投资所得税，征收资本利得税。

第五节　构建企业利益相关者共同治理结构

"股东价值导向"严重损害了企业创新活动的积极性，严重削弱了企业的创新能力，严重影响了企业的长期成长性。就连曾被视为"股东价值"运动之父的杰克·韦尔奇(Jack Welch)也不得不承认："从表面上看，股东价值是世界上最愚蠢的想法，股东价值是一种结果，而不是一种战略……你主要依靠的是你的员工、你的客户和你的产品。"[1]

"股东价值导向"正是建立在"资本强权观"或"资本至上观"的逻辑基础之上的，在资本相对稀缺并且相对重要的环境中，尤其是在古典资本主义企业中，资本强权观或许有着较强的现实解释力，但随着生产的社会化程度不断上升，企业的组织形式也不断变化，尤其是在现代企业制度下，企业所有权和经营权不断分离，资本强权观的解释力不足日益凸显，尤其是在那些以人力资本为关键要素的创新型企业，资本强权观就更难自圆其说[2]。因为，"所有的合法的利益相关者的利益要求都具有内在的价值，并没有哪些人的利益被假定为优于其他人"。[3]

事实上，许多学者已对主流经济学的"资本至上观"展开了批评，否定了"股东单边治理是最优治理结构"的传统观念。伯利和米恩斯基于公司所有权与控制权分离这一现象，论证了企业支配权完全不掌握在财产的所有者手中，而是出现了经营者支配企业所有权的产权契约[4]。阿吉翁和蒂罗尔认为，"创意"(idea)才是实际权力的来源，那些拥有信息和知识优势的代理人掌握着实际运作企业资源的"实际控制权"，并且"实际控制权"的配置也应该与信息和知识的

---

[1] 杰克·韦尔奇1981年在纽约皮埃尔酒店发表题为《在低增长经济中迅速成长》的演讲中首次提出股东价值，从而推动股东价值运动，2009年3月12日，他接受英国《金融时报》采访时发表了上述评论。参见：格雷拉.韦尔奇：股东价值是世上最蠢的想法[N].金融时报，2009-03-13.

[2] Rajan R. R., Zingales L. The Firm as a Dedicated Hierarchy: A Theory of the Origin and Growth of Firms[R]. NBER working paper series, No. 7546, 2000.

[3] Jones T. M, Wicks A. C. Convergent Stakeholder Theory: A Synthesis of Ethics and Economics [J]. Academy of Management Review, 1999, 24(2): 206-221.

[4] 伯利，米恩斯.现代公司与私有财产[M].甘华鸣，等译.北京：商务印书馆，2005.

分布相对称[1]。莱加与因格勒斯发表了一系列的文章对主流经济学的企业理论范式进行了批评。莱加与因格勒斯认为,企业并不是一个简单的投入产出的黑匣子,而是这样一个集合——不仅包括那些被共同所有的关键要素、天才和创意,还包括那些获得这些关键要素使用权并且为之进行了相应的专用性人力资本投资的人们[2]。因此,企业的经济本质是"一个难以被市场复制的专用性投资的网络"[3],或者说是相互专用化的资产和人员的一个集合,而且是"围绕关键性资源而生成的专用性投资的网络"[4],"对任何关键性资源的控制权都是权力的一个来源",而其中的"关键资源"可以是非人力资本,也可以是人力资本,比如天才、创意等,这一点在那些以人力资本为关键核心资源的创新型企业尤其如此。由于技术条件和市场环境的差异或变化,那些决定企业存在和发展的关键性资源的种类和分布也就不同,因此企业的性质、组织结构和边界也将不同,特别是以人力资本为核心资源的新型企业与以物质资本为核心资源的现代商业企业之间存在巨大差异。在新型企业中,决定企业存在和发展的关键要素是具有不可让渡性的人力资本,这就决定物质资本所有者不再居于企业的主导地位,因此企业不能简单地用物质资本来定义企业。

许多学者指出除了投资者之外,工人、企业经营者、供应商等都对企业进行了专有资产投资,也承担了经营风险,因此企业就应该由所有的"利益相关者"(stakeholders)共同治理。布莱尔认为,除了股东以外,企业的供应商、贷款人、顾客尤其是企业员等都对企业做出了专用性的投资,都应该分享企业的所有权和剩余[5]。阿吉翁和博尔顿则提出了控制权相机转移的观点,并分析了什么样的企业所有权归属状态才能最大化资本家收益和企业家收益之和[6]。国内学者方竹兰从风险承担角度提出人力资本所有者应是企业的所有者[7]。周其仁从契约的角度论证了人力资本与非人力资本一起拥有企业的所有权[8]。杨

---

[1] Aghion P., Tirole J., Formal and Real Authority in Organizations [J]. Journal of Political Economy, 1997, 105(1):1-29; Tirole J. Corporate Governance[J]. Econometrica, 2001,69(1): 1-35.
[2] Rajan R., Zingales L. Power in a Theory of the Firm[R]. NBER Working Paper, No. 6274, 1998.
[3] Zingales L. Corporate Governance[R]. NBER Working Paper, No.6309, 1997.
[4] Zingales L. In Search of New Foundations[R]. NBER Working Paper, No. 7706, 2000.
[5] Blair M. M. Ownership and Control: Rethinking Corporate Governance for the Twenty- First Century[C]. The Brooking Institution, Washington D. C., 1995.
[6] Aghion P., Bolton P. An Incomplete Contracts Approach to Financial Contracting[J]. Review of Economic Studies, 1992(59):473-494.
[7] 方竹兰.人力资本所有者拥有企业所有权是一个趋势——兼与张维迎博士商榷[J].经济研究,1997(6):36—40.
[8] 周其仁.市场里的企业:一个人力资本与非人力资本的特别合约[J].经济研究,1996(6):71—80.

瑞龙等则通过"资本雇佣劳动"和"劳动管理型企业"的比较,以及对联合生产、收入分配和企业治理的研究,得出了共享所有权及利益相关者"共同治理"的优越性,从而为利益相关者的参与治理提供了理论基础[1]。

发达国家的经济实践也严重冲击了主流经济学的企业理论范式。例如,1978年,美国公众公司的财产、工厂、设备的账面价值额占企业市场价值总额的83%。1997年末,财产、工厂、设备的账面价值额占企业市场价值总额的比例不足1/3[2]。因此,对于许多企业的生存和发展而言,并不只是股东的资本投入的贡献最大,也并非股东承担了企业经营的全部风险。

从剩余索取权和剩余控制权分享制的发展来看:在广度方面,日本到1998年发展到91%,美国在30%以上;在深度方面,日本员工分享额占公司利润的比重在42%—67%,而在美国经理人员的报酬结构中,固定工资、年末奖金和股票期权的大体比例已经发展成4:3:3左右[3]。在美国,早在1987年,通用汽车公司就通过劳工管理委员会鼓励员工参与管理,分享其"生产力收益"。另外,有学者关于瓦勒罗电力公司、福特汽车公司、埃克森石油公司案例的分析都表明,企业要想获得持续发展,必须关注利益相关者的利益要求,并以适当的方式与界定清晰的利益相关者来分享剩余索取权和剩余控制权,否则,企业的经营处在一种"脆弱的不稳定状态"[4]。崔之元观察到自20世纪80年代末以来,美国29个州相继修改了公司法,从法律上明确了公司对利益相关者的责任和义务。基于以上观察,崔之元认为美国公司法的这一重大变革突破了似乎是天经地义的私有制逻辑——即股东是"所有者",经理只为所有者服务[5]。

"股东价值导向"是新自由主义在经济领域的理念和实践,这一理念与实践对企业的创新发展产生了极其不利的影响,导致了企业创新驱动乏力,企业创新投入不足,削弱了企业的长期成长能力,进而也损害了经济长期持续健康增长的基础。基于以上分析,本书提出,应当构建企业物质资本所有者与非物质资本所有者的共同治理结构。不论是以生产经验的积累、技术的改进、企业新技术研发

---

[1] 杨瑞龙,周业安.一个关于企业所有权安排的规范性分析框架及其理论含义——兼评张维迎,周其仁及崔之元的一些观点[J].经济研究,1997(1):12-22;杨瑞龙,周业安.企业的利益相关者理论及其应用[M].北京:经济科学出版社,2000;杨瑞龙,周业安.企业共同治理的经济学分析[M].北京:经济科学出版社,2001.

[2] Blair M. M., Stout L. A. Team Production in Business Organizations: An Introduction[J]. The Journal of Corporation Law, 1999,24(4):743-750.

[3] 翁君奕.支薪制与分享制:现代公司组织形式的比较[J].经济社会体制比较,1996(5):51-55.

[4] 陈宏辉,贾生华.企业利益相关者的利益协调与公司治理的平衡原理[J].中国工业经济,2005(8):114-121.

[5] 崔之元.美国二十九个州公司法变革的理论背景[J].经济研究,1996(4):35-40,60.

为主要内容的技术创新,还是以科学发现为源头的科技创新[1],企业非物质资本所有者都是不可或缺的重要力量。将企业非物质资本所有者纳入到企业的治理结构中来,让其分享企业的所有权和剩余,可以充分调动这些非物质资本所有者的积极性、主动性与创新性。所以,物质资本所有者与非物质资本所有者的共同治理更有利于培育企业创新主义理念,更有利于激发创新动力,更有利于夯实企业创新发展的基础。

上一节分析表明,通过调节收入分配来促进经济和金融良性发展具有重要的实践意义。影响收入分配差距的一个重要的渠道是与股东价值导向直接联系的企业分红比例,在此我们考察分红比例突然增加或减小对收入分配演变的作用(图8.11)。当分红比例突然提高时,收入分配状况恶化,这与上文的分析结果一致;当分红比例降低的程度较小时,收入分配状况在短期内会得到改善,但长期仍会趋于恶化;只有当分红比例降低程度较大时,短期和长期收入分配状况才会趋于改善。

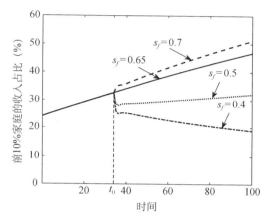

图 8.11 分红比例与收入分配差距调节

---

[1] 洪银兴.科技创新与创新型经济[J].管理世界,2011(7):1—8.

第九章
共享发展让金融化更美好

中共十八届五中全会提出了"创新、协调、绿色、开放、共享"五大发展理念，其中的共享发展就是要让全体人民共同分享发展带来的好处。在自由市场经济条件下，经济金融化不会自动实现共享发展。要推动中国经济金融化有利于实现共享发展，关键是要积极发挥政府的重要作用，金融监管制度的改革具有重要的意义。

第一节　政府主导型社会主义市场经济与共享发展

一些国家在经济金融化转型的过程中，不注重也未能实现共享发展，中国经济金融化的进程中也出现了类似的问题，这对中国经济增长产生了多方面的不利影响。要让金融化实现共享发展，关键是要发挥政府的重要作用，要通过金融监管创新来实现共享发展，真正做到金融化让生活更美好。

一、共享发展应成为中国经济金融化发展的方向

共享发展是关系人民福祉的科学发展理念。《中共中央关于制定国民经济和社会发展第十三个五年规划的建议》指出："共享是中国特色社会主义的本质要求。必须坚持发展为了人民、发展依靠人民、发展成果由人民共享，作出更有效的制度安排，使全体人民在共建共享发展中有更多获得感，增强发展动力，增进人民团结，朝着共同富裕方向稳步前进。"发展理念是发展行动的先导，把共享作为发展的出发点和落脚点，指明了发展的价值取向，顺应了时代发展潮流，是科学谋划人民福祉的重要发展理念。

共享发展理念是马克思主义中国化的最新成果，是把马克思主义发展理论

同当前中国实际、时代潮流与群众要求紧密结合起来的新理论,是促进社会公平正义、逐步实现全体人民共同富裕的理论,是社会主义发展理论的一次飞跃,是对马克思主义发展理论的丰富与发展。

共享发展理念回答了发展成果由谁来享有的问题,解决好了发展成果由谁享有的问题,才能更好地解决发展依靠谁的问题,所以,共享发展体现了发展的价值取向,是发展理论中最具根本意义的问题。习近平强调,要坚持以人民为中心的发展思想,这是马克思主义政治经济学的根本立场,要坚持把增进人民福祉、促进人的全面发展、朝着共同富裕方向稳步前进作为经济发展的出发点和落脚点。这深刻阐明了共享发展是以人民为中心的发展,是把实现13亿多中国人的幸福作为归宿的发展。

共享发展理念不是凭空产生的,而是对发展实践的总结、反思的结果。长期以来,世界各国在共享发展方面尽管积累了许多有益经验,但也有过深刻教训。从教训看,美英等主要资本主义国家在经济金融化转型的发展中,不注重也未能实现共享发展。美国经济金融化所形成的非利益共享式经济增长方式,造成政治经济精英与美国广大民众之间出现严重的分裂与对立。在客观经济现实上,美国虽然近几十年来有相当高的成长,但大部分利益被有钱人获得,穷人和富人之间的差别越来越大,中下层比起几十年前没有什么进展,许多美国人在经济上确实比他们在四分之一个世纪前更为窘迫。全职男性雇员的收入中位数低于42年前的水平,而对于那些教育程度不高的人来说,找到一份能拿到足额工资的全职工作也越来越难了。……那些位处收入分配底部群体的实际(扣除通胀因素后)工资,依然停留在约60年前的水平[1]。垄断金融资本集团所获得的巨额利益,是以另一部分人利益的"被剥夺"为代价的。美国自20世纪70年代以来,金融专业人员在收入最高的1%人口中的比例已从8%上升到14%;而且,在收入最高的0.1%人口中,这一比例已从11%上升至18%。[2] 纽约一份有关使用纳税人资金纾困银行的报告显示,在花旗集团和美林这两家在2008年总计亏损550亿美元的银行中,共有1 400名多名雇员拿到了100万美元或者更多的奖金。另有调查显示,2015年实现盈利的摩根大通和高盛,分别有1 626人和953人获得百万美元级奖金[3]。

经济金融化造成不同社会群体对立,甚至社会分裂,内耗使这些国家的发展步

---

[1] 黄有光.从"特朗普现象"看中国,应多收富人的税[R/OL].网易财经[2016-11-10].https://3g.163.com/money/article/C5H9SDKFOO2580PL.html.

[2] 凯.经济金融化加剧不平等[N].金融时报,2014-12-09.

[3] 法雷尔.报告:华尔街巨亏银行奖金照发 花旗美林先出头[N].金融时报,2009-07-22.

履异常沉重。从经验看,国际社会提出了"分享型增长""包容性增长"等理念。这些理念及其实践,在提高人民生活水平、促进社会公平正义方面取得了积极成效。共享发展理念正是对这些经验教训的反思及超越。习近平同志指出:"国家建设是全体人民共同的事业,国家发展过程也是全体人民共享成果的过程。"只有坚持共享发展,国家才会安定、民族才会团结,中国的发展才能顺应并引领时代发展潮流。

共享与公平正义互为依托、相辅相成。没有共享就没有公平正义,没有公平正义也不可能有共享。共享不仅是共享发展成果,而且包括共享发展机会、共享发展过程。共享发展理念对于推动中国金融化发展具有重要的指导意义。在发挥金融市场在金融资源配置中的决定性作用的同时,更好地发挥政府作用,才能真正实现共享发展。

二、实现共享发展中市场作用的双重性

金融化意味着金融发展,在竞争性的市场机制下,资本在逐利本性的驱使之下,一定会向回报率更高的虚拟领域流动,关于这一点,我们在第三章中已经给出了分析。我们需要注意到,金融化的发展并非有百害而无一利。恰恰相反,金融资本如果利用得当的话,能够有效地服务于实体经济,是有利于生产力的提高的。马克思就曾高度评价银行资本"是资本主义生产方式的最精巧和最发达的产物"[1]。列宁也高度重视金融资本的进步意义,他说:"大家都知道,银行是现代经济生活的中心,是整个资本主义国民经济体系的神经中枢。谈调节经济生活而避开银行国有化问题,就等于暴露自己的极端无知。"[2]所以,"金融资本不是经典意义上的食利资本。不能把金融资本与经济发展简单对立起来,资本的增殖过程需要金融资本的介入,它有利于提高劳动生产率。金融资本并非置身于生产变革过程之外……金融资本特别是风险资本的发展为促进新技术和资本主义经济的发展提供了强大的动力。"[3]

但是,我们也必须深刻认识到,自由市场的力量在推动金融化发展的同时必然会产生负面的影响。一方面,金融化会导致经济增长的风险大大加剧。过剩资本进入金融领域,四处游走,寻找获利的机会和场所,各种各样的新奇金融工具——远期、期货、掉期(互换)和期权中一种或多种特征的混合金融工具不断被开发出来,金融杠杆化比例不断提高,债务规模膨胀,资产价格攀升。随着资本

---

[1] 马克思恩格斯全集(第25卷)[M].北京:人民出版社,1974:685.
[2] 列宁专题文集·论资本主义[M].北京:人民出版社,2009:216.
[3] 李其庆.马克思经济学视阈中的金融全球化[J].当代经济研究,2008(2):62—67.

在全球层面流动性的加强,全球经济一体化和金融自由化让世界经济面临的风险加剧,金融市场就变得非常脆弱,一旦资产结构错配,或者流动性发生紧缩,将导致债务链条断裂,金融危机的爆发就不可避免。

另一方面,金融化不会自动实现共享发展,恰恰相反,经济金融化形成了金融资本偏倚型的收入分配模式,必然造成不共享的结果。按照诺贝尔经济学奖获得者罗伯特·希勒教授的论述,金融化可以让生活更美好,"社会金融化程度越高,不平等程度越低,原因在于金融本身起到管理风险的作用,对风险的有效管理应该带来降低社会不平等程度的效果。"[1]也就是说,金融化也有可能实现共享发展,但是,必须满足三个前提条件:充分的市场信息、使用金融服务的权利人人平等、充分有效的金融市场规制。

不过,即使我们假设这三个前提条件能够得到满足(在理论上和实践上这三个假设都是无法得到满足的),但金融的运行机制是建立在以财富实力为尺度的信用之上的,亦即金融资源配置遵循"货币选票",财富实力越强,则信用越高,杠杆越大,财富占有状况更高的资本所有者,则有更多的机会从金融部门获得金融服务,也就有更大的可能性,利用财务杠杆增加未来的收入。而真正缺乏资金的人,其财产占有状况本身就不利,所以,信用等级较差,获得金融资源的能力更小,机会更少,他们通过财务杠杆去提高未来收入水平的可能性就更小。这意味着经济金融化从起点开始就是非常不公平的,金融化条件下"'嫌贫爱富'的资源配置方式必然导致贫富分化的'马太效应'"[2]。这也正是主要资本主义国家经济金融化展示给我们的后果,金融资本通过资本集聚和集中,迅速融合,形成由一些规模巨大的、从事金融混业经营的公司组成的高度集中的垄断寡头。金融寡头控制了整个体制、整个社会,金融体制不再具有服务的功能,而是成为权力的中心[3]。这些巨型金融集团的定价权力将显著增长,而付出代价的则是借贷者和投资者[4]。

三、共享发展中的政府职能

要推动金融化朝着有利于共享发展的方向迈进,必须充分发挥政府的重要作用。政府以公平正义为指导思想,创新金融监管制度,推动金融化朝着共享发

---

[1] 希勒.金融与好的社会[M].束宇,译.北京:中信出版社,2012:PXXI.
[2] 任瑞敏.金融化视阈中分配正义的经济哲学追问[J].伦理学研究,2016(1):109—114.
[3] 权衡.赫尔:资本主义的黄金时代终结于1970年代[N].文汇报,2014-06-18.
[4] 福斯特,麦克切斯尼.垄断金融资本、积累悖论与新自由主义本质[J].武锡申,译.国外理论动态,2010(1):1—9.

展的方向迈进。政府的作用体现在三个方面:以机会平等促进共享、以过程公平保证共享和以结果平等实现共享。

1. 以机会平等促进共享

市场经济内在要求平等竞争,只有在公平竞争的环境下,经济资源才能优化配置,经济也才能高效发展。要实现竞争公平,首先应维护竞争起点公平,即机会平等。所以,要让金融化有利于实现共享发展,解决方案的关键"是使金融走向民主化,把那些合理有效的金融原则的应用范围扩展到更广阔的社会层面上,并采用所有我们现在已经掌握的现代技术来达成这个目标。"[1]

金融市场是资金资源配置的重要渠道,在完善的金融市场中,金融服务的可及性是平等的,每个投资者都能够平等地获得金融资源。然而,目前我国金融市场还不够完善,不同主体获得金融资源的机会不平等问题还较为突出,金融资源配置中,仍然存在着"唯实力论"和"唯成分论"的倾向。在"唯实力论"倾向下,金融资源向大型企业或企业集团倾斜,大量中小企业被排斥在正规金融市场之外,资本规模越大,资本实力越强,就有更多的机会获得金融资源,其实力将会变得更大;在"唯成分论"倾向下,金融资源向国有大中型企业倾斜,将中小民营企业排斥在正规金融市场在外,大中型企业更加具有低成本扩张产能的冲动,而效益好的创新型中小企业却因融资难题,无法形成有效市场冲击力,这导致整个行业更看重规模的竞争优势,而不是创新的竞争优势,从而进一步助推了行业内规模大企业的产能扩张(张军扩,等,2014)。

对此,应充分发挥政府的积极作用,确保每个投资者进入金融市场的机会平等,没有非正常的力量限制某类投资者进入市场,不对某类投资主体实行优惠或歧视,所有投资主体充分自由地竞争。具体而言,政府应改革金融体制以完善金融服务实体经济的机制与功能。按此要求,应做好以下几点:第一,发展多种所有制金融机构,使各种所有制投资主体平等获得金融资源;第二,完善金融市场调节机制,推动利率市场化改革,使利率反映资本市场供求并调节资本供求;第三,鼓励和推动金融创新,丰富金融市场层次和产品;第四,审慎有序扩大金融市场的对外开放,对标国际金融市场最高水平标准和管理制度,从而推动国内金融市场的健康发展。

2. 以过程公平保证共享

实现市场竞争的公平,不仅要实现机会平等,而且要实现过程公平。要通过规定竞争的方法框架,为市场中竞争的各方都提供胜出的可能性,使竞争行为摆脱无序状态,成为可预期、可信任、有理性的行为(徐梦秋,2005)。因此,通过金

---

[1] 希勒.终结次贷危机[M].何正云,译.北京:中信出版社,2008:91.

融监管制度创新,规范金融活动秩序,规制不公平竞争行为,是保证过程公平实现共享的必然要求。

3. 以结果平等实现共享

共享发展理念聚焦发展成果共同分享的问题,共享要求人人享有发展的成果,体现统筹兼顾、追求普遍受益,这就要求在结果上平等。结果的平等并不意味着平均主义,而是相对平等,要求收入分配的差距不能太大,而这要以社会公平为前提条件。

对于金融化导致财产所有者凭借财产占有状况获得较大的收入份额,以及企业高管薪酬的爆炸式增长,金融业从业人员收入水平的畸高,政府应进一步完善收入分配和再分配的调节机制,规范金融活动中初次分配的秩序,完善个人所得税制度。收入再分配制度和政策对于实现结果的相对平等非常重要,在经济金融化的背景下,对财产所得和资本所得征税,以及开征遗产税,应是一个可行和非常必要的调节收入及财富分配的手段。

四、推动金融"供给侧改革"引导金融更好地服务实体经济

从国家层面来看,金融业位居产业链的最高端,在国民经济中的地位举足轻重,各行各业的发展离不开金融业的全面支持,金融业的强大也是一个国家综合实力的重要体现。所以,中国政府大力推动金融业包括互联网业的发展,意在为实体经济的发展营造良好的经济环境,不过,政策的执行结果却走向了"脱实向虚",金融经济本来是为了发展实体经济的工具,但因为种种原因,大量的资金从实体经济流向了房地产和金融业,反而制约了实体经济的发展[1]。

异化后的金融部门更关注的是资金收益高低,忽略的是服务实体经济本职,利益掠夺和资金空转使得实体经济的发展举步维艰(Acemoglu,2001),必然造成就业萎缩的后果。但是,这是单纯地依靠市场机制发挥调节作用的必然结果,在市场价格信号的引导下,宽松信贷政策产生出来的流动性,一定会流向利润最高的地方,而不是流向最需要资本的领域,要改变这种利益的驱使,单纯依靠市场机制是不可能的,因为,"诱人的高额利润,使人们远远超出拥有的流动资金所许可的范围来进行过度的扩充活动。"[2]

党的十九大报告指出:"就业是最大的民生。要坚持就业优先战略和积极就业政策,实现更高质量和更充分就业。"高子涵(2017)认为,金融深化带来两方面

---

[1] 郑永年.中国经济政策的思想根源及其错位[N].联合早报,2016-10-25.
[2] 马克思.资本论(第3卷)[M].北京:人民出版社,1975:459.

就业效应:其一是金融深化的直接就业效应,即金融机构自身发展产生劳动力需求;其二是金融深化的间接就业效应,金融系统通过动员储蓄、发放贷款,提高"储蓄—投资"转化率来支持实体经济发展,推动实现"就业扩张型"的经济增长,形成良好的经济增长生态系统。

大国发展,必须夯实制造业的基础。2007—2008 年金融危机后,重振制造业和实体经济,逐渐成为欧美经济社会的共识。2012 年 3 月,《哈佛商业评论》邀请了一大批学界泰斗和业界领袖辟专刊讨论重塑美国制造业的问题,他们提出,对先进制造能力、本地供应链网络和员工技能的投资不足已经成为美国经济发展中最大的隐患(Porter 和 Rivkin,2012)。"从国家经济的躯干来说,强身健体寄希望于强大的制造业,而不能指望房地产业,更不是证券业。"[1]因为,诚如汉密尔顿所言,"与制造业繁荣休戚相关的不仅仅是一个国家的财富,甚至还有这个国家的独立。每一个为实现其伟大目标的国家,都应拥有满足本国需求的所有基本市场要素。"[2]

金融的本质就是以简单、直接、有效的方式把资金多余方和资金需求方联系在一起,为实体经济服务。……真正好的金融应该回归金融本质,探索怎样真正降低金融中介的成本,提升资本的使用效率(刘俏,2016)。金融和实体经济应该是一个有机统一体,两者相互依存、互相制约,金融业的发展必须与实体经济的发展相匹配,才能实现两者协同共进。我们需要重塑金融体系,这是全球金融行业共同面临的、急需完成的"供给侧金融改革"。必须充分发挥政府的重要作用,引导金融业围绕稳增长、调结构、惠民生,创新服务方式,加大对实体经济的支持,提高金融业服务实体经济的效率,这也是实现共享发展的重要方面。

金融要更好地支持和服务好实体经济的发展,我们必须有所作为,一方面通过价格信号和金融产业政策,尽量使有限的金融资本流向前景好、效益高、潜力大的那些实体经济领域,从而有效增加金融资本的产出效率、优化金融资源配置、提升金融服务能级;另一方面,对金融发展过程中出现的各种背离实体经济,尤其是过度金融化的倾向,必须保持高度警惕,研究和设立金融化预警机制,并通过金融监管创新,有效地防范和控制各种潜在的风险。

如何让金融回归本源,增强服务实体经济能力,实现"就业扩张型"的金融深化,而非"就业衰退型"的金融异化? 这需要遵循经济转型发展的一般规律,积极主动地制定和实施金融产业政策,从制度层面引导金融部门的供给侧改革,加快

---

[1] 蔡恩泽.中国强国之路在于振兴实体经济[N].联合早报,2016-11-8.
[2] 斯米尔.美国制造:国家繁荣为什么离不开制造业[M].李凤海,刘寅龙,译.北京:机械工业出版社,2014:第一章导语.

金融创新推动实体经济发展的步伐,加大对产业技术创新和现代服务业等相关领域的信贷支持,引导资金真正流入实体经济企业。这些外生的制度性安排包括:首创技术引领制度、融资成本反馈制度以及金融资源共享制度等(图 9.1)。

图 9.1　金融供给侧改革服务实体经济的制度安排

第一是首创技术引领制度。经过四十年的改革开放,高端科学技术从无到有、从弱到强,走过"引进—模仿—再创新"的漫长过程,到目前为止已有诸多领域的技术达到或超过世界先进水平,但是在许多重要领域、核心部件和关键环节上依然受制于人。科技型企业的创新项目由于研发时间长、资金需求大以及预期成果的不确定性,致使金融机构根本不愿意进入和参与,尤其是对微型初创企业的投资更是凤毛麟角。尖端技术乃国之重器,必须牢固掌握在自己手里。因此,一方面,要充分发挥国家先进制造产业投资基金、新兴产业创业投资引导基金等国家资本的作用,积极吸引金融机构通过资金配额、银团贷款和股权投资等方式参与首创技术的研发、生产和应用过程。同时,采取"金融+企业"的模式参与一般性首创技术的研究,采取"金融+企业+政府(国企)"的模式共同参与关键性首创技术的研究,突破国内首创技术的瓶颈,补齐高端制造短板;树立国际首创技术的标杆,引领世界创新方向。另一方面,要在金融监管中对科技型企业"特事特办",包括企业的信用评级、抵押担保和风险控制等方面的差异化管理,运用大数据系统建立大型实体企业、中小型企业和科技型企业的专属评估体系,制度上向实体经济靠拢,政策上向科技企业倾斜,在供需端实现金融资本与企业可行需求的匹配。

第二是融资成本反馈制度。实体经济发展过程中面临的融资难、融资贵问题依然严峻,尤其在中小型企业中最为突出,资本金、留存利润等内源性融资普遍存在,始终制约着实体经济的发展壮大。更为严重的是,实体部门从金融机构的外源性融资具有"双重利率"标准:第一重是金融机构对外的名义融资成本,第二重是工业企业偿付的实际融资成本,两者之差名曰"回扣"或财务费用。因此,彻底解决实体经济融资难、融资贵的问题,其一需要打破金融机构的垄断地位,其二需要减少企业融资的财务成本。首先,要进一步明确金融市场的对外开放原则，降低外资金融机构的准入条件，增强国内金融机构的竞争氛围，提供更便捷、更周到的融资服务。同时，逐步取消"利率双轨制"，将存贷款利率向货币市场利率、债券市场利率并轨，破除长期以来存在的利差保护，提供多维度、多层次的融资方式，并最终在宏观领域形成融资成本反馈制度。其次，要进一步加强金融部门的在职员工监管，严禁在职员工利用职务便利向融资主体索取、收受贿赂，以此牟取个人或关系人利益，从而变相提高实体经济融资成本。同时，金融监管委员会下设的机构行为监管局要不定期采取"明访"和"暗访"形式，对融资主体产生的实际财务成本进行数据调查，与金融机构上报的数据进行比对分析，并最终在微观领域形成融资成本反馈制度。

第三是金融资源共享制度。金融部门凭借在国民经济体系中的资金配置地位，逐渐演化为利益掠夺和资金空转的异化部门。为此，中央和地方政府除加强金融监管以外，构建金融资源共享制度也是从供给侧实施改革的另一重要举措，包括信息共享制度和利益共享制度。其中，信息共享制度指金融部门主动共享资源的模式，即"政府搭台、企业唱戏"，政府为有资金需求的实体企业提供与金融机构的对接活动，如产业投资接洽会、银企对接座谈会和投融资信息交流平台等。通过合理的企业筛选机制(不让好企业隐藏，不让差企业得利)，使金融资源更好地服务产业项目、经营主体和重要工程，形成扩散效应惠及实体经济。利益共享制度指金融部门被动共享资源的模式，即"政府号召、机构参与"，政府号召金融机构为有需求的社会各阶层和群体提供资金服务，如普惠金融服务等。不仅要为中小型企业提供贷款，而且要为农户生产经营、个人创业担保、贫困人口消费和助学提供贷款，要坚持资金回收"零利润"原则，使金融资源更好地维护边疆稳定、助力脱贫攻坚，并为全面建成小康社会贡献金融力量。

第二节　金融监管让金融化更健康

针对我国经济金融化出现的一些乱象，以及由此可能造成的金融风险，习近平总书记指出："近来频繁显露的局部风险特别是近期资本市场的剧烈波动说明，现行监管框架存在着不适应我国金融业发展的体制性矛盾，也再次提醒我们必须通过改革保障金融安全，有效防范系统性风险。要坚持市场化改革方向，加快建立符合现代金融特点、统筹协调监管、有力有效的现代金融监管框架，坚守住不发生系统性风险的底线。"[1]从2017年年初以来，以防范系统性风险为目

---

[1]　习近平.关于《中共中央关于制定国民经济和社会发展第十三个五年规划的建议》的说明[N].人民日报,2015-11-04(2).

标,以打击各种金融乱象、金融套利和去杠杆等过度金融化为主要内容的金融监管新政一波波推出,并逐步确立了中国式"双峰监管"格局。

一、中国式"双峰"金融监管新框架

1. 中国金融监管改革的理念

中国金融市场出现的金融创新乱象,有其制度性原因。最主要的原因是金融业发展态势与金融监管体制的不适应性问题越来越突出。20 世纪 80 年代,金融监管职责全部由人民银行承担。1992 年国务院证券委员会(简称国务院证券委)和中国证券监督管理委员会(简称中国证监会)宣告成立,标志着中国证券市场统一、专业化监管体制开始形成。1998 年 11 月,中国保监会成立。2003 年中国保监会升格为正部级事业单位,2003 年设立中国银行业监督管理委员会。自此,中国"一行三会"分业监管的格局得到确立,并沿袭至今。分业监管模式为维护我国金融秩序的稳定、促进金融市场发展作出了重大贡献。

中国金融监管架构确立的 17 年来,随着近年来我国金融化的推进,金融市场的创新发展,金融体系发生了巨大的变化。金融机构种类、业务和规模快速增长,金融混业经营活动不断增加,跨业协同形式趋于多样化;类金融机构,如小额贷款公司、融资性担保公司、融资租赁公司、互联网金融、商业保理业等得到快速发展;金融交叉业务和跨领域套利活动不断增加(国务院发展研究中心"我国金融监管重构研究"课题组,2016)。分业监管体制与混业经营模式越来越不相适应,"一行三会"监管模式表现出监管竞争、监管空白、信息不对称、协调困难和监管套利等方面的缺陷(国务院发展研究中心"我国金融监管重构研究"课题组,2016;秦晓,2016)。金融监管也无法有效应对新型金融机构、类金融机构快速发展带来的风险。

中国金融监管的理念是学习和借鉴"双峰监管"模式,在具体实现形式上探索了"一行四局大合并"、央行和银监会合并、"一行一委"等方案。Taylor(1995)认为,"双峰"(Twin Peaks)模式是金融监管的最优结构,"第一峰"实施行为监管,纠正金融机构的投机主义行为、防止欺诈和不公平交易,保护消费者和投资者权益;"第二峰"实施审慎监管,维护金融机构的稳健经营以及金融体系的安全稳定,防范系统性金融风险。澳大利亚是最先采纳 Taylor 观点的国家,并于 1998 年进行金融监管框架改革成立澳大利亚审慎监管局(APRA),三年以后通过《证券和投资委员会》法案成立澳大利亚证券和投资委员会(ASIC),两个部门分别负责金融审慎监管和行为监管。在此之后,荷兰紧随着澳大利亚的步伐,在 2002 年改分业监管为目标监管,成立金融市场管理局(ARM)负责金融行为监管,同时荷兰中央银行(DNB)与养老金、保险监管局(PVK)合并负责金融审慎监管。虽然澳大利亚和荷兰均较早地推行"双峰"监管模式,但直至全球金融危机发生以前,世界上也仅有这两个国家采取审慎监管和行为监管完全分离的标准"双峰"模式(冯乾和侯合心,2016)。然而,就是这种被少数国家采纳的金融监管模式却成功应对了2008年危机的考验,《美国金融改革蓝皮书(2008)》中更是将"双峰"监管模式赞誉为最优的监管模式,并且作为金融监管体制改革的长期目标(吴云和史岩,2016)。

全球金融危机后,各国监管机构对本国的监管理念和组织架构进行了反思和调整,借鉴"双峰"模式加强本国系统性金融安全成为各国监管改革方案中的重要环节。其中,英国通过《金融服务法案》确立了"准双峰"的金融监管组织架构,包括金融政策委员会(FPC)、审慎监管委员会(PRC)和行为监管局(FCA),分别负责宏观审慎、微观审慎与行为监管;有别于澳大利亚、荷兰和英国模式,美国金融监管体制改革兼具"伞"和"双峰"两种模式特征,在审慎监管和行为监管之上加入"伞"式的总监管者——美联储,既是对自身特点和现有监管体系的一种继承,也是对原有"双峰"模式的一种创新(冯乾和侯合心,2016)。钟震和董小君(2013)认为,金融消费者(实体经济、个人和家庭)的权益维护缺失,以及金融机构不当行为的监督、干预和处罚职能失位,是导致金融部门不断蚕食利润、收入分配空间的主要原因,必须借鉴"双峰"监管模式引入行为监管机构,并适时建立前瞻性的监管框架,完善金融监管的合作机制。

2. 中国金融监管改革新框架

2017年7月的全国金融工作会议决定设立国务院金融稳定发展委员会,确定了中国金融发展理念变化和管理体系调整的基础及新的制度化平台,十九大报告指出要求健全货币政策与宏观审慎政策"双支柱"调控框架,明确了审慎监管变革的方向。十三届全国人大一次会议决定中国银监会与保监会整合成新的中国银行保险监督管理委员会,同时将两会原有的重要法律法规草案和审慎监管基本制度的职责划入中国人民银行。至此,中国的金融管理组织体系已经形成了"一委一行两会"的中国式"双峰监管"格局。

这一新监管框架是着力于解决金融监管的决策主体、实施主体和权责划分的顶层设计问题,明确了货币政策、宏观审慎、微观监管三者之间的分工与协调运作新模式:

(1) 宏观层面,由中国人民银行负责货币政策、宏观审慎(即双支柱),双支柱分别致力于实现币值稳定和金融稳定,同时也一定程度上参与审慎监管;

(2) 微观层面,由银保监会、证监会负责具体的监管措施落实,这是双支柱的柱础。而宏观、微观之间由金融稳定发展委员会等机构实现协调;

(3) 微观审慎监管和行为监管均由监管机构(银保监会、证监会)负责(但监管机构内部有类似"双峰"的划分,比如内设分别负责审慎监管和消费者保护的部门);

(4) 机构合并和主要官员交叉任职,银保监会主席兼任中国人民银行党委书记,意在解决审慎监管的协调问题。

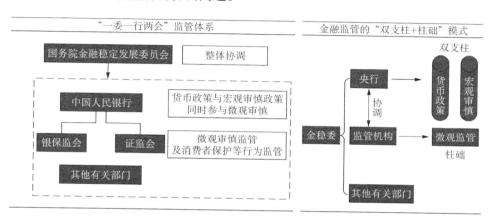

图 9.2　中国式"双峰监管"新框架

此次金融监管体系改革方案,有助于弥合宏观、微观割裂,具有多项符合逻辑的正面意义,从而有利于防范金融风险,使整个金融体系运行更为平稳,使金融化更健康。

3. 中国金融监管新框架的未竟之路

(1) "一行"与"两会"之间的监管协同问题。央行获得了规制权——审慎监管政策的制定权,而银保监会和证监会则承担监督和处理之职责,这一制度安排对银保监会和证监会的监管行为形成了新的约束。但问题是,银保监会和证监会要面对层出不穷、千变万化的金融创新活动,如果央行的监管制度严重滞后于金融实践的变化,就会造成银保监会和证监会监督和处理行为无据可依、无所适从。

(2) "两会"之间及"两会"与其他部门之间的监管协同问题。虽然在近期的机构调整后形成的新监管试图通过金融稳定发展委员会等更高层面的协调机构,以及主要官员的交叉任职来解决监管协同问题,但是未能出台解决跨部门沟通与协调机制的制度安排,以及具体的监管举措,如果没有良好的机制性安排,协调可能在一定程度上取决于分管领导之间及部门领导之间的私人关系,即使在一个机构里,不同监管职能部门之间也同样存在协调问题,这就会导致在证券与银行、保险间通道类业务监管套利的可能性仍然存在。此外,在"两会"与其他监管部门之间也存在监管协同问题。比如,关于债券市场管理职能问题,中国的债券市场是一个发改委、证监会和央行三个部门各自主导的分割市场。这一问题,曾经议论过多次,试图统一,却囿于部门利益未能成功。还有财政部金融司在涉及地方债务、国有银行产权管理方面仍然有其重要的权力,在涉外金融交往中,央行与财政部仍然行使各自的职责。

(3) 中央与地方之间的监管协同问题。中央政府作为委托人与代理人地方政府达成的金融监管契约具有不完全性,这种不完全性表现在两方面:一方面是契约条款可合约性差,地方政府执行金融监管的目标多维且模糊,难以形成一致的监管行动;另一方面是契约条款层级式构架,不完全信息的噪音信号干扰会造成基层政府对中央政府的任务理解扭曲,使金融监管中的执行结果适得其反。地方金融局(办)有更强烈的动机去推动金融产业发展,而且监管角色相对弱化,监管意愿和监管能力普遍不强。但地方基层却又身处在金融监管的一线,他们直接面对众多的金融消费者、各类金融机构基层营业网点的经营行为,以及各种打着金融旗号或者变相从事金融业务的种种非法金融活动。这又对地方监管部门和监管者提出了监管能力、监管意愿等方面较高的要求。

(4) 缺少金融风险的识别机制。哪些是有益的金融创新?哪些又是无益的金融创新?这些,都需要在制度层面建立行之有效的评判标准,即金融风险的识别机制。倘若创新工具和产品成为持续向地方融资平台、产能过剩国企输血的载体,致使全社会杠杆率上升、系统性风险不断累积,那么识别机制就必须做出反应,采取适当监管措施制止创新行为。

(5) 监管立法效率较低。金融监管立法是为了规范和调整金融监管部门与金融市场主体之间的法律关系,形成政府管制与市场机制的良性互补,保护金融投资者的合法权益。这一轮金融管理体系改革不断传达了"合规"这一理念,要求一切金融活动都应持牌经营,这就要求对哪些交易和行为被认定是金融行为,属于哪个金融子行业的业务进行确认,这就需要有一定的认定标准、发现机制和处理手段。然而,近年来借助于互联网平台和其他科技手段,涌现了一些新业态和新模式,是否属于金融业?属于金融业的哪一子行业?目前的金融监管法律不仅在条文规定上滞后于新型金融工具和产品的创新进程,而且在涉及范围上严重缺少地方性金融监管法规的制定。这将导致法治监管的功能失效,人治监管模式的逐步替代,进而阻碍金融市场的培育和发展。

二、完善中国金融监管框架的进一步构想

习近平总书记在中央财经委员会第一次会议上强调,"防范化解金融风险,

事关国家安全、发展全局、人民财产安全,是实现高质量发展必须跨越的重大关口",将金融领域治理推向更高层次和地位。金融监管的"顶层设计"在防范系统性金融风险,跨越"风险三角"区域中的作用非常关键,但是任何重要的制度性变革都离不开其他相适应的制度安排,根据上文的分析,新的金融监管制度还是存在着一些问题,仍不足以防范和应对未来可能爆发的金融危机,甚至是经济危机,组织架构的探索、调整和重构任重而道远。这意味着需要进行相关制度的梳理、设计和安排,实现央地"上下联动"、虚实"相辅相成"的新金融监管体系。

无论什么样的监管框架,都需要面对当前中国金融监管体制的三个核心问题:①缺乏与中国金融体系运行实际相适应的、被广泛接受的金融风险管理理念和管理框架的理论体系;②监管协调问题,包括货币政策、宏观审慎和微观审慎之间的协调,也包括不同监管部门间的协调问题;③如何提高金融监管实施效率问题(国务院发展研究中心"中国金融监管重构研究"课题组,2016)。本书立足"双峰"监管模式标准,设想对原有的金融监管组织架构进行整合,对相关的机构职能重新划分,并由此而进一步健全我国金融监管制度(图9.3),具体如下:

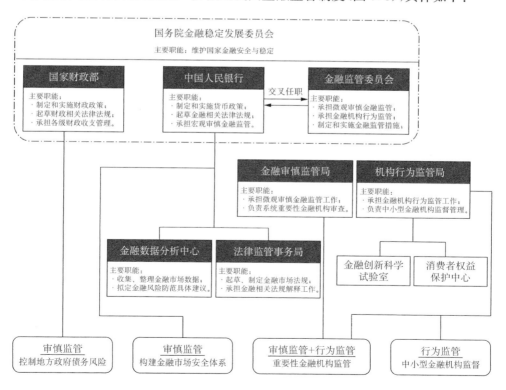

图 9.3 中国"双峰"监管组织框架新构想

1. 原有组织架构重新整合

其一是银行保险监督管理委员会与证券监督管理委员会合并成立金融监督管理委员会,并实现与中国人民银行主要领导的交叉任职;

其二是将原有中国人民银行金融稳定局改组为金融数据分析中心,负责收集、整理来自财政部、中国人民银行以及金融监管委员会的重要监管材料和数据;

其三是将原有中国人民银行条法司改组为法律监管事务局,负责起草、制定重要金融市场的法律法规,承担金融相关法律法规的解释工作;

其四是移除原有中国人民银行金融市场司,在金融监管委员会下组建金融审慎监管局,承担微观审慎金融监管的工作;

其五是在金融监管委员会下成立机构行为监管局,承担金融机构行为监管工作,并负责中小型金融机构的监督与管理;

其六是移除原有中国人民银行的金融消费权益保护局,在机构行为监管局下组建消费者权益保护中心,并成立金融创新科学试验室,负责金融创新工具和产品的风险识别测试。

2. 相关机构职能重新划分

按照"双峰"模式的目标和要求:第一类监管机构通过审慎监管维护金融体系安全与稳健;第二类监管机构通过行为监管保护消费者权益(钟震和董小君,2013)。

在金融审慎监管层面,财政部运用拟订财税发展战略、规划、政策和改革方案并组织实施的职能,加强对地方政府债务控制的宏观审慎监管;中国人民银行综合分析和评估系统性金融风险,并运用制定、实施货币政策的职能,加强对金融市场安全体系构建的宏观审慎监管;金融监管委员会的金融审慎监管局审查关键系统性的金融机构,包括有银行、保险、信托以及大型互联网金融公司等,加强对金融机构风险管理的微观审慎监管。

在金融行为监管层面,主要由金融监管委员会的机构行为监管局负责,既对重要性金融机构的行为监管,也对中小型金融机构的行为监督,确保信息透明度和市场操守,推动金融部门提升服务实体经济的能力。其中,消费者权益保护中心负责纠正金融机构存在的不公平交易,坚决禁止蚕食消费者利益的行为发生;金融创新科学试验室负责创新工具和产品的风险承受水平检验,对每一项金融创新出具监管意见书,实现金融监管与金融创新同步变革。

3. 继承与发展的中国"双峰"监管组织框架

中国"双峰"监管组织框架构想既明确了不同监管机构的政策目标,又实现了审慎监管与行为监管的各自统筹,从而消除了金融监管盲区、抑制了监管套利活动,并能够有效弥补原有监管模式下职能分割的内在缺陷。同时,中国"双峰"模式构想在借鉴了英国和澳大利亚等国家经验的基础之上,极大限度地兼顾了金融监管现状与创新发展需要:

首先是与英国监管模式中英格兰银行肩负统筹协调的"超级央行"[1]定位相比,中国"双峰"模式构想的统筹协调组织是国务院金融稳定发展委员会。考虑到原有的分业监管模式中,中国人民银行本身具备少量宏观审慎监管职能,存在加强和完善该项职能的条件,故而将宏观审慎的职能赋予中国人民银行,减少机构调整带来的行政成本。并且,微观审慎和行为监管的职能共同赋予金融监管委员会,将英国监管模式中备忘录协调机制[2]的外部性影响内部化,同时建立特有的"交叉任职"形式,以有效降低监管协调成本。

其次是与澳大利亚监管模式的"四位一体"相比,即金融监管理事会统筹中央银行、审慎监管局、证券投资委员会和财政部,中国的"双峰"模式构想则进一步发展和改良了该模式的优势与不足。基于金融创新对现代化经济体系建设的重要性,在合并微观审慎和行为监管职能行使机构的同时,机构行为监管局下设金融创新科学试验室,为金融创新提供制度性保障与激励。此外,进一步强化中国人民银行职能属性,作为金融系统稳定的第二协调机构,下设金融数据分析中心为监管机构有效地发挥各自职能提供数据支撑。

4. 建构协同监管机制设计

但是,仅有金融监管组织架构的整合与职能的划分还不能满足有效监管要求,必须辅以相应的功能协调、多维共享和良序创新机制。

第一是监管模式的功能协调机制,包括跨部门的协调和跨目标的协调。其中,跨部门的协调指国务院金融发展委员会对财政部、中国人民银行和金融监管委员会的财政与货币政策、金融改革发展与监管等重大事项统筹协调;跨目标的协调指中国人民银行与金融监管委员会实现交叉任职的监管目标协调,及金融数据分析中心实现宏观审慎、微观审慎和行为监管的"双峰"目标协调。

第二是监管数据的多维共享机制。一方面,依托金融数据分析中心的监管材料收集、整理职能,实现财政部、中国人民银行和金融监管委员会的监管信息共享,以及金融审慎监管与行为监管的评估效果共享;另一方面,将微观审慎监管与金融行为监管的职能归属于金融监管委员会,既保障了不同监管职能的独

---

[1] "超级央行":在英国金融监管模式改革中,英格兰银行将货币政策、宏观审慎以及微观审慎三大职能集于一身,并对金融行为局有指导和建议权,故被称为"超级央行"。

[2] 备忘录协调机制:英格兰银行的审慎监管局与独立运行的金融行为局每季度会面,就各自的监管规则对另一机构履职影响进行充分沟通协商,建立监管备忘录的常态化合作安排。

立运行,又实现了不同监管部门的数据共享,在资源约束下提高了对重要金融部门、中小型金融机构的监管效率。

第三是监管对象的良序创新机制。金融监管的宗旨是保留金融创新的正效应,舍弃金融创新的负效应,维护金融市场的安全稳健,防范系统性金融风险。因此,在构建"双峰"模式强化金融监管的同时,审慎监管"抓大放小"的架构有助于降低中小型金融机构的成本压力,提高良性金融工具和产品的创新动力,进而有助于金融部门与实体部门的协调发展。

此外,金融创新科学试验室的设立将为每项金融创新工具和产品背书,即为每项金融创新提供市场适用范围和监管意见,以更好地激励良性创新行为的发生,进而保障金融市场有序发展。

5. 央地合作的金融监管制度设计

中央与地方政府目标函数的非一致性以及双方信息的非对称性,将为政策执行效果上的差异化提供实际产生的必然性(彭文斌和李昊匡,2016)。事实上,由于缺少"自上而下"的金融监管制度,中央与地方政府难以形成一致的监管行动,更难以实现有效的监管结果,造成地方金融监管相对混乱和无序。

首先是地方政府的监管职能配置分散。小额信贷公司、融资性担保公司、典当行和农村互助社等地方金融机构分别由金融办、中小企业局、经信委以及农工办(农委)审批设立,"只管生、不管养"问题突出,一旦出现金融风险事件,不同部门之间相互推诿扯皮,对于非融资性担保公司、私人投资公司和网络贷款公司等甚至存在监管模糊地带,分工不明确且职责不明晰。其次是地方政府的监管缺位与越位并存。一方面,地方政府金融监管的力量薄弱,主要监管部门——政府金融办的工作人员严重不足,具有专业知识以及监管经验的人才更是凤毛麟角,普遍存在"重审批、轻监管"的情况;另一方面,地方政府金融监管的目标混淆,金融监管目标与经济发展目标彼此矛盾,不同程度存在借助行政手段参与或者干预金融活动的行为,政府与市场边界不清,"既是裁判员又是运动员"的问题突出。最后是央地政府的监管协调机制失灵。由于缺乏相应的制度性安排,地方政府与中央政府尚未真正形成常态化、有约束力的信息沟通和监管协作机制,导致"阳奉阴违"的现象时有发生。有的地方政府从自身利益出发,选择性地配合与执行中央金融监管政策;有的地方政府突破中央有关部门的监管规定,滥设具有融资功能的准金融机构;甚至,有的地方政府直接或间接充当金融机构出资人角色,致使金融机构违规经营问题在基层尤为严重[1]。因此,除金融监管"顶层设计"的框架外,如何规范"委托—代理"关系中的制度性条款,并理顺中央与

---

[1] 周学东.央地金融监管职责的边界与协调[N].上海证券报,2015-03-24.

地方政府金融监管合作的内在机制,同样是迫在眉睫。

如图9.4所示,央地合作的金融监管制度必须按照基本制度、常规制度和长效制度等三个层次逐步设计。

图 9.4　央地合作的金融监管制度设计

第一,基本的监管独立制度是前提。维护地方金融监管的独立性,一方面要将省级以下、县级以上的政府金融办职能移交给中国人民银行,在基层赋予中国人民银行对所有金融机构的审批权、监管权,做到"专职专管"和"权责对等";另一方面,要建立起纵向业务指导机制,加强中国人民银行和金融监管委员会对下级监管部门的经验交流与业务培训,提高地方金融监管效能。要建立起横向工作协调机制,加强各级金融监管部门与当地政府的沟通与协作,减少金融监管利益摩擦。

第二,常规的金融监察制度是保障。鉴于地方金融监管法规的严重缺失,可考虑在中央金融监管的法律、政策与方针等指导框架内,允许省级政府制定地方性的金融监管条例,实现地方监管的"有法可依"。同时,省级以下中国人民银行要担负起区域金融市场的微观审慎和行为监管职能,分析、整理和上报所辖范围内金融机构的经营管理、产品创新和盈利方式等数据材料,受理消费者投诉和保护消费者权益,并按照中央与地方金融监管的法规行使职责,实现地方监管的"违法必究"。

第三,长效的专项督查制度是利剑。对地方金融监管的专项督查建立在"顶层设计"完全实现的基础之上,由金融数据分析中心建议,移交金融监管委员会执行,地方政府与省级以下中国人民银行配合实施。首先是针对具体问题的审查,采取"问题导向"原则,对某一特定主体或者一类产品进行专项审查,评估主体或者产品中隐含的风险;其次是围绕金融市场的稽查,主要目的是分析区域金融市场是否存在危害消费者权益和竞争扭曲现象,并采取必要的干预措施;最后是检视地方监管行为,核心是多维度考察地方政府与监管部门(中国人民银行)的履职状况,杜绝监管缺位和越位的情况发生。

参 考 文 献

中英文著作

[1] Aglietta M., Rebérioux A. Corporate Governance Adrift [M]. Edward Elgar, 2005.

[2] Aoki M., Dore R. The Japanese Firm: Sources of Competitive Strength[M]. Oxford: Oxford University Press, 1994.

[3] Arestis P., Hein E., Heron E. L. Aspects of Modern Monetary and Macroeconomic Policies[M]. New York: Palgrave Macmillan, 2007.

[4] Arrighi G. The Long Twentieth Century: Money, Power, and the Origins of Our Times [M]. London: Verso, 1994.

[5] Baker G., Smith G. The New Financial Capitalists: Kohlberg Kravis Roberts and the Creation of Corporate Value[M]. New York: Cambridge University Press, 1988.

[6] Boltanski L., Chiapello E. Le Nouvel Esprit du Capitalisme, Paris: Gallimard. English Edition (2005) The New Spirit of Capitalism, London[M]. New York: Verso, 1999.

[7] Crotty J. Financialization and the World Economy[M]. London: Edward Elgar, 2005.

[8] Crotty J., Goldstein J. P. International Perspectives on Profitability and Accumulation [M]. London: Edward Elgar, 1992.

[9] Demirgüc-Kunt A., Levine R. Financial Structure and Economic Growth [M]. Cambridge, MA: MIT Press, 2001.

[10] Dore R. Stock Market Capitalism: Welfare Capitalism[M]. Oxford: Oxford University Press, 2000.

[11] Dos Santos C., Zezza G. Economic Growth and Distribution: on the Nature and Causes of the Wealth of Nations[M]. London: Edward Elgar, 2006.

[12] Duménil G., Lévy D. Capital Resurgent, Roots of the Neoliberal Revolution [M]. Cambridge, MA: Harvard University Press, 2004.

[13] Foley D. D. Understanding Capital: Marx's Economic Theory[M]. Cambridge, MA: Harvard University Press, 1986.

[14] Epstein D., Pollin, R. Transforming the U. S. Financial System[M]. Armonk: ME Sharpe, 1993.
[15] Epstein G. A. Introduction: Financialization and the World Economy [M]//in Financialization and the World Economy. London: Edward Elgar, 2005.
[16] Epstein G. A., Jayadev A. The Rise of Rentier Incomes in OECD Countries: Financialization, Central Bank Policy and Labor Solidarity[M]. in Financialization and the World Economy. London: Edward Elgar, 2005.
[17] Ertürk I., Froud J., and Johal S., et al. Financialization At Work: Key Texts And Commentary[M]. London: Routledge, 2008.
[18] Fligstein N. The Architecture of Markets: An Economic Sociology of Twenty-First Capitalist Societies[M]. Princeton: Princeton University Press, 2001.
[19] Fligstein N., The Transformation of Corporate Control[M]. Cambridge, MA: Harvard University Press, 1990.
[20] Froud J., Johal S., and Leaver A., et al. Financialization and Strategy: Narrative and Numbers[M]. London: Routledge, Taylor and Francis, 2006.
[21] Glyn A. Capitalism Unleashed: Finance, Globalization and Welfare[M]. Oxford: Oxford University Press, 2006.
[22] Godley W., Lavoie M. Monetary Economics: An Integrated Approach to Credit, Money, Income, Production and Wealth[M]. New York: Palgrave Macmillan, 2012.
[23] Graham A. Destined for War: Can America and China Escape Thucydides's Trap[M]. Massachusetts: Houghton Mifflin Harcourt, 2017.
[24] Hall P. A., Soskice D. An Introduction to Varieties of Capitalism: The Institutional Foundations of Comparative Advantage[M]. Oxford: Oxford University Press, 2001.
[25] Harry M. Imperialism: From the Colonial Age to the Present[M]. New York: Monthly Review Press, 1978.
[26] Hein E. The Macroeconomics of Finance-Dominated Capitalism and its Crisis Northampton[M]. MA: Edwrd Elgar, 2012.
[27] John H. Imperialism(3rd)[M]. London: George Allen & Unwin, 1938.
[28] Itoh M., TheBasic Theory of Capitalism[M]. London: Macmillon, 1988.
[29] Kaldor N. Causes of the Slow Rate of Economic Growth of the United Kingdom: An Inaugural Lecture[M]. Cambridge: Cambridge University Press, 1966.
[30] Kalecki M. Selected Essays in the Dynamics of the Capitalist Economy[M]. Cambridge: Cambridge University Press, 1971.
[31] Kindleberger C.P. Manias, Panics, and Crashes: A History of Financial Crises[M]. Hoboken: John Wiley & Sons, 2005.
[32] Lapavitsas C. Profiting Without Producing: How Finance Exploits Us All[M]. London: Verso, 2013.

[33] Lapavitsas C. Social Foundations of Markets, Money, and Credit[M]. London: Routledge, 2003.

[34] Magdoff H., Sweezy M. Stagnation and the Financial Explosion[M]. New York: Monthly Review Press, 1987.

[35] Wolfson M. H., Epstein G. A. The Handbook of the Political Economy of Financial Crises[M]. Oxford: Oxford University Press, 2013.

[36] Minsky H. P. John Maynard Keynes[M]. New York: Columbia University Press, 1975.

[37] Orhangazi Ö. Financialization and the U.S. Economy[M]. London: Edward Elgar, 2008.

[38] Palley T. I. Overview: Financialization as Financial Neoliberalism[M]. Financializatio: Palgrave Macmillan UK, 2013.

[39] Perez C. Technological Revolutions and Financial Capital: The Dynamics of Bubbles and Golden Ages[M]. Cheltenham: Edward Elgar, 2002.

[40] Phillips K. Arrogant Capital: Washington, Wall Street, and the Frustration of American Politics[M]. New York: Little, Brown, and Company, 1996.

[41] Goldsmith R. W. Financial Structure and Development[M]. New Haven and London: Yale University Press, 1969.

[42] Rajan R. Fault Lines: How Hidden Fractures Still Threaten the World Economy[M]. Princeton: Princeton University Press, 2010.

[43] Rappaport A. Creating Shareholder Value: The New Standard for Business Performance [M]. New York: Free Press, 1986.

[44] Reich R. Aftershock: The Next Economy and America's Future[M]. New York: Random House, 2010.

[45] Schumpeter J. A. The Theory of Economic Development[M]. Cambridge, MA: Harvard University Press, 1911.

[46] Sullivan S. Financialisation, Biodiversity Conservation and Equity: Some Currents and Concerns[M]. Malaysia: Third World Network, 2012.

[47] Taylor L. Maynard's Revenge: The Collapse of Free Market Macroeconomics[M]. Cambridge, MA: Harvard University Press, 2010.

[48] Taylor L. Reconstructing Macroeconomics[M]. Cambridge: Harvard University Press, 2004.

[49] Toporowski J. The Economics of Financial Markets and the 1987 Crash[M]. Aldershot, England: Edward Elgar, 1993.

[50] Toporowski J. The End of Finance: Capital Market Inflation, Financial Derivatives and Pension Fund Capitalism[M]. London: Routledge, 2000.

[51] Toporowski J. Why the World Economy Needs a Financial Crash and Other Critical Essays on Finance and Financial Economics[M]. London: Anthem Press, 2010.

[52] Williamson O. Markets andHierarchies: Analysis and Antitrust Implications[M]. New

York: Free Press, 1975.

[53] Williamson O., Winter S. The Nature of the Firm: Origins, Evolutions, and Development[M]. New York: Oxford University Press, 1993.

[54] 卡利尼科斯.反资本主义宣言[M].罗汉,孙宁,黄悦,译.上海:上海译文出版社,2005:7—13.

[55] 赫希曼.经济发展战略[M].曹征海,等译.北京:经济科学出版社,1991.

[56] 施罗德.滚雪球:巴菲特和他的财富人生(下)[M].覃扬眉,丁颖颖,译.北京:中信出版社,2009.

[57] 肖.经济发展中的金融深化[M].王巍,等译.北京:中国社会科学出版社,1989.

[58] 桑普森.金融巨子?[M].钱曾慰译,北京:世界知识出版社,1989.

[59] 葛兰西.现代君主论[M].陈越译,上海:上海人民出版社,2006.

[60] 巴曙松,牛播坤等.2010年全球金融衍生品市场发展报告[M].北京:北京大学出版社,2010.

[61] 巴兰,斯威齐.垄断资本——论美国的经济和社会秩序[M].南开大学政治经济学系,译.北京:商务印书馆,1977.

[62] 巴兰.增长的政治经济学[M].蔡中兴,杨宇光,译.北京:商务印书馆,2000.

[63] 伯南克.大萧条[M].宋芳秀,寇文红,等译.大连:东北财经大学出版社,2009.

[64] 德鲁克.工业人的未来[M].余向华,张珺,译.北京:机械工业出版社,2006.

[65] 边沁.政府片论[M].沈叔平,等译.北京:商务印书馆,1997.

[66] 金德尔伯格,阿利伯.疯狂、惊恐和崩溃——金融危机史(第6版)[M].朱隽,叶翔,译.北京:中国金融出版社,2014.

[67] 杜马斯.断裂线:全球化时代的大国冲突[M].蔡蓓娟,译.北京:中信出版社,2011.

[68] 陈思进.只有社会主义才能救美国[M].重庆:重庆出版社,2010.

[69] 陈志武.金融的逻辑[M].北京:国际文化出版公司,2009.

[70] 陈宗胜,周云波,再论改革与发展中的收入分配[M].北京:经济科学出版社,2002.

[71] 陈宗胜.经济发展中的收入分配[M].上海:上海三联书店,上海人民出版社,1994.

[72] 陈宗胜.再论改革与发展中的收入分配——中国发生两极分化了吗?[M].北京:经济科学出版社,2002.

[73] 程恩富,马艳.高级现代政治经济学[M].上海:上海财经大学出版社,2012.

[74] 哈维.新帝国主义[M].初立忠,沈晓雷,译.北京:社会科学文献出版社,2009.

[75] 哈维.新自由主义化的空间:迈向不均地理发展理论[M].王志弘,译.台北:群学出版有限公司,2008.

[76] 哈维.新自由主义简史[M].王钦,译.上海:上海译文出版社,2010.

[77] 德罗萨.金融危机真相[M].朱剑峰,谢士强,译.北京:中信出版社,2008.

[78] 施韦卡特.反对资本主义[M].李智,陈志刚,译.北京:中国人民大学出版社,2008.

[79] 斯托克曼.资本主义大变形[M].张建敏,译.北京:中信出版社,2014.

[80] 多德.不平等与全球经济危机[M].逸昊,译.北京:中国经济出版社,2011.

[81] 多西等.技术进步与经济理论[M].钟学义,等译.北京:经济科学出版社,1992.
[82] 布罗代尔.资本主义的动力[M].扬起,译.北京:生活·读书·新知三联书店,1997.
[83] 艾伦.大国的衰落[M].彭维娜,译.合肥:安徽人民出版社,2012.
[84] 沙奈等.金融全球化[M].齐建华,胡振良,译.北京:中央编译出版社,2001.
[85] 沙奈等.经济全球化[M].齐建华,胡振良,译.北京:中央编译出版社,2001.
[86] 沙奈等.突破金融危机:金融危机缘由与对策[M].齐建华,胡振良,译.北京:中央编译出版社,2009.
[87] 福山.历史的终结和最后的人[M].陈高华,译.南宁:广西师范大学出版社,2014.
[88] 李斯特.政治经济学的国民体系[M].邱伟立,译.北京:华夏出版社,2009.
[89] 邰若素,史密斯.大崩盘[M].唐杰,孔志国,译.北京:社会科学文献出版社,2010.
[90] 特纳.经济危机——自由市场的末路[M].龚东风,译.杭州:浙江文艺出版社,2009.
[91] 格伦斯基,社会分层[M].王俊,等译.北京:华夏出版社,2005.
[92] 詹纳.资本主义的未来:一种经济制度的胜利还是失败[M].宋玮,黄婧,张丽娟,译.北京:社会科学文献出版社,2004.
[93] 辜朝明.大衰退——如何在金融危机中幸存和发展[M].喻海翔,等译.北京:东方出版社,2008.
[94] 哈拉尔.新资本主义[M].冯韵文,黄育馥,等译.北京:社会科学文献出版社,1999.
[95] 马格多夫.帝国主义时代——美国对外政策的经济学[M].伍仞,译.北京:商务印书馆,1975.
[96] 马格多夫.帝国主义时代——美国对外政策的经济学[M].伍仞,译.北京:商务印书馆,1975.
[97] 哈耶克.自由秩序原理(下册)[M].邓正来,译.北京:生活·读书·新知三联书店,1997.
[98] 明斯基.凯恩斯《通论》新释[M].张慧卉,译.北京:清华大学出版社,2009.
[99] 明斯基.稳定不稳定的经济——一种金融不稳定视角[M].石宝峰,张慧卉,译.北京:清华大学出版社,2010.
[100] 迪德里齐等.全球资本主义的终结:新的历史蓝图[M].徐文渊,译.北京:人民文学出版社,2001.
[101] 何秉孟.国际金融垄断资本与经济危机跟踪研究[M].北京:社会科学文献出版社,2010.
[102] 库诺.马克思的历史、社会和国家学说[M].袁志英,译.上海:上海译文出版社,2006.
[103] 洪远朋等.中国腾飞探源:中国特色社会主义经济理论概说[M].南京:江苏人民出版社,2014.
[104] 戴维斯.黑名单:谁是金融危机的元凶?[M].王萌,蔡宇,译.上海:格致出版社,上海人民出版社,2011.
[105] 格雷汉姆.资本主义的终结:关于政治经济学的女性主义批判[M].陈冬生,译.北京:社会科学文献出版社,2002.
[106] 吉川元忠.金融战败:发自经济大国受挫后的诤言[M].孙晓燕,袁英华,译.北京:中国青年出版社,2000.

[107] 马尔斯.美国怎么了？[M].姚艳萍,译.杭州:浙江人民出版社,2013.

[108] 吉田和男.金融大海啸——日本经济的重创[M].范作申,译.北京:生活·读书·新知三联书店,1999.

[109] 加勒特.压垮世界的泡沫[M].译科,杨崇献,译.北京:法律出版社,2010.

[110] 皮萨诺,威利·史.制造繁荣:美国为什么需要制造业复兴[M].机械工业信息研究院战略与规划研究所,译.北京:机械工业出版社,2014.

[111] 阿瑞基.漫长的20世纪[M].姚乃强,严维明,韩振荣,译.南京:江苏人民出版社,2011.

[112] 洛维特.世界历史与救赎历史[M].李秋零,田薇,译.北京:生活·读书·新知三联书店,2002.

[113] 莱因哈特,罗格夫.这次不一样:八百年金融危机史[M].綦相,刘晓峰,刘丽娜,译.北京:机械工业出版社,2012.

[114] 菲利普斯.金融大崩盘[M].冯斌,周彪,译.北京:中信出版社,2009.

[115] 柯亨.如果你是平等主义者,为何如此富有？[M].霍政欣,译.北京:北京大学出版社,2009.

[116] 里德.金融危机经济学:如何避免下一次经济危机[M].曹占涛,柏艺益,王大中,译.北京:东方出版社,2009.

[117] 弗里曼,卢桑.光阴似箭:从工业革命到信息革命[M].沈宏亮,等译.北京:中国人民大学出版社,2007.

[118] 戈德史密斯.金融结构与金融发展[M].周朔,等译.上海:上海三联书店、上海人民出版社,1994.

[119] 李翀.金融战争:虚拟经济时代的财富掠夺方式[M].北京:首都经贸大学出版社,2009.

[120] 李慎明.世界在反思[M].北京:社会科学文献出版社,2010.

[121] 佛罗里达.重启:后危机时代如何再现繁荣[M].龙志勇,魏薇,译.杭州:浙江人民出版社,2014.

[122] 罗宾斯.资本主义文化与全球问题(第4版)[M].姚伟,译.北京:中国人民大学出版社,2010.

[123] 沃尔夫,雷斯尼克.相互竞争的经济理论:新古典主义,凯恩斯主义和马克思主义[M].孙来斌,王今朝,杨军,译.北京:社会科学文献出版社,2015.

[124] 列宁.帝国主义是资本主义的最高阶段[M].北京:人民出版社,1992.

[125] 列宁.列宁选集(第2卷)[M].北京:人民出版社,2012.

[126] 麦奎格,布鲁克斯.亿万富翁的舞会:超级富豪如何绑架了世界[M].倪云松,译.北京:东方出版社,2013.

[127] 刘元琪.资本主义经济金融化与国际金融危机[M].北京:经济科学出版社,2009.

[128] 希法亭.金融资本——资本主义最新发展的研究[M].福民,等译.北京:商务印书馆,1994.

[129] 路乾.美国银行业开放史——从权利限制到权利开放[M].北京:社会科学文献出版社,2016.

[130] 栾文莲.金融帝国主义与国际金融危机[C].北京:社会科学文献出版社,2015.
[131] 希勒.非理性繁荣[M].李心丹,译.北京:中国人民大学出版社,2008.
[132] 希勒.金融新秩序:管理21世纪的风险[M].郭艳,胡波,译.北京:中国人民大学出版社,2004.
[133] 希勒.金融与好的社会[M].束宇,译.北京:中信出版社,2012.
[134] 阿尔布里坦等.资本主义的发展阶段:繁荣,危机和全球化[M].张余文,译.北京:经济科学出版社,2003.
[135] 巴伯拉.资本主义的代价——熊彼特,明斯基模式下的未来经济增长之道[M].朱悦心,译.北京:中国人民大学出版社,2010.
[136] 吉尔平.国际关系政治经济学[M].杨宇光,等译.北京:经济科学出版社,1989.
[137] 赖克.超级资本主义[M].石冠兰,译.北京:当代中国出版社,2010.
[138] 帕特南.我们的孩子[M].田雷,宋昕,译.北京:中国政法大学出版社,2017.
[139] 麦金农,大野健一.美元与日元——化解美日两国的经济冲突[M].王信,译.上海:上海远东出版社,1999.
[140] 麦金农.经济发展中的货币与资本[M].卢骢,译.上海:上海三联书店,1988.
[141] 多尔.股票资本主义福利资本主义:英美模式vs日德模式[M].李岩,李晓桦,译.北京:社会科学文献出版社,2008.
[142] 卢森堡,布哈林.帝国主义与资本积累[M].紫金如,梁丙添,戴永保,译.哈尔滨:黑龙江人民出版社,1982.
[143] 佩蕾丝.技术革命与金融资本——泡沫与黄金时代的动力学[M].田方萌,等译.北京:中国人民大学出版社,2007.
[144] 布朗芬布伦纳.收入分配理论[M].方敏,李翱,刘振楠,译.北京:华夏出版社,2009.
[145] 布劳格.经济理论的回顾(第5版)[M].姚开建,译.北京:中国人民大学出版社,2009.
[146] 布劳格等.经济学方法论[M].张大宝,等译.北京:经济科学出版社,2000.
[147] 马克思恩格斯全集(第23卷)[M].北京:人民出版社,1972.
[148] 马克思恩格斯全集(第24卷)[M].北京:人民出版社,1972.
[149] 马克思恩格斯全集(第25卷)[M].北京:人民出版社,1974.
[150] 马克思恩格斯全集(第26卷)[M].北京:人民出版社,1974.
[151] 马克思恩格斯全集(第45卷)[M].北京:人民出版社,2003.
[152] 马克思恩格斯全集(第46卷)[M].北京:人民出版社,2003.
[153] 马克思恩格斯文集(第7卷)[M].北京:人民出版社,2009.
[154] 马克思恩格斯选集(第1卷)[M].北京:人民出版社,1995.
[155] 马克思.剩余价值理论(第2卷)[M].北京:人民出版社,1975.
[156] 马克思.资本论(第3卷)[M].北京:人民出版社,2004.
[157] 韦伯.经济与社会(第1卷)[M].阎克文,译.上海:上海世纪出版集团,2010.
[158] 马歇尔.货币,信用与商业[M].北京:商务印书馆,1996.
[159] 德雷南.不平等的收入[M].韩复龄,译.北京:机械工业出版社,2017.

[160] 赫德森.金融帝国——美国金融霸权的来源和基础[M].嵇飞,林小芳,译.北京:中央编译出版社,2008.
[161] 刘易斯.金融往事:恐慌危机和迟来的复苏[M].李浩,陈超,译.北京:中信出版社,2011.
[162] 弗里德曼,弗里德曼.自由选择[M].张琪,译.北京:机械工业出版社,2014.
[163] 阿尔贝尔.资本主义反对资本主义[M].杨祖功,杨齐,海鹰,译.北京:社会科学文献出版社,1999.
[164] 塔勒布.黑天鹅的世界[M].盛逢时,译.北京:中信出版社,2009.
[165] 弗格森,货币崛起[M].高诚,译.北京:中信出版社,2009.
[166] 弗格森.罗斯柴尔德家族(上)[M].顾锦生,译.北京:中信出版社,2012.
[167] 弗格森.罗斯柴尔德家族(下)[M].何正云,译.北京:中信出版社,2012.
[168] 弗格森.罗斯柴尔德家族(中)[M].顾锦生,何正云,译.北京:中信出版社,2012.
[169] 德赛.金融危机,蔓延与遏制——从亚洲到阿根廷[M].王远林,王立元,徐占东,译.北京:中国人民大学出版社,2006.
[170] 安德森.思想的谱系:西方思潮左与右[M].袁银传,等译.北京:社会科学文献出版社,2010:18—21.
[171] 乔良.帝国之弧:抛物线两端的美国与中国[M].武汉:长江文艺出版社,2016.
[172] 比文斯.劫贫济富——美国经济数据背后的真相[M].喻海翔,罗康林,译.北京:北京大学出版社,2014.
[173] 索罗斯.金融炼金术[M].孙忠,候纯,译.海口:海南出版社,1999.
[174] 索罗斯.开放社会:改革全球资本主义[M].王宇,译.北京:商务印书馆,2001.
[175] 索罗斯.索罗斯带你走出金融危机[M].刘丽娜,綦相,译.北京:机械工业出版社,2009.
[176] 拉费,勒卡荣.混合经济[M].宇泉,译,北京:商务印书馆,1995.
[177] 达斯等.大停滞?:全球经济的潜在危机与机遇[M].北京:机械工业出版社,2016.
[178] 鲍尔斯,爱德华兹,罗斯福.理解资本主义:竞争,统制与变革(第3版)[M].孟捷,赵准,徐华,译.北京:中国人民大学出版社,2010.
[179] 亨廷顿.文明的冲突与世界秩序的重建[M].周琪,等译.北京:新华出版社,1998.
[180] 杨.道德资本主义——协调私利与公益[M].余彬,译.上海:上海三联书店,2010.
[181] 斯特兰奇.赌场资本主义[M].李红梅,译.北京:社会科学文献出版社,2000.
[182] 斯特兰奇.疯狂的金钱:当市场超过了政府的控制[M].杨雪冬,译.北京:中国社会科学出版社,2000.
[183] 多斯桑托斯.帝国主义与依附[M].杨衍永,等译.北京:社会科学文献出版社,1999.
[184] 伊格尔顿.马克思为什么是对的?[M].李杨,任文科,郑义,译.北京:新星出版社,2011.
[185] 皮凯蒂.21世纪资本论[M].巴曙松,等译.北京:中信出版社,2014.
[186] 斯米尔.美国制造:国家繁荣为什么离不开制造业[M].李凤海,刘寅龙,译.北京:机械工业出版社,2014.
[187] 王广谦.经济发展中的金融贡献与效率[M].北京:中国人民大学出版社,2000.
[188] 王金存.帝国主义历史的终结:当代帝国主义的形成和发展趋势[M].北京:社会科学文

献出版社,2008.

[189] 科汉.高盛如何统治世界[M].李建军,汪川,廖淑萍,译.北京:机械工业出版社,2012.

[190] 艾萨克,迈耶.无谓的恐慌:华盛顿如何毁了美国[M].谢莹,译.北京:中国金融出版社,2011.

[191] 伯恩斯坦.繁荣背后:解读现代世界的经济大增长[M].符云玲,译.北京:机械工业出版社,2011.

[192] 多姆霍夫.谁统治美国:权力,政治和社会变迁(第5版)[M].吕鹏,闻翔,译.南京:译林出版社,2009.

[193] 恩道尔.霸权背后:美国全方位主导战略[M].吕德宏,等译.北京:知识产权出版社,2009.

[194] 恩道尔.金融霸权:从巅峰走向破产(增订版)[M].陈建明,顾秀林,戴健,译.北京:中国民主法治出版社,2015.

[195] 恩道尔.目标中国:华盛顿的"屠龙"战略[M].戴健,顾秀林,朱宪超,译.北京:中国民主法治出版社,2013.

[196] 戈兹曼.千年金融史:金融如何塑造文明,从5000年前到21世纪[M].张亚光,熊金武,译.北京:中信出版社,2017.

[197] 罗宾逊.全球资本主义论——跨国世界中的生产,阶级与国家[M].高明秀,译.北京:社会科学文献出版社,2009.

[198] 森德勒.工业4.0:即将来袭的第四次工业革命[M].邓敏,等译.北京:机械工业出版社,2014.

[199] 约翰逊,郭庚信.13个银行家:下一次金融危机的真实图景[M].丁莹,译.北京:中信出版社,2010.

[200] 鲁特.资本与共谋:全球经济发展的政治逻辑[M].刘宝成,译.北京:中信出版集团,2017.

[201] 徐崇温.国际金融危机与当代资本主义[M].重庆:重庆出版社,2015.

[202] 斯密.道德情操论[M].蒋自强,等译.北京:商务印书馆,1997.

[203] 兰姆弗赖斯.新兴市场国家的金融危机[M].周凯,钟锦,译.成都:西南财经大学出版社,2002.

[204] 沃勒斯坦.历史资本主义[M].路爱国,丁浩金,译.北京:社会科学文献出版社,1999.

[205] 伊藤诚,拉帕维查斯.货币金融政治经济学[M].孙刚,戴淑艳,译.北京:经济科学出版社,2001.

[206] 伊藤诚.幻想破灭的资本主义[M].孙仲涛,宋颖,韩玲,译.北京:社会科学文献出版社,2008.

[207] 易纲.中国的货币,银行和金融市场:1984—1993[M].上海:上海人民出版社,1996.

[208] 虞将杰.资本杀:财富控制下的影子政府[M].南京:凤凰出版社,2011.

[209] 霍布森.帝国主义[M].纪明,译.上海:上海人民出版社,1960.

[210] 克拉克.财富的分配[M].邵大海,译.海口:南海出版公司,2007.

[211] 基恩.公共生活与晚期资本主义[M].马音,刘立圭,丁耀琳,译.北京:社会科学文献出版社,1999.

[212] 罗尔斯.正义论[M].何怀宏,何包钢,廖申白,译.北京:中国社会科学出版社,2001.

[213] 罗尔斯.政治自由主义[M].万俊人,译.南京:译林出版社,2000.

[214] 洛克斐勒.第二次美国革命[M].朱炎,译.台北:新亚出版社有限公司,1975.

[215] 塔伯特.大拯救:金融瘟疫席卷全国,如何自救?[M].喻海翔,译.北京:东方出版社,2009.

[216] 斯蒂格利茨.不平等的代价[M].张子源,译.北京:机械工业出版社,2016.

[217] 斯蒂格利茨.全球化及其不满[M].李杨,章添香,译.北京:机械工业出版社,2010.

[218] 熊彼特.经济发展理论[M].何畏,等译.北京:商务印书馆,1990.

[219] 加尔布雷斯.掠夺型政府[M].苏琦,译.北京:中信出版社,2009.

[220] 张夏准.富国的伪善:自由贸易的迷思与资本主义秘史[M].严荣,译.北京:社会科学文献出版社,2009.

[221] 张夏准.富国陷阱:发达国家为何踢开梯子[M].黄飞君,译.北京:社会科学文献出版社,2007.

[222] 张夏准.经济学的谎言:为什么不能迷信自由市场主义[M].孙建中,译.北京:新华出版社,2015.

[223] 张夏准.资本主义的真相——自由市场经济学家的23个秘密[M].孙建中,译.北京:新华出版社,2011.

[224] 张宇,蔡万焕.资本主义向何处去[M].北京:经济科学出版社,2013.

[225] 赵人伟,格里芬.中国居民收入分配研究[M].北京:中国社会科学出版社,1994.

[226] 赵人伟,李实,李思勤.中国居民收入分配再研究[M].北京:中国财政经济出版社,1999.

[227] 中谷岩.资本主义为什么会自我崩溃(新自由主义者的忏悔)[M].郑萍,译.北京:社会科学文献出版社,2010.

[228] 朱澄.金融杠杆水平的适度性研究[M].北京:中国金融出版社,2016.

[229] 朱雪尘.资本奴役全人类:谁都躲不开美元的算计[M].北京:凤凰出版社,2010.

[230] 竹内宏.日本金融败战[M].彭晋璋,译.北京:中国发展出版社,1999.

中文论文

[1] 莫雷拉,阿尔梅达.资本主义的"金融化"及其近年来对拉丁美洲新兴经济体的影响[J].当代经济研究,2010(9):1—5.

[2] Dore R., Lazonick W., O'Sullivan M.资本主义的多样性[J].谷宏伟,译.经济资料译丛,2007(4):1—20.

[3] Sara Hsu.美国金融体系,大萧条和投机蔓延[J].新疆财经,2012(4):9—17.

[4] 弗里曼.出现金融市场以后的利润率:一个必要的修正[J].李亚伟,孟捷,译.清华政治经济学报,2013(1):77—108.

[5] 弗里曼.没有马克思经济学的西方马克思主义——为什么马克思主义在国际金融危机中

没有壮大起来？[J].国外理论动态,2010(11):16—23.
[6] 海因.金融主导的资本主义和收入再分配——基于卡莱茨基模式的视角[J].李艳译,国外理论动态,2005(2):8—21.
[7] 巴曙松,吴博.美国金融监管改革的新框架与新趋势[J].金融发展评论,2010(6):40—43.
[8] 巴曙松.金融消费者保护:全球金融监管改革重点[J].资本市场,2010(4):56—58.
[9] 巴曙松.美国金融核心竞争力的形成与影响[J].国家治理,2015(15):10—24.
[10] 白钦先.经济全球化和经济金融化的挑战与启示[J].世界经济,1999(6):11—19.
[11] 白钦先,薛誉华.百年来的全球金融业并购:经济金融化,金融全球化和金融自由化的体现(二)[J].上海金融,2001(8):8—10.
[12] 白钦先,薛誉华.百年来的全球金融业并购:经济金融化,金融全球化和金融自由化的体现(一)[J].上海金融,2001(7):4—7.
[13] 白钦先,薛誉华.经济金融化,金融全球化和金融自由化的演进——美国银行业百年并购的回顾与启示[J].金融论坛,2001(4):56—61.
[14] 白雪梅.教育与收入不平等:中国的经验研究[J].管理世界,2004(6):53—58.
[15] 达斯古普塔.金融化,劳动力市场弹性化,全球危机和新帝国主义——马克思主义的视角[J].车艳秋译,国外理论动态,2014(11):31—43.
[16] 法因.从马克思主义视角透视危机:或许为我们指明了另一条道路[J].政治经济学评论,2010(1):126—135.
[17] 边燕杰,张展新.市场化与收入分配——对1988年和1995年城市住户收入调查的分析[J].中国社会科学,2002(5):97—111.
[18] 布伦纳.高盛的利益就是美国的利益——当前金融危机的根源[J].齐昊,译.政治经济学评论,2010(2):77—108.
[19] 布伦纳.全球生产能力过剩与1973年以来的美国经济史(上)[J].孙宗伟,许建康,摘译.国外理论动态,2006(2):18—25.
[20] 布伦纳.全球生产能力过剩与1973年以来的美国经济史(下)[J].孙宗伟,许建康,摘译.国外理论动态,2006(3):17—23.
[21] 蔡恩泽.中国强国之路在于振兴实体经济[N].联合早报,2016-11-8.
[22] 蔡昉,都阳.中国地区经济增长的趋同与差异——对西部开发战略的启示[J].经济研究,2000(10):30—37.
[23] 蔡昉.城乡收入差距与制度变革的临界点[J].中国社会科学.2003(5):93—111.
[24] 蔡明荣,任世驰.企业金融化:一项研究综述[J].财经科学,2014(7):41—51.
[25] 蔡如海,刘向明.中国的货币化与金融化:影响因素与演进趋势[J].金融论坛,2008(5):58—63.
[26] 蔡万焕.危机后资本主义金融化模式是否结束[J].当代经济研究,2011(8):72—77.
[27] 蔡则祥,王家华,杨凤春.中国经济金融化指标体系研究[J].南京审计学院学报,2004(1):49—54.

[28] 曹凤岐.改革和完善中国金融监管体系[J].北京大学学报(哲学社会科学版),2009(4):57—66.

[29] 曹剑飞,齐兰.经济金融化对我国产业转型升级的影响及其对策[J].学术论坛,2016(1):66—69,130.

[30] 曾国安.论中国居民收入差距的特点、成因及对策[J].中国地质大学学报(社会科学版),2001(4):34—44.

[31] 曾国彪,姜凌.贸易开放、地区收入差距与贫困:基于CHNS数据的经验研究[J].国际贸易问题,2014(3):72—85.

[32] 曾康霖.美国收入分配的贫富差距与金融经济危机[J].马克思主义与现实(双月刊),2009(5):17—20.

[33] 陈斌开,林毅夫.金融抑制、产业结构与收入分配[J].世界经济,2012(1):3—23.

[34] 陈斌开,杨依山,许伟.中国城镇居民劳动力收入差距演变及其原因:1990—2005[J].经济研究,2009(12):30—42.

[35] 陈波.经济金融化与劳资利益关系的变化[J].社会科学,2012(6):52—56.

[36] 陈波.资本循环、"积累悖论"与经济金融化[J].社会科学,2018(3):41—47.

[37] 陈岱松,陈献茗.试论美国金融监管制度的发展——兼谈对我国的启示[J].中国商法年刊,2008(3):741—749.

[38] 陈岱松.试析美国金融监管制度的变迁及对我国的启示[J].湖南社会科学,2009(3):86—90.

[39] 陈娇阳.美国经济金融化对收入不平等的影响分析[J].东方企业文化,2015(14):145—146.

[40] 陈启清.促进金融资源"脱虚向实"[N].学习时报,2014-10-8.

[41] 陈享光,郭祎.论金融化及其对经济发展的影响[J].学习论坛,2017(2):32—35.

[42] 陈享光,郭祎.中国金融化发展对实体经济的影响[J].学习与探索,2016(12):94—103.

[43] 陈享光,袁辉.金融化积累机制的政治经济学考察[J].教学与研究,2011(12):45—52.

[44] 陈享光.金融化与现代金融资本的积累[J].当代经济研究,2016(1):5—15.

[45] 陈享光.马克思政治经济学观点下的金融化现象解读[J].人民论坛·学术前沿,2017(1)下:54—61.

[46] 陈叶盛,胡若南.法国调节学派的危机理论[J].经济经纬,2008(2):9—11.

[47] 陈雨露.促进金融和实体经济的有效结合[J].金融博览,2015(5):30—31.

[48] 陈钊,万广华,陆铭.行业间不平等:日益重要的城镇收入差距成因——基于回归方程的分解[J].中国社会科学,2010(3):65—76.

[49] 陈宗胜,周云波.非法非正常收入对居民收入差距的影响及其经济学解释[J].经济研究,2001(4):14—23.

[50] 程恩富,王佳菲."猛虎"是怎样放出笼的——论金融自由化与美国金融危机[J].红旗文稿,2009(1):15—17.

[51] 程恩富,夏晖.美元霸权:美国掠夺他国财富的重要手段[J].马克思主义研究,2007(12):

28—34.

[52] 程恩富,谢长安.当代垄断资本主义经济金融化的本质、特征、影响及中国对策[J].社会科学辑刊,2016(6):54—63.

[53] 程恩富,杨斌.当前美国金融垄断资本主义的若干新变化[J].当代世界与社会主义,2014(1):109—113.

[54] 程恩富.新自由主义的起源、发展及其影响[J].求是,2005(3):38—41.

[55] 仇新忠.我国经济金融化的成因、后果及对策[J].商业文化(学术版),2010(9):268—270.

[56] 崔学东.当代资本主义金融化与金融危机——异端经济学金融化研究述评[J].社会科学战线,2009(7):60—64.

[57] 崔学东.后凯恩斯主义的资本主义金融化理论述评[J].教学与研究,2009(11):63—68.

[58] 崔学东.新自由主义导致全球劳资关系不断恶化[J].红旗文稿,2012(20):18—21.

[59] 科茨.金融化与新自由主义[J].孙来斌,李轶译.国外理论动态,2011(11):5—14.

[60] 科茨.美国此次金融危机的根本原因是新自由主义的资本主义[J].红旗文稿,2008(13):32—34.

[61] 科茨.新自由主义进入危机和终结阶段[J].丁为民,沈文玮,摘译.国外理论动态,2007(12):6—11.

[62] 科茨.目前金融和经济危机:新自由主义的资本主义的体制危机[J].当代经济研究,2009(8):13—20.

[63] 罗德里克.全球经济过度金融化的教训[J].南风窗,2014(5):84.

[64] 单超.资本主义的虚拟经济与经济危机[J].黑龙江社会科学,2015(4):62—66.

[65] 邓超,张梅,唐莹.中国非金融企业金融化的影响因素分析[J].财经理论与实践,2017(2):2—8.

[66] 索提罗波罗斯.卡莱茨基与凯恩斯理论体系的困境——兼论国际金融危机[J].国外理论动态,2011(8):7—14.

[67] 丁晓钦,鲁春义.金融化与积累的社会结构转变——基于演化博弈理论的分析[J].学术月刊,2014(11):50—58.

[68] 丁晓钦,尹兴.积累的社会结构理论述评[J].经济学动态,2011(11):107—112.

[69] 杜勇,张欢,陈建英.金融化对实体企业未来主业发展的影响:促进还是抑制[J].中国工业经济,2017(12):113—131.

[70] 渡边雅男,高晨曦.经济的金融化与资本的神秘化[J].当代经济研究,2016(6):5—14.

[71] 段军山,崔蒙雪.信贷约束、风险态度与家庭资产选择[J].统计研究,2016,33(6):62—71.

[72] 段平方.西方激进经济学对资本主义金融化与金融危机研究的理论综述[J].财政研究,2012(2):79—81.

[73] 范春燕.21世纪"积累的社会结构"理论评析[J].马克思主义与现实,2012(5):50—55.

[74] 冯果,袁康.反垄断视域下的金融资源配置和社会公平[J].法学杂志,2011(8):35—39.

[75] 冯乾,侯合心.金融业行为监管国际模式比较与借鉴——基于"双峰"理论的实践[J].财

经科学,2016(5):1—11.
[76] 伏帅,龚志民.中国行业收入差距的成因及其经济增长效应[J].山西财经大学学报,2008,30(12):22—27.
[77] 傅娟.中国垄断行业的高收入及其原因:基于整个收入分布的经验研究[J].世界经济,2008(7):67—77.
[78] 甘犁.来自中国家庭金融调查的收入差距研究[J].经济资料译丛,2013(4):41—57.
[79] 高帆.中国居民收入差距变动的因素分解:趋势及解释[J].经济科学,2012(3):5—17.
[80] 高峰.金融化全球化的垄断资本主义与全球性金融——经济危机[J].国外理论动态,2011(12):39—45.
[81] 高田太久吉.国际金融危机与现代资本主义的困境[J].国外理论动态,2010(7):20—25.
[82] 高田甜,陈晨.基于金融消费者保护视角的英国金融监管改革研究[J].经济社会体制比较,2013(3):47—56.
[83] 高懿.新技术经济范式及中国的战略机遇——著名演化经济学家卡萝塔·佩雷斯观点摘要[J].中国科技财富,2011(12):139—146.
[84] 高子涵.论金融发展与就业增长[J].中共中央党校学报,2017,21(1):123—128.
[85] 爱泼斯坦.金融化与世界经济[J].温爱莲译,国外理论动态,2007(7):14—21.
[86] 克里普纳.美国经济的金融化(上)[J].丁为民,常盛和李春红译,国外理论动态,2008(6):7—15.
[87] 克里普纳.美国经济的金融化(下)[J].丁为民,常盛和李春红译,国外理论动态,2008(7):32—37.
[88] 龚刚,杨光.从功能性收入看中国收入分配的不平等[J].中国社会科学,2010(2):54—68.
[89] 龚强,张一林,林毅夫.产业结构、风险特性与最优金融结构[J].经济研究,2014(4):4—16.
[90] 顾钰民.推进现代化经济体系建设[J].中国特色社会主义研究,2017(6):15—19.
[91] 郭凤芝,王朝科.经济金融化,金融异化与中国的供给侧结构性改革[J].海派经济学,2016(4):44—60.
[92] 郭庆旺,吕冰洋.论税收对要素收入分配的影响[J].经济研究,2011(6):16—30.
[93] 郭祎.资本主义经济金融化发展脉络——基于后凯恩斯主义经济学视角[J].现代管理科学,2016(5):42—44.
[94] 国务院发展研究中心"我国金融监管重构研究"课题组.我国金融监管框架改革的初步设想[J].发展研究,2016(6):8—12.
[95] 国务院发展研究中心"我国金融监管重构研究"课题组.影响中国金融监管效率的主要因素[N].东方早报,2016-5-31.
[96] 国务院发展研究中心"我国金融监管重构研究"课题组.中国地方金融监管的问题与对策[N].东方早报,2016-5-24.
[97] 国务院发展研究中心"我国金融监管重构研究"课题组.中国金融发展和金融监管面临的

问题[N].东方早报,2016-5-24.

[98] 国务院发展研究中心"我国金融监管重构研究"课题组.中国金融监管改革应遵循的四点原则[N].东方早报,2016-5-31.

[99] 国务院发展研究中心"我国金融监管重构研究"课题组.中国金融监管架构改革设想[N].东方早报,2016-5-24.

[100] 国务院发展研究中心"中国金融监管重构研究"课题组. 美国金融监管架构变革及经验借鉴[J].国家治理,2016(13):31—36.

[101] 国务院发展研究中心"中国金融监管重构研究"课题组.美国金融监管架构变革对中国的经验借鉴[J].党政视野,2016(5):24—42.

[102] 国务院发展研究中心"中国金融监管重构研究"课题组.美国金融监管架构变革及经验借鉴[J].国家治理,2016(13):31—36.

[103] 韩凤荣.美国经济过度金融化发展的原因,问题及借鉴[J].征信,2010(3):76—80.

[104] 韩其恒,李俊青.金融深化对个体行为及其福利的影响分析[J].财经研究,2010(6):14—25.

[105] 郝枫.中国技术偏向的趋势变化,行业差异及总分关系[J].数量经济技术经济研究,2017(4):20—38.

[106] 郝云.过度金融化的风险与伦理防范措施[J].江南社会学院学报,2010(2):9—14.

[107] 何秉孟.美国金融危机与国际金融垄断资本主义[J].中国社会科学,2010(2):28—44.

[108] 何帆.国际货币体系中的美元霸权因素及其影响[J].中国外汇管理,2005(6):13—15.

[109] 何自力,马锦生.发达国家经济高度金融化的内涵及本质[J].经济纵横,2013(5):20—27.

[110] 洪银兴.虚拟经济及其引发金融危机的政治经济学分析[J].经济学家,2009(11):5—12.

[111] 胡冰,王敬伟.发展经济学视角下经济金融化过程中收入分配问题研究[J].哈尔滨商业大学学报(社会科学版),2014(4):18—23.

[112] 胡海峰.对法国调节学派及其理论的分析[J].教学与研究,2005(3):79—84.

[113] 胡海峰.福特主义、后福特主义与资本主义积累方式——对法国调节学派关于资本主义生产方式研究的解读[J].马克思主义研究,2005(2):79—84.

[114] 胡怀国.功能性收入分配与规模性收入分配:一种解说[J].经济学动态,2013(8):137—153.

[115] 胡晶晶,黄浩.二元经济结构、政府政策与城乡居民收入差距——基于中国东、中、西部地区省级面板数据的经验分析[J].财贸经济,2013(4):121—129.

[116] 胡立法.虚拟资本与美国金融危机:一个马克思主义经济学的视野[J].马克思主义与现实(双月刊),2011(2):80—84.

[117] 胡松明.金融资本全球化与新金融霸权主义[J].世界经济,2001(7):27—31.

[118] 胡莹.新自由主义背景下资本主义经济的金融化及影响[J].求实,2013(8):72—78.

[119] 胡振,臧日宏.金融素养过度自信影响股票市场参与吗?——基于中国城镇家庭的微

观数据[J].北京工商大学学报(社会科学版),2016(6):101—111.
[120] 胡振良.跨国集团在经济金融化中的作用[J].国外理论动态,1999(8):12—15.
[121] 华民.熄灭"金融炼金术"的有毒之火[N].齐鲁周刊,2017(32):56—57.
[122] 黄朝烁,曾天云.现阶段劳资利益关系分析——基于经济金融化角度的思考[J].中外企业家,2014(1):181—183.
[123] 黄健柏,刘维臻.金融发展,资本深化与新型工业化道路[J].金融研究,2008(2):61—74.
[124] 黄金老.论金融脆弱性[J].金融研究,2001(3):41—49.
[125] 黄泽清.金融化对收入分配影响的理论分析[J].政治经济学评论,2017(1):162—185.
[126] 黄祖辉,王敏,万广华.我国居民收入不平等问题:基于转移性收入角度的分析[J].管理世界,2003(3):70—75.
[127] 纪敏,严宝玉,李宏瑾.杠杆率结构,水平和金融稳定——理论分析框架和中国经验[J].金融研究,2017(2):11—25.
[128] 贝克尔.美国金融监管改革的五大缺陷[J].中国金融,2010(15):17—18.
[129] 贾春新.金融深化:理论与中国的经验[J].中国社会科学,2000(3):50—59.
[130] 贾根良.法国调节学派制度与演化经济学概述[J].经济学动态,2003(9):56—59.
[131] 贾根良.理解演化经济学[J].中国社会科学,2000(2):33—41.
[132] 贾学军.停滞背景下的资本主义金融化——福斯特对资本主义金融危机的探讨[J].天府新论,2010(4):41—46.
[133] 江涌.金融化与工业化:两条不同的发展道路[J].当代经济研究,2016(2):49—58.
[134] 江涌.金融异化与金融安全[J].中国党政干部论坛,2012(1):17—19.
[135] 江涌.论美国的新金融霸权与经济繁荣[J].经济评论,2002(2):107—110.
[136] 姜海龙,邵芳强."金融化悖论":资本积累模式的变化及其后果[J].经济研究导刊,2014(25):7—9,113.
[137] 康文峰.金融资本与实体经济:"脱实向虚"引发的思考[J].当代经济管理,2013(1):84—86.
[138] 康翟.马克思的生息资本理论与当代资本主义金融化——基于虚拟资本积累视角的考察[J].哲学动态,2017(2):16—22.
[139] 拉帕维查斯.金融化了的资本主义:危机和金融掠夺[J].政治经济学评论,2009(1):30—58.
[140] 哈曼.次贷危机与世界资本主义危机[J].稽飞译,国外理论动态,2008(7):17—23.
[141] 苏林.财产的归宿:新自由主义迷局[J].沈江平译,中国图书评论,2012(9):53—57.
[142] 黎贵才,卢荻.资本深化,资源约束与中国经济可持续增长[J].经济学家,2011(5):74—81.
[143] 李宝伟.美国的金融自由化与经济虚拟化[J].开放导报,2010(1):44—48.
[144] 李炳炎.国际金融危机后再认识新自由主义[J].改革与战略,2012(7):28—31.
[145] 李超.基于"超金融化"的全球金融危机研究:V-R模型与实证[J].探索,2010(4):

93—98.

[146] 李春兰.私有化与资本主义的金融化[J].国外理论动态,2007(9):15—18.

[147] 李黎力."明斯基时刻"之考辨[J].经济理论与经济管理,2013(7):39—44.

[148] 李连波.利润率动态,新自由主义与美元霸权——美国金融化资本积累模式形成机制分析[J].经济问题探索,2016(3):172—177.

[149] 李沛.金融危机后英国金融消费者保护机制的演变及对我国的启示[J].清华大学学报(哲学社会科学版),2011(3):150—155.

[150] 李其庆.法国调节学派评析[J].社会经济体制比较,2004(2):123—134.

[151] 李其庆.关于调节理论[J].国外理论动态,1998(1):30—32.

[152] 李其庆.马克思经济学视阈中的金融全球化[J].当代经济研究,2008(2):62—67.

[153] 李瑞德.资本拜物教与资本主义经济金融化[J].当代经济研究,2015(7):21—26.

[154] 李实,罗楚亮.中国收入差距究竟有多大?——对修正样本结构偏差的尝试[J].经济研究,2011(4):68—79.

[155] 李实,赵人伟,张平.中国经济改革过程中的收入分配变动[J].管理世界,1998(1):43—56.

[156] 李实,赵人伟.中国居民收入分配再研究[J].经济研究,1999(4):3—17.

[157] 李涛,杨雪程.实体经济"脱实向虚"的金融治理路径研究[J].中国管理信息化,2014(20):68—69.

[158] 李文珍,姜海龙,刘大志.基于马克思资本形成思想的金融化困境问题分析[J].岭南学刊,2013(5):78—82.

[159] 李晓西,杨琳.虚拟经济,泡沫经济与实体经济[J].财贸经济,2000(6):5—11.

[160] 李义平,刁文.中国经济金融化再思考[J].河北学刊,2016(3):111—115.

[161] 李毅中.中国企业近年来"脱实向虚"倾向明显[J].企业改革与管理,2013(6):81.

[162] 李育,吕之望.收入分配,金融发展与宏观风险:一个文献综述[J].金融评论,2011(4):110—116.

[163] 李运达,马草原.金融深化与FDI:理论,证据和中国实效[J].经济科学,2010(2):80—93.

[164] 里卡尔多·贝罗菲奥雷,约瑟夫·哈利维.一个"明斯基时刻"是否已经回归?——论全球的次贷危机与"新"资本主义模式[J].当代经济研究,2009(9):14—21.

[165] 林楠.当代国际经济金融化的现状,动因及其对经济发展的影响[J].西南金融,2015(2):36—40.

[166] 林楠.经济金融化的风险与过度金融化的危害研究[J].西南金融,2016(2):23—27.

[167] 林楠.中国经济适度金融化研究[J].理论探讨,2014(2):101—104.

[168] 林毅夫,陈斌开.发展战略,城市化与中国城乡收入差距[J].中国社会科学,2013(4):81—102.

[169] 林毅夫,孙希芳,姜烨.经济发展中的最优金融结构理论初探[J].经济研究,2009(8):4—17.

[170] 林毅夫.全球经济纵横谈[J].科学发展,2013(3):3—13.
[171] 刘春玉,陈波.经济金融化与"中国式钱荒"[J].理论导刊,2014(8):91—94.
[172] 刘凤义,肖哲.全球金融危机的马克思主义解读——兼论资本主义未来调整的方向[J].经济学家,2012(11):14—21.
[173] 刘贯春.金融结构影响城乡收入差距的传导机制——基于经济增长和城市化双重视角的研究[J].财贸经济,2017,38(6):98—114.
[174] 刘诗白.论过度金融化与美国的金融危机[J].经济学动态,2010(4):20—27.
[175] 刘诗白.美国经济过度金融化与金融危机[J].求是杂志,2010(14):58—60.
[176] 刘锡良.过度金融化问题[J].财经科学,2017(5):22—24.
[177] 刘元琪.金融资本的新发展与当代资本主义经济的金融化[J].当代世界与社会主义(双月刊),2014(1):172—177.
[178] 刘志彪."实体经济不实,虚拟经济太虚"状况待扭转[J].中国国情国力,2014(11):24—26.
[179] 卢荻.马克思主义经济学的全球化理论:一个阐释[J].天津商业大学学报,2012(1):3—6.
[180] 鲁春义,丁晓钦.经济金融化行为的政治经济学分析——一个演化博弈框架[J].财经研究,2016,42(7):52—62,74.
[181] 鲁春义.基于VAR模型的中国金融化、垄断与收入分配关系研究[J].经济经纬,2014(1):142—148.
[182] 鲁春义.金融化研究综述:一个非主流的视角[J].内蒙古金融研究,2013(12):13—15.
[183] 鲁春义.垄断,金融化与中国行业收入分配差距[J].管理评论,2014(11):48—56.
[184] 鲁春义.中国金融化及其影响功能收入分配的机理研究[J].征信,2013(11):86—89.
[185] 陆铭,陈钊,万广华.因患寡,而患不均——中国的收入差距,投资,教育和增长的相互影响[J].经济研究,2005(12):4—14.
[186] 陆铭,陈钊.城市化,城市倾向的经济政策与城乡收入差距[J].经济研究,2004(6):50—58.
[187] 逯兆乾.新帝国主义——金融国际垄断阶段资本主义的特征与本质[J].红旗文稿,2012(22):32—36.
[188] 栾文莲.金融化加剧了资本主义社会的矛盾与危机[J].世界经济与政治,2016(7):21—33.
[189] 栾文莲.金融垄断资本主义发展中金融与产业分离的趋势[J].中共四川省委省级机关党校学报,2014(1):26—31.
[190] 栾文莲.资本主义经济金融化形成的原因分析[J].党政研究,2017(1):73—79.
[191] 栾文莲.资本主义经济金融化与垄断资本主义的新特征[J].黑龙江社会科学,2015(4):50—56.
[192] 罗春婵.金融异化视角下金融危机的成因分析[J].辽宁经济,2009(10):48—49.
[193] 范.美元霸权与全球资本循环[J].刘凤义,夏峥译,国外理论动态,2009(12):7—14,91.

[194] 吕守军,郭俊华.资本主义多样性理论与马克思主义经济学创新[J].经济纵横,2010(10):10—13.

[195] 吕守军,严成男.法国调节学派的学派定位及其理论创新研究[J].上海交通大学学报(哲学社会科学版),2013(3):33—40.

[196] 吕守军.法国调节学派的制度理论[J].上海交通大学学报(哲学社会科学版),2009(6):23—28.

[197] 马锦生.美国资本积累金融化实现机制及发展趋势[J].政治经济学评论,2014(4):61—85.

[198] 马锦生.资本主义金融化与金融资本主义研究——基于美国经济实证的分析[D].南开大学,2013.

[199] 马慎萧.资本主义"金融化转型"是如何发生的?——解释金融化转型机制的四种研究视角[J].教学与研究,2016(3):71—79.

[200] 赫德森.从马克思到高盛:虚拟资本的幻想和产业的金融化(上)[J].曹浩瀚译,国外理论动态,2010(9):1—9,71.

[201] 赫德森.从马克思到高盛:虚拟资本的幻想和产业的金融化(下)[J].曹浩瀚译,国外理论动态,2010(10):39—48,90.

[202] 孟捷,李亚伟,唐毅南.金融化与利润率的政治经济学研究[J].经济学动态,2014(6):50—59.

[203] 孟捷.新自由主义积累体制的矛盾与2008年经济——金融危机[J].学术月刊,2012(9):145—152.

[204] 阿格里塔.当代资本主义的变化[J].陈双苑,译.马克思主义与现实(双月刊),2002(1):51—58.

[205] 宁殿霞.资本与生存世界金融化——21世纪资本论的经济哲学解读[J].西南大学学报(社会科学版),2015(5):25—31.

[206] 宁光杰.居民财产性收入差距:能力差异还是制度阻碍?——来自中国家庭金融调查的证据[J].经济研究,2014(1):102—115.

[207] 欧明刚.中国金融管理架构变革的再探索[DB/OL].搜狐财经,2018-04-20.

[208] 欧阳彬.金融化时代资本主义经济危机批判:马克思经济哲学的向度[J].求实,2015(6):78—82.

[209] 欧阳彬.总体性视域中的资本主义金融化批判[J].当代经济研究,2015(1):62—66.

[210] 裴祥宇.美国经济金融化测度研究[J].商业研究,2017(1):91—99.

[211] 彭文斌,李昊匡.政府行为偏好与环境规制效果——基于利益激励的治理逻辑[J].社会科学,2016(5):33—41.

[212] 漆志平.政治经济学视阈下的经济金融化趋向及其解释——以美国经验资料为研究对象[J].求索,2009(12):60—62.

[213] 齐兰,陈晓雨.中国经济金融化对产业结构优化影响机制的实证研究[J].当代经济管理,2015(5):75—80.

[214] 祁斌.美国金融监管改革法案:历程,内容,影响和借鉴[J].金融发展评论,2010(9):6—15.
[215] 祁敬宇.后危机时代金融安全问题思考[J].黑龙江社会科学,2015(4):67—72.
[216] 钱乘旦."修昔底德陷阱"的历史真相是什么?[N].北京日报,2016-9-5.
[217] 乔依德.米哈尔·卡莱茨基[J].国外社会科学文摘,1981(3):55—57.
[218] 秦芳,王文春,何金财.金融知识对商业保险参与的影响——来自中国家庭金融调查(CHFS)数据的实证分析[J].金融研究,2016(10):143—158.
[219] 秦海英.资本主义经济的内生性金融不稳定理论述评[J].政治经济学评论,2004(1):83—98.
[220] 邱丹阳,张铁强.论美国新金融霸权及我国的因应策略[J].南方金融,2004(7):47—50,34.
[221] 裘白莲,刘仁营.资本积累的金融化[J].国外理论动态,2011(9):16—23.
[222] 德洛奈.金融垄断资本主义[J].张慧君译,马克思主义与现实(双月刊),2001(5):79—81.
[223] 德洛奈.全球化的金融垄断资本主义(上)[J].刘英摘译,国外理论动态,2005(10):12—27.
[224] 德洛奈.全球化的金融垄断资本主义(下)[J].刘英摘译,国外理论动态,2005(11):21—25.
[225] 瓦苏德万,贺钦.国际金融体系的历史演进与当前国际金融危机——基于马克思货币理论的分析[J].国外理论动态,2010(6):1—8.
[226] 迪蒙,莱维.新自由主义与第二个金融霸权时期[J].丁为民,王熙译,国外理论动态,2005(10):30—36.
[227] 任瑞敏,高玉林.金融化语境中分配正义的经济哲学反思[J].武汉大学学报,2016(3):93—99.
[228] 任瑞敏,胡林梅.金融化语境中经济正义的哲学追问[J].云梦学刊,2016(1):65—70.
[229] 任瑞敏.金融化视阈中分配正义的经济哲学追问[J].伦理学研究,2016(1):109—114.
[230] 任治君,牟新焱.信用经济条件下的利率模型探索——基于马克思资本循环理论的分析[J].当代经济研究,2010(6):13—18.
[231] 任重道,朱贻庭.过度金融化的弊端及其对社会伦理文化的负面影响——对美国金融危机的哲学反思[J].道德与文明,2010(2):10—15.
[232] 任重道.过度金融化产生的道德风险[J].上海财经大学学报,2009(5):14—17.
[233] 石良平.过度金融化是祸——石良平经济随笔[J].沪港经济,2011(11):11.
[234] 首都经济贸易大学,世界银行,国际货币基金组织中国职员协会.全球经济金融化——"中国经济发展与金融政策"高层论坛[J].当代经理人,2007(9):124—125.
[235] 肯特勒.资本循环和生产过剩——对当前世界经济危机的一个马克思主义分析[J].石冀平译,海派经济学,2007(2):24—37.
[236] 宋仁霞."经济金融化"的评价方法研究[J].湖南财政经济学院学报,2008,24(5):

38—40.

[237] 宋宪萍,梁俊尚.基于资本循环框架的金融化与空间化[J].马克思主义研究,2014(10):89—102.

[238] 孙君,张前程.中国城乡金融不平衡发展与城乡收入差距的经验分析[J].世界经济文汇,2012(3):108—120.

[239] 孙平.金融价值论视域下的中国经济金融化研究[J].经济问题探索,2017(3):178—182.

[240] 孙伍琴,朱顺林.金融发展促进技术创新的效率研究——基于Malmuquist指数的分析[J].统计研究,2008,25(3):46—50.

[241] 谈儒勇.金融发展与经济增长:文献综述及对中国的启示[J].当代财经,2004(12):42—47.

[242] 谈儒勇.中国金融发展与经济增长关系的实证研究[J].经济研究,1999(10):53—61.

[243] 唐玉斌.经济金融化及其对我国经济结构调整的影响分析[J].广西财经学院学报,2007,20(4):52—56.

[244] 唐正东.法国调节学派的后马克思主义经济哲学方法[J].南京社会科学,2003(12):16—21.

[245] 陶君道.关于世界经济金融化问题的思考[J].甘肃金融,2010(9):10—15.

[246] 田红勤,张红晨.全球金融化与中国金融改革——2003国际金融论坛综述[J].经济学动态,2004(4):94—96.

[247] 帕利.金融化:含义和影响[J].房广顺,车艳秋和徐明玉译,国外理论动态,2010(8):8—20.

[248] 万广华.收入分配的度量与分解:一个对于研究方法的评介[J].世界经济文汇,2004(1):64—69.

[249] 汪平.经济金融化与金融经济学的发展[J].经济学动态,1998(12):50—54.

[250] 王春法.新经济:一种新的技术——经济范式?[J].世界经济与政治,2001(3):36—43.

[251] 王芳.经济金融化与经济结构调整[J].金融研究,2004(8):120—128.

[252] 王芳.经济民营化和民营经济金融化:经济结构研究的新视角[J].学习与探索,2004(4):72—75.

[253] 王广谦.经济发展中的金融化趋势[J].经济研究,1996(9):32—37.

[254] 王国刚."去杠杆":范畴界定、操作重心和可选之策[J].经济学动态,2017(7):16—25.

[255] 王红建等.实体企业金融化促进还是抑制了企业创新——基于中国制造业上市公司的经验研究[J].南开管理评论,2017(1):155—166.

[256] 王华庆.完善金融消费权益保护机制[J].中国金融,2012(22):10—12.

[257] 王丽颖.美国金融衍生品近代史[N].国际金融报,2015-11-10.

[258] 王年咏,张甜迪.不同程度金融化水平对功能性收入分配的影响分析——基于中国省际面板门限回归模型的研究[J].上海金融,2013(5):28—33.

[259] 王少平,欧阳志刚.中国城乡收入差距对实际经济增长的阈值效应[J].中国社会科学,2008(2):54—66.

[260] 王修华,关键.中国农村金融包容水平测度与收入分配效应[J].中国软科学,2014(8):150—161.

[261] 王旭琰.从垄断资本到垄断金融资本的发展——评"每月评论"派论资本主义新阶段[J].国外理论动态,2011(1):38—43.

[262] 王勋,Johansson A.金融抑制与经济结构转型[J].经济研究,2013(1):54—67.

[263] 王永中.国际资本流动悖论:一个文献综述[J].金融评论,2010(4):68—80.

[264] 王正位,邓颖惠,廖理.知识改变命运:金融知识与微观收入流动性[J].金融研究,2016(12):111—127.

[265] 王自锋,张伯伟,王君.经济增长,金融深化与全球经济失衡[J].财经研究,2009(8):26—35.

[266] 魏加宁,宁静,朱太辉.我国政府性债务的测算框架和风险评估研究[J].金融监管研究,2012(11):43—59.

[267] 魏众,古斯塔夫森.中国转型时的贫困变动分析[J].经济研究,1998(11):64—68.

[268] 温涛,冉光和,熊德平.中国金融发展与农民收入增长[J].经济研究,2005(9):30—43.

[269] 文红星.经济金融化与经济不稳定性关系研究[J].当代经济研究,2016(7):66—72.

[270] 吴建军,田慧敏.如何看待中国宏观杠杆率[J].红旗文稿,2018(2):22—24.

[271] 吴苗.资本的金融化及发展批判[J].延安大学学报(社会科学版),2014(2):59—63.

[272] 吴婷婷.美国的金融自由化进程:经验,教训与启示[J].金融发展研究,2010(8):12—16.

[273] 吴吴茜.新自由主义资本积累方式与国际金融危机[J].中国高校社会科学,2012(7):10—13.

[274] 吴易风,王晗霞.克鲁格曼论金融危机、经济危机和自由市场原教旨主义[J].中国人民大学学报,2009(5):41—47.

[275] 吴易风.当前金融危机和经济危机背景下西方经济思潮的新动向[J].经济学动态,2010(3):14—24.

[276] 吴雨,彭嫦燕,尹志超.金融知识、财富积累和家庭资产结构[J].当代经济科学,2016,38(4):19—29.

[277] 吴雨,杨超,尹志超.金融知识、养老计划与家庭保险决策[J].经济学动态,2017(12):86—98.

[278] 吴云,史岩.监管割据与审慎不足:中国金融监管体制的问题与改革[J].经济问题,2016(5):30—35.

[279] 库兹涅茨.经济增长和收入分配不均[J].美国经济评论,1955:1—28.

[280] 夏明.技术转变与资本积累体制——法国调节学派的经济增长理论述评[J].国外社会科学,2006(4):44—50.

[281] 肖斌,付小红.全球财富分配失衡的现状与解析[J].红旗文稿,2015(5):33—36.

[282] 肖斌,王雪苓,唐婧鑫.金融部门利润与平均利润——基于资本功能维度的分析[J].财经科学,2013(4):29—37.

[283] 肖斌.金融化与现代经济体系中的金融脆弱性[J].现代经济信息,2014(21):311—312.

[284] 肖光恩.当代国际经济金融化的特征与成因分析[J].经济师,2001(3):46—47.

[285] 肖雨.经济金融化的概念与测度:基于美国数据的 AHP 分析[J].杭州市委党校学报,2014(5):58—64.

[286] 谢富胜,黄蕾.福特主义,新福特主义和后福特主义——兼论当代发达资本主义国家生产方式的演变[J].教学与研究,2005(8):36—42.

[287] 谢富胜,李安,朱安东.马克思主义危机理论和1975—2008年美国经济的利润率[J].中国社会科学,2010(5):65—82.

[288] 谢富胜,李安.美国实体经济的利润率动态:1975—2008[J].中国人民大学学报,2011(2):81—91.

[289] 谢家智,江源,王文涛.什么驱动了制造业金融化投资行为——基于 A 股上市公司的经验证据[J].湖南大学学报(社会科学版),2014(4):23—29.

[290] 谢家智,王文涛,江源.金融化与工业化:作用路径及动态效应[J].吉林大学社会科学学报,2014(4):48—56.

[291] 谢家智,王文涛,江源.制造业金融化、政府控制与技术创新[J].经济学动态,2014(11):78—88.

[292] 谢平.中国金融资产结构分析[J].经济研究,1992(11):30—37,13.

[293] 谢长安,俞使超.资本主义经济金融化:内涵、形态与实质[J].当代经济研究,2017(8):60—67.

[294] 邢文增.经济金融化必将加剧资本主义经济社会动荡[J].红旗文稿,2015(20):22—24.

[295] 熊玉莲.美国场外金融衍生品规则演变及监管改革[J].华东政法大学学报,2011(2):144—150.

[296] 徐丹丹,王芮.产业资本金融化理论的国外研究述评[J].国外理论动态,2011(4):37—41.

[297] 许平祥.经济虚拟化与传统金融危机理论的困境——基于美国金融危机的启示[J].东岳论丛,2011(7):138—145.

[298] 鄢显俊.从技术经济范式到信息技术范式——论科技—产业革命在技术经济范式形成及转型中的作用[J].世界经济与政治,2004(12):139—146.

[299] 严海波.资本主义经济的金融化与金融危机——中国与法国学者关于当前金融问题座谈会综述[J].国外理论动态,2008(8):1—5.

[300] 杨虎涛.马克思经济学对法国调节学派的影响[J].马克思主义研究,2009(9):121—126.

[301] 杨慧玲.现代资本主义发展轨迹与美国金融危机——全球化与金融化的角度[J].海派经济学,2009(27):47.

[302] 杨俊,王佳.金融结构与收入不平等:渠道和证据——基于中国省际非平稳异质面板数据的研究[J].金融研究,2012(1):116—128.

[303] 杨玲,胡连生.论资本主义的金融化及其社会矛盾的加深与激化[J].理论探讨,2017

(4):46—51.

[304] 杨穗,李实.转型时中国居民家庭收入流动性的演变[J].世界经济,2017(11):3—22.
[305] 杨天宇,曹志楠.中国的基尼系数为什么下降——收入来源角度的分析[J].财贸经济,2016(11):37—46.
[306] 杨文捷.全球经济金融化进程中的风险[J].经济导刊,2008(6):41—44.
[307] 杨玉生.马克思、瓦尔拉斯和新霍布斯主义生产过程模型比较——萨缪尔·鲍尔斯经济理论观点评介[J].当代经济研究,2006(11):14—18+73.
[308] 姚德良.1933—1999年峰回路转66年——美国金融创新与监管放松互动,推动金融自由化的历程[J].数字财富,2004(2):40—50.
[309] 叶初升.经济全球化、经济金融化与发展经济学理论的发展[J].世界经济与政治,2003(10):49—54+6.
[310] 叶维武.发展金融理论:一个文献综述[J].北京市经济管理干部学院学报,2012(1):49—53.
[311] 叶志强,陈习定,张顺明.金融发展能减较少城乡收入差距吗?——来自中国的证据[J].金融研究,2011(2):42—56.
[312] 页童珊.资本的时间-空间修复机制及其融合——基于金融化视角的分析[J].马克思主义研究,2015(6):59—66.
[313] 易纲.中国金融资产结构分析及政策含义[J].经济研究,1996(12):26—33.
[314] 易宪容.美国金融监管体系改革中几个重大理论问题[J].江苏社会科学,2010(1):51—58.
[315] 易宪容.中国金融市场如何才能不"脱实向虚"?[J].上海企业,2016(4):61.
[316] 银锋.发达资本主义经济金融化的政治经济学考察[J].华东经济管理,2013(5):145—152.
[317] 银锋.基于金融资本新霸权的资本主义金融、经济危机研究[J].学术交流,2012(10):115—118.
[318] 银锋.经济金融化:当代金融资本利润获取机制[J].求实,2014(3):64—68.
[319] 尹斌.金融资本主义的危机与中国发展战略[J].国外理论动态,2011(12):46—49.
[320] 尹恒,龚六堂,邹恒甫.当代收入分配理论的新发展[J].经济研究,2002(8):83—95.
[321] 尹志超,宋全云,吴雨.金融知识、投资经验与家庭资产选择[J].经济研究,2014(4):62—75.
[322] 尹志超,张号栋.金融知识和中国家庭财富差距——来自CHFS数据的证据[J].国际金融研究,2017(10):76—86.
[323] 袁辉,陈享光.金融主导积累体制视角下的现代危机[J].当代经济研究,2012(7):57—62.
[324] 袁辉.货币资本积累与现代危机[J].中共中央党校学报,2015(3):97—102.
[325] 袁辉.金融化条件下的金融资本积累及其后果[J].贵州师范大学学报(哲学社会科学版),2011(4):56—60.

[326] 袁辉.金融资本:从希法亭理论到经济金融化[J].当代经济研究,2014(6):5—11.

[327] 袁婕.经济金融化及其可能带来的后果[J].世界华商经济年鉴,2012(7):7—8.

[328] 袁云峰,曹旭华.金融发展与经济增长效率的关系实证研究[J].统计研究,2007,24(5):60—66.

[329] 福斯特,麦克切斯尼.垄断金融资本,积累悖论与新自由主义本质[J].武锡申,译.国外理论动态,2010(1):1—9.

[330] 福斯特,麦克切斯尼.停滞——金融化陷阱与无休止的危机[J].张峰,译.甘肃行政学院学报,2013(1):91—101.

[331] 福斯特.资本的金融化与危机[J].吴娓,译.马克思主义与现实,2008(4):84—94.

[332] 福斯特.资本主义的金融化[J].王年咏,陈嘉丽,译.国外理论动态,2007(7):9—32.

[333] 约翰娜,蒙哥马利.全球金融体系,金融化和当代资本主义[J].车艳秋,房广顺,译.国外理论动态,2012(2):6—16.

[334] 翟连升.企业资产金融化趋势简析[J].经济研究,1992(5):55—56.

[335] 张晨,马慎萧.新自由主义与金融化[J].政治经济学评论,2014(4):86—103.

[336] 张成思,刘泽豪,罗煜.中国商品金融化分层与通货膨胀驱动机制[J].经济研究,2014(1):140—154.

[337] 张成思,张步昙.再论金融与实体经济:经济金融化视角[J].经济学动态,2015(6):56—66.

[338] 张成思,张步昙.中国实业投资率下降之谜:经济金融化视角[J].经济研究,2016(12):32—46.

[339] 张红梅,李黎力."中国的明斯基时刻"会到来吗?——一个文献评述的视角[J].教学与研究,2015(2):98—105.

[340] 张杰.金融抑制,融资约束与出口产品质量[J].金融研究,2015(6):64—79.

[341] 张杰.中国的货币化进程,金融控制及改革困境[J].经济研究,1997(8):20—25,78.

[342] 张锦灿,朱利霞,袁平.货币缘何脱实向虚[J].中国金融,2016(3):86—87.

[343] 张晋元.企业行为金融化——市场经济的大趋势[J].特区经济,1993(12):20—22.

[344] 张军,杜征征,殷裕品.美国金融监管改革能够成功吗?——基于利益集团视角的分析[J].财经科学,2012(1):25—30.

[345] 张军,金煜.中国的金融深化和生产率关系的再检测:1987—2000[J].经济研究,2005(11):34—44.

[346] 张龙耀,杨军,张海宁.金融发展,家庭创业与城乡居民收入——基于微观视角的经验分析[J].中国农村经济,2013(7):47—57.

[347] 张曼茵,李扬帆.现代化经济体系下产业结构升级与人力资源培养协同思路[J].宏观经济研究,2018(1):10—14.

[348] 张敏.基于马克思主义经济学的美国经济金融化问题分析[J].学术交流,2010(1):62—65.

[349] 张明.如何看待IMF对新自由主义的反思?[J].中国金融,2016(13):59—60.

[350] 张慕濒,孙亚琼.金融资源配置效率与经济金融化的成因[J].经济学家,2014(4):81—90.

[351] 张慕濒,诸葛恒中.全球化背景下中国经济的金融化:含义与实证检验[J].世界经济与政治论坛,2013(1):122—138.

[352] 张慕濒.非金融部门金融化与我国产业结构升级[N].光明日报(理论版),2010-6-22.

[353] 张全景.金融资本垄断时代的阶级压迫和阶级剥夺[N].光明日报,2014-12-16.

[354] 张韶华,王瑱.主要国家金融消费者保护:机构,职责与发展趋势[J].上海金融,2015(10):96—102.

[355] 张甜迪.金融化对中国金融,非金融行业收入差距的影响[J].经济问题,2015(11):40—46.

[356] 张甜迪.金融化影响金融,非金融行业收入差距的区域异质性研究——基于中国省际面板的实证分析[J].南方经济,2017(4):96—108.

[357] 张腾文,鲁万波,张涵宇.金融知识、投资经验与权利能力[J].当代经济科学,2017,39(6):46—56.

[358] 张文木.战后世界政治格局的三次变动与历史质变"临界点"的出现——基于世界地缘政治结构的分析(之一)[J].世界社会主义研究,2017(1):70—81.

[359] 张文木.战后世界政治格局的三次变动与历史质变"临界点"的出现——基于世界地缘政治结构的分析(之二)[J].世界社会主义研究,2017(2):84—97.

[360] 张文木.战后世界政治格局的三次变动与历史质变"临界点"的出现——基于世界地缘政治结构的分析(之三)[J].世界社会主义研究,2017(3):79—90.

[361] 张文武,梁琦.劳动地理集中,产业空间与地区收入差距[J].经济学(季刊),2011,10(2):691—708.

[362] 张雪琴.金融化的资本主义与剥夺性积累——评拉帕维查斯的金融化理论[J].学习与探索,2015(7):100—106.

[363] 张雪琴.金融化与金融利润之谜——评拉帕维查斯的金融利润理论[J].财经科学,2015(8):44—55.

[364] 张宇,蔡万焕.金融垄断资本及其在新阶段的特点[J].中国人民大学学报,2009(4):2—8.

[365] 张宇.金融危机,新自由主义与中国的道路[J].经济学动态,2009(1):17—21.

[366] 张原,陈建奇.人力资本还是行业特征:中国行业间工资回报差异的成因分析[J].世界经济,2008(5):68—80.

[367] 张璋.基于央地关系分析大国治理的制度逻辑[J].中国人民大学学报,2017,31(4):89—98.

[368] 张昭,王爱萍.金融发展对收入不平等影响的再考察——理论分析与经验数据解释[J].经济科学,2016(5):31—44.

[369] 张志明.金融化视角下金融促进实体经济发展研究[J].经济问题探索,2018(1):30—37.

[370] 张智威,陈家瑶.关注中国金融风[J].金融发展评论,2013(4):64—94.
[371] 章奇,何帆,刘明兴.金融自由化,政策一致性和金融脆弱性:理论框架与经验证据[J].世界经济,2003(22):3—14.
[372] 赵超.法国调节学派论全球金融危机[J].国外理论动态,2011(11):26—35.
[373] 赵宸宇,李雪松.金融市场化,小额贷款与中国家庭信贷可得性——基于CHFS微观数据的实证研究[J].金融论坛,2017(8):46—57.
[374] 赵峰,马慎萧,冯志轩.金融化与资本主义危机:后凯恩斯主义金融化理论述评[J].当代经济研究,2013(1):46—51.
[375] 赵峰,马慎萧.金融资本,职能资本与资本主义的金融化——马克思主义的理论和美国的现实[J].马克思主义研究,2015(2):172—177.
[376] 赵峰,田佳禾.当前中国经济金融化的水平和趋势——一个结构的和比较的分析[J].政治经济学评论,2015(3):120—142.
[377] 赵峰.当代资本主义经济是否发生了金融化转型[J].经济学家,2010(6):15—23.
[378] 赵华伟.金融发展与经济增长的文献综述及对中国金融发展的启示[J].金融教学与研究,2014(5):28—33.
[379] 赵磊,李节.金融危机:为什么要重提马克思[J].马克思主义研究,2009(6):65—69.
[380] 赵磊,肖斌.经济金融化何以可能——一个马克思主义的解读[J].当代经济研究,2013(3):61—65.
[381] 赵西亮.收入不平等与经济增长关系研究综述[J].经济学动态,2003(8):84—89.
[382] 赵勇,魏后凯.政府干预,城市群空间功能分工与地区差距——兼论中国区域政策的有效性[J].管理世界,2015(8):14—29.
[383] 赵玉敏.世界经济金融化对中国制造业的影响[J].国际贸易,2008(11):49—53.
[384] 郑永年.革命将至?[N].联合早报,2018-1-2.
[385] 中国人民银行杠杆率研究课题组.中国经济杠杆率水平评估及潜在风险研究[J].金融监管研究,2014(5):23—38.
[386] 钟震,董小君.双峰型监管模式的现状,思路和挑战——基于系统重要性金融机构监管视角[J].宏观经济研究,2013(2):17—23.
[387] 周广肃,樊纲,申广军.收入差距,社会资本与健康水平——基于中国家庭追踪调查(CFPS)的实证分析[J].管理世界,2014(7):12—21.
[388] 周建明,焦世新.垄断与金融化:当代资本主义的经济实质[J].毛泽东邓小平理论研究,2012(9):99—105.
[389] 周念林.过度金融化市场环境与资产价格泡沫拉升型通货膨胀"超调"[J].现代经济探讨,2014(8):24—29.
[390] 周绍东,谢浩然.经济金融化程度的定量测度:基于中国数据[J].经济论坛,2018(1):131—138.
[391] 周文兴.中国总体基尼系数测定问题——兼评"陈宗胜—李实论战"并与陈宗胜教授商榷[J].南开经济研究,2003(3):37—40,50.

[392] 周游,张成思.经济金融化分析[J].中国金融,2016(4):33—34.
[393] 周长富,张莅,冒建忠."脱实向虚"的表现、成因及机制分析[J].区域金融研究,2016(3):69—76.
[394] 朱安东.世界资本主义危机的根源和发展[J].马克思主义与现实,2012(4):93—101.
[395] 朱炳元,陆扬.当代资本主义经济虚拟化金融化的六大趋势[J].毛泽东邓小平理论研究,2011(10):69—76.
[396] 朱炳元.资本主义发达国家的经济正在加速金融化和虚拟化[J].红旗文稿,2012(4):4—7.
[397] 朱琰,肖斐斐,王一峰.美国金融自由化及其对中国的启示[J].银行家,2012(10):85—89.
[398] 朱之鑫.我国收入分配现状、成因分析及对策建议[J].科学社会主义,2002(4):39—43.
[399] 邹力行.金融社会化和社会金融化[J].科学决策,2011(3):13—23.
[400] 邹蕴涵.金融部门资源优势加剧了对实体部门的资源剥夺[N].上海证券报,2017—6—23.

英文论文

[1] Acemoglu D. Credit Market Imperfections and Persistent Unemployment[J]. European Economic Review, 2001,45(4-6):665-679.
[2] Acemoglu D., Zilibotti F. Was Prometheus Unbound by Chance? Risk, Diversification, and Growth[J]. Journal of Political Economy, 1997, 105(4):709-751.
[3] Adam G. Inequality, Financialization, and the Growth of Household Debt in the U.S., 1989-2007[R]. Working Paper, December, 2013.
[4] Adelman I., Sunding D. Economic Policy and Income Distribution in China[J]. Journal of Comparative Economics, 1987,11(3):444-461.
[5] Aghion P., Bolton P. A Theory of Trickle-Down Growth and Development[J]. Review of Economic Studies, 1997,64(2):151-172.
[6] Aghion P., Caroli E., and García-Peñalosa C. Inequality and Economic Growth: The Perspective of the New Growth Theories[J]. Journal of Economic Literature, 1999,37(4):1615-1660.
[7] Aghion P., Howitt P., and Mayerfoulkes D. The Effect of Financial Development on Convergence: Theory and Evidence[J]. Quaterly Journal of Economics, 2004,120(1):173-222.
[8] Aglietta M. Shareholder Value and Corporate Governance: Some Tricky Questions[J]. Economy & Society, 2000,29(1):146-159.
[9] Aglietta M., Breton R. Financial Systems, Corporate Control and Capital Accumulation[J]. Economy & Society, 2001,30(4):433-466.
[10] Akerlof G. A. The Missing Motivation in Macroeconomics[J]. American Economic

Review, 2007, 97(1):3-36.

[11] Lipietz A. Toward a New Economic Order: Postfordism, Ecology and Democracy[M]. Oxford: Oxford University Press, 1992:24.

[12] Alesina, Alberto, Rodrik, et al. Distributive Politics and Economic Growth[J]. Cepr Discussion Papers, 1994, 109(2):465-490.

[13] Allen F, Gale D. Diversity of Opinion and Financing of New Technologies[J]. Journal of Financial Intermediation, 1999, 8(1-2):68-89.

[14] Altissimo F., Georgiou E., Sastre T., et al. Wealth and Asset Price Effects on Economic Activity[J]. Social Science Electronic Publishing.

[15] Alvaredo F., Atkinson A.B., Piketty T., et al. The Top 1 Percent in International and Historical Perspective[J]. Journal of Economic Perspectives, 2013, 27(3): 3-20.

[16] Amable B., Ernst E. Palombarini S. How do financial markets affect industrial relations: an institutional complementarity approach[J]. Socio-Economic Review, 2005, 3(2): 311-330.

[17] Arrighi G. Financial Expansions in World Historical Perspective: A Reply to Robert Pollin[J]. New Left Review, 1997, 13(224):154-159.

[18] Arrighi G. The Social and Political Economy of Global Turbulence[J]. New Left Review, 2003(20):5-71.

[19] Arrighi G. Hegemony Unravelling-2[J]. New Left Review, 2005(20): 83-116.

[20] Arrow K., Debreu G. Existence of an Equilibrium for a Competitive Economy[J]. Econometrica, 1954(22):265-290.

[21] Bach S,. Steiner V. Zunehmende Ungleichheit Der Markteinkommen: Reale Zuwächse Nur Für Reiche[J]. Diw Wochenbericht, 2007, 74(13):193-198.

[22] Baker H.K., Powell G.E., and Veit E. T. Why Companies Use Open-Market Repurchases: A Managerial Perspective[J]. Quarterly Review of Economics & Finance, 2003, 43(3): 483-504.

[23] Baum C. F., Schäfer D., and Talavera O. The impact of the financial system's structure on firms' financial constraints[J]. Journal of International Money & Finance, 2011, 30(4):678-691.

[24] Beck T., Demirgüçkunt A., and Levine R. Finance, Inequality and the Poor[J]. Journal of Economic Growth, 2007, 12(1):27-49.

[25] Beck T., Levine R. Stock Markets, Banks, and Growth: Panel Evidence[J]. Journal of Banking & Finance, 2004, 28(3):423-442.

[26] Bernanke B.S. The Global Saving Glut and the U.S. Current Account Deficit: A Speech at the Sandridge Lecture, Virginia Association of Economics, Richmond, Virginia, March 10, 2005 and the Homer Jones Lecture, St. Louis, Missouri, on April 14, 2005 [J]. Speech, 2005, 28(6):665-671.

[27] Bhaduri A. A Contribution to the Theory of Financial Fragility and Crisis[J]. Ssrn Electronic Journal, 2010,35(593): 995-1014.

[28] Bhaduri A., Laski K., and Riese M. A Model of Interaction between the Virtual and the Real Economy[J]. Metroeconomica, 2006,57(3):412-427.

[29] Bhaduri A., Marglin S. Unemployment and the Real Wage: The Economic Basis for Contesting Political Ideologies[J]. Cambridge Journal of Economics, 1990,14(4):375-393.

[30] Bhagwati J. The Capital Myth: The Difference between Trade in Widgets and Dollars [J]. Foreign Affairs, 1998,77(3):7-12.

[31] Blanchard O., Dell'Ariccia G., and Mauro P. Rethinking Macroeconomic Policy[J]. Journal of Money Credit & Banking, 2010,42(Supplement s1):199-215.

[32] Brenner R. Competition and Profitability: A Reply to Ajit Zacharias[J]. Review of Radical Political Economics, 2002,34(1):35-44.

[33] Brenner R. The Trajectory of the Manufacturing Profit Rate: A Reply to Dume'nil and Le'vy[J]. Review of Radical Political Economics, 2002,(34): 49-56.

[34] Brenner R. Finance and The Fourth Dimension[J]. New Left Review, 2006(39):39-72.

[35] Brown C. Does Income Distribution Matter for Effective Demand? Evidence from the United States[J]. Review of Political Economy, 2004,16(3):291-307.

[36] Burtless G. Effects of Growing Wage Disparities and Changing Family Composition on the U.S. Income Distribution[J]. European Economic Review, 1999,43(4-6):853-865.

[37] Calvet L. E., Campbell J. Y., and Sodini P. Measuring the Financial Sophistication of Households[J]. American Economic Review, 2009, 99(2):393-398.

[38] Campbell J. Y. Household Finance[J]. Journal of Finance, 2006, 61(4):1553-1604.

[39] Cecchetti S. G., Kharroubi E. Reassessing the Impact of Finance on Growth[R]. Bis Working Papers, 2012.

[40] Čihák M., Demirgüç-kunt A., and Feyen E., et al. Financial Development in 205 Economies, 1960 to 2010[J]. Journal of Financial Perspectives, 2013,1(2):17-36.

[41] Cole A., Bakija J., and Heim B. Jobs and Income Growth of Top Earners and the Causes of Changing Income Inequality: Evidence from U.S. Tax Return Data[R]. Department of Economics Working Papers, 2012.

[42] Crotty J. Owner-Manager Conflict and Financial Theories of Investment Instability A Critical Assessment of Keynes, Tobin, and Minsky[J]. Journal of Post Keynesian Economics, 1990(12): 519-42.

[43] Crotty J. Rethinking Marxian Investment Theory: Keynes-Minsky Instability, Competitive Regime Shifts and Coerced Investment[J]. Review of Radical Political Economics, 1993,25(1): 1-26.

[44] Crotty J. The Effects of Increased Product Market Competition and Changes in Financial Markets on the Performance of Nonfinancial Corporations in the Neoliberal Era[R].

Political Economy Research Institute Working Paper, No. 44,2002.

[45] Crotty J. The Neoliberal Paradox: the Impact of Destructive Product Market Competition and Impatient Financial Markets on Nonfinancial Corporations in the Neoliberal Era[J]. Review of Radical Political Economics, 2003,35(3): 271-279.

[46] Crotty J. If Financial Market Competition is so Intense, Why are Financial Firm Profits so High? Reflections on the Current "Golden Age" of Finance[R]. Political Economy Research Institute Working Paper No: 134, 2007.

[47] Crotty J. Structural Causes of the Global Financial Crisis: A Critical Assessment of the "New Financial Architecture"[J]. Cambridge Journal of Economics, 2009(33): 563-580.

[48] Crotty J. The Bonus-Driven 'Rainmaker' Financial Firm: How These Firms Enrich Top Employees, Erode Shareholder Value and Create Systemic Financial Instability, Economic Crises and Rising Inequality, Political Economy Research Institute (PERI) [R]. University of Massachusetts Amherst, Working Paper Series, No. 421, 2016.

[49] Crotty J., Epstein G.A. In Defence of Capital Controls[J]. Social Register, 1996(32): 118-149.

[50] Crotty J., Gerald E. Avoiding Another Meltdown[J]. Challenge, 2009, 52(1): 5-26.

[51] Crotty J., Gerald E. Regulating the U.S. Financial System to Avoid Another Meltdown," Economic and Political Weekly, Global Economic & Financial Crisis, 44(13): 87-93.

[52] Crouch C., Hall P.A., and Streeck W., et al. Dialogue on "Institutional Complementarity and Political Economy"[J]. Socio-Economic Review, 2005(3): 359-82.

[53] Cynamon, Barry Z., and Fazzari, et al. Rising Inequality, Recession and Slow Recovery: A Sad American Tale[J]. Intereconomics, 2013,48(6): 379-380,

[54] Dallas L. Short-Termism, The Financial Crisis and Corporate Governance[J]. Journal of Corporation Law, 2012(37): 267-362.

[55] Dallery T. Post-Keynesian Theories of the Firm under Financialization[J]. Review of Radical Political Economics, 2009,41(4): 492-515.

[56] Dallery T., Van T. Conflicting Claims and Equilibrium Adjustment Processes in a Stock-Flow Consistent Macro Model[J]. Review of Political Economy, 2011,23(2): 189-211.

[57] Dasgupta B. Financialization, Labour Market Flexibility, Global Crisis and New Imperialism: a Marxist Perspective[R]. Working Papers, 2013.

[58] Kotz D. M. The Capital-Labor Relation: Contemporary Character and Prospects for Change [C]. written for the Second Forum of the World Association for Political Economy (WAPE), on "The Political Economy of the Contemporary Relationship between Labor and Capital in the World," the University of Shimane, Japan, October 27-28, 2007.

[59] Kotz D. M. Contradictions of Economic Growth in the Neoliberal Era: Accumulation and

Crisis in the Contemporary U.S. Economy[J]. Review of Radical Political Economics, 2008, 42(2): 174-188.

[60] Kotz D. M. Neoliberalism and Financialization[C]. written for a conference in honor of Jane D'Arista at the Political Economy Research Institute, University of Massachusetts Amherst, May 2-3, 2008.

[61] Kotz D. M. The Financial and Economic Crisis of 2008: A Systemic Crisis of Neoliberal Capitalism[J]. Review of Radical Political Economics, 2009, 41(3): 305-317.

[62] Kotz D. M. The Current Economics Crisis in the United States: A Crisis of Over-Investment[J]. Review of Radical Political Economics, 2013, 45(3): 284-294.

[63] De Gregorio, Jose and Se-Jik Kim. Credit Markets with Differences in Abilities: Education, Distribution, and Growth[J]. International Economic Review, 2004(41): 579-607.

[64] Sectoral Net Lending in Six Financial Center[R]. PERI Working Paper Series, 2014.

[65] Basu D. Financialization, Household Credit and Economic Slowdown in the U.S.[R]. Working Paper, 2011.

[66] Basu D., Vasudevan R. Technology, Distribution and the Rate of Profit in the U.S. Economy: Understanding the Current Crisis[J]. Cambridge Journal of Economics, 2013, 37(1): 57-89.

[67] Demir F. Financial Liberalization, Private Investment and Portfolio Choice: Financialization of Real Sectors in Emerging Markets[J]. Journal of Development Economics, 2009(88): 314-324.

[68] Demir F. Financialization and Manufacturing Firm Profitability under Uncertainty and Macroeconomic Volatility: Evidence from an Emerging Market[J]. Review of Development Economics, 2009, 13(4): 592-609.

[69] Demirgüc-Kunt A., Feyen E, and Levine R. The Evolving Importance of Banks and Securities Markets[J]. The World Bank Economic Review, 27(3): 476-490.

[70] Demirgüc-Kunt A., Levine R. Bank-Based and Market-Based Financial Systems: Cross-Country Comparisons[R]. Development Research Group, The World Bank, and Finance Department, University of Minnesota, 1999.

[71] Demirgüc-Kunt A., Levine R. Finance and Inequality: Theory and Evidence[J]. Annual Review of Financial Economics, 2009(1): 287-318.

[72] Despain H. G. Secular Stagnation: Mainstream Versus Marxian Traditions[J]. Monthly Review, 2015(9): 39-55.

[73] Detzer D. Financialisation, Debt and Inequality: Scenarios Based on a Stock Flow Consistent Model[R]. IPE Working Papers, 2016.

[74] Dimitris C., Peter M. Do Financial Reforms Help Stabilize Inequality?[J]. Journal of International Money and Finance, 2017(70): 45-61.

[75] Diamond D. Financial Intermediation as Delegated Monitoring: A Simple Example[J].

Economic Quarterly, 1996(82):51-66.

[76] Dore R. Stock Market Capitalism and Its Diffusion[J]. New Political Economy, 2002, 7(1): 115-121.

[77] Dore R. Financialization of the Global Economy[J]. Industrial and Corporate Change, 2008, 17(6): 1097-1112.

[78] Duca J. V., Rosenthal S. S. Borrowing constraints and access to owner-occupied housing [J]. Regional Science & Urban Economics, 1994, 24(3):301-322.

[79] Duménil G., Lévy D. Brenner on Distribution[J]. Historical Materialism, 1999,4(1): 73-94.

[80] Duménil G., Lévy D. Costs and Benefits of Neoliberalism: A Class Analysis[J]. Review of International Political Economy, 2001,8(4): 578-607.

[81] Duménil G., Lévy D. Manufacturing and Global Turbulence: Brenner's Misinterpretation of Profit Rate Differentials[J]. Review of Radical Political Economics, 2002(34): 45-48.

[82] Duménil G., Lévy D. The Profit Rate: Where and How Much Did It Fall, Did It Recover? (USA 1948-1997)[J]. Review of Radical Political Economics, 2002(34): 437-461.

[83] Duménil G., Lévy D. Neoliberal Income Trends: Wealth, Class and Ownership in the USA[J]. New Left Review, 2004(30): 105-133.

[84] Dünhaupt P. Financialization and the Rentier Income Share-Evidence from the USA and Germany[J]. International Review of Applied Economics, 2012(26): 465-487.

[85] Dünhaupt P. The Effect of Financialization on Labor's Share of Income[R]. Working Paper, Institute for International Political Economy Berlin, No.17, 2013.

[86] Dünhaupt P. An Empirical Assessment of the Contribution of Financialization and Corporate Governance to the Rise in Income Inequality[R]. IPE Working Paper, No. 41, 2014.

[87] Dünhaupt P. "Financialization and the Crises of Capitalism[R]. Working Paper, Institute for International Political Economy Berlin, No. 67, 2016.

[88] Dutt A.K. Accumulation, Distribution and Inflation in a Marxian/ Post-Keynesian Model with X Render Class[J]. Review of Political Economics, 1989(21): 18-26.

[89] Dutt A. K. Distributional Dynamics in Post Keynesian Growth Models[J]. Journal of Post Keynesian Economics, 2012,34(3):431-452.

[90] European Central Bank. Share Buybacks in the Euro Area[J]. ECB Monthly Bulletin, 2007(5): 103-111.

[91] Economist. Minsky's Moment[N]. The Economist, 2009-04-02.

[92] Edward G., Matt R., and Kristina T. Inequality in Cities[J]. Journal Of Regional Science, 49(4): 617-646.

[93] Emmanuel S., Gabriel Z. "Wealth Inequality in the United States since 1913: Evidence

from Capitalized Income Tax Data[R]. NBER Working Paper, No. 20625, 2014.
[94] Engelen E. Corporate Governance, Property and Democracy: A Conceptual Critique of Shareholder Ideology[J]. Economy and Society, 2002(31): 391-413.
[95] Engelen E. The Logic of Funding European Pension Restructuring and the Dangers of Financialisation[J]. Environment and Planning, 2003,35(8): 1357-1372.
[96] Epstein G.A. Financialization: There's Something Happening Here, Political Economy Research Institute (PERI)[R]. University of Massachusetts Amherst, Working Paper Series, No. 394, 2015.
[97] Epstein G. A., Dorothy P. Rentier Incomes and Financial Crises: An Empirical Examination of Trends and Cycles in Some OECD Countries[J]. Canadian Journal of Development Studies, 2003,24(2): 229-248.
[98] Epstein G.A., Montecino J. A. Overcharged: The High Cost of High Finance[J]. Paper Licensed under a Creative Commons Attribution-Non Commercial 4.0 International License, 2016.
[99] Ertürk I., Froud J., Johal S., et al. Corporate Governance and Disappointment[J]. Review of International Political Economy, 2004, 11(4): 677-713.
[100] Ertürk I., Froud J., Johal S., et al. Democratisation of Finance? Promises, Outcomes and Conditions[J]. Review of International Political Economy, 2007,14(4): 553-575.
[101] Ertürk I., Froud J., Solari S., et al. The Reinvention of Prudence: House-hold Savings, Financialisation and Forms of Capitalism[R]. CRESC Working Paper, No. 11, 2005.
[102] Ertürk I., Solari S. Banks as Continuous Reinvention[J]. New Political Economy, 2007,12(3): 369-388.
[103] Eugenia Correa, Gregorio Vidal and Wesley Marshall, Financialization in Mexico: trajectory and limits[J]. Journal of Post Keynesian Economics, 2012,35(2):255-275.
[104] Fama E. F. Agency Problems and the Theory of the Firm[J]. Journal of Political Economy, 1980,88(2): 288-307.
[105] Fama E.F., Jensen M.C. Separation of Ownership and Control[J]. Journal of Law and Economics, 1983,26(2): 301-325.
[106] Fazzari S. M., Hubbard R.G., and Petersen B.C., et al. Financing Constraints and Corporate Investment[J]. Brookings Papers on Economic Activity, 1988(1):141-206.
[107] Feng H.,Froud J., and Johal S., et al. A New Business Model? The Capital Market and the New Economy[J]. Economy and Society, 2001,30(4): 467-503.
[108] Fine B. Locating Financialisation[J]. Historical Materialism, 2010,18(2):97-116.
[109] Fine B. Financialisation on the Rebound? [J]. Actuel Marx, 2012(51): 73-85.
[110] Fine B. Financialization from a Marxist Perspective[J]. International Journal of Political Economy, 2013,42(4): 47-66.

[111] Fisher I. The Debt-Deflation Theory of Great Depressions[J]. Econometrica, 1933, 1(4): 337-357.

[112] Fligstein N., Goldstein A. The Emergence of a Finance Culture in American households, 1989-2007[J]. Socio-Economic Review, 2015,13(3): 575.

[113] Froud J., Haslam C., and Johal S., et al. Shareholder Value and Financialization: Consultancy Promises, Management Moves[J]. Economy and Society, 2000,29(1): 80-120.

[114] Froud J., Johal S., and Papazian V., et al. The Temptation of Houston: A Case Study of Financialisation[J]. Critical Perspectives on Accounting, 2004,15(6-7):885-909.

[115] Froud J., Johal S., William K. Financialization and the Coupon Pool[J]. Capital and Class, 2002(78): 119-151.

[116] Galor O., Moav O. Natural Selection and the Origin of Economic Growth[J]. MIT Press Journal, 2002(117): 1133-1191.

[117] Galor O., Moav O. From Physical to Human Capital Accumulation: Inequality and the Process of Development[J]. Review of Economic Studies, 2004(71):1001-1026.

[118] Galor O., Zeira J. Income Distribution and Macroeconomics[J]. The Review of Economic Studies, 1993,60(1):35-52.

[119] Gennaioli N., A. Shleifer, Vishny R. A Model of Shadow Banking[J]. Journal of Finance, 2013,68(4): 1331-1363.

[120] Giampaolo G., Elisa T. Implications of Financialisation for Sustainability [R]. Financialisation, Economy, Society And Sustainable Development, Working Paper Series, No: 47, 2014.

[121] Gimet C., Lagoarde-Segot T. A Closer Look at Dinancial Development and Income Distribution[J]. Journal of Banking & Finance, 2011(35): 1698-1713.

[122] Graham J.R., Harvey C.R., Rajgopal S. The Economic Implications of Corporate Financial Reporting[J]. Journal of Accounting and Economics, 2005,40(1-3):3-73.

[123] Greenwood J., Jovanovic B. Financial Development, Growth, and the Distribution of Income[J]. Journal of Political Economy, 1990,98(5):1076-1107.

[124] Greenwood R., Scharfstein D. The Growth of Finance[J]. Journal of Economic Perspectives, 2013,27(2): 3-28.

[125] Guidolin M., La Jeunesse E. The Decline in the U.S. Personal Saving Rate: Is It Real and Is It a Puzzle? [J]. Federal Reserve Bank of St. Louis Review, 2007,89(6): 491-514.

[126] Guschanski A., Onaran O. Determinants of the Wage Share: A Cross-Country Comparison Using Sectoral Data [R]. Greenwich Papers in Political Economy, University of Greenwich, No. 41, 2016.

[127] Hanson S., Kashyap A., and Stein J. A Macroprudential Approach to Financial Regulation[J]. Journal of Economic Perspectives, 2011(25): 3-28.

[128] Hein E. Interest, Debt and Capital Accumulation: A Kaleckian Approach [J]. International Review of Applied Economics, 2006,20(3): 337-352.

[129] Hein E. Interest Rate, Debt, Distribution and Capital Cccumulation in A Post-Kaleckian Model[J]. Metroeconomica, 2007,58(2): 310-339.

[130] Hein E. Financialisation in a Comparative Static, Stock-Flow Consistent Post-Kaleckian Distribution and Growth Model[R]. IMK Working Paper, No. 21,2008.

[131] Hein E. Financialisation, Distribution, Capital Accumulation and Productivity Growth in a Post-Kaleckian Model[R]. MPRA Paper, No. 18574, 2009.

[132] Hein E. Financialisation and Tendencies Towards Stagnation: The Role of Macroeconomic Regime Changes in the Course of and after the Financial and Economic Crisis 2007-9[R]. Working Paper, Institute for International Political Economy Berlin, No. 90, 2017.

[133] Hein E. Stagnation Policy in the Eurozone and Economic Policy Alternatives: A Steindlian/Neo-Kaleckian Perspective[R]. Working Papers Series No. 10, 2017.

[134] Hein E., Nina D., and Natalia B. Financial, Economic and Social Systems: French Regulation School, Social Structures of Accumulation and Post-Keynesian Approaches Compared[R]. Working Paper, Institute for International Political Economy Berlin, No: 34,2014.

[135] Hein E., Ochsen C. Regimes of Interest Rates, Income Shares, Savings, and Investment: A Kaleckian Model and Empirical Estimations for Some Advanced OECD-Economies[J]. Metroeconomica, 2003(54): 404-433.

[136] Hein E., Van Treeck T. Financialisation in Kaleckian/Post-Kaleckian Models of Distribution and Growth[R]. IMK Working Paper, No. 7,2007.

[137] Hein E., Van Treeck T. Distribution and Growth Reconsidered: Empirical Results for Six OCD Countries[J]. Cambridge Journal of Economics, 2008(32): 479-511.

[138] Hein E., Van Treeck T. Financialisation in Post-Keynesian Models of Distribution and Growth: A Systematic Review[R]. IMK Working Paper, No. 10, 2008.

[139] Hein E., Van Treeck T. Financialisation and Rising Shareholder Power in Kaleckian/Post-Kaleckian Models of Distribution and Growth[J]. Review of Political Economy, 2010,22(2): 205-233.

[140] Hein E., Truger A. What Ever Happened to Germany? Is the Decline of the Former European Key Currency Country Caused by Structural Sclerosis or by Macroeconomic Mismanagement? [J]. International Review of Applied Economics, 2005(19): 3-28.

[141] Hein E., Vogel L. Distribution and Growth Reconsidered: Empirical Results for Six OECD Countries[J]. Cambridge Journal of Economics, 2008(32):479-511.

[142] Höpner M. What Connects Industrial Relations with Corporate Governance? Explaining Complementarity[J]. Socio-Economic Review, 2005,3(2): 331-358.

[143] Horn G., Droge K., and Sturn K., et al. From the Financial Crisis to the World Economic Crisis: the Role of Inequality[R]. IMK Report, N0: 41, 2009.

[144] Hubbard R. Capital-Market-Imperfections and Investment[J]. Journal of Economic Literature, 1998(36): 193-225.

[145] Hacker J. S., Pierson P. Winner-Take-All Politics: Public Policy, Political Organization, and the Precipitous Rise of Top Incomes in the United States[J]. Politics & Society, 2010,38(2):152-204.

[146] Jensen M. AgencyCosts of Overvalued Equity[J]. Financial Management, 2005(34): 5-19.

[147] Jensen M.C. AgencyCosts of Free Cash Flow Corporate Finance and Takeovers[J]. American Economic Review, 1986,76(2): 323-329.

[148] Jensen M.C., Meckling W.H. Theory of Firm: Managerial Behavior, Agency Costs and Ownership Structure[J]. Journal of Financial Economics, 1976,3(4): 305-360.

[149] Jensen M.C., Murphy K.J. CEO Incentives: It's Not How Much You Pay, But How [J]. Harvard Business Review, 1990,68(3): 138-153.

[150] Ferreiro J. Macroeconomic and Financial Sector Policies to Better Serve the Economy and Society[R]. Financialisation, Economy, Society And Sustainable Development, Working Paper Series, No: 165, 2016.

[151] Foster J. B. Monopoly Capital and the New Globalization[J]. Monthly Review, 2002,53 (8): 1-16.

[152] Foster J. B. Monopoly-Finance Capital[J]. Monthly Review, 2006,58(7):1-14.

[153] Foster J. B. The Financialization of Capitalism[J]. Monthly Review, 2007,58(11): 1-12.

[154] Foster J. B. The Financialization of Capital and the Crisis[J]. Monthly Review, 2008, 59(11): 1-19.

[155] Foster J. B. The Age of Monopoly-Finance Capital[J]. Monthly Review, 2010,61(9):1-13.

[156] Foster J. B. McChesney R. W. Monopoly-Finance Capital and the aradox Accumulation [J]. Monthly Review, 2009(10): 61-65.

[157] Jonathan D., Ostry, and Loungani P., et al. Neoliberalism: Oversold? [J]. Finance & Development, 2016(6): 38-41.

[158] Stiglitz J. E. Credit Markets and The Control of Capital[J]. Journal of Money, Credit and Banking, 1985(17):133-152.

[159] Stiglitz J. E. Equality of Opportunity, Our National Myth[N]. The New York Times, 2013-02-16.

[160] Stiglitz J. E, Weiss A. Credit Rationing in Markets With Imperfect Information[J]. American Economic Review, 1981,71(3):393-410.

[161] Kaldor N. A Model of the Trade Cycle[J]. Economic Journal, 1940,50(197):78-92.

[162] Kaldor N. Alternative Theories of Distribution[J]. Review of Economic Studies, 1955

(23): 83-100.

[163] Kaldor N. A Model of Economic Growth[J]. Economic Journal, 1957,67(12): 591-624.

[164] Kaldor N. Marginal Productivity and the Macroeconomic Theories of Distribution[J]. Review of Economic Studies, 1966(33): 309-319.

[165] Kalecki M. The Principle of Increasing risk[J]. Economica, 1937(4): 440-447.

[166] Kalecki M. The Determinants of Profits[J]. Economic Journal, 1942(52): 258-267.

[167] Karwowski E., Shabani M., and Stockhammer E. Financialisation: Dimensions and Determinants: A Cross-country Study[R]. Post Keynesian Economics Study Group Working Paper, No: 1619, 2016.

[168] Ken-Hou Lin, Donald T.D. Financialization and U.S. Income Inequality, 1970-2008[J]. American Journal of Sociology, 2013,118(5): 1284-1329.

[169] Keynes J.M. The General Theory of Employment, Interest and Money[J]. Economic Record, 1936,12(1-2): 28-36.

[170] Keynes J.M. The General Theory: Fundamental Concepts and Ideas[J]. Quarterly Journal of Economics, 1937,5(11): 1-15.

[171] Kiminori M. Financial Market Globalization and Endogenous Inequality of Nations[J]. Econometrica, 2004,72(3): 853-884.

[172] King R., Levine R. Finance, Entrepreneurship, and Growth: Theory and Evidence[J]. Journal of Monetary Economics, 1993,32(3): 513-542.

[173] Kpodar K., Singh R. J. Does Financial Structure Matter for Poverty? Evidence from Developing Countries[R]. Policy Research Working Paper, No:5915, 2011.

[174] Krippner G. The Financialization of the American Economy[J]. Socio-Economic Review, 2005,3(2): 173-208.

[175] Krueger D., Perri F. Does Income Inequality Lead to Consumption Inequality? Evidence and Theory[J]. Review of Economic Studies, 2006(73): 163-193.

[176] Kumhof M., Ranciere R. Inequality, Leverage and Crises[R]. IMF Working Paper, 2010, WP/10/268: 1-37.

[177] Paul L. In the Eye of the "Perfect Storm": the Final Salary Pensions Crisis and the Financialization of Anglo-American Capitalism[J]. New Political Economy, 2004, 9(4): 539-558.

[178] Lapavitsas C. On Marx's Analysis of Money Hoarding in the Turnover of Capital[J]. Review of Political Economy, 2000,12(2): 219-235.

[179] Lapavitsas C. Information and Trust as Social Aspects of Credit[J]. Economy and Society, 2007,36(3): 416-436.

[180] Lapavitsas C. Financialised Capitalism: Crisis and Financial Expropriation[J]. Historical Materialism, 2009,17(2): 114-148.

[181] Lapavitsas C. Theorizing Financialization[J]. Work, Employment and Society, 2011,25

(4):611-626.
[182] Lapavitsas C., Dos Santos P. Globalization and Contemporary Banking: On the Impact of New Technology[J]. Contributions to Political Economy, 2008(27): 31-56.
[183] Lapavitsas C., Powell J. Financialisation Varied: A Comparative Analysis of Advanced Economies[J]. Cambridge Journal of Regions, Economy and Society, 2013(6): 359-379.
[184] Lavoie M. Interest Rates in Post-Keynesian Models of Growth and Distribution[J]. Metroeconomica, 1995(46): 146-177.
[185] Lavoie M. Cadrisme Within a Kaleckian Model of Growth and Distribution[R]. Robinson Working Paper, No. 5, 2006.
[186] Lavoie M. Financialisation Issues in a Post-Keynesian Stock-Flow Consistent Model, Intervention[J]. European Journal of Economics and Economic Policies, 2008, 5(2): 331-356.
[187] Lavoie M., Godley W. Kaleckian Model of Growth in Stock-Flow Monetary Framework: A Neo-Kaldorian Model[J]. Economics Working Paper Archive, 2000, 69(35): 521-544.
[188] Lavoie M., Godley W. Kaleckian Models of Growth in a Coherent Stock-Flow Monetary Framework: A Kaldorian View[J]. Journal of Post Keynesian Economics, 2001, 24(2): 277-311.
[189] Lawrence E. Poverty and the Rate of Time Preference: Evidence from Panel Data[J]. Journal of Political Economy, 1991(119): 54-77.
[190] Lazonick W. The Quest for Shareholder Value: Stock Repurchases in the U.S. Economy[J]. Louvain Economic Review, 2008, 74(4): 479-540.
[191] Lazonick W. Innovative Business Models and Varieties of Capitalism: Financialization of the U.S. Corporation[J]. Business History Review, 2010(84): 675-702.
[192] Lazonick W. The Financialization of the U.S. Corporation: What Has Been Lost, and How It Can Be Regained[R]. Institute for New Economic Thinking (INET) Research Notes, No: 007, 2012.
[193] Lazonick W. Profits Without Prosperity[J]. Harvard Business Review, 2014(92): 46-55.
[194] Lazonick W. Buybacks: From Basics to Politics[R]. Air Special Report, Cambridge, MA, The AIRnet, 2015.
[195] Lazonick W. Labor in the Twenty-First Century: The Top 0.1% and the Disappearing Middle-Class[R]. INET Working Paper, No: 4, 2015.
[196] Lazonick W., O'Sullivan M. Maximizing Shareholder Value: A New Ideology for Corporate Governance[J]. Economy and Society, 2000, 29(1): 13-35.
[197] Levine R. Stock Markets, Growth, and Tax Policy[J]. Journal of Finance, 1991, 46(4): 1445-1465.
[198] Levine R. Financial Development and Economic Growth: Views and Agenda[J].

Journal of Economic Literature, 1997,35(2): 688-726.

[199] Levine R. Bank-Based or Market-Based Financial System: Which is Better? [J]. Journal of Financial Intermediation, 2000,11(4): 398-428.

[200] Levine R., Zervos S. Stock Markets, Banks, and Economic Growth[J]. American Economic Review, 1998,88(3): 537-558.

[201] Lister A., Greaves D. P. Financial Reforms and Income Inequality[J]. Economics Letters, 2012,116(3): 583-587.

[202] Luca A., Sushanta K., and Mallick, et al. Financial Reforms and Income Inequality[J]. Economics Letters, 116: 583-587.

[203] Lusardi A., Mitchell O. S. Baby Boomer Retirement Security: The Roles of Planning, Financial Literacy, and Housing Wealth[J]. Cerp Working Papers, 2007, 54(1):205-224.

[204] Mishel L., Gee K. Why Aren't Workers Benefiting from Labour Productivity Growth in the United States? [J]. International Productivity Monitor,2012(23): 31-43.

[205] Madhu S., Giri A. K. Financial Development and Poverty Reduction: Panel Data Analysis of South Asian Countries[J]. International Journal of Social Economics, 2016, 43(4): 400-416.

[206] Malinowitz S. Financialization and the Latin American Economies[R]. Paper Presented to the Congress of the Latin American Studies Association,2009.

[207] Manne H.G. Mergers and the Market for Corporate Control[J]. Journal of Political Economy, 1965,73(2): 110-120.

[208] Cagetti M. De Nardi M. Wealth Inequality: Data and Models[J]. Macroeconomic Dynamics, 2008(12):285-313.

[209] Mark S. Rising Income Inequality, Increased Household Indebtedness, and Post-Keynesian[R]. The New School for Social Research, Department of Economics, Working Paper, 2014.

[210] Maurer N., Haber S. Related Lending and Economic Performance: Evidence from Mexico[J]. Journal of Economic History, 2007,67(3): 551-581.

[211] Mayer C. NewIssues in Corporate Finance[J]. European Economic Review, 1988(32): 1167-1189.

[212] Millberg W. Shifting Sources and Uses of Profits: Sustaining U.S. Financialization with Global Value Chains[R]. In Paper presented at CEPN/SCEPA conference University of Paris 13, 2008.

[213] Millberg W., Winkler D. Financialization and the Dynamics of Off-Shoring in the U.S. [R]. SCEPA Working Paper, No. 5, 2009.

[214] Minsky H. P. The Strategy of Economic Policy and Income Distribution[C]. Annals of the American Academy of Political and Social Science, 1973(409): 92-101.

[215] Minsky H. P. The Financial Instability Hypothesis: An Interpretation of Keynes and an

Alternative to "Standard" Theory[J]. Challenge, 1997,20(1): 20-27.

[216] Minsky H. P. Can "IT" Happen Again? A Reprise[J]. Challenge, 1982,25(3): 5-13.

[217] Minsky H. P. The Financial Instability and Hypothesis[R]. The Jerome Levy Economics Institute Working Paper, No. 74, 1992.

[218] Mitchell M., Mulherin H. The Impact of Industry Shocks on Takeover and Restructuring Activity[J]. Journal of Financial Economics, 1996,41(2):193-229.

[219] Montgomerie J. Financialization and Consumption: An Alternative Account of Rising Consumer Debt Levels in Anglo-America[R]. Centre for Research on Socio-Cultural Change (CRESC), University of Manchester, Working Paper Series, No: 43, 2007.

[220] Müller J. An Accounting Revolution? The Financialisation of Standard Setting[J]. Critical Perspectives on Accounting, 2014,25(7):539-557.

[221] Myers S. C., Majluf N. S. Corporate Finance and Investment Decisions When Firms Have Information that Investors Do Not Have[J]. Journal of Financial Economics, 1984(13): 187-221.

[222] Nersisyan Y., Wray L. R. The Global Financial Crisis and the Shift to Shadow Banking[R]. Levy Economics Institute, Working Paper No. 587, 2010.

[223] O'Neill P. The Financialisation of Infrastructure: The Role of Language and Property Relations[J]. Cambridge Journal of Regions, Economy and Society, 2013(6): 441-454.

[224] Olivier G. Is Finance Responsible for the Rise in Wage Inequality in France? [J]. Socio-Economic Review, 2012,10(3): 447-470.

[225] Onaran Ö. Wage Share, Globalization, and Crisis: The Case of Manufacturing Industry in Korea, Mexico, and Turkey[J]. International Review of Applied Economics, 2009, 23(2): 113-134.

[226] Onaran Ö., Stockhammer E., and Grafl L. Financialisation, Income Distribution and Aggregate Demand in the USA[J]. Cambridge Journal of Economics, 2011, 35 (4): 637-661.

[227] Onaran Ö., Tori D. Policies to Stimulate Investment in the Age of Financialization in Europe[J]. Journal of Food Science, 2017,57(5):1152-1154.

[228] Onaran Ö., Tori D. Productivity Puzzle? Financialization, Inequality, Investment in the UK[R]. Greenwich Papers in Political Economy, University of Greenwich, PB No:16, 2017.

[229] Orhangazi Ö. Financialization and Capital Accumulation in the Nonfinancial Corporate Sector: A Theoretical and Empirical Investigation on the U.S. Economy, 1973-2004[R]. Political Economy Research Institute Working Paper, No. 149,2007.

[230] Orhangazi Ö. Financialisation and Capital Accumulation in the Non-Financial Corporate Sector: A Theoretical and Empirical Investigation on the U.S. Economy: 1973-2003[J]. Cambridge Journal of Economics, 2008(32): 863-886.

[231] Orhangazi Ö. Book Review: Thomas I. Palley, Financialization: The Economics of Finance Capital Domination (Palgrave Macmillan, Basingstoke, UK, New York, USA and Melbourne, Australia 2013[J]. Review of Keynesian Economics, 2016, 4(3): 357-359.

[232] Palley T. I. Financialisation: What It Is and Why It Matters? [R]. The Levy Economics Institute Working Paper, No: 525, 2007.

[233] Palley T. I. The Macroeconomics of Financialization: A Stages of Development Approach[J]. Ekonomiaz, 2009, 72(3): 34-51.

[234] Palley T. I. Inequality, the Financial Crisis and Stagnation: Competing Stories and Why They Matter[J]. Real World Economics Review, 2016(74): 1-18.

[235] Parenteau R. W. Exploring the Economics of Euphoria: Using Post-Keynesian Tools to Understand the U. S. Bubble and its Aftermath[C]. Paper presented at the 7th International Post-Keynesian Conference, Kansas City 29 June-3 July, 2002.

[236] Parenteau R. W. U. S. Household Deficit Spending: A Rendezvous with Reality[R]. Public Policy Briefs, Levy Institute of Economics, 2006.

[237] Paul K. Nobody Understands Debt[N]. The New York Times, 2012-01-02.

[238] Paul K. Why We're in a New Gilded Age[N]. The New York Review of Books, 2014-04-16.

[239] Persson T., Guido T. Is Inequality Harmful for Growth? [J]. American Economic Review, 1994(84): 600-621.

[240] Perez C. Great Surges of Development and Alternative Forms of Globalization[J]. Journal of Applied Physiology, 2007, 4(3): 188-92.

[241] Perez C. The Double Bubble at the Turn of the Century: Technological Roots and Structural Implications[J]. Cambridge Journal of Economics, 2009, 33(4): 779-805.

[242] Perotti R. Income Distribution, Politics, and Growth[J]. American Economic Review, 1992, 82(2): 311-316.

[243] Persson T., Tabellini G. Is Inequality Harmful for Growth? [J]. American Economic Review, 1994, 84(3):600-621.

[244] Peter G., Robert M. The Rising Instability of U.S. Earnings[J]. Journal of Economic Perspectives, 2009, 23(4): 3-24.

[245] Peter J. W. Breaking Up the Big Banks: Is Anybody Thinking? [R]. American Enterprise Institute, Working Papers, August-September, 2012.

[246] Peter S. Increasing Inequality and Nancial Instability[C]. Paper Prepared for the WAPE Conference, UMass Amherst, October 10, 2011.

[247] Philippon P., Reshef A. Wages and Human Capital in the U. S. Finance Industry: 1909-2006[J]. The Quarterly Journal of Economics, 2012, 127(4): 1551-1609.

[248] Philippon T. The Evolution of the U.S. Financial Industry from 1860 to 2007: Theory and Evidence[R]. NBER Working Paper, No. 13405, 2008.

[249] Phillipon T., Reshef A. Skill Biased Financial Development: Education, Wages and Occupations in the U.S. Financial Sector[R]. NBER Working Paper, No. 13437, 2007.

[250] Piketty T. The Dynamics of the Wealth Distribution and the Interest Rate with Credit Rationing[J]. Review of Economic Studies, 1997(64): 173-189.

[251] Piketty T., Nancy Q. Income Inequality and Progressive Income Taxation in China and India, 1986-2015[J]. American Economic Journal: Applied Economics, 2009,1(2): 53-63.

[252] Piketty T., Saez E. Income Inequality in the United States, 1913-1998[J]. Quarterly Journal of Economics, 2003,118(1): 1-39.

[253] Piketty T., Yang L., and Zucman G. Capital Accumulation, Private Property and Rising Inequality in China, 1978-2015[R]. NBER Working Paper, No. 23368, 2017.

[254] Plantin G. Shadow Banking and Bank Capital Regulation[R]. Working Paper, Toulouse School of Economics, 2012.

[255] Pollin R. Contemporary Economic Stagnation in World Historical Perspective[J]. New Left Review, 1996(219):109-118.

[256] Pollin R. Resurrection of the Rentier[J]. New Left Review, 2007,2(46): 140-153.

[257] Porter M. E. Capital Choices: The Causes and Cures of Business Myopia[R]. Research Report to the U.S. Government's Council on Competitiveness, Washington D.C., 1992.

[258] Porter M. E., Rivkin J. W. The Looming Challenge to U. S. Competitiveness [J]. Harvard Business Review, 2012(3): 54-62.

[259] Power D., Epstein G., and Abrena M. Trends in the Rentier Income Share in OECD Countries: 1960-2000[R]. PERI Working Paper, No. 58, 2003.

[260] Perez-Moreno S. Financial Development and Poverty in Developing Countries: A Causal Analysis[J]. Empirical Economics, 2011,41(1): 57-80.

[261] Rajan R., Zingales L. What Do We Know about Capital Structure? Some Evidence from International Data[J]. Journal of Finance, 1995(50): 1421-1460.

[262] Rajan R., Zingales L. Financial Dependence and Growth[J]. American Economic Review, 1998, 88(3): 559-586.

[263] Rappaport A. The Economics of Short-Term Performance Obsession[J]. Financial Analysts Journal, 2005,61(3): 65-79.

[264] Reinhart C. M., Rogoff K. S. Growth in a Time of Debt[J]. American Economic Review, 2010,100(2): 573-578.

[265] Reinhart C. M., Vincent R. Capital Flow Bonanzas: An Encompassing View of the Past and Present[R]. NBER Working Paper, No. 14321, 2008.

[266] Ricks M. Shadow Banking and Financial Regulation[R]. Columbia Law and Economics Working Paper, No. 370, 2010.

[267] RobertBoyer. Is a Finance-Led Growth Regime a Viable Alternative to Fordism? A

Preliminary Analysis[J]. Economy & Society, 2000,29(1):111-145.

[268] Rodrik D. The Social Cost of Foreign Exchange Reserves[J]. International Economic Journal, 2006,20(3): 253-266.

[269] Rogoff K., Reinhart C. This Time is Different: A Panoramic View of Eight Centuries of Financial Crisis[R]. NBER Working Paper No. 13882,2008.

[270] Romer P. Increasing Returns and Long-Run Growth[J]. Journal of Political Economy, 1986(94): 1002-1037.

[271] Rooij M. C. J. V., Lusardi A. and Alessie R. J. M. Financial literacy and retirement planning in the Netherlands[J]. Journal of Economic Psychology, 2011, 32(4):593-608.

[272] Santomero A.M., Seater J. J. Is There an Optimal Size for the Financial Sector? [J]. Journal of Banking and Finance, 2000,24(6): 945-996.

[273] Sawyer M. Financial Development, Financialization and Economic Growth [R]. Working Paper, No: 21, 2013

[274] Sawyer M. What Is Financialization? [J]. International Journal of Political Economy, 2013,42(4): 5-18.

[275] Seo H. J, Kim H. S, and Kim Y. C. Financialization and the Slowdown in Korean Firms "R&D Investment"[J]. Asian Economic Papers, 2012,11(3): 35-49.

[276] Setterfield M. K. The Economics of Demand-Led Growth: Challenging the Supply-Side Vision of the Long Run[J]. Economic Journal, 2002,113(491): 674-676.

[277] Shin T. CEO Compensation and Shareholder Value Orientation Among Large U. S. Firms[J]. The Economic and Social Review, 2012,43(4): 535-559.

[278] Sian S. Banking Nature? The Spectacular Financialisation of Environmental Conservation[J]. Antipode, 2013,45(1): 198-217.

[279] Silvennoinen A., Thorp S. Financialization, Crisis and Commodity Correlation Dynamics[J]. Journal of International Financial Markets, Institutions & Money, 2013 (24): 42-65.

[280] Skott P., Ryoo S. Macroeconomic Implications of Financialisation [J]. Cambridge Journal of Economics, 2008(32): 827-862.

[281] Stein J. Securitization, Shadow Banking and Financial Fragility[J]. Daedalus, 2010(3): 41-51.

[282] Stephen G., Cecchetti E. K. Reassessing the Impact of Finance on Growth[R]. BIS Working Papers, No. 381, 2012.

[283] Stern S. C. Stern Stewart's EVA? [R]. Clients Outperform the Market and Their Peers Empirical Research, 2002.

[284] Stiglitz J. Distribution of Income and Wealth Among Individuals[J]. Econometrica, 1969(37): 382-397.

[285] Stiglitz J. Capital Market Liberalization[J]. Economic Growth and Instability, World Development, 2000,28(6): 1075-1086.

[286] Stiglitz J. Macroeconomic Fluctuations, Inequality, and Human Development[J]. Journal of Human Development and Capabilities, 2012,13(1): 31-58.

[287] Stiglitz J., Weiss A. Credit Rationing in Markets with Imperfect Information[J]. American Economic Review, 1981(71):393-410.

[288] Stockhammer E, Stehrer R. Goodwin or Kalecki in Demand? Functional Income Distribution and Aggregate Demand in the Short Run[J]. Review of Radical Political Economics, 2009,43(4): 506-522.

[289] Stockhammer E. Financialisation and the Slowdown of Accumulation[J]. Cambridge Journal of Economics, 2004,28(5): 719-741.

[290] Stockhammer E. Shareholder Value Orientation and the Investment-Profit Puzzle[J]. Journal of Post Keynesian Economics, 2005,28(2): 193-215.

[291] Stockhammer E. Some Stylized Facts on the Finance-Dominated Accumulation Regime [J]. Competition and Change, 2008,12(2): 184-202.

[292] Stockhammer E. Determinants of Functional Income Distribution in OECD Countries [R]. IMK Studies, No. 5, 2009.

[293] Stockhammer E. Neoliberalism, Income Distribution and the Causes of the Crisis[R]. Research on Money and Finance Discussion Papers, No. 19, 2010.

[294] Stockhammer E. Financialization, Income Distribution and the Crisis[J]. Investigation Economic, 2012, 71(279): 39-70.

[295] Stockhammer E., Grafl L. Financial Uncertainty and Business Investment[J]. Review of Political Economy, 2010,22(4): 551-568.

[296] Stockhammer E., Hein E., and Grafl L. Globalization and the Effects of Changes in Functional Income Distribution on Aggregate Demand in Germany[J]. International Review of Applied Economics, 2011,25(1): 1-23.

[297] Stockhammer E., Onaran O. Accumulation, Distribution and Employment: A Structural VAR Approach to a Kaleckian Macro-Model[J]. Structural Change and Economic Dynamics, 2004(15): 421-447.

[298] Susan N., Alan R. Financialisation: Constructing Shareholder Value[J]. Critical Perspectives on Accounting, 2008,19(5): 741-763.

[299] Sweezy P. The Triumph of Financial Capital[J]. Monthly Review, 1994,46(2):1.

[300] Sweezy P. More (or Less) on Globalization[J]. Monthly Review, 1997,49(4):1.

[301] Sylviane G.J., Kangni K. Financial Development and Poverty Reduction: Can There be a Benefit without a Cost? [J]. The Journal of Development Studies, 2011,47(1): 143-163.

[302] Tamura R. Income Convergence in an Endogenous Growth Model[J]. Journal of Political Economy, 1991(99): 522-540.

[303] Taylor L. A Stagnationist Model of Economic Growth[J]. Cambridge Journal of Economics, 1985(9): 383-403.
[304] Taylor M. Twin Peaks: A Regulatory Structure for the New Century[R]. London: Center for the Study of Financial Innovation(CSFI), No. 20, 1995.
[305] Taylor M. The Search for a New Regulatory Paradigm[J]. Mercer Law Review, 1998(49): 793-807.
[306] Taylor M. The Road From "Twin Peaks": And The Way Back[J]. Connecticut Insurance Law Journal, 2009(16)16: 61-95.
[307] The Economist Special Report For Richer, for Poorer[J]. The Economist, 2012(13): 1-20.
[308] The PEW Charitable Trusts Report. Pursuing the American Dream: Economic Mobility Across Generations[R]. The PEW Charitable Trusts, Economic Mobility Project, July 9, 2012.
[309] Tobin J. A General Equilibrium Approach to Monetary Theory[J]. Journal of Money, Credit and Banking, 1969,1(1): 15-29.
[310] Tomaskovic D. D., Lin K. H. Income Dynamics, Economic Rents, and the Financialization of the U.S. Rconomy[J]. American Sociological Review, 2011,76(4): 538-559.
[311] Tomaskovic D. D., Lin K. H., and Nathan M. Did Financialization Reduce Economic Growth? [J]. Socio-Economic Review, 2015,13(3): 525-548.
[312] Tori D., Onaran Ö. The Effects of Financialisation and Financial Development on Investment: Evidence from Firm-Level Data in Europe[R]. Greenwich Papers in Political Economy, No: 44, 2017.
[313] Townsend R. M., Ueda K. FinancialDeepening, Inequality, and Growth: A Model-Based Quantitative Evaluation[J]. The Review of Economic Studies, 2006, 73(1): 251-293.
[314] Van A. B. M., Naples M. I. Financialization and Income Inequality in the United States, 1967-2010[J]. American Journal of Economics and Sociology, 2013,72(5): 1158-1182.
[315] Van T. T. Reconsidering the Investment-Profit Nexus in Finance-Led Economies: An ARDL-Based Approach[J]. Metroeconomica, 2008,59(3): 371-404.
[316] Van T. T. The Political Economy Debate on "Financialisation": A Macroeconomic Perspective[J]. Review of International Political Economy, 2008.
[317] Van T. T. A Synthetic, Stock-Flow Consistent Macroeconomic Model of Financialisation[J]. Cambridge Journal of Economics, 2009,33(3): 467-493.
[318] Van T. T., Hein E., and Dünhaupt P. Finanzsystem Und Wirtschaftliche Entwicklung: Tendenzen in Den USA Und in Deutschland Aus Makroökonomischer Perspektive[R].

IMK Studies, No. 5, 2007.

[319] Alessandro V. Financialization in a Long-Run Perspective: An Evolutionary Approach[J]. International Journal of Political Economy, 2013,42(4):19-46.

[320] Williams K. From Shareholders Value to Present-day Capitalism[J]. Economy and Society, 2000,29(2):1-12.

[321] Williams K., Cutler T., and Williams J., et al. The End of Mass Production[J]. Economy and Society, 1987,16(3):405-439.

[322] Wolff E. N. The Recent Rise of Profits in the United States[J]. Review of Radical Political Economics, 2001,33(3):315-324.

[323] Zezza G. U. S. Growth, the Housing Market, and the Distribution of Income[J]. Journal of Post Keynesian Economics, 2008,30(3):375-401.

后　记

本书是国家社科基金课题《经济金融化、利益共享式经济增长与社会公平研究》(批准号:12CJL014)的最终成果,也得到了上海财经大学双一流引导专项资金资助。自承接这个研究课题开始,我便一头扎进了这个议题的探索之中。在研究的过程中,随着阅读文献的不断增多,越来越体会到,要写出一份有深度和厚度的研究报告难度之大与压力之巨,当初的研究设想多次调整,几易其稿之后,终于通过结项,因而也有了本书。

在研究和撰写报告的过程中,我得到了很多专家学者的指导和帮助,在此对专家学者们表示感谢。这份最终报告是在第一稿评审专家的评阅意见的基础上的修改稿,非常感谢评审专家给出的修改意见。我的研究生肖雨、赵治成、项俊夫、周鸣琪、李昊匡等提供了搜集数据、整理文献、数据处理等很多帮助,在此也对他们的付出表示感谢。当然,文章中有任何的错误,均由我本人承担责任。在撰写研究报告的过程中,我阅读了大量的中英文文献,这些研究成果给了我很多的启示与借鉴,这些文献基本上都在文章中及参考文献中进行了标注,在此向所有这些文献的作者表示感谢,如果存在遗漏和不当之处,也谨向这些作者表示歉意。

本书的出版,并不意味着我对这一议题研究的结束,恰恰相反,在大量阅读文献的过程中,我深感还有很多值得研究的议题。同时,本书中的不足之处,以及研究过程中的缺漏或遗憾之处,都会督促我继续展开对相关问题的思考和探索,也希望借此机会向更多的专家和同行请教,专家们的批评指正有利于我们继续深化对相关议题的研究。

图书在版编目(CIP)数据

经济金融化与共享发展/陈波著. —上海：复旦大学出版社，2021.1
ISBN 978-7-309-14755-1

Ⅰ.①经… Ⅱ.①陈… Ⅲ.①金融-研究-中国②金融-研究-美国 Ⅳ.①F832②F837.12

中国版本图书馆 CIP 数据核字(2019)第 254996 号

经济金融化与共享发展
JINGJI JINRONGHUA YU GONGXIANG FAZHAN
陈　波　著
责任编辑/方毅超

复旦大学出版社有限公司出版发行
上海市国权路 579 号　邮编：200433
网址：fupnet@fudanpress.com　http://www.fudanpress.com
门市零售：86-21-65102580　团体订购：86-21-65104505
出版部电话：86-21-65642845
江苏凤凰数码印务有限公司

开本 787×1092　1/16　印张 20　字数 370 千
2021 年 1 月第 1 版第 1 次印刷

ISBN 978-7-309-14755-1/F·2655
定价：68.00 元

如有印装质量问题,请向复旦大学出版社有限公司出版部调换。
版权所有　侵权必究